KB266978

사고력이 폭발하는
교실을 위한 8가지 도구

사고력이 폭발하는 교실을 위한 8가지 도구

론 리치하트

지음

구본희 이규대
정은식 조윤정

옮김

우리학교

결코 만족하지 않으며, 항상 자신과 학생들에게
더 많은 것을 기대하는 위대한 선생님들께

차례

수업 혁신의 핵심,
'생각하는 문화'

• • •

● 최근 2022 개정 교육과정 적용이 본격화되면서 '깊이 있는 학습', '질문과 탐구 수업', '고차원적 사고력 평가'에 대한 논의가 그 어느 때보다 뜨겁다. 그러나 이러한 논의의 결론은 안타깝게도 현장 교사에게 수업 설계 양식과 수업 모형의 개발·보급, 서·논술형 평가 문항 출제 비율 의무화와 같이 지침 형태로 전달되는 경우가 많다. 달라진 양식 및 지침에 맞춰 수업과 평가를 운영했음에도, 정작 교실 안에서 학생들의 배움의 질이 눈에 띄게 달라지지 않는 장면을 우리는 자주 목격한다. 때로는 변화를 위한 조치들이 현장에서는 '해치워야 할 업무'로 전락해, 양식만을 채우거나 지침을 어기지 않는 선에서 처리되는 일로 끝나기도 한다. 우리가 그동안 놓쳤던 수업과 평가 혁신의 핵심은 무엇일까? 저자는 새로운 수업 방법이나 평가 기법의 도입이 아니라, '생각하는 교실 문화 조성'에 주목한다.

'교실 문화'는 단적으로 교실마다 느껴지는 '수업의 기운'으로 볼 수 있다. 가정, 기업, 학교, 국가 등 공동체마다 서로 다른 삶의 양식이 있듯, 교실마다 우리가 흔히 '수업 분위기'라고 부르는 특유의 학습 공기가 존재한다. 같은 과목을 같은 내용과 방법으로 가르쳐도 그것이 유독 '잘 먹혀드는' 교실이 따로 있지 않던가. 학생의 학습은 공동체 문화의 영향을 크게 받는다. 그럼에도 생각하는 교실 문화가 무엇이며, 교사가 그것을 어떻게 만들어 가는지에 대해서는 그동안 충분히 알려져 있지 않았다.

저자는 지난 20여 년간 전 세계의 혁신적인 교실을 연구하며, 학생의 학습 성장은 높은 수준의 사고력 향상과 맞닿아 있음을 밝힌다. 또한 '생각하는 교실 문화'를 형성하는 요인으로 기대, 언어, 시간, 모델링, 기회, 루틴, 상호작용, 환경을 제시한다. 교사는 이 요소들을 지렛대로 삼아 생각하는 수업 문화를 '창조'할 수 있도록 구체적인 실천 양식을 안내한다. 우리의 수업이 다음과 같이 변화할 때, 교실은 이 책의 제목처럼 사고력이 폭발하게 될 것이다.

- 교사의 기대가 '학생에 대한 지시'를 넘어 '학생을 위한 신념'으로 뿌리 내릴 때
- 학생을 향한 교사의 언어가 정답을 확인, 암시, 제시하는 신호를 넘어 사고의 움직임에 민감한 '공동체의 언어'와 '조건부 언어'가 될 때
- 수업 시간이 다른 학급과 진도를 맞추는 시간, 정해진 진도를 나가는 시간이 아니라 사고의 질을 바꾸는 시간이 될 때
- 교사는 정답을 쥐고 있는 권위자가 아닌, 스스로 고뇌하며 실패하며 배움의 과정을 투명하게 공유하는 '성향적 도제식 학습'의 본보기가 될 때
- 학생 활동이 반복과 연습 중심을 넘어, '낮은 문턱과 높은 천장'을 지닌 개별화된 학습 경험의 기회를 만들어 낼 때
- 사고 루틴이 일회성 활동에 그치지 않고, 교실과 학교에서 일상적인 행동 패턴으로 자리 잡을 때
- 교사와 학생의 상호작용이 일방적인 문답 방식의 '탁구형 수업'을 넘어, 서로의 아이디어 위에 생각을 쌓아 올리며 함께 이해를 구축해 가는 '역

동적 농구형 수업'이 될 때

- 학습 환경이 학생들의 사고 과정을 생생하게 증언하는 '세 번째 교사'가
  될 때

　방대한 분량의 저자 연구물을 우리말로 옮기는 과정은 쉽지 않았
다. 하지만 우리는 한 장씩 스터디를 하며 저자의 통찰에 무릎을 치고,
때로는 치열하게 토론하면서 '생각하는 문화'가 무엇인지 조금씩 깨우
치게 되었다. 이 책은 양적으로도 질적으로도 무게감이 있다. 이 책이
깊이 있는 학습과 사고력 중심의 수업 평가에 진심인 선생님들, 학생들
이 스스로 생각하는 힘을 기르길 바라는 모든 교육자에게 든든한 길잡
이가 되기를 바란다.
　사고가 살아 움직이는 교실, 그 설레는 변화의 시작에 이 책이 함께
하기를 마음 깊이 기원한다.

2026년 새 학기를 준비하며

옮긴이를 대표해 정은식

서문

집단과 조직 문화의 신비를 풀다

● 여러분은 언제 그리고 어느 곳에서 '생각하는 문화Culture of Thinking'의 일원이 되어 보았는가? 다시 말해, 각 개인의 사고와 집단의 공동 사고가 가치 있게 여겨지고, 눈에 보이며, 모든 구성원의 일상적인 경험의 일부로서 적극적으로 장려되는 곳에 있었던 때가 언제인가? 독서 모임, 위원회, 대학원 과정, 온라인 커뮤니티, 박물관 견학, 취미 모임 등의 학습 집단에서였을 수도 있고 학교나 교실에서였을 수도 있다. 살면서 학습자로서 이런 집단의 일부였던 구체적인 순간을 떠올려 보라. 집단 속 모든 사람의 생각이 존중되고 밖으로 표현되었으며, 당신 역시 생각하고 생각을 발전시키도록 자극받은 순간 말이다.

이제 그 특별한 경험을 염두에 두고, 해당 집단을 형성하고 촉진하며 발전시키고 지속시키는 데 도움이 되었던 실제적인 실천이나 요소가 무엇이었는지 떠올려 보라. 일반적인 특징이나 자질을 넘어 구체적인 행동을 살펴보라. 예를 들어, 그러한 집단의 핵심 요소로 '리더십'을 꼽을 수 있다. 그러나 대부분의 집단에 리더가 있지만, 그 모든 집단이 '생각하는 문화'를 가지고 있다고 볼 수는 없다. 사실 모든 리더가 유능해지려고 노력한다는 점을 고려하면 '좋은 리더가 있다'는 것은 생각하는 문화를 만들고자 우리가 채택할 일들의 유형을 이해하는 데 큰 도움이 되지 않는다. 이와는 대조적으로, '그 리더는 우리 집단이 목표에 집중하도록 했다.'라는 표현에서는, 생각하는 문화를 촉진하고 유지하는 데 도움이 되는 행동이 엿보인다. 가능하다면 이처럼 실용적이고 구체적인 수준에서 생각해 보라. 목록을 작성한 뒤에는 여러분이 경험한 다른 유형의 학습 집단의 사례를 골라 그 사례에서 어떤 새로운 행동 항목을 찾을 수 있는지 살펴보라.

방금 여러분이 확인한 일련의 기억과 행동은 생각하는 문화의 일부가 된다는 것이 무슨 의미인지, 생각하는 문화를 만든다는 것이 무슨 뜻인지를 탐구하기에 좋은 출발점이다. 생각하는 문화는 신비하거나 낯선 것이 아니라 학습자로서 우리가 겪었던 가장 훌륭하고 생산적인 경험들이다. 나는 이러한 경험을 바탕으로 지난 15년 동안 연구를 진행해 왔다.

수년 동안 나는 교사, 행정가, 학부모, 사업가, 학자, 박물관 교육자, 의사 등 수천 명에게 그들이 경험한 생각하는 문화를 떠올려 보라고 요청했다. 이들에게서 확인한, 생각하는 문화를 효과적으로 형성하는 요인은 의외로 비슷하다. 다음은 짧지만 공통적으로 나타난 답변들이다.

- 집단 구성원 모두가 주제에 대한 높은 관심과 열정을 가지고 있었다.
- 도전적이면서도 달성 가능한 비전과 공동의 목표를 공유해 모두가 그것에 동참할 수 있었다.
- 모든 사람의 의견을 소중히 여기며 존중하는 분위기였다.
- 아이디어를 이야기할 수 있는 공통의 언어와 어휘를 개발했다.
- 리더뿐만 아니라 집단 구성원 모두가 끊임없이 질문하고 아이디어를 탐색했다.
- 리더나 회의 의장은 구성원의 참여 정도를 확인하고 누구도 독주하지 않도록 발언 기회를 공평하게 배분했다.
- 리더는 관심과 열정을 가지고 있었고, 몰입했다. 리더는 구성원들과 함께 배우는 사람이었다.
- 열린 소통과 적극적인 경청이 이뤄지고 있었다. 서로가 귀 기울이고 있다고 느꼈다.
- 생각하고, 반응하고, 아이디어를 개발하는 시간을 가졌다.

- 위험을 감수하거나 실수를 해도 안전하다고 느꼈다. 심지어 그것을 과정의 일부로 예상하기도 했다.
- 상호작용을 촉진하는 집단 활동이 있었다. 우리는 서로를 좋아했고 밀어주고 지지했다.
- 우리의 배움은 우리의 삶과 연결되어 있었다. 가치와 의미가 있었다.

이 목록은 여러분이 성찰한 바와 얼마만큼 일치하는가? 표현이나 문장이 동일하지 않더라도, 당신이 경험한 생각하는 문화는 이 진술들 속에서 느껴지는 정서를 반영하고 있는가?

이 목록을 살펴보면, 생각하는 문화에 대한 사람들의 경험과 반응은 몇 가지 중요한 주제를 중심으로 모여든다는 것이 분명해진다. 공통적인 응답 중 하나는, 생각하는 문화에서는 학습에 **목적**의식이 깃들어 있다는 것이다. 목적의식은 학습에 방향성과 추구해야 할 목표를 제공할 뿐만 아니라 집단의 노력을 개인적이고도 집단적인 의미로 가득 채운다. 명확하게 잘 드러난 목적을 갖게 되면 우리는 맡겨진 과제뿐만 아니라 집단 전체의 학습에 대한 **헌신**을 발전시킬 토대를 마련하게 된다. 사람들은 종종 생각하는 문화 안에 있을 때, 자신의 학습뿐 아니라 사람들의 학습에도 헌신한다는 느낌을 받는다고 말한다. 개인의 학습과 다른 집단 구성원들의 학습 사이에 존재하는 상생 관계에 대한 인식과 이에 대한 헌신은 공동체 의식을 형성하는 데 도움을 준다. 이러한 공동체 의식은 집단 내에서 **형평성**을 증진하려는 헌신을 통해 더욱 강화된다. 사람들은 형평성의 발전을 뒷받침하는 중요한 행동이나 특성으로 공유된 리더십, 모든 이의 기여를 가치 있게 여기는 것, 비위계적인 구조, 그리고 리더가 학습자가 되는 것을 자주 언급한다.

두말할 필요도 없이, 목적의식과 과제와 집단 모두에 대한 헌신이 자리 잡으면 **참여**도 뒤따른다. 사실 생각하는 문화의 매우 활동적인 성격에 대해 흔히 언급되는 개념이 바로 참여다. 뒷자리에 앉아 소극적으로 머무를 수 없고 모든 사람이 반드시 참여해야 한다는 분위기가 형성된다. 그 이유는 생각하는 문화의 또 다른 특징인 **도전** 때문일 수 있다. 사람들은 생각하는 문화 안에서 리더와 집단 전체로부터 스스로 최선을 다하도록 독려받는다고 자주 이야기한다. 게다가 자신의 생각이 끊임없이 자극받고 확장된다고 느낀다. 단순히 앉아 있기만 하는 것이 아니라 배움에 젖어 드는 것이다.

이러한 특성과 그것에 생명을 불어넣는 실천이 함께 모여, 서로 배우고 있으며 개인 혼자서 만들 수 있는 것보다 더 위대한 것을 창조하고 있다고 느끼는 역동적인 집단이 형성된다. 사람들이 자신의 개인적인 성장과 발전을 인식하지 못하는 것이 아니라, 자신의 학습이 집단의 학습과 얼마나 밀접하게 연결되어 있는지를 독특하게 인식한다는 의미다. 요약하자면, 생각하는 문화를 관통하는 주제는 **연결**, 즉 당면한 과제와의 연결, 주제와의 연결, 리더와의 연결, 서로 간의 연결 그리고 학습과의 연결이다.

여러분은 자신이 소속되어 있던 생각하는 문화 집단을 떠올렸을 때 어떤 느낌이 들었는가? 고양되었나? 활력이 넘쳤는가? 그 공간으로 다시 돌아가고 싶은 마음이 생겼는가? 다양한 그룹들에서 그 생각들을 수집할 때면, 해당 집단에 참여했던 경험을 이야기하는 사람들의 얼굴에 드러나는 열정과 흥분에 늘 감탄한다. 자신의 참여 경험을 이야기할 때 그들은 생기가 돌고 활발해진다.

생각하는 문화의 일원이 되는 것은 기분 좋은 일이다. 생각하는 문화는 에너지를 생산하고 공동체를 형성하며, 우리 스스로가 잠재력을 발휘할 수 있도록 도와준다. 교육자로서 우리는 이 점을 반드시 기억해야 한다. 생각하는 문화는 특정한 일련의 실천이나 사고에 참여해야 한다는 일반적인 기대에 관한 것이 아니다. 생각하는 문화는 학습을 추동하고, 때로는 힘들고 어려운 정신 활동을 수행할 수 있도록 동기를 부여하는 감정, 에너지, 심지어 기쁨을 만들어 낸다.

교육을 위한 새로운 표준

이 책은 우리의 학교와 교실을 방금 떠올린 것과 같은 종류의 학습 공동체로 변화시키는 아이디어를 다룬다. 교육자·부모·시민으로서 우리는 단순히 기본적인 학습만 가능한 환경이 아니라, 학생들이 자신의 잠재력을 최대한 발휘할 수 있는 환경, 단순한 지식 전달을 넘어 학습을 더 깊이 발전시킬 수 있는 환경, 새로운 발견과 깨달음을 경험할 수 있는 환경, 개인뿐 아니라 집단 전체가 평생 학습자로 성장할 수 있도록 이끄는 환경을 만들어야 한다. 모든 교사와 학생은 그것들을 누릴 자격이 있기 때문이다.

물론 전 세계 곳곳에는 이러한 목표를 꾸준히 달성하는 놀라운 학교와 뛰어난 교사가 많다. 여러분은 앞으로 이어지는 장에 소개되는 교사들에게서 영감을 얻게 될 것이다. 하지만 많은 학생에게 이러한 환경은 일반적이지 않다. 학업 성취도가 낮은 학교는 학습에 필요한 에너지가 부족한 경우가 많고, 학업 성취도가 높은 학교는 학습을 오로지 시험 대비라는 좁은 틀에 가두고는 한다. 어떤 경우든 우리 사회는 아이들에게 그 이상의 것을 주어야 한다. 실제로 21세기는 우리에게 학교의 목적과 가능성을 완전히 새롭게 정의할 것을 요구하고 있기 때문이다. 이 주제는 1장에서 다룰 것이다.

나는 문화가 우리의 학교를 변화시키고 학생들에게 최고의 학습 환경을 제공할 숨겨진 도구라고 믿는다. 전통적으로 정책 입안자들은 변화를 위한 도구로 교육과정을 중점적으로 다뤘으며, 교사들의 역할은 그저 교육과정을 학생들에게 전달하는 것이라고 순진하게 가정해 왔다. 그들은 전달하는 내용, 예를 들어 공통 핵심 기준Common Core, 국가 교육과정, 국제 바칼로레아 디플로마International Baccalaureate Diploma 등을 바꾸면 교육이 변하리라고 생각한다. 그러나 실제로 교육과정은 학생들과 함께 실행되는 것이다. 교육과정은 학교와 교실 문화의 역동성 안에서 이뤄진다. 따라서 문화는 근본적인 기반으로서, 어떤 교육과정이 실제로 어떻게 살아 숨 쉬게 될지를 결정할 것이다.

문화를 형성하는 8가지 힘

문화가 변화의 핵심이라면, 집단의 문화가 어떻게 형성되고 유지되며 융성하는지를 알아야 한다. 따라서 우리는 이를 이해하고 평가하는 프레임워크framework를 반드시 갖춰야 한다. 어떤 사람들은 문화를 집단 주위에 어렴풋하게 형성되는 신비롭고 막연한 정신 같은 것으로 간주한다. 또 어떤 사람들은 집단 문화가 단순히 리더나 스승의 성격을 반영한다고 보는데, 위대한 스승에 관한 할리우드 영화나 전설적인 경영계 거장의 천재성에 대한 책에서 지속적으로 나타나는 관점이다. 하지만 문화에 관한 두 관점 모두 오해의 소지가 있고 도움이 되지 않는다.

문화는 실제로 형성되어 나타나며 그 집단의 정체성을 결정짓는다.

 사고력이 폭발하는 교실을 위한 8가지 도구

그러나 그것이 신비로울 필요는 없다. 일부 사람들은 문화를 형성하는 힘을 직관적으로 다루는 재능을 가지고 있을 수도 있다. 하지만 그 힘이 무엇인지 명확해지면 누구든지 그것을 활용해 집단 문화를 보다 긍정적인 방향으로 움직일 수 있을 것이다. 여기서는 8가지 문화적 힘을 간략하게 소개하겠다. 그리고 앞으로 이어질 장에서 이를 다양한 사례 연구와 함께 더 자세히 살펴볼 것이다.

기대

교사에게 '기대'에 관해 물어보면, 질문을 받은 사람은 아마 학생에 대해 말할 것이다. 예를 들면 행동, 과제의 양과 유형 또는 정돈된 모습에 거는 기대 등이다. 이러한 기대는 교사의 관심사인 수업 질서 유지 측면에서 중요하지만 실제 학습 과정에 동기를 부여하는 데에는 별 도움이 되지 않는다. 경우에 따라서는 질서는 유지되지만 실제 학습의 정도는 감소하는 '방어적 가르침 defensive teaching'으로 나타날 수도 있다(McNeil, 1983). 문화를 형성하는 데 도움이 되는 기대란 학습 자체를 개략적으로 설명하고 정의하는 동시에, 그 일의 성공에 필요한 사고 유형을 제시하는 것들이다. 즉 학생에 **대한** 기대가 아닌, 학생을 **위한** 기대다.

이는 우리 교사들의 기대가 가르침에 초점을 맞추어야 함을 의미한다. 예를 들어, 학교는 단순히 과제를 완료하고 최고 성적을 받기에 충분한 점수를 모으는 곳이 아니라 학습하는 곳이라고 기대해야 한다. 마찬가지로, 학생들의 지식과 기술의 습득에만 초점을 맞추기보다, '이해'가 학습의 주요 목표라는 기대를 가지고 학생들을 더 멀리 이끌고 더 많은 것을 요구할 때, 우리는 표층적인 학습보다는 심층적인 학습에 초점을 맞추게 된다. 교사 의존적인 학생보다는 독립적인 학생을 기대할 때 학생을 통제하기보다 권한을 부여하는 다른 방식의 수업을 요구하게 된다. 교사와 학생 모두 자신의 노력으로 더 똑똑해질 수 있다는 기대 또는 마음을 가질 때 도전과 실수를 학습 기회로 받아들일 수 있다.

언어

언어는 우리 경험의 상당 부분을 매개하고, 형성하며, 공고히 만들고, 우리에게 정보를 제공한다. 사회적 맥락에서 학습이 어떻게 전개되는지를 연구한 레프 비고츠키 Lev Vygotsky (1978)는 "아이는 눈뿐만 아니라 말을 통해서도 세상을 인식하기 시작한다. 그리고 나중에는 보는 것뿐만 아니라 말을 통해 세계를 해석하고 행동하게 된다."(p.78)라고 썼다. 언어를 통해 교사들은 학습 상황에서 중요한 활동, 사고, 아이디어를 인지하고 명명하고 강조함으로써 학생들의 주의를 해당 개념들과 행위에 집중시킨다. 많은 교사가 놀라워하는 점은, 학생들의 사고와 긍정적인 학습 행동을 알아차리고 그것들에 이름 붙이기 시작할 때 학생들이 그러한 행동을 더 자주 보인다는 것이다.

시간

시간은 학교에서 매우 부족한 자원 중 하나이며, 모든 교사가 느끼는 제약이자 우리 모두가 관리하기 힘들어하는 문제다. 이러한 압박 때문에 어떤 교사들은 생각할 시간을 학생들에게 충분히 주기 어려워한다. 하지만 생각할 시간을 가지면 학생들의 몰입도가 높아지기 때문에 교사가 학습 목표를 더 빨리 달성하는 데 도움이 된다. 물론 질문한 후에 기다리는 시간도 중요하며, 토론 전에 학생들이 아이디어와 생각을 모을 수 있도록 더 긴 시간을 주는 것도 중요하다. 생각을 정리할 시간과 구조를 먼저 제공하지 않고는 학생들에게 복잡한 토론에 바로 참여하라고 요구하지 않도록 교사는 주의해야 한다. 구체적으로는 토론을 시작하기 전에 질문하고 몇 가지 아이디어를 적을 기회를 주거나, 토론 중간중간에 잠시 멈추고 학습 상황을 점검해 보면 좋다.

모델링

교사들은 '모델링'이라는 개념에 꽤 익숙하다. 하지만 이는 "선생님이 시범을 보일 테니까 잘 지켜보세요."라는 식의 교수적 모델링instructional modeling으로 한정되는 경우가 많다. 교수적 모델링은 분명 중요한 역할을 하지만, 실제로 문화를 형성하는 역할은 하지 않는다. 문화를 형성하는 모델링은 훨씬 더 미묘하고, 도처에 존재하며, 내재되어 있다. 문화적 모델링은 바로 우리 교사가 사유하고 학습하는 존재임을 보여 준다. 이런 종류의 모델링은 학생들을 위해 '연출'할 수 없는 것으로, 진짜여야 한다. 학생들은 교사가 어느 주제에 열정이 있는지, 어떤 아이디어에 관심이 있는지, 학습자로서 참여하고 있는지, 성찰적이고 심사숙고하는지 알아본다.

하지만 교사들은 위험 감수, 성찰 그리고 실수로부터 배우는 일을 모델링할 때, 진정성을 드러내는 데 어려움을 겪을 수 있다. 일부 교사는 자신의 우월한 지식으로 권위를 얻으려 하며(Buzzelli & Johnston, 2002), 지식의 부족을 드러내면 무능해 보일까 봐 걱정하기도 한다. 이러한 관점은 가르침을 지식 전달로 보는 오래된 개념에서 기인한다. 하지만 가르침을 아이디어에 대한 몰입을 촉진하는 것으로 본다면, 자신의 능력이나 지식이 충분하지 않다고 교사가 느끼는 불안감은 줄어든다. 더 나아가, 교사들은 거짓된 허세보다 진정성에 학생들이 더 잘 반응한다는 사실을 쉽게 발견하게 될 것이다.

기회

교사들은 가르치는 일에 대해 이야기할 때 보통 '수업', '활동', '과제', '단원', '숙제' 같은 용어를 사용한다. 이러한 단어들은 때로는 학습보다 작업을 중시하는 태도를 강화한다. 하지만 학습 기회를 창출한다는 관점을 가지면, 우리는 수업 속에서 학습자들에게 잠재적으로 강력한 영향을 줄 수 있는 것이 무엇인지에 집중하게 된다. 교재에 나오는 대로 수업을 진행할 때조차도 그 수업이 제공하는 기회를 인식하면, 교사는 '수업을 통해 학생들은 잘못된 개념을 바로잡을 수 있는가?', '학습자가 자신의 입장을 명확히 하도록 촉구하는가?', '다양한 관점을 고려하게 하는가?' 등을 인식해 그 기회를 최대한 활용하는 데 집중할 수 있다.

강력한 학습 기회는 문턱은 낮고 천장은 높다. 모든 학생이 학습에 참여하도록 함으로써 학습자는 원하는 만큼 스스로를 성장시킬 수 있다. 학생들이 새로운 이해를 얻는 동시에 자신의 기술과 지식을 새로운 맥락에서 적용할 기회를 제공한다. 강력한 학습 기회는 단순히 교사가 시킨 일을 수행한다는 느낌을 주지 않는다. 오히려 학생들이 그 가치를 쉽게 알아차릴 수 있는 본연의 내재적 가치를 지닌다.

루틴

교실과 집단은 외부인에게는 잘 보이지 않는 루틴^{routine}에 지배된다.

그렇기에 신규 교사는 숙련된 교사에게서 교실 관리와 조직에 대해 배우기 어려운 경우가 많다. 잘 관리된 교실에서 겉보기에는 쉽게 이뤄지는 것처럼 보이는 일들은 사실 루틴이 확립된 결과다.

신규 교사에게 행동 패턴을 만드는 일을 생각하도록 하는 것도 중요하다. 하지만, 그것이 그저 학급 관리에 대한 관심사 때문이어서는 안 된다. 우리는 교실에서 학습과 사고를 위한 루틴을 만들어야 한다. 이러한 루틴은 학생들에게 익숙한 틀을 제공해 그 안에서 활동할 수 있게 한다. 동시에 루틴은 학생들이 스스로 활용할 수 있는 도구이기에 학생들은 자신의 학습을 주도적으로 이끌 수 있게 된다. 궁극적으로 루틴은 행동의 패턴, 즉 한 집단의 운영 방식을 나타낸다. 루틴을 간단히 표현하자면 이러하다. '여기서 우리는 이렇게 일을 한다.'

상호작용

상호작용만큼 해당 교실의 문화를 잘 보여 주는 것은 없다. 그곳은 신비감과 성격의 힘이 지배하는 곳으로 여겨지기도 하지만 꼭 그렇게 생각할 필요는 없다. 경청과 질문은 교실 내 긍정적인 상호작용의 기초가 되며, 이는 다시 의미 있는 협력을 형성하고, 생각하는 문화를 구축한다. 이 2가지 실천의 핵심에는 학생들의 사고에 대한 존중과 관심이 자리 잡고 있다. 물론 이러한 실천은 학생 간 상호작용에도 동일하게 적용되므로, 교사들은 모범을 보임으로써 학생들에게 이러한 기술을 가르쳐야 한다.

환경

어떤 교실이나 학습 공간에 들어가면, 학생이나 교사가 없더라도 그 공간에서 일어나는 학습에 대해 무언가를 알 수 있다. 가구의 배치는 모둠이 어떻게 상호작용 할 것인지를 예상케 한다. 벽에 걸린 게시물은 교사나 리더가 중요하다고 생각해 강조하고 전시하고자 하는 것을 알려 준다. 여러분의 학습 환경은 어떤 학습 요구를 충족시키고자 조성되어 있는가? 예를 들어, 그 공간은 학습자들이 의사소통하고 토론하고 공유하고 논쟁하고 다른 학습자들과 상호작용 하려는 필요를 촉진하는가, 아니면 단지 칠판을 보려는 학생들의 필요만을 충족하는가? 환경이 전달하는 메시지와 그것이 충족시키는 요구를 생각해 보면 학생들의 학습을 더 잘 지원하는 환경을 구축하는 데 도움이 될 수 있다. 이러한 고려 사항들은 학습 공간 설계에 중요한 역할을 하며, 학생들의 다양한 학습 요구를 만족시키는 데 기여한다.

변화를 위한 도구

8가지 문화적 힘은 학교와 교실 문화를 변화시킬 수 있는 도구이거나 지렛대다. 1장 '학교의 목적과 약속'에서는 학교와 학교 교육의 새로운 비전에 대한 사례를 제시하고, 학교 또는 교실의 현재 문화를 더 잘 이해할 수 있는 방법을 알아본다. 이어지는 여덟 개 장에서는 앞서 언급한 문화적 힘을 하나씩 차례로 다룬다.

이어지는 장들의 순서는 신중히 고려해 정했다. 가장 깊이 자리 잡고 기초가 되는 힘(기대, 언어, 시간, 모델링)을 먼저 배치했고, 그다음으로는 설계와 계획이 비교적 용이한 힘(기회, 루틴, 상호작용, 환경)을 배치했다. 그러나 실제로 문화적 힘에는 위계와 순서가 존재하지 않는다. 어느 하나가 다른 것보다 더 중요하지는 않으며, 모두 집단 환경 안에서 동시에 상호작용 한다. 9장에서 소개할 넬리 깁슨^{Nellie Gibson}이 내게 말한 적이 있다. "문화적 힘은 도미노라고 생각합니다. 어디서부터 시작하든 상관없어요. 곧 다른 도미노와 부딪히게 될 것이고, 가르치는 과정에서 어떤 시점에서는 그것들을 전부 다루게 될 거예요." 따라서 독자는 자신이 원하는 부분부터 읽어도 괜찮다. 하지만 글이 이어지면서 앞 장의 내용을 언급하기도 하므로 순서대로 읽는 것도 좋다.

각각의 문화적 힘에 대해 글을 쓸 때, 호주·유럽·미국의 학교들과 함께한 '생각하는 문화 글로벌 프로젝트^{Worldwide Cultures of Thinking Project}'에서의 작업을 바탕으로, 교사들의 내재된 실천 속에서 각 힘을 보여 주고자 했다. 이 프로젝트에 참여한 많은 교사가 수년 동안 이 아이디어에 참여해 놀라운 결과를 냈고, 강력한 학습을 창출하는 생각하는 문화를 견고하게 만들어 왔다. 표준화 시험에서 학생의 성적에 대한 정보가 있는 경우, 맥락 제공 차원에서 해당 데이터를 언급했다. 하지만 실험 연구 결과를 보고하려는 것은 아니며 단지 추가 정보로 제공할 뿐임을 밝힌다. 우리 모두는 학생들이 시험에서 좋은 성적을 거두기를 바라지만, 그보다는 각 교사가 기울인 노력이 가진 진정한 힘에 대해 여기에 제시된 실제 수업 사례를 통해 주목해 주면 좋겠다.

이 수업 사례들은 영감을 줄 뿐만 아니라 각 힘들이 교실 문화에 무엇을, 어떻게 기여하는지에 대한 맥락적 이해를 제공한다. 나는 교사가 그 문화적 힘을 최대한 효과적으로 활용하고자 할 때 사용 가능한 핵심 요소나 실천 방법을 이 사례들로부터 추출하고 식별했다. 이 과정에서 연구와 실제 교육을 엮어 연구에 관해 명확히 설명함으로써, 독자들이 더 쉽게 접근할 수 있도록 노력했다.

이 책은 단순히 문화에 대해 배우는 것이 아니라 변화를 일으키는 것을 목적으로 하므로, 일련의 실행 가능한 실천을 제안하면서 각 장이 끝난다. 이 행동들은 교사가 특정 문화의 힘을 더 잘 이해하고 활용하고자 수행하는 첫 번째 단계로 간주할 수 있다. 경우에 따라서는 교사들로 구성된 팀이 협력해 탐구–실행 집단inquiry-action group의 일부로 함께 행동을 취하면 좋다. 이 책을 읽고 토론하고 실천하고 성찰하는 과정을 반복하는 일은 학교 전체를 변화시키는 강력한 메커니즘이 될 수 있다.

이러한 변화를 위한 책임을 더욱 강화하고자 교육감, 교장, 수업 코치, 전문 학습 책임자, 두 명의 교육 컨설턴트가 쓴 사례 연구를 10장에서 제시함으로써 이 책을 마무리한다. 이들 모두는 교실, 학교, 교육구 또는 지역을 진정으로 변화시키고자 이 아이디어들을 성장시킨다는 것의 의미에 관해 독특한 시각을 보여 준다. 이러한 사례에서 알 수 있듯이 생각하는 문화를 발전시키는 단일한 방법은 없다. 독자는 자신이 속한 맥락을 고려해 가장 적절한 방법을 찾아야 한다.

이 책은 분명 학교 리더와 교사를 염두에 두고 쓰였지만, 집단 학습에 관심이 있는 사람이라면 누구나 이 책에서 사람들의 잠재력을 최대한 끌어내는 강력한 학습 환경을 시작하고, 이해하고, 형성하는 데 필요한 도구를 찾을 수 있을 것이다. 학교 밖의 교육자뿐만 아니라 회사에서 조직을 관리하는 사람들도 말이다. 실제로 뛰어난 교사들의 수업을 분석하면서 확인한 8가지 문화적 힘은 박물관 견학, 위원회 회의, 수련회 또는 프로젝트 팀 등 모든 집단을 이해하는 데 매우 강력한 모델임이 입증되었다.

집단 문화는 끊임없이 형성되며 진화하고 있다. 교육자로서 우리는 주변 사람들의 적극적인 참여와 의견을 통해 시간을 들여 교실 문화를 구축한다. 이렇게 나타나는 새로운 문화는 학습이 무엇이며 어떻게 일어나는지에 대한 메시지를 전달한다는 점에서 강력하다. 이 과정을 이 해하고, 자신이 어떻게 더 직접적으로 영향을 미칠 수 있는지 파악하고, 교실 문화에 대해 이야기할 수 있는 언어를 갖추면 모호했던 교육의 실체를 이해하는 데 큰 도움을 받게 될 것이다. 집단이 처한 어떤 맥락에서든지 문화적 힘의 존재를 인식하면 예비 교사와 숙련된 교사 모두 문화를 형성하는 데 보다 적극적인 역할을 할 수 있다. 그렇게 할 때 우리는 가르침을 단순한 지식 전달로 보는 관점에서 벗어날 것이고, 교육과정이 살아 숨 쉬는 사고와 학습의 문화를 창조하는 방향으로 나아갈 수 있을 것이다. 이제 변화를 시작해 보자.

1장

학교의 목적과 약속

● 우리는 학교의 가치가 무엇이라고 이야기하는가? 양질의 교육이 가지는 의미를 어떻게 정의할 수 있을까? 전통적으로 학교의 가치는 결과를 기준으로 측정되었다. 교사가 가르친 교육과정과 잘 부합하도록 설계된 시험, 프로젝트, 에세이 등이 그것이며, 이것의 평가 결과는 매 학기마다 성적표로 부모에게 전달되었다. 그러나 지난 20년 동안 이러한 내부 평가 방식은 점차 외부 평가에 밀려났다. 서로 다른 환경에서 학습하는 학생들을 손쉽게 비교하고 순위를 매길 수 있도록 해 주는 표준화 시험이 교육의 질을 평가하는 대표적인 기준으로 자리 잡은 것이다.

이제 표준화 시험은 단순한 평가 도구를 넘어 학생의 성장을 측정하는 주요 지표이자 교사들이 가르치는 목표, 학생들이 노력하는 이유, 부모들이 기대하는 결과가 되었다. 그러나 우리는 중요한 질문을 던져야 한다. 과연 이것이 아이들을 학교에 보내는 이유인가? 이것이 모두가 진정으로 바라는 교육의 목표인가?

역사학자 다이앤 래비치Diane Ravitch는 《뉴욕타임스The New York Times》의 신학기 특집호에서 "교육에서 가장 큰 문제는 우리가 왜 교육을 하는지에 대해 아무도 동의하지 않는다는 것이다. 이러한 합의의 부재 속에서 정책 입안자들은 더 높은 시험 점수를 좋은 교육으로 간주한다."라고 교육 개혁에 대해 지적했다(「How to Remake Education」, 2009). 교육에 대한 정책 입안자들의 정의定義는 분명 중요하지만, 그들이 이 논쟁의 최종 결정권자는 아니다. 궁극적으로 그것은 사회, 조직, 학부모, 학생이 생각하는 '좋은 것' 또는 '훌륭한 것', 혹은 그 외 우리가 탁월한 무언가를 정의하는 데 사용하는 형용사가 무엇인지에 따라 형성된다. 이 정의는 학교가 운영되는 더 넓은 맥락을 만든다. 바로 이러한 교육의 '질'에 대한 대화가 교사와 학생의 삶을 형성하는 기준을 만들고, 모든 노력이 지향해야 할 결과를 정의한다. 우리는 교육에 대해 이야기하는 방식을 바꿔야 한다. 엘리엇 아이스너Elliot Eisner (2003)가 말했듯이 "학교가 시험 점수를 학생 성취도와 교육의 질을 나타내는 주요 지표로 취급하는 한, 교육에서 정말 중요한 것에 다시 초점을 맞추기 어려울 것이다"(p.9).

궁극적으로 '훌륭한 학교' 또는 '양질의 교육'에 대한 정의는 우리가 교실의 일상에서 무엇에 시간을 할애하고 무엇을 우선순위로 삼을지를 결정하기에 중요하다. 우리는 그 정의에 따라 학교가 우리 삶과 사회에 무엇을 기여할지에 대한 기대를 형성할 것이다. 요컨대 학부모로서, 교육자로서, 사회 전반에서 우리의 열망이 어떠한가에 따라 양질의 교육이 무엇인지에 대한 정의가 내려진다. 따라서 우리가 학교 교육과 그 목적을 어떻게 말하느냐는 중요하다. 사회가 정치인에게, 정책 입안자가 언론에, 교장이 교사에게, 교사가 학생에게, 부모가 자녀에게 어떻게 말하는지 그 모두가 중요하다. 말이 초점을 형성하고, 초점이 에너지를 이끌며, 그 에너지가 우리의 행동을 규정하기 때문이다.

결과에 대해 다르게 생각하기

양질의 교육이란 무엇이며, 우리 사회에서 학교 교육의 목적이 무엇인지 생각해 보기 위해 간단한 사고 실험을 하나 해 보자. 학부모, 교사, 관리자 등 전 세계의 다양한 사람과 이야기를 나눌 때 나는 다음과 같은 질문을 던지며 시작한다. **"여러분이 가르치는 아이들이 어른이 되었을 때 어떤 사람이 되기를 바라시나요?"** 여기서 '가르친다'라는 말은 교육을 가장 광범위한 의미로 칭하고자 쓴 것이기에 이 질문은 교사뿐 아니라 학부모와 관리자에게도 적용된다. 특히 학부모와 대화할 때는 자신의 자녀뿐만 아니라 학교의 모든 학생을 함께 고려해 달라고 강조한다. 이를 통해 학부모는 교육에 훨씬 더 광범위한 이해관계를 가진 사회 구성원으로서 그 결과를 고려하게 된다. 지금 잠시 시간을 내어 이 질문에 어떻게 대답할지 생각해 보라. 우리가 학교에서 가르치는 아이들이 성인이 되었을 때 어떤 사람이 되기를 바라는가?

나는 종종 사람들에게 '분필 대화Chalk Talk' 루틴 (Ritchhart, Church, & Morrison, 2011)을 사용해 이 질문에 참여하도록 한다. 이 루틴은 개인이 자신의 생각을 큰 전지에 기록해 조용히 공유한 다음, 각 개인들이 아이디어를 공유하면서 다른 사람의 생각을 읽고, 의견을 덧붙이고, 질문을 던지고, 더 자세한 설명을 요구하며, 서로의 의견을 연결함으로써 이루어진다. 10분이 지나면 특정 집단의 구성원들이 바라는 졸업생의 모습을 매우 구체적이고 풍부하게 묘사할 수 있을 것이다. 우리는 호기심이 많고, 적극적으로 참여하고, 인내심 있고 공감할 줄 아는 사람, 위험을 감수하고 새로운 것을 기꺼이 시도하는 사람, 문제 해결 능력이 있고, 창의적이며, 무언가에 열정을 갖고, 경청할 줄 알고, 열린 마음을 지닌 사람을 원한다. 또한 건강하고, 공동체에 헌신하며, 타인을 존중하고, 분석적이고, 탐구심이 강한 사람을 원한다. 평생 학습자이자, 열렬한 독자이며, 비판적 소비자이고, 남을 돕고, 동정심이 많으며, 세계적 관점을 가지고, 자신의 실수로부터 기꺼이 배우고, 협력적이고 상상력이 풍부하고, 열정적이고, 적응력이 뛰어난 사람, 좋은 질문을 하고, 연결을 만들며, 균형 잡힌 시각을 가진 비판적 사고력을 갖춘 사람을 원한다. 그 외에도 목록은 다양한 설명과 여러 자질을 연결하는 화살표들로 계속 확장될 것이다.

전 세계의 서로 다른 집단이 만든 목록과 내용을 살펴보면, 놀라울 정도로 서로 비슷하다는 점이 흥미롭다. 디트로이트 교외의 한 학교, 멜버른의 남학교, 유럽의 국제 학교 교사 모임, 홍콩의 학부모 모임, 차터 스쿨*, 뉴욕 시내의 고등학교 등 어디든 상관없이 비슷한 특성이 반복해서 나타나는 경향이 있다. 학습을 이끄는 호기심, 탐구심, 질문하기 같은 특성들이 자주 강조된다. 또한 창의성, 문제 해결력, 위험을 감수하는 태도, 상상력, 탐구심 등 혁신을 촉진하는 특성도 그렇다. 다른 사람들과 함께 일하고 잘 어울리는 데 필요한 협력, 공감, 경청, 남을 잘 돕는 태도 같은 능력도 마찬가지고, 분석, 연결 짓기, 비판적 사고 등 복잡성을 다루는 능력을 뒷받침하는 것도 있다. 마지막으로, 우리 모두를 세상 속에 자리매김하게 하는 특성들도 나타난다. 예를 들어 세계 시민으로서, 공동체의 일원으로서, 환경에 대한 자신의 영향을 인식하며 소통할 수 있는 사람으로서의 모습이다.

눈치챘겠지만 이 특성들 속에 전통적인 학업 능력은 거의 등장하지 않는다. 그렇다고 해서 그러한 능력이 중요하지 않다는 뜻인가? 물론 아니다. 다만 그 능력들은 우리가 함께 세상에 내보내고자 하는 학생상을 충분히 정의해 주지 못한다. 또한 그것들은 21세기에 기업들이 채용하려는 인재상과도 다르다. 인적자원과 교육 및 기업 컨소시엄(Conference Board, Partnership for 21st Century Skills, Corporate Voices for Working Families, & Society for Human Resource Management, 2006)은 미국 전역의 400개 기업을 대상으로 실시한 설문 조사에서, 고용주들에게 학업과 응용 기술을 모두 포함하는 목록을 준 뒤 잠재적 지원자에게서 원하는 기술의 순위를 매

---

* charter school. 정부의 공적 자금으로 운영되지만 일반 공립학교와는 달리 교육 당국의 각종 규제에 얽매이지 않고 교육과정이나 운영 방식이 자유로운 학교를 말한다.

　사고력이 폭발하는 교실을 위한 8가지 도구

겨 달라고 요청했다. 그 결과 전문성, 직업윤리, 협업, 의사소통, 도덕성, 사회적 책임, 비판적 사고, 문제 해결과 같은 응용 기술이 전통적인 학업 능력을 제치고 1위를 차지했다. 갓 고등학교를 졸업한 구직자들의 경우에만 전통적인 학업 과목인 독해력이 중요도 면에서 상위 다섯 번째에 올랐다. 고용주들의 이 목록은 토니 와그너^{Tony Wagner}(2008)가 비즈니스 리더들과의 인터뷰에서 언급한 자질을 반영하고 있다. 와그너는 이를 '비판적 사고와 문제 해결', '협업', '민첩성과 적응력', '주도성과 기업가 정신', '의사소통 능력', '정보 분석 능력', '호기심과 상상력'이라는 7가지 생존 기술로 정리했다.

혹자는 기업들이 높은 수준의 기본 기술과 지식을 당연한 것으로 간주하기에 이러한 실무 역량은 그저 덤일 뿐인 능력이라고 주장할 수 있다. 하지만 앞서 언급한 설문 조사에서는 그렇지 않은 것으로 나타났다. 예비 고용주들은 학업 능력의 결핍을 인정하면서도 지원자들의 학업 준비도보다 실무 능력이 더 중요하지만 부족하다고 평가했다. 부족한 항목 가운데 가장 높은 순위는 학업과 실무 역량이 겹치는 범주에서 나왔다. 지원자들의 72퍼센트가 작문 능력이 부족하며, 그 실무 역량격인 서면 의사소통 능력은 지원자의 80.9퍼센트가 부족한 것으로 파악됐다. 그다음으로 부족한 역량은 리더십, 전문성, 비판적 사고와 문제 해결, 외국어, 자기 주도성, 창의성, 수학, 구두 의사소통 등의 실무 역량과 학업 능력 모두로, 나열한 순서순이었다. 지원자의 50퍼센트 이상이 이 모든 역량에서 부족한 것으로 나타났다. 이 조사의 가장 큰 시사점은, 응용 기술은 부가적이지 않고 직업 세계를 대비하는 데 필수적인 부분으로 간주된다는 것이다.

혁신과 발명을 촉진하는 평생 학습 역량을 함양한다는 목표는 국제적으로도 지지받고 있다. 2011년 학업 성취도 평가 ^{Programme for International} ^{Student Assessment, PISA}에서 측정한 최고 성적을 거둔 국가들의 교육 관행에 대한 연구에서, 마크 터커^{Marc Tucker} (2011)는 "교육 목표에 대한 명확성과 합의를 달성하고자 해당 국가에서 기울이고 있는 관심에 놀랄 수밖에 없다."(p.5)라고 보고했다. 그가 속한 집단인 '교육과 경제를 위한 국가 센터^{The National Center on Education and the Economy}'는 특히 아시아 국가들에서 인지적 기술뿐만 아니라 글로벌 경쟁력과 개인적 성취감을 촉진하는 비인지적 기술의 발달에 대한 관심을 발견했다. 이러한 정서는 2002년 싱가포르 교육부 장관인 타르만 샨무가라트남^{Tharman Shanmugaratnam}의 발언에 잘 나타나는데, 그는 싱가포르 학생들이 "계속 배우려는 의지와 실험, 혁신, 위험을 감수하는 능력"을 개발해야 할 필요성을 최우선 과제로 삼았다(Borja, 2004, p.30). 마찬가지로 중국 공산당 중앙위원회는 중국의 교육이 "특정 시험 점수를 달성하고 주입된 지식을 되풀이하는 능력을 심어 주는 것보다 학생들에게 창의성과 실용적인 능력을 심어 주는 데 중점을 두어야 한다."라고 밝혔다(Zhao, 2006).

교사와 학부모가 중요하다고 꾸준히 강조해 온 자질은, 직업 세계에서 바라는 역량들과 마찬가지로 다른 교육 기관이나 연구 자료 등에서도 그 필요성이 제기되고 있다. 2002년에 나는 『지적 특성^{Intellectual} ^{Character}』이라는 책에서 여러 집단에서 강조해 온 마음가짐, 지적 열정, 사고 성향에 대한 요구를 검토한 결과, 해당 집단들이 호기심, 열린 마음, 전략적 사고, 건강한 회의주의, 진실 탐구자, 메타 인지라는 6가지 특성에 동의하는 것을 발견했다. 국제 바칼로레아 학습자상은 탐구하는 사람, 지식이 풍부한 사람, 사고하는 사람, 소통하는 사람, 원칙을 지키는 사람, 열린 마음을 지닌 사람, 배려하는 사람, 도전하는 사람, 균형 잡힌 사람, 성찰하는 사람 등이다. 마찬가지로 학습 역량 강화 이니셔티브(Claxton, Chambers, Powell, & Lucas, 2011)는 이미 언급한 여러 가지 역량과 매우 유사한 성찰력, 수완, 호혜성/협력, 회복 탄력성을 중심으로 약 스무 개의 학습 역량을 개발하고자 한다. 철학자들은 이러한 특성이 일련의 지적 덕목을 포괄한다고 본다. 다시 말해, 표준화된 시험을 구성하고 졸업 요건을 정의하며 대학 입학의 문지기 역할을 하는 보다 전통적인 학업 능력은 이 목록에 명시적으로 나타나지 않는다.

따라서 양질의 교육이란 무엇이며 그것이 무엇을 제공해야 하는지에 대한 새로운 비전은 데이터에서 드러난다. 다양한 어휘가 쓰이고 특성이 조금씩 다르게 해석되기는 하지만, 결과적으로 드러나는 것은 **소통하고 혁신하며 협력하고 문제를 해결할 수 있는, 적극적이고 능동적인 사고력을 갖춘 학생상**이다. 우리는 개별적인 지식의 집합이 아니라 학습에 동기를 부여하고 유용한 지식의 창출로 이어지는 광범위한 특성을 발달시키는 일을 가장 중요하게 여겨야 한다. 이를 21세기 학습자의 모습이라고 말하는 사람도 있고(Trilling & Fadel, 2009), 균형 잡힌 시민이 된다는 의미로 보는 사람도 있으며(Arnstine, 1995; Meier, 2003), 이 정의를 글로벌 역량의 일부로 통합하는 사람도 있다(Boix-Mansilla & Jackson, 2011). 나는 이러한 학생상을 양질의 교육이 제공하는 비전으로 본다. 우리는 이를 가르치고 모든 학생이 이것을 달성할 수 있도록 노력해야 한다. 그렇다면 중요한 질문이 생긴다. 어떻게 하면 이 비전을 실현할 수 있을까? 현재 우리들의 학교는 '생각하는 사람으로서의 학생'이라는 비전을 실현하는 데 있어 어떤 성과를 거두고 있을까? 학교를 진정으로 변화시키고자 동원하고 익혀야 할 힘은 무엇일까? 이것이 바로 이 책이 탐구하는 질문들이다.

문화 습득으로서의 교육

성찰하는 능력, 상상력, 호기심, 창의성 등 앞서 언급한 다양한 목록에서 발견되는 자질은 **성향**으로 분류되고는 한다. 성향은 행동에 동기를 부여하는 지속적인 특성이나 기질을 말한다. 어떤 사람에게 호기심이 많다고 말하는 이유는, 그가 시간이 지나도 여러 상황에서 질문, 탐구, 조사와 같은 행동 패턴을 반복해서이다. 우리의 성향은 인간으로서, 사고하는 사람으로서, 학습하는 사람으로서 우리가 누구인지를 정의한다. 이전 저술에서 나는 사고하는 사람으로서 우리를 정의하는 성향이 우리의 지적 특성을 구성한다고 주장한 바 있다(Ritchhart, 2002).

우리는 이러한 성향을 질 높은 교육의 결과라는 측면뿐만 아니라, 테드 사이저^{Ted Sizer}의 표현을 빌리자면 교육이 남긴 것, 즉 시험을 위해 연습하고 암기한 내용이 모두 잊힌 뒤에 남는 것으로도 생각할 수 있다. 교실을 떠난 뒤에도 오랫동안 기억에 남는 것은 무엇일까? 맷 데이먼^{Matt Damon}은 2011년 7월 30일 워싱턴D.C.에서 열린 '우리 학교 살리기' 집회에서 이 남은 것들의 중요성을 강조하며 다음과 같이 연설했다. "오늘날 제 삶을 돌아보면 상상력, 연기에 대한 애정, 글쓰기에 대한 열정, 배움에 대한 사랑, 호기심 등 제가 가장 소중하게 여기는 것은 모두 제가 양육되고 배운 방식에서 비롯되었습니다. 그리고 방금 언급한 자질들, 제가 그토록 소중히 여기는 자질들은 모두 제게 큰 기쁨과 직업적 성공을 가져다주었습니다. 나를 나답게 만드는 이 자질들은 누구도 시험으로 측정할 수 없습니다."

이러한 성향의 핵심적인 측면은 특정 기능과 행동을 통해 드러나기는 하지만 직접 가르치거나 테스트할 수는 없다. 생각해 보라. 호기심이나 위험 감수 또는 협동심에 관한 단원을 가르친 다음 객관식 시험을 통해 학생들의 발달 정도를 평가하는 것은 터무니없는 일이다. 물론 학생들이 해당 성향에 대해 '배울' 수는 있겠지만, 그 성향 자체를 개발할 가능성은 거의 없다. 오히려 이 자질들, 즉 성향은 오랜 시간에 걸쳐 발달되어야 한다. 이것들은 다양한 환경에서 육성되어야만 뿌리를 내릴 수 있고, 그래야 그 능력이 필요할 때 발현될 가능성이 높아지기 때문이다. **성향은 문화 속에서 길러져야 한다. 즉 문화에 몰입함으로써 학습되어야 한다.**

러시아의 심리학자 레프 비고츠키의 가장 유명한 명언은 "아이들은 주변 사람들의 지적 생활을 통해 성장한다."(1978, p.88)이다. 이 말은 문화 습득의 의미를 아름답게 포착하고 있다. 이는 어린이가 익숙해지기를 바라는 종류의 지적 생활, 정신 활동, 학습 과정으로 어린이를 둘러싼다는 의미다. 이 말은 '배움을 배우는' 과정이 누군가에게서 가르침을 받는 것이라기보다는, 진정한 활동 속에서 다른 사람들과 함께 깨치는 도제식 학습임을 시사한다. 비고츠키의 말을 마음에 새긴다면 가정, 학교, 교실을 면밀히 살펴보고 우리 아이들이 어떤 지적 생활을 하고 있는지 자문해야 한다. 아이들은 어떤 모델을 보고 있는가? 어떤 기회를 경험하고 있는가? 일상에서 어떤 사고가 가치 있게 여겨지고 중시되며 장려되고 있는가?

이야기 구현으로서의 문화

부모는 자녀의 지적, 도덕적 인격을 형성하고 기질을 함양하는 데 중요한 역할을 한다. 부모는 자녀에게 가장 중요한 모델이다. 부모의 가치관과 성향은 자녀에게 그대로 드러나며, 자녀는 부모의 행동을 가장 먼저 모방한다. 동시에 사고, 학습과 관련된 성향에 있어서는 학교가 사회에서 특별한 역할을 한다. 학교는 배움의 장소로 설계되었기 때문에 학습이 무엇이고, 어떻게 이뤄지며, 어떤 종류의 학습이 가치가 있는지에 대한 중요한 메시지를 전달한다. 학생들은 매일매일, 매해마다 배움에 대한 이야기를 듣는다. 문화 습득은 외부의 사회적 환경과의 상호작용을 통해 반복적으로 경험하는 메시지와 가치, 전달되는 이야기를 점진적으로 내면화하는 과정이다. 이러한 내면화는 우리가 환경에서 일관적으로 반복되는 메시지와 가치를 식별하고 받아들이는 과정이기에 시간이 걸린다.

문화가 우리가 전달하는 이야기라는 개념은 내가 수년 동안 학교, 조직과 함께 일하며 사용해 온 은유다. 이 개념은 『이스마엘』*이라는 책에서 처음 소개되었다. 이 소설의 작가 대니얼 퀸Daniel Quinn은 숙련된 교사와 회의적이지만 의지가 있는 학생 간의 대화에 독자를 초대해 지구상에서 인류 역할의 본질이 무엇인지 다룬다. 인간에 대해 얻은 지혜를 텔레파시로 전수하고자 하는 이스마엘이 고릴라라는 사실이 이야기에 약간의 반전을 더한다. 초반에 이스마엘은 대화의 핵심이 될 몇 가지 정의, 특히 '문화'에 대한 정의를 제시한다. 그는 문화를 "이야기를 구현하는 사람들의 집단"이라고 정의하고, 이야기의 구현은 "이야기를 현실로 만드는 것"이라고 말한다. 소설에서 말하는 이야기는 인간, 세계, 신 사이의 관계에 관한 것이다. 이 은유를 바탕으로 나는 학교 문화를 '이야기를 만들어 가는 사람들의 집단'으로 정의한다. 그 이야기는

---

*　Ishmael. 1992년에 출간된 소설로, 인간 존재의 의미와 환경에 대한 책임을 탐구하는 작품.

교사, 학생 그리고 학습 행위 사이의 관계에 관한 것이다. 모두가 그 이야기의 주인공이며, 이야기를 강화하고 현실로 만드는 방식으로 행동한다.

오랫동안 사람들은 문화가 스토리텔링storytelling을 통해 전달될 수 있다고 생각해 왔다. 마찬가지로 문화가 전통, 행동, 상징적 행위 그리고 기타 수단을 사용해, 무엇이 가치 있고 의미 있는지에 대한 메시지를 전달한다는 생각도 일반적으로 널리 퍼져 있다. 캐럴린 테일러Carolyn Taylor(2005)는 비즈니스 고객을 대상으로 쓴 글에서 이 개념을 한 단계 더 발전시켜 "문화 관리는 메시지 관리이며, 이러한 메시지의 근원을 찾아서 충분히 바꿀 수 있다면 문화를 바꿀 수 있다."(p.7)라고 말한다. 문화를 드러내고 형성하는 데 있어 메시지의 역할은 분명 중요하다. 그러나 나는 개인적 가치와 집단적 가치를 역동적으로 실천함으로써 문화를 자기 강화적이고 지속적으로 만들어 가는 과정이 더 강력하다고 본다. 만들어지는 과정 중에 있는 이야기의 힘에 대한 이러한 관점은, 문화를 형성하는 데 있어 모든 참여자의 공생적 역할과 리더가 가진 특별한 역할을 이해하는 데 도움이 될 수 있다.

따라서 학교나 교실의 문화를 이해하려면 각각이 전하고 있는 학습에 대한 이야기를 살펴봐야 한다. 신념, 메시지, 가치, 행동, 전통, 루틴 등이 문화 그 자체는 아니다. 하지만 이야기의 핵심을 강화하므로 문화를 드러내는 중요한 지표가 된다. 이 요소들은 우리가 학습에 대한 이야기를 파악하는 수단이다. 이를 염두에 두고, 문화를 변화시키는 방법을 알아보기 전에 학습에 대한 이야기 3가지를 살펴보자. 첫 번째는 오래된 이야기, 즉 우리 각자가 학생 시절에 들었던 이야기다. 두 번째는 오늘날 학교와 교실에서 지배적인 현재의 이야기다. 세 번째는 우리가 앞으로 만들어 가야 할 새로운 이야기다.

교육에 대한 오래된 이야기

우리는 모두 각기 다른 학교 교육 경험을 가지고 있다. 어떤 교사와 어떤 교실에서 경험을 했느냐에 따라 서로 다른 경험, 심지어 정반대의 경험을 말할 수도 있다. 그럼에도 학창 시절에 들었던 학습 이야기를 개별적으로 되짚어 보는 일에는 의미가 있다. 이는 교사, 교장, 교실 보조 교사, 박물관 교육자 또는 기업 강사와 부모에게도 마찬가지다. 우리가 학생이었을 때 들었던 이야기는 우리의 자녀, 학생들과 상호작용하는 방식에 긍정적으로든 부정적으로든 영향을 미칠 가능성이 높다.

마이클은 자신의 학교 경험에서 반복되는 주제가 다음과 같다고 말한다.

학교에 처음 입학했을 때부터 구분, 변별, 능력에 대한 이야기를 들었어요. 우리는 독서 모임에 속해 있었는데, 누가 잘하고 누가 어려움을 겪는지 어렵지 않게 파악할 수 있었어요. 1학년 말에 저는 또 다른 종류의 분류, 즉 유급을 경험했습니다. 성적을 올리지 못했고 또래 친구들과 어울리지 못했어요. 어떤 이유에서인지 이듬해에도 저는 여전히 독서량이 낮은 집단에 속해 있었습니다. 그렇게 중학교에 올라가서 실과 반에 배치됐고 고등학교에서는 직업 반에 배치되었죠. 제가 원하는 것이 무엇인지에 대한 이야기는 전혀 없었고, 그저 구분과 서열화가 일방적으로 강요된 거예요.

제이슨은 초등학교 시절의 경험을 가장 생생하게 기억한다.

학교를 늘 조용해야 하는 곳으로 기억하고 있습니다. 우리는 말을 할 수 없었죠. 한번은 선생님이 저에게 말씀하셨어요. "왜 떠들고 있니? 과제가 안 끝났잖아." 말을 하는 것과 과제를 끝내는 것이 상관 있다니, 얼마나 이상한지 생각했던 기억이 납니다. 저는 일 처리가 느린 편이어서 과제를 일찍 끝낸 적이 없었어요. 그래서 절대 말을 하지 않았죠. 물론 쉬는 시간이 제 탈출구였어요. 그게 제게는 진짜였죠. 교실은 아니었고요.

루스는 단 한 번의 수업이 큰 인상을 남긴 중요한 경험을 했다.

대수학 수업이 기억납니다. 대수학은 새롭고 색달랐고 흥미진진했습니다. 단순히 합을 구하는 것보다 퍼즐을 푸는 것이 훨씬 더 재미있었어요. 어느 날, 수업 시간에 선생님이 어려운 문제를 설명하시는데, 다른 방법이 있을 것 같은데 왜 그렇게 하셨는지 그 이유를 알아내려고 문제에 완전히 몰두해 애썼던 기억이 납니다. 제 나름대로요. 제가 옳다는 확신이 들 때까지 계속 고민했죠. 제 방식은 효과가 있었어요. 용기를 내서 손을 들어 물어보았습니다. 선생님은 이미 그 질문에 대한 답을 했다고 하시면서, 안 듣고 있었던 것 아니냐고 말씀하셨습니다. 그날부터 저는 그 수업에서 더 이상 질문을 하지 않았고, 수학을 잘하기는 했지만 그 과목에 흥미를 잃었어요. 제가 받은 메시지는 학교는 스스로 문제를 해결하는 곳이 아니라 선생님의 말씀을 듣는 곳이라는 것이었습니다.

니콜의 학습에 대한 이야기는 우리에게도 익숙하다.

성적과 선생님을 기쁘게 하는 것이 전부였어요. 저는 공부를 잘했지만 많이 배운 것 같지는 않아요. 제도를 교묘히 활용했고 그 대가로 보상을 받았어요. 성적을 마치 점수를 기록하는 수단처럼 이용했을 뿐이죠.

맥스의 기록에서도 비슷한 주제가 등장한다.

빨리하는 것이 중요했어요. 시험과 철자 맞추기 등 모든 일에 항상 제한 시간이 있던 기억이 납니다. 일찍 끝내면 똑똑하다는 뜻이었죠. 선생님의 질문에 먼저 손을 들고 대답하는 거요? 똑똑함의 표시였죠. 결국 경쟁처럼 느껴졌습니다.

마르셀라의 주제는 거리와 배제였다.

제 언어와 문화는 학교에서 대표되지도, 인정받지도 못했어요. 스페인어를 사용하면 안 된다는 말을 들었죠. 물론 친구들끼리는 사용했지만 들키지 않도록 조심해야 했어요. 도움을 요청하거나 쉬는 시간 중에 잡담을 하는 등의 간단한 일도 영어로 해야 했죠. 우리 모국어는 뭔가 문제가 있고, 학교는 우리가 속한 곳이 아니라 잠시 머무는 낯선 곳이라는 인상을 받았습니다. 처음에는 수업의 일부만 이해할 수 있었기 때문에 항상 어려움을 겪었고요. 결국 우리는 좋은 학습자가 아니라는 메시지를 받은 셈입니다.

이 글들은 '오래된 이야기' 중 몇 가지일 뿐이다. 어쩌면 여러분의 학교 경험과 맞닿아 있을 수도 있다. 이 이야기들의 주제는 강력하고 날카롭다. 학교는 학생을 분류하는 장치라는 것이다. 그 시스템 안에서 적응하거나, 적응하지 못하거나 둘 중 하나다. 대화와 담화의 여지는 없으며, 학습은 혼자 앉아서 개별적으로 공부하고 연습하는 행위이다. 학습은 협동이라기보다는 경쟁이며, 빠른 것은 곧 똑똑한 것이고, 질문을 할 여지는 없으며, 성적을 얻는 것이 학습의 전부다. 이러한 주제는 학생들의 경험을 형성하고 학습을 바라보는 시각을 형성하며, 경우에 따라 진정한 학습이 무엇인지를 왜곡하기도 한다.

소개한 이야기들이 긍정적이지는 않지만, 전부가 그렇다고 암시하려는 것은 아니다. 학부모와 교육자 집단에게 학생 시절에 겪은 학습 이야기를 공유해 달라고 요청하면 항상 앤토니아가 해 준 것과 유사한 이야기를 듣게 된다.

초등학교 5학년 때 선생님이 기억납니다. 선생님은 배움에 대한 열정이 넘쳤고 항상 신이 나 있었습니다. 가 본 새로운 장소나 경험에 대한 이야기를 늘 해 주시고는 했지요. 그 열정은 전염성이 있었습니다. 여러분도 그 선생님의 세계에 속하고 싶은 마음에 공부가 하고 싶어졌을 거예요. 그분과 나눈 대화는 늘 제 마음에 남아 있습니다. 선생님은 제가 교사가 되기로 결심한 큰 이유 중 하나입니다.

학부모와 교육자로서 우리는 변화를 만드는 개인의 힘을 잊지 말아야 한다. 부정적이고 비생산적이며 사기를 떨어뜨리는 학습에 대한 이야기를 긍정적인 이야기로 바꿀 수 있는 것이다. 동시에 사회, 학군 또는 학교 차원에서 우리는 학생과 교사가 만들어 내는 지배적인 이야기가 무엇인지 살펴봐야 한다. 시간이 흐름에 따라 우리는 학습과 사고에 대해 어떤 메시지를 전달하고 있을까?

오늘날의 이야기는 무엇이 다른가

학생들이 항상 자신의 장기적인 교육적 필요를 가장 잘 평가하지는 않겠지만, 그들은 교육의 초점과 그것이 자신들에게 얼마나 의미 있는지를 평가하는 데 있어 훌륭한 척도가 될 수 있다. 학생들은 자신이 지적으로 몰입할 때와 아닐 때를 잘 알고, 자신이 인간으로서 진정 배우고 발전하고 있을 때를 매우 능숙하게 안다. 우리는 그들의 목소리에서 오늘날 학교에서 벌어지는 학습에 대한 이야기를 찾을 수 있다. 학생들을 성과와 목적에 대한 대화에 참여시키는 것은 모든 학교와 교사에게 중요하다. 이는 모두가 함께 노력할 수 있는 공동의 임무를 개발하는 데 도움이 되기 때문이다. 영국의 '학습력 강화 계획Building Learning Power initiative'(Claxton et al., 2011)에서는 교실을 정기적으로 점검할 때, 학교에서 중요하게 여기는 사고방식을 찾고자 학생들을 포함시킨다. 호주 시드니의 마사다칼리지Masada College에서도 학생들은 사고 문화 이니셔티브의 일부를 기획하는 데 참여하고 있다. 교실과 학교에서 이뤄지는 학습 이야기가 더 잘 드러나려면, 학생들이 경험하고 있는 학습에 대한 인식을 이끌어 내야 한다. 이를 위한 제안은 이 장의 마지막 부분에서 찾을 수 있다.

역사상 그 어느 때보다도 전 세계 학생들이 소셜 미디어, 블로그, 유튜브, 인터넷 뉴스 사이트를 통해 자신의 목소리를 내고, 자신이 경험하는 학습에 대한 이야기를 나누고 있다. 뉴욕 사이아싯 고등학교Syosset High School에 재학 중인 16세 학생 니킬 고얄Nikhil Goyalt(2011)은《허핑턴포스트The Huffington Post》에 시험 준비에 집중하는 것이 어떻게 "교실 학습을 잠식"했는지에 대한 기사를 썼다. 그는 "창의력, 상상력, 발견, 프로젝트 기반 학습"에 더 집중해야 한다고 말했다. 대학생 댄 브라운Dan Brown이

2010년에 발표한 유튜브 영상 〈교육자들에게 보내는 공개 편지Open Letter to Educators〉에서 그는 창의성과 혁신을 촉진하기보다 정보 전달에만 전념하는 시스템에서 탈피하기로 결심한 이유를 설명한다. 그는 "내가 받는 학교 교육이 내 학습을 방해하고 있었다."라고 말한다. 문화인류학자 마이클 웨쉬Michael Wesch (2008)는 이를 "교육이 우리가 살아가면서 함께 창조하는 세계에 대한 중요하고 의미 있는 탐구가 아니라 성적을 따는 단순한 게임으로 전락한"(p.5), "의미의 위기"라고 표현했다. 2007년, 캔자스 주립대학교Kansas State University에서 자신이 가르치는 학생들이 등장하는 유튜브 동영상 〈오늘날 학생들의 비전A Vision of Students Today〉에서 그는 이러한 단절을 포착했다.

《틴잉크Teenink.com》에서 소피아Sophia. W. (2011)는 APAdvanced Placement 과정을 "절대적으로 터무니없는Absolutely Preposterous 대량 교육 무기"라고 재명명하며, 이 과정들은 학생들에게 어떻게 생각하는지가 아니라 무엇을 생각해야 하는지만 가르친다고 비판하는 날카로운 기사를 썼다. 그녀는 이러한 과정들이 학생들을 자신의 아이디어, 의견, 창의성 그리고 이성으로부터 멀어지게 한다고 주장한다. AP 과정과 실제 학습 사이의 단절에 대한 소피아의 주장은 2006년 하버드대학교Harvard University와 버지니아대학교University of Virginia의 연구자들이 AP 과학 과정이 대학에서의 성공에 크게 기여하지 않는다는 사실을 발견한 연구(Bradt, 2006)로 입증되었다. 대신 이 연구에서는 AP의 광범위한 진도 위주의 접근 방식보다는, 몇 가지 주제에 집중해 심층적으로 연구하는 것이 과학 분야의 대학 학업 성공을 더 잘 예측하는 지표임을 발견했다. 대학 진학 준비라고 홍보되는 방식이 실제로는 그렇지 않다는 것이다.

이 목소리들에서 드러나는 학습에 대한 이야기는 학교가 지루하고 무의미하며, 주로 암기에 집중한다는 것이다. 물론 이러한 목소리는 불만과 좌절을 표현하고자 매우 공개적인 포럼에서 발언한 사람들의 것이다. 따라서 이 상황이 얼마나 일반적인지는 다수의 학생에게 물어봐야 합리적일 것이다. 훨씬 더 대표성 있는 갤럽 청소년 설문 조사 Gallup Youth Survey(Lyons, 2004)에서도 이 주제를 찾아볼 수 있는데, 이 설문 조사에서 중고등학생들은 형용사 목록에서 평소 학교에서 느끼는 감정을 설명하는 단어 세 개를 선택하라는 질문을 받았다. 그 결과 가장 많이 선택된 단어는 '지루함'으로, 학생 중 50퍼센트가 선택했다. 두 번째는 '피곤'으로, 42퍼센트가 선택했다. 그다음은 '행복'과 '도전 의식'으로, 각각 31퍼센트였다. 이는 확실히 좀 더 희망적이고 긍정적인 감정이지만 학생들이 스스로를 '평균 이상' 또는 '상위권에 가깝다'고 생각할 때에 긍정적인 형용사를 선택할 가능성이 더 높았다는 점에 주목해야 한다. 이는 학생들이 경험하고 있는 학습에 대한 이야기가 능력에 따라 다를 수 있음을 나타낸다.

국립 아동건강과 인간발달 연구소 National Institute of Child Health and Human Development에서 실시한 초등학교 경험에 대한 큰 규모의 종단 연구 중 하나(Pianta, Belsky, Houts, Morrison, & National Institute of Child Health and Human Development Early Child Care Research Network, 2007)에서도 이와 동일한 경험 패턴을 확인할 수 있다. 현재 진행 중인 연구에는 학생 1364명이 학교를 다니면서 경험하는 수업 유형을 평가하기 위한 교실 관찰이 포함되어 있는데, 가장 최근의 평가인 5학년 학생 평가는 33개 주, 302개 학군(대부분 중산층)의 502개 학교(공립 및 사립)에 분산된 737개 교실에 재학 중인 956명의 학생(일부 학생은 연구 참여에서 중도 탈락)을 대상으로 진행되었다. 이들을 관찰한 결과, 학생들은 시간 중 58퍼센트를 기본적인 기능 학습에, 13퍼센트 미만을 분석과 추론을 포함하는 고차원적 학습에 사용하는 것으로 나타났다. 또한 수업 시간의 5퍼센트 미만이 협동 작업과 관련이 있었고, 관찰된 수업 에피소드 중 1퍼센트 미만(각 교실에서 약 6시간)만이 학생들의 참여도가 높은 사례로 분류되었다. 이러한 교실에서 나타나는 이미지는 대니얼 핑크Daniel Pink가 표현한 것과 유사하다(Starr, 2012). "착한 아이는 순응하고 소위 문제아는 반항적이지만, 그 누구도 수업에 참여하지 않는 경우가 너무 많다."

학년이 올라갈수록 상황이 나아지리라고 기대할 수 있지만 연구 결과는 그렇지 않은 것으로 나타났다. 미국 내 스물네 개 학교에서 대학 생활을 하는 2300명의 학생을 추적 조사한 대학 학습 평가Collegiate Learning Assessment에 따르면 2학년이 끝날 때까지 비판적 사고, 복잡한 추론, 글쓰기의 주요 측정 항목에서 유의미한 향상을 보인 학생은 절반을 약간 넘는 55퍼센트뿐이었다(Gorski, 2011). 4년 과정을 마칠 때까지도 64퍼센트가 이러한 측정 항목에서 약간 개선되었을 뿐이다. 이 연구에 따르면 학생들의 전반적인 학교 경험은 마이클 웨쉬의 유튜브 동영상에서 학생들이 보고한 것과 비슷했다. 즉, 독서는 현실과 관련성이 없고, 글쓰기는 거의 이뤄지지 않으며, 강의는 정보를 전달할 뿐 학생들에게 생각을 요구하지 않는다(Wesch, 2007). 미주리대학교University of Missouri 신입생 줄리아 라이네커Julia Rheinecker는 "올해 배운 것의 대부분은 고등학교 때 이미 배운 거예요. 제가 기대했던 만큼 저를 밀어붙이지는 못했어요."(Gorski, 2011에서 인용)라고 말했다.

이러한 보고서들을 보면 많은 사람이 경험한 과거의 이야기와, 암기식 학습과 성적 그리고 많은 경우 현실과 관련 없는 교육과정을 강조하는 현재의 이야기 사이에 큰 차이가 없는 것처럼 보일 수 있다. 일각에서는 시험과 책임에 대한 오늘날의 강조가 오히려 학교가 학생들에게 주어야 할 기회를 넓히기보다 좁힌다고 주장한다(Meier, 2003; Ravitch, 2011; Ritchhart, 2004; Rose, 2009; Wagner, 2008; Zhao, 2009). 학교에서는 학습 문화가 아니라 시험 문화가 형성되고 있으며, 시험 점수는 오르지만 학습, 이해, 참여는 감소하는 모습을 볼 수 있다는 것이다(Shepard, 2000).

이를 비교할 수 있는 충분한 역사적 데이터는 없지만, 현재의 교육 정책이 실제로 학습을 개방하고 창의력을 증진하며 사고를 촉진하는 데 방해를 한다는 증거는 있다. 전미교육협회National Educational Association가 2000~2001년에 실시한 설문 조사(2003년)에서 공립학교 교사의 61퍼센트는 시험이 실제 교수와 학습을 방해한다고 응답했다. 이 설문 조사는 훨씬 더 많은 시험을 의무화한 '한 아이도 뒤처지지 않기No Child Left Behind' 개혁이 시행되기 전에 행해진 것이다. 에릭 리우Eric Liu와 스콧 노프브랜던Scott Noppe-Brandon (2009)은 그들의 저서 『상상력 우선Imagination First』에서 시험 문화가 교육의 의미에 대한 우리의 관점을 어떻게 왜곡시켰는지 지적한다. "너무 많은 공립학교가 가능성을 외면하고 측정 가능한 것에만 집중합니다. 그 결과, 너무 많은 학생이 학교 밖 세상에서 능숙한 학습자가 되기보다는 시험에 더 잘 대비하도록 준비하게 됩니다"(p.30). 영국에서는 국가 교육과정에 초점을 맞추다 보니 교사가 학생들에게 열정, 창의성, 사고력, 대응적인 교육과정*을 구현하기가 더 어려워졌다. 교사들은 교육이 표준화, 중앙 집중화되고 직업 중심적으로 이뤄지도록 강조됨에 따라 어려움을 겪고 있다(Claxton et al., 2011; Lipsett, 2008; Maisuria, 2005; Robinson, 1999; Wagner, 2008).

---

* responsive curriculum. 학생들의 필요와 반응에 맞춰 조정되는 교육과정. 학생들이 수업에 적극적으로 참여하고, 그들의 생각과 경험이 교육의 중심이 되는 것을 목표로 한다.

국가 교육과정과 이에 대한 시험을 도입하면서 호주의 정책 입안자들은 미국과 영국에서 실시된 유사한 개혁 노력이 어떤 영향을 미쳤는지 살펴보았다. 한 분석에 따르면 "전국적으로 모든 학생을 대상으로 하는 시험은 깊이 있는 개념적 이해와 현대 정보 기반 사회에서 필요한 복잡한 지식과 기술을 촉진하는 교육 방법보다는 얕고 피상적인 학습을 촉진하는 경향이 있다"(Queensland Studies Authority, 2009, p.3)라는 결론을 내렸다. 그럼에도 책임성, 부가가치, 측정 가능한 결과라는 개념에 매료된 정책 입안자들은 미국과 영국에서 드러난 시험 정책의 실패를 그대로 답습할 시행할 태세이며, 그러한 시험이 교사와 학생 모두의 학습에 대한 이야기를 왜곡하고 변형한다는 증거를 무시하는 것으로 보인다.

앞서 언급한 니킬 고얄은 교실을 시험 준비 공장으로 비유했다. 실제로 교육정책센터Center for Educational Policy는 2001~2002년 이후 미국 대부분의 학군(84퍼센트)에서 시험 내용에 집중하고자 교육과정과 수업 시간 배정을 변경했다는 사실을 발견했다(McMurrer, 2007). 『글로벌 성취도 격차The Global Achievement Gap』의 저자 토니 와그너는 미국 최고의 공립학교와 사립학교의 교실을 방문하고 학교 전체 수업을 참관해 학생들에게 제공되는 지적 도전을 평가했다. 전형적인 수업 참관 사례들에서 그는 고차원적 사고가 필요한 활동에 할애되는 시간은 거의 없으며, 교사들은 단순한 사실을 떠올리게 하는 수준 이상의 질문을 거의 하지 않는다는 사실을 발견했다. 모든 학생이 적극적으로 참여하고 사고하는 학급을 발견하면 운이 좋은 것이었다. 나의 연구 팀이 영국의 직접 교수 수업(외부에서 정한 교육과정에 명시된 특정 목표를 달성하기 위해 교사가 수업을 진행하는 교실)에서 교사의 발문을 분석한 연구를 했을 때에도, 교사의 질문 대부분(58퍼센트)이 절차적 성격이거나 내용 복습에 초점을 맞추고 있다는 사실을 발견했다. 학생들의 사고를 자극하고, 탐구하고, 촉진하려고 고안된 질문은 10퍼센트뿐이었다. 미국의 전통적인 고등학교 수학 수업에 대한 조 볼러^{Jo Boaler}의 연구에서 그녀는 질문의 거의 모든 것, 즉 97퍼센트가 기억과 복습에 관련된 것임을 알아냈다(Boaler & Brodie, 2004).

이 다양한 보고들은 몇 가지 주제를 드러낸다. 학교에서 학습은 보통 지루하고, 주로 사실을 암기하고 반복하는 일을 포함하며, 학생들의 사고는 거의 요구하지 않고, 일반적으로 고립된 활동이라는 점이다. 이러한 주제들은 또 다른 공통된 이야기 줄거리인 '경쟁'을 통해 많은 추진력, 생명력 그리고 지속성을 얻는다. 학습은 협력적인 활동이 아니라 경쟁적인 활동이라는 생각이 우리 교육 시스템에 깊이 뿌리내리고 있다. 이 시스템에서는 석차, 내신 성적, 시험 점수 등이 성취의 척도이자 대학 프로그램 입학 기준으로 사용된다. 다큐멘터리 〈어디에도 없는 경주^{Race to Nowhere}〉(Attia, 2010)에서는 이 경쟁이 학생들에게 미치는 영향을 탐구한다. 경쟁은 그것에 뛰어든 많은 학생들에게 스트레스, 무관심, 소외감, 부정행위, 창의성 상실, 전반적인 정신 건강 문제 등을 초래하며, 이 경쟁에 참여하지 않거나 시험 문화에서 배제된 학생들은 높은 중퇴율을 기록한다. 이 다큐멘터리는 주로 경쟁이 치열한 공립학교와 사립학교에서 배움보다는 성적과 점수가 학교의 목적이 되었다고 느끼는 학생들의 목소리를 대변한다. 다큐멘터리 감독 비키 H. 아벨레스^{Vicki H. Abeles}와 작가 미아모네 아티아^{Miamone Attia}는 딸이 스트레스로 질병을 앓은 데서 영감을 받아 학교에서 현재 일어나는 학습의 이야기를 변화시켜야 한다는 경각심을 불러일으키고자 했다.

켄 로빈슨^{Ken Robinson}(2010)은 500만 명 이상이 시청한 인기 테드^{TED} 강연 〈학습 혁명을 일으키자!^{Bring on the Learning Revolution!}〉에서 또 다른 경

각심을 이끌어 냈다. 로빈슨은 이 강연에서 교육적 결과로서, 개인 맞춤형으로 인간 잠재력을 키우는 것이 시급하다고 강조한다. 이는 그가 이끈 위원회가 영국 교육부와 고용부 장관에게 제출한 보고서에도 나타난 주제다 (Robinson, 1999). 로빈슨은 테드 강연에서 이 필요를 인적자원의 위기라고 말하며, 이는 교육이 사람들로 하여금 자신의 타고난 재능을 발견하고 발전시키도록 돕기보다 오히려 그들과 그들의 자연스러운 재능을 분리시키기 때문에 초래되었다고 설명한다. 그는 이러한 불균형과 인적자원 소멸의 책임을 오늘날 학교에서 전해지는 지배적인 학습 이야기에서 찾는다. 특히 그는 이야기에서 '선형성'과 '순응'이라는 두 주제를 찾아낸다. 학교는 학생들이 좋은 대학에 진학하는 것을 최종 목표로 삼아 학습을 하나의 트랙으로 제시한다. 그러나 이러한 선형적인 교육관은 학습과 인간 발달의 유기적인 특성을 무시한다. 또한 이 선형성은 교육을 다른 사람들보다 빠르고 더 나은 성과를 내어 더 좋은(더 선별된) 대학에 진학하는 경쟁으로 보게 만든다.

선형성 비판에 더해, 순응은 문제를 더욱 심화시키는 주제이다. 즉 모든 사람에게 맞는 교육 시스템이 존재할 수 있다는 생각이다. 교육과정, 시험, 교육 방식의 표준화에 대한 요구가 증가하는 현상에서 이러한 경향성을 볼 수 있다. 로빈슨(2010)은 "우리는 패스트 푸드식 교육 모델에 우리를 팔아넘겼고, 그것은 패스트 푸드가 육체를 고갈시키는 것만큼이나 우리의 정신과 에너지를 고갈시키고 있다."라고 말한다. 그는 교육의 질이 순응에서 온다고 믿는 대신, 표준화보다 '맞춤화'를 추구할 때 최고의 질에 도달할 수 있다고 제시한다. 로빈슨은 순응에 초점을 맞추면 창의력과 상상력이 죽는다고 주장한다. 이는 단순한 믿음 이상의 사실이다. 토런스 창의력 테스트^{Torrance Creativity Test}에 참여한 어린이와 성인 약 30만 명의 점수를 검토한 결과, 1990년대 이후 점수는 지속적이고 "매우 유의미하게" 감소하고 있으며, 미국 초등학생의 점수는 "가장 심각한" 하락세를 보이고 있다(Bronson & Merryman, 2010).

물론 앞에서 학습에 대한 '오래된 이야기'를 살펴봤을 때처럼, 현재 이야기에 대한 이 검토도 부분적인 관점일 뿐이라고 생각해야 한다. 더 매력적이고 깊이 있는 학습 이야기를 들려주는 학교와 교실도 분명히 존재한다. 디즈니의 미국 우수 교사상 프로그램American Teacher Awards program에서 일하고 '창의 교실Creative Classroom' 시리즈를 공동으로 저술하면서 나는 훌륭한 선생님들을 많이 알게 됐다. 여러분도 훌륭한 학교와 역동적인 교사들을 알고 있을 것이다. 그렇지만 우리는 학생들이 학교와 교실에서 학습을 어떻게 경험하고 있는지에 대해 너무 성급하게 자화자찬하거나 안주해서는 안 된다. 이는 더 넓은 범위와 장기적인 관점에서 봐야 할 문제다.

학생들에게 들려주고 싶은 학습 이야기를 진솔하게 밝혀내려면 어느 정도의 용기, 야망 그리고 인내가 필요하다. 그렇게 한 뒤에는 그 이야기가 우리가 학생들에게 진정으로 원하는 것과 어떻게 일치하는지 평가해야 한다. 우리는 과연 학생들을 우리가 바라는 성인으로 키우고 있는 것일까? 이 조율은 쉽지 않은데, 시험에서의 낮은 성과가 무엇이 질 높은 교육인지, 또 교육이 무엇을 제공해야 하는지를 판단하는 기준이 되도록 우리가 허용해 버렸기 때문이다. 우리가 만드는 학습에 대한 이야기는 학생으로서 우리가 한 경험을 통해서도 형성된다. 그것이 우리가 아는 유일한 이야기이기 때문에 우리는 현상 유지를 영속화하고 강화하는 경향이 있다. 이런 식으로 학교의 문화, 우리가 만들어 가고 있는 학습 이야기는 우리에게 보이지 않게 된다. 그러나 앞서 언급한 대규모 연구 결과에 나타난 것처럼, 지금 학교에서 지배적인 이야기는 학생들에게 도움이 되지 않거나 우리가 중요하다고 말하는 결과를 충분히 촉진하지 못한다. 따라서 우리는 학습에 대한 다른 이야기를 들려주는 일을 고민해야 한다.

학교를 위한 새로운 이야기가 필요하다

새로운 이야기를 만들려면 교육의 목적과 비전을 재고해야 할 뿐만 아니라 비전을 실행하고 전달하는 학교의 운영 방식과 기능도 검토해야 한다. 이야기를 바꾸고 앞서 설명한 것처럼 전과 다른 결과를 달성하려면, 학습이란 무엇이며 어떻게 이뤄지는지에 대한 새로운 메시지를 전달해야 한다. 새로운 메시지를 만들고 전달하는 것은 쉬운 일이 아니다. 우리는 정말 말을 행동으로 옮겨야 한다. 오래된 이야기와 그에 따른 관행이 학생, 교사, 학부모인 우리 안에 뿌리 깊게 자리 잡고 있기 때문에 익숙한 방식으로 돌아가기 쉽다. 다음 장에서는 집단 문화 속에서 작동하는 힘을 어떻게 모아 새로운 이야기를 구현해 낼 수 있는지를 집중적으로 살펴볼 것이다. 하지만 먼저 우리 스스로 새로운 비전을 꿈꾸고 그 본질을 명확하게 표현할 수 있어야 한다.

교육자들은 꿈꾸는 것을 어려워하고는 한다. 우리 주변의 장벽, 제약, 구조를 뚫을 수 없는 것으로 보는 경향이 있기 때문이다. 시간표, 외부 시험, 대학 입학 요건, 50분의 수업 시간, 정부의 지침, 연간 진도 측정, 외부 감독관, 학부모의 기대 등 때문에 제도가 바뀌지 않는 한 할 수 있는 일은 아무것도 없다며 체념한다. 기술을 통해 학교를 변화시키는 데 관심이 있는 교육 운동가 데이비드 제이크스David Jakes(2012)도 학교와 그 비전을 생각할 때 이야기라는 은유를 사용한다. 그는 우리의 언어를 한계의 언어에서 가능성의 언어로 바꿔야 한다고 제안한다. "새로운 이야기를 만들기 위해서는 '그래, 하지만'이라는 사고방식을 과감히 버리고, '만약에?'라는 질문을 던져야 한다."

새로운 이야기를 향해 던져 볼 만한 몇 가지 '만약에'를 생각해 보자.

- 학교가 학생의 시험 준비보다 평생 학습 준비에 중점을 둔다면 어떨까?
- 학교가 개인이 시험에서 거둔 성과가 아니라 집단이 함께 성취한 성과로 성공을 측정한다면 어떨까?
- 학교가 학생의 지적 인성 개발을 가장 중요한 소명으로 삼는다면 어떨까?
- 단순한 지식 습득이 아닌 기능과 지식의 이해와 적용이 목표라면 어떨까?
- 학생이 학교의 교육과정에 단순히 순응하는 것이 아니라 진정으로 학습에 몰입한다면 어떨까?
- 학생이 자신의 학습에 더 많은 통제권을 가진다면 어떨까?

학교를 다시 생각하고 새로운 교육 비전을 꿈꾸는 데 도움이 되는 '만약에'라는 질문은 무궁무진하다. 여기에 소개된 질문들은 '만약에'가 교사와 학생에게 어떤 의미를 갖는지 탐구하면서 여러분과 여러분의 동료들이 새로운 사고를 하고 풍부한 꿈을 꾸는 데 도움이 될 것이다. 또한 여러분 스스로의 '만약에' 질문을 만들어 개별적으로 또는 전문가 집단의 일원으로서 탐구해 보는 것도 좋다.

이 책의 핵심을 이루는 '만약에' 질문은 다음과 같다. **만약에 학교, 교실, 박물관, 회의, 조직에서 생각하는 문화를 발전시키기 위해 노력한다면 어떻게 될까?** 이 질문을 진지하게 받아들여 학교와 조직을 변화시키려 한다는 것은 곧 집단 문화를 형성하는 힘을 활용해 새로운 이야기를 구현하려 한다는 뜻이다. 이러한 힘들에 대해서는 추후에 자세히 다룰 것이다. 그러나 '어떻게'라는 주제로 들어가기 전에 우리의 이야기가 무엇인지를 더 분명히 해야 한다. 우리가 이루고자 하는 목표는 무엇인가? 전달하고자 하는 핵심 메시지가 명확해야만 이 이야기의 본질을 포착해 새로운 비전의 중심이 될 때까지 반복해서 전달할 수 있을 것이다.

이 이야기에서 학교, 교실, 조직은 **개인의 사고뿐만 아니라 집단적 사고를 모든 집단 구성원의 일상적인 경험의 일부로서 소중히 여기고, 가시화하며, 적극적으로 장려하는 장소다.** 이것이 바로 우리 이야기의 핵심이다. 우리는 학습자와의 모든 상호작용에서 사고를 가치 있게 만들고, 가시화하며, 적극적으로 장려하기 위해 끊임없이 노력해야 한다. 이는 우리가 설계하는 수업의 일부로, 평가 과정의 중심으로, 그리고 우리 교수법의 일부로 통합되어야 하며, 우리가 하는 모든 일에 일반적으로 포함되어야 한다. 우리의 사명을 이해하고 그에 수반되는 것이 무엇인지 더 잘 알려면 이러한 각 핵심 활동(사고를 가치 있게 만들고, 가시화하며, 적극적으로 장려하는 것)을 조금 더 분석할 필요가 있다.

우리는 사고의 가치에 대한 강력한 메시지를 보내는 것부터 시작해야 한다. 물론 어떤 교육자가 사고력을 중요하게 생각하지 않는다고 말하겠는가? 하지만 실제로 학교는 학생들에게 사고의 가치와 중요성에 대해 매우 엇갈리는 메시지를 전달한다. 당면한 과제에 대해서는 명확하게 전달하지만, 그 과제를 수행하는 데 필요한 사고에 대해서는 그러지 않을 때가 많다. 학생들은 암기가 학습에 필요한 유일한 도구라는 메시지를 너무 자주 받고, 학습을 더 현실적으로 만들 교실 밖의 복잡한 질문이나 연결을 가져올 여지는 없다는 인식을 갖게 된다. 우리가 진정으로 사고를 소중히 여긴다면 우리가 추구하는 사고의 종류와 그것이 왜 중요한지, 그리고 그것이 학습이나 과제 수행에 어떻게 도움이 되는지를 명확히 설명할 수 있어야 한다. 우리는 학습이 사고의 결과임을 전달해야 하며, 우리가 덧붙이는 부가적인 것이 아니라 우리 자신과 타인의 학습을 촉진하기 위해 적극적으로 참여해야 하는 과정이라는 점을 강조해야 한다.

그렇다면 어떤 종류의 사고가 가치 있을까? 우리는 무엇을 추구하는 것일까? 물론 학습 상황에 따라 다르겠지만, 대체로 우리는 학생들이 사물에 대한 자신의 이해를 발전시키는 데 사용할 수 있는 사고방식에 능숙해지기를 원한다. 예를 들면 다음과 같다.

- 질문하기, 퍼즐 맞추기, 연구 대상과 아이디어의 신비와 의미를 궁금해하기
- 자신의 사전 지식뿐만 아니라 학문 내, 학문 전반에 걸친 연결을 포함해 사물 간의 연결을 비교하거나 대조하기
- 지속적으로 발전하는 지식과 이해를 바탕으로 끊임없이 변화하고 발전하는 설명, 해석, 그리고 이론을 구축하기
- 문제, 아이디어, 사건에 대한 편견을 파악하고 보다 균형 잡힌 시각을 개발하고자 다양한 관점과 대안적 시각에서 사물을 검토하기
- 세부 사항, 뉘앙스, 숨겨진 측면을 완전히 인식하고, 실제로 무슨 일이

   사고력이 폭발하는 교실을 위한 8가지 도구

일어나고 있는지를 관찰해 자신의 해석과 이론의 기초 증거 확보하기

- 자신의 해석, 예측, 이론, 주장을 정당화하고 지지하기 위해 증거를 식별하고 수집하며 그 증거를 바탕으로 추론하기
- 주제의 복잡성과 과제를 깊이 파고들어 표면 아래에 있는 것을 인식하고, 단지 피상적인 이해에 그치지 않도록 하기
- 사물의 핵심 또는 본질을 포착해 그것이 실제로 무엇인지를 분별하기

이 목록들이 사고 유형의 전체는 아니다. 나와 동료들은 효과적인 사고를 구성하는 요소에 대해 더 자세히 설명한 적이 있지만(Ritchhart et al., 2011), 이 목록은 좋은 출발점이 될 수 있다. 또한 앞서 언급한 목표 중 일부를 잘게 나누어 그것들이 요구하는 사고의 유형을 분석할 수도 있을 것이다. 문제 해결에는 어떤 종류의 사고가 중요한가? 어떤 종류의 사고가 혁신과 창의성을 촉진하는가? 효과적인 소통가나 옹호자가 되려면 어떤 종류의 사고가 필요한가? 어떤 종류의 사고가 글로벌 역량을 개발하는 데 도움이 될까? 이 목록과 일부 중복되기도 하겠지만, 새로운 유형의 사고도 등장할 것이다.

우리가 장려하려는 사고의 종류가 명확해지면, '사고'라는 매우 포착하기 어려운 개체를 가능한 한 가시화하려고 노력해야 한다. 그렇게 함으로써 사고도 교육과정의 일반적인 부분인 개념, 지식, 기능과 함께 개발의 대상이 될 수 있다. 사고를 가시화하면 학생들이 무엇을 이해하고 있는지뿐만 아니라 그것을 어떻게 이해하고 있는지를 들여다볼 수 있는 창을 얻게 된다. 학생들의 사고를 드러내면 학생들의 통찰력뿐만 아니라 오해에 대한 증거도 얻을 수 있다. 사고를 가시화해야 하는 이유는, 그것이 학생들의 학습을 다음 단계로 끌어올리고 학습 아이디어

에 대한 지속적인 참여를 가능하게 하는 기회를 계획하는 데 필요한 정보를 제공하기 때문이다. 학생들이 무엇을 생각하고 있는지를 이해해야만 교사는 이해를 쌓아 가는 과정에 그들을 더 잘 참여시킬 수 있고, 지원에 필요한 정보를 얻을 수 있다. 따라서 학생들의 사고를 가시화하는 것은 우리의 수업에서 지속적인 구성 요소가 되어야 한다.

교사들은 학생들에게 지식을 발견하는 질문과 기억력을 테스트하는 질문을 하는 데 익숙하다. 개별적으로나 집단적으로나 우리는 학생들에게 자신들의 생각을 발견하고 탐구하며 발전시키는 질문도 더욱 잘 던져야 한다(Ritchhart, 2012). 그런 다음 학생들의 이야기를 진정으로 듣고자 그들의 의견에 귀를 기울여야 한다. 경청한다는 것은 상대방에게 적극적이고 진정성 있는 관심을 갖는다는 의미다. 그렇게 할 때 우리는 학생들에게 그들의 생각과 아이디어가 중요하고, 그것들이 대화의 일부이며 학습에 필수 요소라는 메시지를 전달할 수 있다. 그런 뒤에는 다음 단계로 넘어가서, 학생들의 생각을 기록함으로써 집단적 사고와 이해를 향한 공동체의 발전 과정을 남길 수 있다. 이 기록은 우리의 사고와 그 발전에 대해 검토하고 이야기하는 방법 중 하나이며, 학습을 포착하고 발전시키는 수단이다. 또한 학생들의 사고를 기록하는 행위 자체가 그들에게 생각의 가치와 중요성에 대한 중요한 메시지를 전달한다.

하지만 가시화에서 멈춰서는 안 된다. 학생들이 소통하고, 혁신하고, 협업하고, 문제를 해결할 수 있는 능동적인 학습자이자 적극적인 사고력을 갖춘 사람으로 성장할 수 있도록 그들의 사고를 적극적으로 발전시키고 촉진하는 방법도 모색해야 한다. 이는 교육의 주요 목표 중 하나가 내용에 대한 이해력 개발과 함께 사고력 향상이어야 함을 의미한다. 이 이중 초점, 즉 클랙스턴^{Claxton} 등(2011)이 '분할 화면 교육'*이라고
부른 것은 사고를 중시하고 이를 가시화하려는 우리의 노력에 의존하
고 이를 기반으로 한다. 이로써 우리의 3가지 목표가 완성된다.

진지하게 사고력을 장려하고자 하면 대부분의 교사는 새롭고 다소
덜 알려진 영역으로 이동하게 될 것이다. 한편으로, 어떤 기술이든 그
것을 활용할 수 있는 기회가 있어야 발전한다. 따라서 교사들은 생각할
기회를 만들고 이를 위한 시간을 제공해야 하는데, 진도에 대한 압박
속에서 항상 쉬운 일은 아니지만 그럼에도 그 시간은 반드시 필요하다.
또 연습만으로는 진전과 의미 있는 발전을 보장할 수 없다. 연습에 대
한 피드백과 코칭도 필요하다. 이러한 종류의 코칭을 할 때는 학생들의
노력을 순간적으로 미세하게, 상황에 맞게, 내재적으로 평가해야 한다.
이는 학습자의 노력을 촉진하고 자극하는 평가이며, 순전히 형성적인
성격의 평가다.

나는 이 맥락에서 '평가'라는 단어를 사용하기가 주저되는데, 이 단
어는 교육자들에게 많은 부담을 안겨 주기 때문이다. 어떤 사람들은 이
단어를 듣자마자 빨간 펜이나 성적표를 머릿속에서 지우지 못한다. 또
다른 사람들은 다양한 형태의 학교 기반 평가가 학습과 교수 과정에 미
치는 부정적인 영향 때문에 움츠러들어, 가장 즐거운 탐구 활동조차도
교사가 채점해야 하는 단순한 '일'로 전락시키고 만다. 그러나 이러한
평가 방식은 학생들의 사고력 향상에 도움이 되지 않는다. 우리가 추구
하는 것은 코치가 경기장에서 사용하는 형태의 평가다. 선수의 발전 상
태를 파악하고 성과를 다음 단계로 끌어올리고자 필요한 것을 식별하

---

* split-screen teaching. 교수법의 한 유형으로, 수업 중 2가지 이상의 학습 초점을 동시에 강조하는
방식을 의미한다. 학습 내용과 학습 과정을 동시에 강조하는 접근법이다.

는 능력이다. 이것이 바로 코치의 기술이며, 효과적인 교사의 기술이기도 하다. 사실상 누구나, 그리고 점점 더 많은 것들이 정보를 전달할 수 있다. 진정한 학습은 강력한 정신적 참여의 기회를 창출하고, 자신보다 더 전문적인 사람의 세심한 안목과 목표 지향적인 피드백이 동반될 때 발전한다.

새로운 이야기의 창조와 비전 실현

이 장에서는 학생들이 능동적인 학습자이자 효과적인 사고자가 되어 창조하고, 혁신하며, 문제를 해결할 수 있는 태도를 기르는 것을 질 높은 교육의 결과라고 새롭게 정의했다. 이는 오늘날의 세계에서 성공을 위해 가장 필요한 결과물이다. 비록 완전히 새로운 얘기는 아니지만, 시험 점수에만 초점을 맞추다 보니 이 메시지는 우리의 관심을 거의 끌지 못하고 주변적인 관심만 받아 왔다. 그러나 이는 교육자로서 우리의 더 높은 비전을 보여 주는 결과이며, 학교 관료주의의 낡은 제약에서 벗어나 꿈을 꿀 때 우리가 무엇을 성취할 수 있는지를 보여 준다. 학생들과 우리 모두에게 열정, 에너지 그리고 추진력의 원천이 되기도 한다.

우리는 그곳에 이르는 데 필요한 수단이 무엇인지 확인했다. 바로 문화 습득이다. 우리는 학생들이 성장할 수 있는 지적인 삶으로 그들을 둘러싸야 한다. 이를 위해서는 먼저 현재 우리가 메시지를 통해 학생들에게 전달하는 학습 이야기를 파악하고 평가해야 한다. 이 장의 끝부분에는 이를 수행하기 위한 몇 가지 아이디어가 제시되어 있다. 그런 다음 우리는 이러한 메시지를 변화시켜 사고가 가치 있고, 가시적이며,

모든 집단 구성원의 일상적인 경험의 일부로 적극적으로 장려되는 새로운 학습 이야기의 문화를 학생들이 습득할 수 있도록 해야 한다. 비전을 실현하고 학교를 변화시키기 위해 우리는 문화의 형성자이자 메시지 관리자가 되어야 한다.

하지만 이미 확립된 문화 안에서 메시지를 어떻게 바꿔야 할까? 학생과 우리 모두를 위한 새로운 학습 이야기를 어떻게 만들 수 있을까? 집단 문화의 안팎을 이해해 그 힘을 활용하고 새로운 이야기를 전달하려면 어떻게 집단 문화를 형성해야 할까? 다음 장에서부터는 집단 문화를 형성하는 8가지 힘을 보면서 이러한 질문들을 살펴보자.

- 갤럽 청소년 설문 조사의 방법을 사용해 형용사 목록 스물다섯 개를 작성하라. 긍정적인 형용사 열 개(참여적인, 흥미 있는, 호기심 많은 등), 중립적인 형용사 다섯 개(힘들이지 않는, 편안한, 괜찮은 등), 부정적인 형용사 열 개(피곤한, 지루한, 좌절한 등)를 준비하면 된다. 학생들에게 목록에서 그들이 일반적으로 학교에서, 특히 학급에서 어떻게 느끼는지를 설명하는 단어 세 개를 선택하도록 하라. 학생들이 학업적으로 그들 자신을 '상위', '평균 이상', '평균' 중에서 어떻게 보는지를 묻는 질문을 하라. 응답 패턴은 무엇을 말해 주는가?

- '이 수업의 학습 활동에 대한 나의 성찰' 조사(부록 A 참고)를 사용해 특정 수업에 가장 많이 나타나는 사고 유형에 대한 학생들의 견해를 평가하라. 학생들의 견해는 여러분의 견해와 어떻게 일치하는가?

- 가르침이 무슨 의미인지에 대해 여러분의 학교가 교사들에게 보내는 메시지를 알아보라. 교원들에게 다음의 질문에 대해 서면으로 답변하도록 하라. '우리 학교에서 경력을 시작하는 1년 차 교사가 있다면, 교사가 된다는 것이 무슨 의미인지에 대해 이 학교에서 어떤 메시지를 받을까? 어떤 종류의 전문적 대화가 우리의 시간을 차지한다고 느낄까? 만약 그들이 이 학교에 계속 근무한다면, 교사로서의 경력을 쌓는 동안 그들이 어떻게 발전하는지를 무엇을 통해 알아차리게 될 것인가?' 그 답변들을 소집단에서 공유

하고 토론하여 공통 주제를 뽑은 뒤 전체 모임에서 다시 공유하라.

- 다른 수업을 참관해 보라. 참관이 허락된 날에 단 5~10분 정도씩 짧게, 가능한 한 많은 학급을 방문해 보라. 교사의 성과 평가가 아니라 학생들의 수업 경험에 대한 전반적인 느낌을 알아보는 것이 목적이다. 참여와 몰입에 주목하라. 모든 학생이 참여하는가, 아니면 단지 몇 명만 참여하는가? 지적인 도전과 선생님이 사고를 얼마나 강하게 독려하는지를 기록하라. 그저 늘 하던 수업인가, 아니면 정말로 학생들이 파고들어 생각해야 하는가? 교실의 의사소통 분위기를 느껴 보라. 학생들은 서로 참여하고 답변을 주고받는가, 아니면 단지 선생님과의 핑퐁 대화인가? 학생들이 전체 학급에서, 소규모 모둠에서, 짝 활동을 할 때 또는 개별적으로 각각 어떻게 공부하는지 주목하라.

2장 기대

신념은 어떻게
행동을 형성할까

| 기대 |

명.

- 미래의 결과와 예상되는 성과에 대한 강한 신념의 집합.

- 지위에 따라 다른 사람들로부터 요구되는 사항.

- 특정한 행동에 따라 발생할 가능성이 높다고 여겨지는 결과. 기대는 문화 형성 요인로서 '신념 체계' 또는 '행동 이론action theory'으로 작용해, 우리가 원하는 목표와 결과를 위해 기울이는 노력에 영향을 미친다. 즉 기대는 방향을 설정할 뿐만 아니라 목표를 향해 나아가도록 돕는 내적 나침반 역할을 한다. 여기서 주목할 점은 '기대'가 일반적으로 교사들이 생각하는 방식과 다르게 정의된다는 것이다. 교사들은 보통 기대를 타인의 행동을 지도하거나 통제하기 위해 제시되는 명시적 기준으로 이해한다. 하지만 더 넓은 관점에서 보면 학생에 대한 기대, 교사 자신에 대한 기대, 학습 과정 자체에 대한 기대가 집단 문화를 형성하는 토대가 된다.

● 콜로라도 교외의 한 고등학교에서 교사 캐런 화이트Karen White의 대수학 수업을 참관하는 동안 나는 점점 불편함을 느꼈다. 1년 전에 수업을 참관할 수 있는지 인터뷰했을 때, 그녀는 자신의 수업에서 사고가 얼마나 중요한지 강조했다. 그녀는 '마음 습관habits of mind'을 촉진하는 다양한 전문가 양성 세미나를 이수했고, 학생들에게 기대하는 목표를 설명하면서 그 프로그램의 용어들을 줄줄 말했다. 또한 학습에서 메타 인지의 중요성을 강조하며 수학 수업에서 글쓰기와 수학 문제 해결을 어떻게 통합하는지 들려줬다. 이러한 대화를 떠올리며, 그녀의 교실에서 이 요소들이 실제로 어떻게 드러날지 무척 기대했다. 그러나 그녀의 수업을 처음 참관한 그날 아침, 학생들이 실제로 사고에 참여하는 순간을 찾기 어려웠다. 캐런은 매우 체계적으로 수업을 운영했다. 그녀는 교실 문 앞에서 학생들을 반갑게 맞이했고, 신속하고 효율적으로 수업했다. 모든 학생에게 단호하면서도 친절했으며, 노련한 교사답게 교실을 질서 정연하게 관리했다. 하지만 이 모든 질서와 효율성 속에서도 무언가 중요한 것이 빠져 있었다. 왜 이곳은 사고하는 공간, 즉 생각하는 문화가 자리한 교실처럼 느껴지지 않았을까?

첫날 내내 수업을 지켜보면서, 캐런이 학생들에게 매우 명확한 지침과 기준을 전달한다는 것을 확인할 수 있었다. 예를 들어 숙제로 제시한 각 문제를 풀려는 시도만 했어도 점수를 받았고, 늦게 제출해도 부분 점수를 받았기 때문에 학생들에게는 항상 숙제를 하는 것이 중요했다. 점수는 매일 집계되었고, 매주 누적 점수가 교실 게시판에 공개되어 학생들은 자신의 최종 성적을 정확히 알 수 있었다. 캐런은 학생들에게 개념을 이해하지 못하면 언제든 질문하라고 독려했으며, 그녀는 자신이 "서부에서 최고로 설명을 잘하는 선생님"이라며 필요하다면 두세 번이라도 기꺼이 설명해 주겠다고 말했다. 결국 '과제를 하고 노력만 하면 통과할 수 있다'는 것이 캐런의 교실에서 학생들이 받는 핵심 메시지였다. 수학을 잘하지 못하더라도 노력하고 성실히 과제를 하면 이듬해에 이 과목을 다시 듣지 않아도 되는 것이다. 물론 '사고'라는 단어가 언급되기는 했지만, 실제 학습 활동과 직접적으로 연결되지는 않았다. 예를 들어, 그녀는 '메타 인지'를 장려하고자 성찰 일지를 쓰도록 했지만, 이는 학습 과정 자체에 대한 분석보다는 시험이나 과제에서 자신이 어떻게 느꼈는지를 기록하는 용도로만 사용되었다. 또한 학생들이 수업 외 시간에 개별적으로 수행하는 '주간 학습 문제'도 있었지만, 이 또한 점수를 더 얻기 위한 기회일 뿐 학습 과정과 유기적으로 연결되지 않았다.

이렇게 첫 주가 지나고 학기가 계속되는 동안에도 캐런의 태도는 일관되고 체계적이었다. 그러나 학생들에게서 사고는 여전히 찾아볼 수 없었으며, 교실 분위기가 생각하는 문화에 진정으로 가까워지지는 않았다. 수업은 항상 숙제 검사로 시작되었고, 새로운 절차에 대한 명확한 설명으로 이어졌으며, 질문이 해결된 후에는 연습 문제가 추가 과제로 주어졌다. 캐런은 약속대로 매주마다 점수를 교실 게시판에 공개했으며, 수업이 시작될 때마다 과제를 늦게 냈거나 누락한 학생들에게 그 사실을 알렸다. 그러나 이러한 체계적인 운영에도 학생들의 사고는 여전히 형성되지 않았고, 교실은 결코 진정한 생각하는 문화에 가까워지지 않았다. 오히려 학생 대부분은 머릿속으로 자신이 숙제를 무난히 끝내거나 다가오는 시험을 대비하는 데 필요한 최소한의 주의와 노력이 얼마인지 계산하고 있었다. 대부분의 학생은 필요한 최소한의 노력만 기울였으며, 이를 넘어 더 깊이 사고하려는 모습은 드물었다. 결과적으로 교실은 순응과 수동성이 지배하는 공간이 되고 말았다.

학생들과 동료 교사들이 캐런의 수업을 설명할 때 많이 사용한 단어는 '질서', '명확성', '예측 가능성'이었다. 또 하나 반복적으로 등장한 단어는 '기대'였다. 캐런은 학생들에게 명확한 기대를 설정했고, 학생들은 수업에서 자신에게 무엇이 요구되는지 잘 알고 있었다. 실제로 이러한 평가는 나의 관찰과도 일치했다. 캐런은 기대를 매우 명확히 설정하고 이를 효과적으로 전달했으며, 일관성 있게 유지했다. 이는 분명 칭찬할 만한 점이었다. 그러나 아이러니하게도 이 기대가 생각하는 문화를 조성하는 데 오히려 장애물이 되고 있었다. 어째서일까? 왜 학생들의 행동과 수행에 대한 명확한 기대가 오히려 그들의 사고력을 기르는 데 방해가 된 것일까?

이 현상을 이해하고 학습 집단에서 기대가 문화적 힘으로 어떻게 작용하는지를 더 잘 이해하려면 2가지 유형의 기대, 즉 '지시'와 '신념'을 구분해야 한다. 학교와 교실에서 '기대'라고 할 때, 우리는 흔히 교사가 학생들에게 요구하는 행동이나 수행 결과를 떠올린다. 즉 학생에 **대한** 우리의 기대다. 이러한 기대가 성취 기준과 같은 형태로 하위 위치에 있는 사람에게 제시될 때 그것은 강력한 요청 또는 명령의 성격을 띤다. 이것을 윗사람이 아랫사람에게 내리는 지시라고 생각해 보라. 그 목적은 책임자가 타인의 수행에 대해 바라는 바를 명확하게 규정하는 것이다. 분명히 하자면, 학생이나 부하 직원에게 이러한 행동 기준이나 과제 수행 기준을 전달하는 것 자체가 잘못은 아니다. 오히려 효과적인 교사와 리더들은 항상 그리고 일관되게 명확히 소통한다. 캐런 역시 바로 그런 교사였다.

반면 두 번째 유형의 기대는 더 깊고 체계적이며, 궁극적으로 더 강력한 힘을 발휘한다. 이는 사물의 본질과 그것이 어떻게 작동하는지에 대한 우리의 신념에 뿌리를 둔 기대다. 학습 집단을 두고 보자면, 이러한 기대는 교수, 학습, 사고, 학교 또는 조직 자체의 본질에 대한 작동 이론으로 작용한다. 이는 학생들을 **위한** 기대이기도 하다. 이러한 신념은 우리의 관심을 집중시키고, 행동을 이끌며, 세계관을 형성한다. 이는 나의 동료인 데이비드 퍼킨스David Perkins가 '행동 이론'이라고 부르는 개념에 기반을 둔다. 행동 이론은 우리의 행동이 어떻게 우리가 원하는 결과를 가져오는지를 설명한다. 퍼킨스(1999, p.19)는 "우리는 삶의 복잡성과 불확실성에 대처하고자 이러한 행동 이론을 활용한다."라며 이 이론의 유용성을 설명한다. 그리고 이 이론의 힘은 간결함, 단순함, 효율성에서 나온다고 말한다. 즉 이론들은 "경험적 규칙"이자 우리가 행동할 때 사용하는 "내적 나침반"으로 작용한다. 이 두 번째 층위의 기대는 교사나 리더의 행동에 지속적으로 영향을 미치며, 그들이 학생들에게 드러내는 지시보다 더 깊은 기반을 형성한다.

앨런 쇼언펠드Alan Schoenfeld 교수가 주도한 UC버클리University of California, Berkeley의 교사 모델 연구 팀은 교수 행동을 설명할 수 있는 이론적 모델을 만드는 방법에 대한 수십 년간의 연구 끝에, 목표지향 의사결정 교수모델goal-oriented decision-making model of teaching을 개발했다(Schoenfeld, 2010). 이 모델에 따르면, 교사의 목표와 신념에 대한 이해가 교수 행동을 설명하는 기초가 된다. 실제로 쇼언펠드는 "어떤 사람의 지향, 목표, 그리고 자원을 충분히 상세하게 알면, 그 사람의 행동을 거시적 수준뿐만 아니라 순간순간의 미시적 수준에서도 설명할 수 있다."(p.iv)라고 주장한다.

쇼언펠드의 모델은 교사들이 특정한 교육 방법이나 절차에 따라 움직이기보다는 교수법, 학습, 그리고 학교의 의미와 목적에 대한 깊은 신념 체계, 즉 '지향'에 의해 강하게 그리고 암묵적으로 인도된다는 점을 강조한다. 이러한 기대에 기반한 신념 체계의 힘은 단순히 새로운 교수법을 제공하는 것만으로는 수업을 변화시키기 어렵다는 사실에 대한 설명이 될 수 있다. 실제로 교사들은 새로운 교수법을 시도해 보지만, 그것이 기대만큼 효과를 내지 못할 수도 있다. 그러면 교사들은 그 방법 자체를 무시해 버리거나 효과가 없다고 판단하고, 자신의 신념 체계가 새로운 교수법이 가진 효과를 약화시켰을 수도 있다는 점은 인식하지 못한다.

다시 캐런의 교실로 돌아가 보자. 왜 그녀의 지시들은 생각하는 교실 문화를 만드는 데 방해가 되었을까? 사고가 중요하다는 그녀의 분명한 가치관에도 불구하고, 생각하는 문화를 구축하려는 그녀의 노력에 왜 오히려 방해가 되었을까? 문제는 캐런의 지시 자체가 '잘못되었다'거나 '틀렸다'는 데에 있지 않다. 오히려 그 지시들을 만들어 낸 행동 이론과 신념 체계가 사고를 장려하기보다 억제하는 방식으로 작동했다는 데에 있다. 결과적으로 캐런의 지시들이 기반하고 있는 더 깊은 수준의 기대와 행동 이론은 사고 중심의 수업을 지지하지 못했다. 캐런이 내린 표면적인 지시를 걷어 내고 기저에 있는 신념과 행동 이론을 들여다보면 이유를 알 수 있다.

캐런이 학생들에게 제시한 점수, 성적, 평가 방식에 대한 명확한 기준에는 학교란 작업work을 하는 곳이며, 학습을 시키려면 성적이라는 보상이나 압박으로 유인해야 한다는 신념이 담겨 있다. 이러한 관점은 1장에서 많은 사람이 자신의 학습 경험을 공유하면서 반복적으로 드러났다. 또한 캐런이 수업을 계획하고 운영하는 방식을 보면, 대수학 학습은 이해보다는 절차적 지식을 습득하는 과정이며, 암기와 반복 연습이 가장 효과적이라는 신념이 엿보인다. 이 행동 이론, 즉 '학습은 암기와 연습으로 이뤄진다'는 신념은 그녀가 학생들의 사고를 끌어내고 촉진하는 것을 어렵게 만들었다. 결과적으로 사고는 수업의 중심이 아닌 '보너스 활동'처럼 여겨졌고, 그녀는 이것을 정규 수업 활동 외의 가욋일처럼 다뤘다. 또한 캐런은 '수학을 잘하지 않더라도 학점을 이수할 수 있다'는 식으로 성적과 과목 통과에 대해 강조함으로써, 능력은 타고나는 것이며 '어떻게든 버티고 졸업하는 것'이 최선이라는 메시지를 전달했다. 즉 대수학을 이해하지 못해도 노력하면 어쨌든 과목을 통과할 수 있다는 식의 기대가 형성되면서, 학습의 목표가 이해가 아닌 과제 수행 완수로 변질되었다. 마지막으로, 캐런이 질서와 통제를 강조하는 과정에서 학생들은 교사에게 의존하는 수동적 학습자가 되었다. 학생들은 스스로 사고하지 않고 주어진 기준을 따르는 데 집중했다. 이러한 환경에서 학습의 핵심은 적극적으로 질문하고 탐구하는 대신, 교사의 지시를 충실히 따르는 것이 되어 버렸다.

이 장에서는 학습 집단에서 학생을 **위한** 우리의 기대를 형성하는 행동 이론의 기반이 되는 5가지 신념 체계를 탐구할 것이다. 이 신념들은 생각하는 문화를 촉진할 수도 있지만, 때로는 그것을 방해하는 요인으로 작용할 수도 있다. 5가지 신념 체계는 다음과 같다.

- 학습에 집중하기 vs 작업에 집중하기
- 이해를 위한 교육 vs 지식 전달을 위한 교육
- 심층 학습 전략 vs 표층 학습 전략
- 독립적 증진 학습 vs 교사 의존적 학습
- 성장 마인드셋 vs 고정 마인드셋

이 신념 체계들을 소개하기 위해, 우리는 앞서 캐런의 수업에서 신념이 어떻게 작용했는지를 간략히 살펴보았다. 이제 이 신념들을 더 깊이 탐구해 보려고 한다. 우리가 말하는 신념은 단순히 '학생에 대한 기대'가 아니라, '학생을 위한 기대'로써 우리를 이끄는 행동 이론으로 작용하며, 생각하는 문화를 형성하는 데 핵심적인 역할을 한다. 각 신념 체계들은 자연스러운 긴장 관계에 놓인 것으로 표현했는데, 그 이유는 한 행동 이론을 만드는 일은 단순히 어떤 격언을 받아들이는 것만으로는 이뤄지지 않기 때문이다. 실제 교육 현장에 필요한 행동 이론을 구축하려면 우리가 직면한 맥락 안에 존재하는 상충되는 힘을 인식하고 그 사이에서 스스로 균형을 찾으려는 노력이 필요하다. 그래야만 우리가 왜 특정한 방향을 선택했는지 제대로 알 수 있게 된다. 또한 어떤 신념이 온전한 행동 이론이 되려면, 그 신념이 어떤 행동을 이끌고 그 행동이 어떤 결과로 이어지는지를 연결 지어야 한다. 즉 하나의 신념이 어떻게 특정한 행동을 낳고, 그것이 다시 어떤 결과를 만들어 내는지 살펴봐야 한다. 마지막으로, 세상에는 수많은 목표, 신념, 기대가 존재하며, 이들도 잠재적인 행동 이론으로서 우리가 따르는 신념, 기대와 경쟁할 수 있음을 인식해야 한다. 우리의 행동 이론이 유일한 해답은 아니며 다양한 대안적 이론이 존재한다는 사실을 이해하는 것이 중요하다. 결국 기대를 명확히 설정하는 일, 즉 우리 자신과 학생들의 행동을 이끄는 신념 체계를 정립하는 일은 확고한 신념과 끊임없는 성찰을 요구한다. 단순히 신념을 받아들이는 것으로는 부족하다. 우리의 내적 나침반을 먼저 설정하고 정밀하게 조정해야만 비로소 신뢰할 수 있는 안내자를 얻게 될 것이다.

학습에 집중하기 vs 작업에 집중하기

학습을 노동에, 학생을 노동자에, 교실을 일터에 빗댄 은유는 우리가 학교와 교육을 바라보는 방식에 깊이 뿌리내려 있다. 이는 결코 우연이 아니다. 공교육이 전 세계적으로 확산된 시기는 아동 노동법이 제정되기 시작한 시기와 맞물려 있다. 찰스 디킨스^{Charles Dickens}의 대표작 『올리버 트위스트』는 아동 노동 문제를 널리 알리는 데 중요한 역할을 했으며, 이후 영국은 19세기에 아동 노동을 규제하는 일련의 개혁을 주도했다. 미국에서도 1821년 보스턴에 최초의 공립 고등학교가 설립되었고, 약 10년 뒤에는 뉴잉글랜드 농민·기계공 노동자협회^{New England Association of Farmers, Mechanics, and Other Workingmen}가 "아동들이 아침부터 밤까지 공장에서 일만 해서는 안 되며, 건강한 휴식과 지적 성장을 위한 시간이 보장되어야 한다."(timetoast, 2011)라는 결의안을 통과시켰다. 그로부터 4년 뒤 미국 매사추세츠주에서 최초의 의무교육 관련 법률이 제정되었지만, 미국 전역에서 아동 노동을 규제하는 연방법은 100년이 지난 1936년이 되어서야 겨우 제정되었다. 이와 같은 흐름은 유럽, 호주, 캐나다에서도 비슷하게 진행되었다. 그 결과 공장과 농장에서 아동 노동은 사라졌지만 학교 안으로 옮겨졌고, 교사는 새로운 관리자, 상사, 감독관이 되었다.

허민 마셜^{Hermine Marshall}(1988)은 초기 공교육 도입 이후 '노동'에 대한 은유가 교육의 거의 모든 영역에서 강하게 작용해 왔다고 지적한다. 이 은유는 단순한 표현이 아니라 교육 연구의 방향을 결정하고, 교수법의 설계에 영향을 미치며, 학교 운영의 구조를 만들고, 학생 지도 방식을 결정한다. 실제로 학교에서 사용되는 언어만 봐도 우리는 '노동'과 관련된 표현 속에서 살아가고 있음을 알 수 있다. 교장은 '최고 학문 책임자Chief Academic Officer'라고 불리고, 연구자들은 학생들의 '과업 수행 시간'을 측정하며, 학생의 학업 성취를 '부가가치'로 따진다. 예비 교사들은 '교실 관리'를 훈련받고, 교사와 학생 모두 '성과에 대한 책임'을 요구받는다. 그들은 '근면 성실함'을 배우고, 성과에 따라 '보상'을 받는다. 학생들에게는 '워크북workbook'이 제공되며, '작업 시간work time'이나 '작업 기간work period'이 주어지고, 교실에서 하는 작업seat work과 집에서 하는 작업homework이 부과된다. 이러한 경향이 얼마나 강한지를 확인하고자 런던의 어느 학교 교사 연구 팀(Claxton, Chambers, Powell, & Lucas, 2011)은 교실에서 교사들이 '작업work'과 '학습learning'이라는 단어를 얼마나 자주 쓰는지 관찰했다. 결과는 놀라웠다. '작업'이 '학습'보다 무려 마흔아홉 배 더 자주 사용되었다. 이처럼 학교에서 노동의 은유가 보편적으로 사용된다는 사실은 단순히 언어적 현상에 그치지 않는다. 이 표현들은 우리의 사고방식에까지 깊이 자리 잡고 있어, 대부분의 사람들은 그것을 당연하게 받아들이고 거의 의문을 제기하지 않는다.

왜 이것이 중요한 문제일까? 작업work이나 근로자good worker가 무엇이 문제란 말인가? 배우기 위해서는 결국 '힘을 써야work' 하는 것 아닌가? 왜 노동을 부정적으로 보는가? 노동은 원래 고귀하고 가치 있는 것 아닌가? 노동으로 선하고 의미 있는 일을 할 수도 있지 않은가? 그리고 이런 언어 표현에 집중한 논쟁은 지나치게 사소한 문제가 아닌가? 교사가 "할 일은 다 했니?Is your work done?"라고 묻든, "학습은 어디까지 진행했니?Where are you in your learning?"라고 묻든 무슨 차이가 있는 것일까? 이 질문들에 답하려면 우리가 여기서 논의하는 문제가 단순히 단어 선택의 문제를 넘어, 교사와 학생의 에너지가 어디로 향하는가에 대한 근본적인 선택의 문제임을 이해해야 한다.

조지 레이코프George Lakoff와 마크 존슨Mark Johnson은 그들의 기념비적인 저서 『삶으로서의 은유』(1980)에서, 우리가 사용하는 은유는 단순히 언어에 생동감을 더하고 풍부하게 만드는 것에 그치지 않고 우리의 경험을 조직하고 현실을 창조하는 역할을 한다고 주장했다. 처음에는 우리의 인식에서 비롯되거나 우리가 만든 어떤 적절한 연결에서 출발한 은유가, 시간이 지나 개인과 집단에 의해 반복적으로 사용되면 우리가 세계를 인식하는 방식 자체를 형성한다는 것이다. 레이코프와 존슨은 여기에서 한 걸음 더 나아가 "은유는 우리의 행동과 사고를 구조화한다. 그것들은 가장 근본적인 의미에서 살아 있으며, 우리가 살아가는 방식이 곧 은유다."(p.55)라며 은유가 단순한 표현이 아니라 우리의 행동과 사고를 구조화한다고 설명한다. 따라서 교사들이 '노동'이라는 은유를 사용할 때, 그것은 단순한 표현이 아니라 교실에서의 경험을 특정한 방식으로 규정하고 형성하는 행위다. 즉 학생들의 초점을 학습 과정이 아니라 과제 수행 완료에 맞추도록 유도하게 된다. 마셜(1990) 역시 같은 내용을 강조하며 "은유는 교실에서 문제를 인식하는 방식과 그에 대한 해결책을 설정하거나 구조화한다. 교실을 작업장으로 설정하면, 많은 사람들이 '생산성'을 높이기 위해 효율성과 더 나은 결과, 즉 더 높은 시험 점수에 보상을 제공해야 한다고 믿게 된다. 그러나 이러한 은유가 제시하는 해결책은, 그 결과물이 진정으로 의미 있는 학습인지를 무시한다. 어떤 교사들에게는 작업 시스템을 유지하는 것보다 의미 있는 학습이 덜 중요한 문제처럼 보일 수 있다."(p.96)라고 했다.

'작업 지향 교실work-oriented classroom'에서는 교사와 학생 모두 과업을 완수하는 것에 집중한다(Marshall, 1987). 이러한 교실에서 학생들은 "이거 얼마나 길게 써야 하나요?", "이거 시험에 나오나요?"와 같은 질문을 한다. 질문들은 아이디어나 학습 자체가 아니라 그저 과제 자체에 대한 것이다. 즉 학생들이 진정한 이해나 사고보다는 과제를 끝내는 것에만 초점을 맞추고 있음을 보여 준다. 이런 교실에서 교사들은 학생들의 과제를 점검하고 그에 대해 책임을 진다. 캐런의 교실에서도 볼 수 있었던 모습이다. 물론 이러한 접근 방식의 기본적인 전제는 '과제를 수행하면 학습이 이뤄진다'는 것이다. 그러나 과제를 어떻게 정의하고 구성하느냐에 따라 학생들이 그 과제를 수행하는 방식과 과제로부터 배워가는지가 결정된다. 간단한 사고 실험을 해 보자. 당신보다 높은 위치에 있거나 감독하는 상사가 시켰지만, 왜 해야 하는지 이해되지 않았던 일을 떠올려 보자. 이제, 그 일을 어떻게 수행했는지 생각해 보자. 이것이 바로 '작업'의 느낌이다. 그 작업은 당신 자신을 위한 것이 아니라 누군가를 위해 수행한 것이며, 중요한 점은 과업을 끝내는 것, 해치우는 것, 아마 상사를 만족시키는 것이었을 가능성이 크다. 이번에는 그 반대의 사례를 떠올려 보자. 누군가가 당신이 시킨 일을 했지만, 당신이 원했던 방식대로 하지 않았던 경험이 있는가? 그 사람은 왜 당신이 의도했던 대로 행동하지 않았을까? 아마도 그는 일의 목적이 아니라 '과업 자체'에 집중했기 때문일 것이다.

반면 학습 지향 교실learning-oriented classroom에서는 교사와 학생 모두 학습 자체에 우선순위를 둔다. 작업은 학습을 돕는 수단으로 존재한다. 즉 작업은 목표가 아니라 목표를 달성하기 위한 도구다. 그렇다면 이러한 교실에서는 무엇이 다를까? 우선 교사들은 과제나 활동을 소개할 때, 그 과제를 통해 학습하는 바가 무엇인지 강조한다. 이는 일반적으로 교사들이 과제 자체와 그 요건을 먼저 설명하는 방식과 대조를 이룬다. 후자의 경우, 학생들은 과제의 본질적 목적보다는 단순히 과제를 완수하는 데 초점을 맞추게 된다.

다음으로, 교사들은 개별 학생과 집단과의 상호작용을 통해 학습을 지속적으로 지원한다. 과제의 목적이 학습에 있을 때 교사들은 학생들이 같은 학습 목표를 이루는 한, 과제 수행 방식에 더 많은 선택권과 자율성을 부여하는 경향이 있다. 반대로 초점이 '과제' 자체에 맞춰져 있을 때 교사들은 과제를 수행하는 방식에 선택권을 덜 제공하고 더 많이 통제하려는 경향이 있다.

작업 지향 교실에서는 교사들이 학생들의 작업을 감독하며, 모든 학생이 과제를 수행하고 있는지 확인하는 데 초점을 맞춘다. 예를 들어, 교사들은 "다 끝냈나요?", "몇 번 문제까지 풀었죠?", "이제 4번 문제로 넘어갈 준비가 됐나요?"와 같은 질문을 던진다. 반면 학습 지향 교실에서는 교사들이 학생들의 학습 과정을 듣고 탐색하는 데 집중한다. 이들은 학생들의 사고 과정을 파악하고자 "지금까지 무엇을 했는지 이야기해 볼까요?", "어떤 질문이 떠오르지요?", "그것이 학생에게는 무슨 의미지요?"와 같은 질문을 한다. 또한 실수를 바라보는 방식에서도 학습 지향 교실과 작업 지향 교실의 차이가 드러난다. 학습 지향 교실에서는 실수를 성장과 다시 생각할 기회로 본다. 반면 작업 지향 교실에서는 실수를 무능의 표시로 여기며 가능하면 피해야 할 것으로 간주한다. 이러한 차이 때문에 학습 지향 교실의 교사들은 학생들이 학습을 발전시킬 수 있도록 조언적 피드백을 제공하는 경향이 있다. 반면 작업 지향 교실의 교사들은 학생의 수행에 대해 평가적 피드백을 제공하며, 이를 성과에 대한 판단으로 활용하는 경우가 많다.

물론 학습 지향적 관점을 형성하고 학생들이 학습에 집중하도록 돕는 과정은 단순한 몇 가지 수정만으로 되는 일이 아니다. 결국 교사는 복잡한 역할을 수행하는 존재이기 때문이다. 그러나 '과제 수행'과 '학습' 사이의 차이를 명확히 구분하는 것만으로도, 교사와 학생 모두 학습 자체에 초점을 맞추는 데 도움이 된다. 이를 통해 우리는 '학생들을 바쁘게 하고 과제에 몰두하게 하면 배울 것이다.'라는 순진한 생각 대신 '학생들이 학습에 집중하도록 하면, 그들의 이해 과정을 더 잘 모니터링하고 지원할 수 있다.'라는 더 복잡하지만 효과적인 관점을 받아들일 수 있다.

우리의 거시적 목표, 신념, 기대 그리고 행동 이론이 교수 행동에 어떻게 영향을 미치는지를 이해하고자, 콜로라도에서 행해진 한 실험(Flink, Boggiano, & Barrett, 1990)을 살펴보자. 이 연구자들은 '학습에 초점을 두고 가르치기'와 '과제 수행에 초점을 두고 가르치기'가 학생들에게 미치는 영향을 알아보고자 했다. 그들은 '교사들이 외부의 권위로부터 성과 압박을 받을 때 학생들에게 더 통제적인 교수 전략을 사용할 가능성이 높아지며, 결과적으로 학생들의 학습 성취가 저하될 것'이라는 가설을 수립했다. 연구자들은 초등학교 4학년 교사 열다섯 명을 두 개 집단으로 무작위 배정했다. 첫 번째 집단의 교사들에게는 학습 중심의 수업을 하도록 요청했다. 그들에게는 "당신의 역할은 아이들이 애너그램*과 순서 배열 문제를 푸는 방법을 배우도록 돕는 것입니다."라는 지침이 주어졌다. 두 번째 집단의 교사들에게는 과업 수행을 중심으로 수업하도록 요청했다. 그들에게는 "당신의 역할은 아이들이 애너그램과 순서 배열 문제에서 좋은 성과를 내도록 하는 것입니다. 교사는 학생들

---

* anagram. 단어나 구의 철자를 재배열해 새로운 단어나 구를 만드는 것. 예: listen→silent.

이 기준에 맞게 성과를 내도록 책임져야 합니다."라는 지침이 주어졌다. 이 두 집단의 교사들은 각각 네 명에서 일곱 명으로 구성된 소규모 집단을 지도했으며, 학생 총 267명을 대상으로 실험이 진행되었다. 모든 수업 과정은 비디오로 촬영되었으며, 이후 연구자들은 수업을 분석해 힌트 제공, 압박, 긴장감 유발, 평가적 비판, 칭찬 사용 등을 포함한 통제적인 교수 전략이 얼마나 사용되었는지를 평가했다.

　연구자들의 가설은 옳았다. 성과 압박을 받은 교사들은 더 통제적인 교수 전략을 사용할 가능성이 높았으며, 교사에 대한 압박과 통제적 교수법의 결합은 결국 학생들의 학업 성취를 저해했다. 여기서 중요한 점은, 연구자들이 교사들에게 특정한 교수법을 지시하지는 않았다는 것이다. 그들은 교사들에게 지시적이거나 통제적이어야 한다고 말하지 않았다. 단지 기대가 담긴 간단한 문장 하나만 전달했을 뿐이다. 이 실험에서 놓쳐서는 안 될 핵심은, 교사들의 행동이 '가르침'이라는 프레임에 의해 형성되었다는 점이다. 은유와 행동 이론이 작동하면서 교사들에게 특정한 행동을 유도했고, 그 결과 학생들에게도 유사한 행동 패턴이 나타났다. 작업 지향 방식이 항상 학생들의 성과 저하로 이어지지는 않았으며, 교사의 통제적인 교수 전략이 반드시 부정적인 영향을 미치지도 않았다. 문제는 바로 이 둘이 결합되었을 때, 즉 작업 지향 관점과 통제적 수업 방식이 함께 작동했을 때 학생들의 성과가 하락했다는 점이다. 이로써 촉진적 기대^{facilitative expectation}와 효과적인 수업 전략이 함께 작동해야 진정한 학습이 이뤄진다는 사실의 중요성을 알 수 있다. 즉 두 요소가 동시에 작동해야 한다.

이해를 위한 교육 vs 지식 전달을 위한 교육

'이해'와 '지식'은 학습, 교육 그리고 학교에 관한 논의에서 흔히 등장하는 개념이다. 하지만 이 두 용어는 다소 모호해서, 둘을 동일한 개념으로 여기는 사람들에게 혼란을 줄 수 있다. 예를 들어 '지식'은 사실, 절차, 기술의 축적과 저장을 의미할 수 있다. **"너 파이 크러스트 만드는 법 알아?"**라는 질문은 특정 기능이나 절차에 대한 지식을 묻는 것이다. 반면 지식은 더 넓은 의미에서 지혜 또는 세상을 이해하고 다루는 방식을 나타내기도 한다(Maleuvre, 2005). **"그는 정말 주방에서 능숙하게 일하는 법을 알고 있어."**라는 표현은 단순한 기능을 습득했다는 뜻이 아니라, 더 깊고 종합적으로 이해하고 있음을 의미한다.

'이해' 또한 다양한 방식으로 사용될 수 있다. 약 30년 전, 매들린 헌터Madeline Hunter(1982)가 '이해 점검checking for understanding'이라는 개념을 언급했을 때, 그것은 학생들이 기본적인 개념을 이해했는지를 평가한다는 의미였다. **"방금 설명한 문장 구조 다이어그램 그리는 방법을 이해했니?"** 같은 질문이 이에 해당한다. 그러나 '이해'는 단순한 개념 숙지를 넘어 훨씬 더 깊고 복잡한 학습 상태를 의미하기도 한다. 이를 잘 표현한 인물 중 한 명이 제롬 브루너Jerome Bruner(1996)다. 그는 다음과 같이 말했다. "주어진 정보를 넘어 스스로 무언가를 '해결하는' 능력을 갖는 것은 삶에서 몇 안 되는 변치 않는 기쁨 중 하나다. 학습(그리고 교수)의 큰 성취 중 하나는, 머릿속에서 개념을 조직화해 '알아야 할 것'을 넘어 더 많은 것을 아는 상태에 이르는 것이다. 이를 위해서는 성찰이 필수적이며, 자신이 알고 있는 바를 깊이 고민하는 과정이 필요하다. 성찰의 가장 큰 적은 쉴 틈 없는 속도와 끊임없이 주어지는 수많은 정보다"(p.129).

이러한 다양한 의미 중 어느 것도 틀리거나 잘못되지 않았으며, 사람들이 각자의 방식대로 용어를 정의할 권리는 분명히 존재한다. 그러나 이해라는 개념이 모호한 만큼 논의를 더 깊이 진행하기 전에, 이것을 어떻게 정의할지, 그리고 그것이 지식과 어떻게 다른지를 명확히 해야 한다. 이해는 지식을 필요로 하지만, 그것을 넘어선다. 이해는 풍부하게 통합되고 연결된 지식에 의존한다. 즉 이해는 단순히 개별적인 기능이나 사실의 집합을 보유한 것이 아니라, 우리의 지식이 서로 연결되어 하나의 개념이 다른 개념과 유기적으로 얽이는 것을 의미한다. 이러한 연결망은 우리가 아이디어를 실제로 적용하고, 새로운 상황에서 기술을 활용하며, 새로운 개념을 창조하는 데 필수적인 역할을 한다.

데이비드 퍼킨스는 이해를 "그 동네 지리에 훤한 것"이라고 비유해 설명하고는 한다. 이 표현은 하나의 주제에는 탐색할 다양한 측면이 존재하며, 우리는 늘 새로운 관점과 탐구 기회를 찾아야 함을 시사한다. 어떤 주제를 이해한다는 것은 단순히 익숙해지는 것을 넘어 그 지식을 활용할 수 있는 상태에 이른다는 의미다. 반면, 지식과 기능은 그것들을 새로운 상황에 유연하고 적응적으로 활용할 수 있도록 하는 이해 없이 고립된 채로 존재할 수도 있다. 그래서 지식을 비유할 때는 소유, 저장, 인출과 같은 개념에 초점을 맞춘다. 지식은 하나의 상품처럼 여겨지며, 마치 무언가를 가지고 있는 것으로 인식된다. 이러한 관점은 종종 지식을 가지고 있거나 가지고 있지 않다는 이분법적 사고로 이어진다. 반면 이해는 적용, 수행, 적응 등 행동에 초점을 맞추어 비유된다. 이해는 수행으로 간주되며, 단순히 '가지고 있는 것'이 아니라 '하는 것'이다. 또한 이해는 정도의 차이와 맥락에 따라 달라질 수 있으며, 본질적으로 이분법적이지 않다. 사실 어떤 이들은 이해는 결코 완전히 이뤄질 수 없으며, 절대적일 수 없다고 주장하기도 한다.

많은 교실에서 이러한 진정한 이해를 추구한다는 것은 기존의 교육 방식과는 완전히 다른, 때로는 급진적인 접근 방식을 취한다는 의미다. 여기서 말하는 이해란 하나의 주제를 다양한 관점에서 탐색하고, 개념 간의 연결을 구축하며, 오랜 신념을 비판적으로 검토하고, 실생활에서의 적용 가능성을 모색하고, 학습자가 새로운 결과를 창출하는 과정 등을 말한다. 1990년대에 스펜서재단^{The Spencer Foundation}은 사상 최대 규모의 비정부 교육 연구 프로젝트 중 하나를 지원하면서, 이해를 위한 교육이 학생과 교사 모두에게 새로운 방향을 제시한다는 점을 인식했다. 이 연구는 하버드 교육대학원^{Harvard Graduate School of Education}에서 수행되었으며, 이해 중심 교수법^{pedagogy of understanding}을 구체적으로 탐구하는 것이 목표였다. 이 연구의 근거는 기존의 교육 연구가 주로 정보 습득과 기능 학습에 초점을 맞춰 왔다는 점에 있었다. 이전 연구들은 지식과 기능을 어떻게 구조화하고, 순차적으로 배치하며, 전달하고, 평가할 것인가에 집중했다. 그러나 진정한 이해를 형성하려면 새로운 교육과정, 교수법, 새로운 접근 방식이 필요하다는 인식이 생겼고, 이를 탐구하는 연구가 필요하게 되었다. 기술이 발전하고 세계화가 더욱 빨라지며 새로운 산업과 직업 경로가 끊임없이 생겨나는 시대에, 단순히 지식과 기능을 습득하는 것만으로는 학생들이 미래를 대비하는 데 한계가 있다는 점이 점점 더 분명해졌다.

이해를 촉진하는 능력이 뛰어난 교사들의 교수법을 분석하고 정리한 결과, 이해를 위한 교육^{Teaching for Understanding, TfU} 프레임워크 모델이 탄생했다. 이 모델은 교사들이 주목해야 할 4가지 핵심 요소를 다음과 같이 정의한다.

- **생성적 주제**: 교육과정을 이해할 가치가 있는 핵심 개념 중심으로 구성한다.
- **이해의 목표**: 학생에게 단순히 알아야 할 지식 목록을 제공하는 것이 아니라 이해해야 할 핵심 목표를 소수의 명확한 개념으로 설정한다.
- **이해의 수행**: 학생이 자신의 기능과 지식을 새로운 맥락에 적용할 수 있도록 점점 더 복잡한 수행 과제를 설계한다.
- **지속적인 피드백**: 학생이 자신의 수행을 개선할 수 있도록 지속적이고 일관된 피드백과 평가 정보를 제공한다.

간단해 보이는가? 하지만 교사들이 실제 교실에서 이를 적용하려면 새로운 사고방식과 많은 노력이 필요하다. 동시에 학생들도 새로운 역할을 받아들여야 한다. 처음으로 '이해를 위한 교육'을 시도한 교사 중 많은 이가 예상치 못한 어려움에 부딪혔다. 그 이유는 학생들에게 학습에 대한 새로운 기대치를 명확히 전달하지 않았기 때문이었다. 새로운 목표, 새로운 교육 방식, 그리고 '이 교실에서 학습자가 된다는 것'이 의미하는 바가 숨겨진 상태였다. 학생들은 이미 지식과 기능을 습득하는 기존의 방식에 익숙했으며(어떤 학생들은 다른 학생들보다 그 방법을 더 잘 알았다.), 그들은 익숙한 학습 방식을 새로운 환경에서도 그대로 적용하려 했다. 그러나 이전과는 다른 접근 방식이 요구되자 학생들은 혼란과 좌절을 느꼈고 교사들 역시 답답함을 느꼈다. 그 모든 문제의 원인은 교실에 형성되어야 하는 핵심 기대, 신념, 행동 이론이 처음부터 공유되지 않았고, 논의되지 않았으며, 충분히 탐구되지 않았다는 점에 있었다.

'이해를 위한 교육'에 관련된 정의, 목표, 교수법을 논리적으로 이해하더라도, '이해를 위한 교육 vs 지식을 전달을 위한 교육'이라는 대립 구조로 이 개념을 제시하는 것에 여전히 의문이 들 수도 있다. 사실 우리가 이미 살펴본 것처럼 지식과 기능, 정보는 이해를 형성하는 데 중요한 역할을 하며 필수적인 요소다. 따라서 이해를 위한 교육에서도 지식을 제공하지만 우리는 그 지식이 활용, 적용, 토론, 분석, 변형 등의 과정을 거치리라 기대한다. 앞서 제시한 대립 구조의 긴장은 지식을 가르치는 것 자체가 교육의 궁극적인 목표일 때 발생한다. 실제로 많은 교실에서 이러한 방식이 일반적으로 자리 잡고 있다. 그러나 이런 접근은 학생들의 이해를 방해할 수 있으며, 최소한 학생들의 이해 속에 존재하는 결핍을 간과하게 만들 가능성이 있다.

수학 과목은 이해보다 지식을 우선시하는 교육 방식이 어떻게 작용하는지를 보여 주는 대표적인 사례다. 여러 연구에 따르면, 학생들이 기본적인 수학 과제를 수행할 때 발생하는 오류는 규칙 기반 행동을 과도하게 적용하는 경향과 연결되어 있다(Brown & Burton, 1978; Young & O'Shea, 1981). 이러한 과잉 적용과 일반화는 학습 과정에서 흔히 나타나지만, '규칙을 배우는 것'에 초점을 맞춘 교육 방식은 이를 더욱 심화시킬 수 있다. 특히 학생들이 자신이 배운 개념을 문제 해결 상황에 적용해야 할 때 이러한 문제는 더욱 두드러진다. 미국의 '국가 학업성취도 평가National Assessment of Educational Progress, NAEP'에서 나타나는 결과를 보면 9세, 13세, 17세 등 모든 연령대의 학생들이 학습한 절차를 수행하는 능력은 갖추고 있지만, 규칙을 단순히 적용하는 것만으로 해결할 수 없는 문제 상황에서는 지식을 응용하는 데 어려움을 겪는다는 것을 알 수 있다(Carpenter, Corbitt, Kepner, Lindquist, & Reys, 1980).

과학 교육에 관한 오랜 연구들은 단순한 정보 전달만으로는 학생들의 이해에 거의 영향을 미치지 못한다는 점을 반복적으로 보여 준다. 학생들은 단순히 사실을 기억해 내는 방식으로 시험에서 정답을 맞힐 수는 있지만, 그 지식을 적용해 문제 상황을 해결하거나 일상적인 현상을 설명하는 데에는 어려움을 겪는다. 니커슨Nickerson(1985)은 이에 대해 "그저 공식을 다루고 교과서 문제를 푸는 방법을 피상적으로 아는 것만으로도 기본적인 교과 교육과정에서 요구하는 기준을 통과하는 데는 충분하기 때문"(p.215)이라고 지적했다.

'지식 전달을 위한 교육'이 가진 한계는, 하버드-스미스소니언 천체물리학 센터Harvard-Smithsonian Center for Astrophysics에서 제작한 두 편의 유명한 교육 다큐멘터리에서도 극명하게 드러난다. 〈사적인 우주A Private Universe〉(1987)와 〈우리 자신의 마음Minds of Our Own〉(1997)은 하버드대학교와 MITMassachusetts Institute of Technology 졸업생들조차도 계절 변화, 전기, 빛, 식물과 관련된 기본 개념을 제대로 이해하지 못하는 모습을 보여 준다. 또한 여러 연구는 학생들이 이미 알고 있는 개념과 현실 세계에서의 경험이 힘(Minstrell, 1984), 변화율(Trowbridge & McDermott, 1981), 포물선 운동(McCloskey, 1983), 인과관계(Perkins & Grotzer, 2005)에 대한 개념적 이해를 방해하는 경우가 많음을 상세히 기록하고 있다.

하워드 가드너Howard Gardner(1991)는 그의 저서 『미교심The Unschooled Mind』*에서, '지식을 위한 교육'의 근본적인 문제는 '지식 전달을 통한 교육'이라는 잘못된 은유에서 비롯된다고 지적했다. 가드너가 강조한 핵

---

   * 未敎心. 학교 교육 이전에 형성된 직관적·경험적 사고로서, 공식적인 교육 이후에도 쉽게 변하지 않고 지속되는 마음의 상태.

심은, 하버드-스미스소니언 천체물리학 센터의 영상 인터뷰에서 하버드대학교와 MIT 졸업생들이 보여 준 사례가 명확히 입증하듯이, 학생들의 이해 부족은 그들의 능력 부족 때문이 아니라는 점이다. 이들은 최고의 인재들이지만, 여전히 개념적 이해에서 심각한 결핍을 보였다. 이는 학생의 문제가 아니라, '지식 자체를 가르치는 것이 교육의 목표'라는 신념에 따른 기대가 만들어 낸 결과라고 볼 수 있다.

심층 학습 전략 vs 표층 학습 전략

앞서 논의한 2가지 기대, 즉 '교실은 학습이 중심이 된 공간이어야 한다.'와 '우리 교실의 공동 목표는 이해를 발전시키는 것이어야 한다.'라는 개념은 상호 보완적이며 자연스럽게 연결되는 부분이 많다. 그러나 이 두 목표는 구별해 인식해야 한다. 예를 들어, 교사가 작업이 아닌 학습 자체에 초점을 맞춘다고 하더라도, 그 학습의 궁극적인 목표를 이해가 아닌 지식 습득에 두는 경우도 있을 수 있다. 따라서 학습과 이해는 서로 보완적이지만 이 둘을 동일한 개념으로 혼동해서는 안 된다. 마찬가지로 이번에 논의할 세 번째 신념 체계(심층 학습 전략 vs 표층 학습 전략) 역시 앞의 두 기대를 자연스럽게 확장하는 개념이지만, 단순히 그 기대들을 따르기만 하면 깊이 있는 학습이 저절로 이뤄질 것이라고 생각해서는 안 된다. 이것 역시 별도로 인식하고 의도적으로 접근해야 할 목표다.

학교가 학습을 위한 공간이며, 그 학습의 초점이 이해를 발전시키는 것이라는 기대를 받아들였다고 가정해 보자. 그렇다면 자연스럽게 다음과 같은 질문을 던지게 될 것이다. '그렇다면 학생들을 어떻게 그 지점까지 이끌 것인가?', '이해를 촉진하려면 기존과 무엇을 다르게 해야 하는가?' 앞서 소개한 '이해를 위한 교육' 프레임워크는 이러한 질문에 대한 부분적인 답을 제공한다. 이 프레임워크의 핵심은 점점 더 도전적이고 요구 수준이 높아지는 일련의 수행을 통한 이해 발전이다. 즉 학생들이 이해를 개발하고 표현할 수 있도록 하는 활동을 설계하는 것이 중요하다. 이 개념의 중심에는 이해는 행동이며, 주어진 지식을 넘어서는 것이라는 철학이 자리 잡고 있다. 따라서 '이해를 위한 교육'을 실천하는 교사의 핵심 과제는 다음과 같은 질문에 답하는 것이다. '학생들이 습득한 기능과 지식을 실제로 어떻게 활용하도록 할 것인가?', '이러한 과정을 통해 그들의 이해를 발전시키고 확장하는 데 어떻게 기여할 것인가?'

　'이해를 위한 교육' 프레임워크를 실제 수업에 적용하는 교사들과 함께 연구하면서, 그들이 종종 '수행'이라는 개념을 과도하게 복잡한 과제로 오해하는 경우를 보아 왔다. 많은 교사가 '수행 평가'와 이 개념을 동일시했으며, 결과적으로는 이해의 발전이 아니라 단순히 학습한 내용을 숙달했음을 입증하는 데에 초점을 맞추는 경우가 많았다. 성공적으로 '이해를 발전시키는 수행'을 설계하는 핵심은 두 입장에서 한 발짝 벗어나는 것이다. 물론 수행 과제는 복잡하고 정교할 수도 있지만, 반드시 그럴 필요는 없다. 이해는 서로 연결된 작은 수행 경험의 축적으로 발전하며, 이해의 수행은 학생들의 사고 과정을 들여다볼 수 있는 창문의 역할을 하지만 반드시 형식적이거나 총괄 평가여야 하지는 않는다. 이해를 촉진하는 수행을 설계할 때 가장 중요한 질문은 '학생들은 학습한 정보와 지식을 가지고 무엇을 할 것인가? 학생들이 이를 어떻게 처리하도록 할 것인가? 즉 상호작용 하고, 활용하고, 조작하고,

변형하는 과정을 어떻게 설계할 것인가?'이다. 결국 이해를 발전시키는 핵심 요소는 단순한 지식 습득이 아니라 지식을 처리하고 변형하는 수준에 있다.

어떤 학습 과제 또는 활동을 수행할 때, 학습자는 독립적으로 혹은 누군가의 도움을 받으면서 다양한 전략을 활용할 수 있다. 이 전략들을 분류하는 방법에는 여러 가지가 있지만, 전략을 **과정 수준**에 따라 분류하는 방식은 인지과학 분야에서 오랜 역사를 가지고 있다. 크레이크Craik와 록하트Lockhart(1972)는 과정의 깊이가 기억에 영향을 미친다고 주장하며, 학생들이 정보를 처리하는 방식을 표층적 처리에서 심층적 처리까지 이어지는 연속적인 범위로 분류하는 개념을 제안했다. 마르톤Marton과 셀리외Säljö(1976) 역시 학생들이 텍스트를 처리하는 방식을 '심층적인 접근'과 '표층적인 접근'으로 분류하며, 크레이크와 록하트의 개념을 확장했다. 빅스Biggs(1987)는 이를 바탕으로 학생들의 학습 동기와 전략을 이해하는 프레임워크를 제안했다. 그는 학습 수준에 접근하는 방식을 '표층', '심층', '성취'로 구분했다. 이 중 성취는 '좋은 학생'으로서의 일관된 행동 특성으로 정의된다. 반 로쉼Van Rossum과 스헹크Schenk(1984)는 유사한 개념을 다루면서도 다른 용어를 사용했다. 그들은 표층 학습 전략을 '단순 반복적reproductive' 전략이라 부르는 한편, 이해를 형성하며 더 깊이 있는 처리를 요구하는 전략을 '구성적constructive' 전략이라고 명명했다. 나는 교사들과 협력하는 과정에서 '표층 사고'와 '심층 사고'라는 단순한 개념이 직관적으로 유용하다는 점을 발견했다. 이 용어들은 교수법의 행동 이론을 수립할 때 누구나 쉽게 이해하고 적용할 수 있는 유용한 은유를 제공한다. 즉 표층 학습 전략은 기억과 지식 습득에 초점을 맞추는 전략인 반면, 심층 학습 전략은 학생들이 개념적 이해를 발전시키도록 돕는 전략이다.

어떤 학습 활동을 설계할 때, 유능한 교사들은 학생들이 특정한 사고 처리 양식을 활용하도록 유도한다. 이러한 유도 과정은 두 방식으로 이뤄질 수 있다. 첫째, 사고 루틴thinking routine (Ritchhart, Church, & Morrison, 2011)을 활용해 과제 자체에 명시적으로 포함하는 방법이다. 둘째, 특정 과제를 수행할 때 해당 학습 집단에게 일반적으로 기대되는 사고 처리 방식을 은연중에 알려 주는 방법이다. 학습 환경을 조성하는 다양한 전략에 대해서는 루틴과 기회라는 문화적 힘에 초점을 맞춘 후속 장에서 더 깊이 논의할 것이다.

여기서 주목할 점은, 덜 효과적인 대안 2가지가 존재하는데 안타깝게도 이 두 방식이 실제 교육 현장에서 지배적인 경우가 많다는 것이다. 가장 흔한 경우는 명시적으로든 암묵적으로든 어떠한 사고 처리 과정도 학생들에게 요청하지 않는 것이다. 이때 교사들은 정보를 제시하는 것만으로 자신의 역할이 끝났다고 순진하게 가정하며, 필요한 사고 처리는 학생들이 스스로가 알아서 수행해야 한다고 여긴다. 그러나 진정한 교사는 학습을 촉진할 책임을 져야 하며, 단순히 정보만 전달하는 사람은 강연자나 발표자라고 불러야 할 것이다. 학생들이 적극적인 사고 과정을 동반하지 않은 채 단순히 강의를 듣거나 자료를 읽는 데 그친다면, 실질적인 학습은 거의 이루어지지 않을 가능성이 크다.

또 다른 흔한 사례는 과제 자체를 통해 사고가 필요하다는 점은 암시되지만 구체적인 사고 처리 방식을 사용하도록 안내하거나 이를 뒷받침하는 명시적인 지원이 제시되지 않는 경우다. 이럴 때 학생들은 이미 익숙한 방법 또는 과거에 어느 정도 성공을 거둔 방식을 사용하려는 경향이 있다. 이 때문에 '유능한' 학생들은 '무능한' 교사 아래에서도 성취를 이루는 반면, '부진한' 학생들은 이러한 상황에서 쉽게 방향을 잃고 학습 성취에 어려움을 겪게 된다.

이해를 목적으로 하는 교육이 깊이 있는 사고 과정을 요구한다는 점은 자명해 보일 수 있다. 그러나 이 깊이 있는 사고 과정에 대한 기대가 자동으로 실현되지는 않는다. 이러한 기대와 실제 사이의 간극을 보여 주는 대표적인 사례는 미국의 전국 전문교육 표준위원회National Board for Professional Teaching Standards, NBPTS에서 중등 수학 분야로 우수 교사 인증을 신청한 교사들이 제출한 포트폴리오를 분석한 연구에서 확인할 수 있다(Silver, Mesa, Morris, Star, & Benken, 2009).

이 인증 과정은 미국의 비정부 전문 교육 단체에서 운영하는 다면적 평가 시스템으로, 평가 자료는 교사의 수업 영상, 교과 내용 지식 시험, 수업 과제, 학생의 학습 결과물, 교사의 성찰 등이 포함된 포트폴리오로 구성된다. 특히 포트폴리오에는 '수학적 이해 개발Developing Mathematical Understanding'과 '수학적 이해 평가Assessing Mathematical Understanding'와 관련된 과제가 포함되며, 이는 해당 교사들이 자신이 뛰어난 교육을 하고 있음을 증명하고자 직접 선정한 자료들이다. 또한 평가 기준 자체가 '이해'를 강조하고 있기 때문에, 이 선별된 과제들에는 '심층 학습 과정'이 드러나는 명확한 증거가 포함될 것이라고 기대할 수 있다.

그러나 연구자들이 인증을 신청한 교사들의 제출 과제들을 분석한 결과, 수학적 이해 개발 과제 중 '높은 인지 요구'를 포함한 과제는 전체의 30퍼센트 미만이었다. 특히 수학 교육에서 강조되는 영역 중 하나인 '수와 연산' 관련 과제에서는 인지적으로 높은 요구를 포함한 과제가 단 10퍼센트였다. 연구자들은 높은 인지 요구 과제를 "학생들에게 설명, 기술, 정당화, 비교, 평가, 선택, 계획, 질문 구성 또는 한 가지 이상의 표현 방식을 사용할 것을 요구하는 과제들"이라고 정의했다. 반면 '낮은 인지 요구' 과제는 학생들이 이미 알고 있는 절차를 기계적으로 적용하도록 요구하거나, 원래는 도전적인 과제지만 너무 세분화된 하위 과제로 나뉘어 학생들이 더 이상 깊이 있는 사고를 할 필요가 없도록 구성된 과제 등을 의미한다.

한편 연구자들이 '수학적 이해 평가' 관련 과제를 분석했을 때 이 과제들은 상대적으로 더 도전적이었으며 38퍼센트가 높은 인지 요구 과제로 평가되었다. 그러나 여전히 대부분의 과제는 낮은 인지 요구 수준이었으며, 특히 수와 연산 관련 과제에서는 20퍼센트만이 높은 인지 요구 과제였다. 연구자들은 다음과 같이 지적했다. "우리 연구 샘플의 교사 중 약 절반이, 포트폴리오에서 인지적으로 도전적인 과제를 단 하나도 포함하지 않았다는 사실은 실망스럽다. 이 과제들은 교사들이 '스스로 최고의 교육 실천'을 보여 주고자 직접 선정한 것이기 때문이다"(p.520).

물론 미국에서만 수행된 단일 연구이며, 수학 교육 분야에 국한되어 있기 때문에 결과를 지나치게 일반화해서는 안 된다는 주장도 가능하다. 그러나 다른 연구자들은 수학뿐만 아니라 그 외의 교과에서도 유사한 패턴을 발견했다(Hiebert et al., 2005; Newmann, Bryk, & Nagaoka, 2001; Wagner, 2008). 중요한 점은, 교사가 이해를 목표로 삼는다고 해서 그 교실이 자동적으로 심층 학습 전략을 중심으로 운영된다고 가정할 수는 없다는 것이다. 이해에 대한 기대와 깊이 있는 학습 전략은 서로 보완적이지만 명확히 구별되는 개념이다. 또한 이해를 목표로 하는 교육이 점점 더 널리 받아들여질수록 많은 교사가 이를 형식적으로만 언급하고 실질적으로는 적용하지 않는 경우도 늘어날 가능성이 있다. 따라서 진정한 '이해 중심 교육'이 실현되기 위해서는 심층 학습 전략이 교실에서 예외적인 접근법이 아니라 학습의 기본 원칙으로 철저히 자리 잡아야 한다.

독립적 증진 학습 vs 교사 의존적 학습

우리는 학습에 대한 기대, 이해 그리고 심층 학습 전략의 사용 사이에 명확한 연관성이 있음을 확인했다. 각각은 개별적인 개념으로 각 개인의 신념 체계에 명확히 자리 잡아야 하지만, 이들을 채택함으로써 실행되는 행동 이론은 서로 시너지 효과를 발휘한다. 만약 누군가가 완전하고 진정한 의미에서 이해를 받아들인다면 학습에 초점을 맞출 것이며, 심층 학습 전략은 그 목표를 이루는 데 중요한 역할을 할 것이다. 또한 이해에 초점을 맞추지 않더라도 학습을 촉진할 수 있으며, 이해를 중시하면서도 반드시 이를 강화하는 심층 학습 전략은 사용하지 않을 수도 있다. 그러나 학생들의 독립성을 북돋는 것은 우리가 앞서 논의한 기대 사항과 완전히 일치하지는 않는다. 독립성 함양은 이전의 신념 체계와 충돌하지 않지만, 분명 별개의 목표다.

학습 중심 교육과, 수행과 과업 중심 교육이 학생들에게 미치는 영향을 조사한 콜로라도 연구진(Flink et al., 1990)의 연구를 떠올려 보자. 연구 결과, 과업 지향적 접근과 통제적인 교수법이 결합되면(의존성이 조장되면), 학생들의 수행 능력이 저하되는 것으로 나타났다. 반면 통제적인 교수법(즉, 보다 지시적이고 평가 중심적인 교수법)이 학습 지향적 접근과 결합했을 때는 학생들의 수행 능력이 저하되지 않았으며, 오히려 아주 약간 증가했다. 또한 비디오 영상을 분석한 외부 평가자들은 성과 압박을 받는 집단에 속한 교사들을 더 열정적이며, 더 흥미롭고, 더 유능한 교사라고 평가했다. 이 평가에 대한 설명 중 하나는, 학생들에게 성취를 압박하고 매우 구조화된 지원과 평가를 제공하는 것이 일반적으로 효과적인 교수 기법으로 여겨지고, 학생의 동기와 학습을 향상시키는 데 도움이 된다는 널리 퍼진 사회적 신념 때문이라는 것이다. 이러한 관점은 에이미 추아Amy Chua가 2011년에 출간한 세계적인 베스트셀러『타이거 마더Battle Hymn of the Tiger Mother』에서 대중적으로 인정받기도 했다.

지시적이고 통제적인 교수법이 학습을 방해하지 않을 수도 있고, 학습 지향 접근과 결합될 경우 오히려 학습을 촉진할 가능성이 있다고 하자. 그런데도 왜 우리는 이를 교육 실천 이론으로 받아들이지 말아야 하는 걸까? 그 이유는 2가지다. 첫째, 통제적인 교육 방식과 학생 의존성을 조장하는 교육에는 잠재적인 단점이 존재한다. 둘째, 학생들의 독립성 함양은 그 자체로 중요한 교육 목표라고 볼 수 있기 때문이다.

학생의 의존성이 초래할 수 있는 몇 가지 문제는 다음과 같다.

- 문제 해결 전략의 퇴보(Dweck & Leggett, 1988)
- 외적 동기에 대한 초점 증가
- 학습에 대한 즐거움 감소
- 어려움과 도전에 직면했을 때의 회복력 부족
- 창의성과 동기의 감소(Koestner, Ryan, Bernieri, & Holt, 1984)

교육의 목표로서 학생의 독립성을 논할 때는 그 개념을 명확히 정의하는 것이 유용하다. 로즈더크워스Rose-Duckworth와 레이머Ramer (2008)는 학생의 독립성을 다음과 같이 정의한다.

"독립적인 학습자는 성찰적이고, 자원 활용 능력이 있으며, 효과적으로 목표를 성취하려는 내적 동기를 갖고 있다. 또한 홀로 작업할 때든 타인과 협력할 때든 의미 있는 목표를 성취하고자 노력하며, 도전에 직면하더라도 포기하지 않는다"(p.2). 이 정의는 부모와 교사 모두가 학생들에게서 기대하는 많은 특성을 포함하고 있다. 독립성을 교육 목표로 삼을 때의 추가적인 이점은 다음과 같다.

- 어려움에 대한 회복력 향상
- 도전에 대한 개방성과 수용력 증가
- 동기, 참여도, 주인의식 및 추진력 고취(Pink, 2009)
- 내적 동기 향상
- 상호 의존성과 독립성의 균형 학습 및 숙달 지향적 태도의 발달
- 자아 존중감과 자기 효능감 증진(Kostelnik, Whiren, Soderman, Stein, & Gregory, 2002)
- 평생 학습자로 성장

성장 마인드셋 vs 고정 마인드셋

교실, 조직 또는 집단의 문화에 깊은 영향을 미치는 마지막 신념 체계는 개인이 지능, 능력 그리고 재능을 어떻게 바라보는지에 관한 것이다. 이는 심리학자 캐럴 드웩Carol Dweck이 '마인드셋mindset'이라고 부르는 개념과 관련이 있으며, 그 관점이 학습 기회를 대하는 방식에 어떤 영향을 미치는지를 다룬다. 이제 마인드셋이 무엇인지, 어떻게 형성되는지, 궁극적으로 학습에 어떤 영향을 미치는지 살펴보자.

약 30년 전, 갓 연구원이 된 드웩(2006)은 사람들이 실패에 어떻게 대처하는지를 이해하고자 연구를 시작했다. 그녀는 실험 참가자들에게 점점 더 어려워지는 퍼즐 과제를 제시해 결국 실패하도록 만들었다. 이로써 드웩은 사람들이 역경에 직면했을 때의 회복력과 대처 방법을 연구할 생각이었다. 그러나 놀랍게도 드웩은 일부 참가자들이 실패를 전혀 경험하지 않았다는 사실을 발견했다. 물론 이들이 모든 퍼즐을 푼 것은 아니었다(그녀는 애초에 그런 일이 불가능하도록 설계했다). 이들은 그 도전을 단순히 실패로 여기지 않고, 오히려 자신의 사고력을 확장하고 퍼즐 풀이 능력을 기르는 기회로 생각했다. 그들은 주어진 도전에 오히려 자극을 받았으며, 과제를 완수하지 못한 것을 실패로 인식하지 않았다. 과연 무슨 일이 벌어진 것일까?

드웩은 이후 이러한 학습자들의 특성을 깊이 연구했다. 그 과정에서 재능, 능력, 지능의 본질에 대한 개인의 신념이 도전 과제를 대하는 태도, 좌절을 극복하는 방식, 배움의 기회를 바라보는 관점을 어떻게 형성하는지를 밝혀냈다. 드웩은 수많은 연구에서 재능, 능력, 지능을 고정된 특성으로 여기는 사람들(즉 "이런 능력은 타고나는 것이고, 없다면 어쩔 수 없다."라고 믿는 사람들)은 어려움에 직면했을 때 쉽게 포기하고, 자신의 성과를 지나치게 혹독하게 평가하는 경향이 있음을 발견했다. 더 나아가 이 사람들은 새로운 것을 배울 기회를 회피하는 경향이 있는데, 이는 실패를 경험하면 자신이 타인의 기대만큼 똑똑하거나 재능이 뛰어나지 않다는 사실이 드러날까 봐 두렵기 때문이다. 드웩의 연구는 이와 반대로 성장 마인드셋을 가진 학생들은 "자신의 재능과 능력이 노력, 적절한 가르침, 그리고 끈기를 통해 개발될 수 있다고 이해한다는 점을 보여 준다". "이들은 모든 사람이 똑같거나 누구나 아인슈타인이 될 수 있다고 생각하지 않지만, 노력하면 누구나 더 똑똑해질 수 있다고 생각한다"(Morehead, 2012).

드웩은 『마인드셋』(2006)에서 자신의 연구를 요약하며, 성장 마인드셋을 가진 사람들이 어떻게 실패를 극복하고 지속적으로 능력을 개발하는지 설명한다. 예를 들어, 성장 마인드셋을 가진 운동선수는 패배한 뒤에도 다시 일어서서 운동 기술을 연마하고, CEO는 타인의 아이디어와 도전을 열린 자세로 받아들이며, 연인은 관계에서의 어려움을 함께 극복하고, 예술가는 지속적으로 자신의 재능을 발전시킨다. 이러한 다양한 사례에서 공통적으로 나타나는 핵심 요소는 지속적인 성장과 발전에 대한 집중이며, 어려움과 도전에 위협받거나 좌절하거나 배제된다고 느끼지 않는다는 점이다. 이들의 학습 태도는 고정 마인드셋을 가진 사람들의 태도와 뚜렷한 차이를 보인다. 고정 마인드셋을 가진 사람들은 자신의 정체성에 대한 인식을 강화하는 상황을 선호하고, 이를 위협할 가능성이 있는 상황을 피하는 경향이 있다. 그러나 성장 마인드셋을 단순히 낙관적인 세계관이나 '나는 위대한 일을 해낼 수 있어.'라고 스스로를 다독이는 일과 혼동해서는 안 된다. 최근의 뇌 연구들은 학습을 통해 실제로 뇌가 성장하며, 사람은 노력의 결과로 더 똑똑해지고 능숙해지며 타고난 재능도 향상될 수 있다는 사실을 입증하고 있다. 성장 마인드셋은 학습의 현실을 반영하는 개념이다.

드웩의 연구에 따르면, 대략 80퍼센트의 사람들은 성장 마인드셋이나 고정 마인드셋 중 하나에 주로 속하며, 두 집단은 거의 동일한 비율로 나뉜다. 나머지 20퍼센트는 두 마인드셋의 중간 정도에 위치한다. 또한 마인드셋은 맥락에 따라 다르게 나타날 수도 있다. 예를 들어, 어떤 사람은 자신의 예술적 능력은 고정되어 있다고 생각하지만 리더십 능력은 지속적으로 발전이 가능하다고 여길 수 있다.

마인드셋은 우리의 경험을 강력하게 형성하지만, 타고나는 것은 아니다. 이는 특히 학습 환경에서의 타인과의 상호작용, 그 과정에서 받는 피드백, 조언으로 형성된다. 교실에서 교사에게, 멘토나 부모에게 받는 미묘한 메시지들이 마인드셋을 형성하는 데 중요한 역할을 한다. 교실에서 성장 마인드셋과 고정 마인드셋이 어떻게 형성되는지를 이해하려면 드웩 자신의 경험을 살펴보기만 해도 충분하다. 그녀는 자신의 학창 시절을 이렇게 회상한다. "초등학교 6학년 담임 선생님은 학생들을 아이큐I.Q. 순서대로 교실에 배치했어요. (…) 저는 그 평가에서 좋은 점수를 받았지만, 그 때문에 실수를 저지르면 안 된다는 두려움이 생겼어요. 완벽해야 한다는 강박이 생긴 거죠"(Morehead, 2012). 오늘날 학생들을 아이큐순으로 배치하는 경우는 거의 없겠지만, 여전히 많은 학교가 학생들을 수준별로 분반하거나 능력에 따라 책상 배치를 다르게 하는 등의 방식으로 비슷한 환경을 조성하고 있다.

교사와 부모는 칭찬과 피드백으로 학습자들에게 능력의 본질에 대한 암묵적인 메시지를 전달하기도 한다(Dweck, 2007). 예를 들어, "정말 똑똑하구나.", "책을 참 잘 읽는구나.", "아주 재능이 있구나." 같은 말들은 학생을 칭찬하고 동기를 부여하려는 의도로 사용되지만, 동시에 능력은 타고나는 것이며 개인의 본질적인 특성이라는 메시지를 전달할 수도 있다. 누군가가 자신을 단순히 "나는 책을 잘 읽는 사람이야."라고 받아들이면, "나는 원래 수학을 못해."라는 생각 역시 쉽게 받아들이게 될 가능성이 높아진다. 반면 노력과 과정에 초점을 맞춘 피드백은 학생이 성장 마인드셋을 가질 수 있도록 돕는다. 예를 들면 다음과 같은 말들이다. "정말 열심히 했구나, 노력한 게 확실히 눈에 보여!", "굉장히 어려운 과제였지만 끝까지 해내서 뭔가를 성취했어.", "네가 스스로 열심히 할수록, 읽기 실력이 점점 더 좋아지는 게 보여."

마인드셋이 교실에서 어떤 방식으로 나타나는지는 어렵지 않게 상상할 수 있다. 간과하기 쉬운 점은 마인드셋이 학생의 교육 과정 전반에 걸쳐 미치는 미묘한 파급 효과다. 고정 마인드셋을 가진 학생들은 도전을 회피하거나 새로운 도전을 아예 거부할 가능성이 크다. 이들은 어려움에 부딪혔을 때 쉽게 포기하고, 실수하지 않기 위해 지속적으로 지시와 확신을 받으려 하며, 나쁜 성적을 받으면 과제(또는 교사)가 불공정하고 불합리하다고 비난할 수도 있다. 드웩의 장기 연구에 따르면 고정 마인드셋을 가진 학생들은 더욱 도전적인 환경(예를 들어, 초등학교에서 중학교로의 전환)에 직면했을 때 쉽게 무너지고, 스트레스를 경험하며, 적응에 어려움을 겪는 경향이 있다.

고정 마인드셋을 가진 학생들은 과제에서 낮은 점수를 받았을 때 이를 구겨 버리거나 숨기려 하며, 실패의 증거를 감추려는 경향이 있다. 그 영향은 그저 여기서 끝나지 않을 수도 있다. 중학생을 대상으로 한 대규모 연구에서 드웩과 그녀의 동료들은 흥미로운 결과를 발견했다. 시험에서 낮은 점수를 받은 뒤, "고정 마인드셋을 가진 학생들은 부정행위를 심각하게 고려할 가능성이 높았다". 드웩은 이러한 현상이 특정 문화와 세대에 국한되지 않는다는 증거도 제시한다. "한국의 한 TV 프로그램에서 우리가 이전에 진행했던 칭찬 연구를 그대로 재현했는데, 과제를 수행하기 전에 '넌 정말 똑똑하구나.'라는 칭찬을 받은 어린이와 성인이, 과정과 노력에 대한 칭찬을 받은 집단보다 훨씬 더 높은 비율로 부정행위를 저질렀다"(Morehead, 2012). 일부 학생은 반복된 실패와 좌절을 경험한 뒤 결국 패배를 받아들이고 스스로를 다음과 같이 규정해 버린다. "나는 원래 수학을 못해.", "나는 그림을 못 그려.", "나는 운동을 원래 못했어."

　반면 성장 마인드셋을 가진 학생들은, 나쁜 소식이나 낮은 성적을 반기지는 않지만 그것에 쉽게 좌절하지도 않는다. 학생들은 학습을 지속적인 과정으로 여기며 다음 기회를 위해 명확한 설명을 요구하고 제안과 피드백을 구할 것이다. 이처럼 성장 마인드셋을 가진 학생들은 성과 자체보다 학습 과정에 집중하며, 도전과 질문을 이해와 성장을 위한 기회로 받아들이는 경향이 있다. 이러한 학생들은 우리가 논의한 모든 기대 요소를 구현하고 있음을 알 수 있다. 즉 학습 지향성, 이해에 대한 초점, 심층적 사고, 학습자로서의 독립성을 갖추고 있다. 이 신념 체계는 교사들이 교실에서 기대하는 바를 형성하며, 교수 실천을 이끌어 가는 행동 이론의 근거를 이룬다.

- 5가지 신념 체계를 평가해 보라. 각 신념 체계는 교육자에게 자연스러운 긴장을 형성한다. 즉 우리는 각 개념의 보다 촉진적인 측면을 이론적으로 받아들이지만, 실제로 이를 구현하는 데 어려움을 겪을 수도 있다. 각 신념 체계에서 발생하는 긴장은 무엇인가? 이러한 긴장이 발생하는 조건은 무엇이며, 어떻게 이를 해결하거나 완화할 수 있는가?

- 학생들의 질문에 대한 자료를 수집해 보라. 앞으로 한 주 동안 학생들이 하는 질문을 면밀히 관찰하라. 그 질문들이 학습에 관한 것인가, 과제에 관한 것인가? 매 수업이 끝난 뒤, 학습에 관련된 질문과 과제 자체에 관한 질문의 비율을 빠르게 추산해 보라. 이로써 학생들이 교과 내용과 수업 활동에 어떻게 접근하는지에 대해 유용한 정보를 얻을 수 있다. 학생들이 학습 자체에 더 집중하도록 유도하려면 어떻게 해야 할까?

- 학습에 초점을 맞춰 보라. 학생들에게 작업과 학습의 차이를 명확히 설명하라. 교사의 목표가 항상 학습에 초점을 맞추는 것임을 강조하고, 특정 과제에서 학습의 핵심이 무엇인지가 명확하지 않다면 교사에게 질문하도록 독려하라. 새로운 과제나 활동을 소개할 때는 그 목적과 학생들이 배워야 할 핵심 내용을 먼저 강조하라. 또한 자신의 언어 사용을 점검해 작업과 학습이라는 용어를 어떻게 사용하는지에 주의를 기울이라.

- 핵심 개념을 식별하라. 어떤 개념을 진정으로 이해하는 것은 복잡하고 지속적인 과정이다. 한 해 동안 학생들에게 반드시 이해시키고 싶은 3가지

핵심 개념을 선택해 보라. 왜 이 개념들이 중요한가? 이 개념들을 이해함으로써 학생들은 미래에 어떤 학습을 할 수 있는가?

- 이해를 촉진한 학습 경험을 분석하라. 학생들의 이해를 가장 효과적으로 발전시킬 수 있다고 생각하는 단원 하나를 선택하고 분석하라. 그 단원이 학생들의 이해를 구축하는 데 도움을 주는 요소는 무엇인가? 이해를 위한 교수 프레임워크의 4가지 요소로 검토하라. 기존의 수업 계획과 이 4가지 요소가 잘 맞아떨어지는가? 해당 단원에서 효과적으로 작용했던 요소들을 다른 단원에도 적용할 수 있는 방법은 무엇인가?

- 교실에서 심층 학습과 표층 학습을 비교해 보라. 학교의 여러 교실을 둘러보며 학생들이 각 수업에서 어떤 기대를 받고 있는지 파악하라. 여기서 목표는 교수법을 평가하는 것이 아니라 학생들에게 요구되는 사고 과정의 깊이를 이해하는 것이다. 짧게 교실을 방문해 학생들이 수행하는 과업의 수준을 관찰하라. 특정 학생을 따라다니며 학습 과정을 살펴보거나, 같은 학년의 여러 수업을 비교하거나, 특정 교과 내에서 관찰할 수도 있다.

- 과제에서 심층 학습과 표층 학습을 분석해 보라. 개별적으로 또는 동료 교사들과 함께, 한 주 동안 학생들에게 부여된 모든 과제를 수집하고 분석하라. 각 과제가 학생들에게 어느 수준의 사고 처리 과정을 요구하는지 살펴보며 그 수준을 평가하라. 표층 학습과 심층 학습을 모두 요구하는 과제도 있겠지만, 주된 초점이 어디에 있는지 판단해 보라.

- 독립성을 정의해 보고 이를 지원하거나 방해하는 요인을 분석하라. 학급에서 가장 독립적인 학생의 행동 특성은 무엇인가? 그들의 행동을 분석해 보라. 종이를 세 개의 열로 나누고, 가운데 열에는 독립적인 학생들이 보이

는 행동을 나열하라. 왼쪽 열에는 다른 학생들이 이러한 행동을 하기 어려운 이유(방해 요인)를 적으라. 오른쪽 열에는 교사가 제공할 수 있는 지원 방법(또는 이미 제공하고 있는 지원 방법)을 적어 보라.

- 학생들의 마인드셋을 탐색해 보라. 학생들에게 "언제 자신이 똑똑하다고 느끼나요?"라고 질문하고 그 질문에 대한 짧은 글을 쓰게 하라. 고정 마인드셋을 가진 학생들은 보통 성취와 능력 과시에 초점을 맞춘다. (예: 시험에서 A+를 받을 때, 문제를 가장 빨리 풀었을 때.) 반면에, 성장 마인드셋을 가진 학생들은 과정과 발전에 초점을 맞춘다. (예: 목표를 세우고 그것을 성취했을 때, 어려운 문제를 해결했을 때.)

- 학생들의 성장 마인드셋을 개발해 보라. 학생들에게 성장 마인드셋 개념을 소개할 수 있는 다양한 자료가 있다. 예를 들어 「뇌는 근육과 같다 The Brain Is Like a Muscle」(Ferlazzo, 2011)를 참고하라. 일반적으로 이에 대한 짧은 기사나 영상은 뇌가 학습을 통해 실제로 성장한다는 개념을 설명한다. 유튜브에서 '뉴런은 어떻게 작동하는가 how neurons work'라고 검색하면 관련 영상을 찾을 수 있다. 좀 더 정교한 교수 자료로는 캐럴 드웩이 직접 개발한 프로그램인 브레인놀로지 Brainology가 있다(http://www.mindsetworks.com).

3장 언어

우리를 둘러싼
미묘하면서도 심오한 힘

| 언어 |

명.

- 공유된 의미를 협상하고, 생각과 행동과 실천을 중심으로 집단의 일관성과 이해를 구축하고자 공동체가 사용하는 의사소통 체계. 문화 형성 요인으로서 언어는 우리가 주의를 기울이고 행동하는 방향을 설정하는 일을 돕는다. 그러나 언어를 구성하는 단어들과 구조들은 명백하게 표면적인 의미를 전달할 뿐만 아니라 암묵적으로 생각을 형성하고 행동에 영향을 끼치는 더 깊은 연상과 연결을 만든다. 이것이 언어의 숨겨진 힘이다. 즉 언어는 우리의 생각, 자아의 감각, 집단 친화성을 형성하는 미묘한 메시지를 전달하는 능력을 갖고 있다.

● 몇 년 전, 나는 리사 버커크^{Lisa Verkerk}가 5학년 교실에서 '보기-생각하기-궁금해하기^{see-think-wonder}' 사고 루틴을 사용하는 영상을 촬영했다. 리사는 1년 내내 '사고 가시화 파일럿 프로젝트^{visible thinking pilot project}'에 이 루틴을 사용했고, 이 루틴이 어떻게 작동하는지를 다른 사람들에게 보여 주는 시연에 응해 주었다. 그때 나는 루틴 활동과 루틴을 사용하는 방법을 배울 수 있는 다양한 측면을 포착하는 데에 초점을 맞추고 있었다.

리사는 19세기 말에 한 미국 학교에서 찍은 아이들 사진을 활용해서 학생들이 쉽고 효과적으로 루틴을 모델링하도록 했다. 학급 전체에 빠르게 사진을 소개하자, 학생들은 이 루틴을 사용해 전 세계 어린이들의 다양한 사진을 조사하면서 짝과 대화했다. 각 사진은 유엔 아동권리협약과 관련된, 어린이가 겪을 수 있는 어려움이나 불평등을 강조하는 내용이었다.

학생들이 루틴 각 단계에서 이야기하고 생각을 공유하는 멋진 장면을 촬영 기사와 교실을 다니며 찍을 수 있어서 기뻤다. 리사가 학생들과 상호작용 하고 그들의 생각을 논의하는 장면도 충분히 확보했다. 매우 부드럽고 생산적인 수업이었다. 그녀의 수업을 이용해 '보기-생각하기-궁금해하기' 루틴을 효과적으로 보여 줄 수 있으리라 생각했고, 잘 진행된 수업을 녹화한 것에 만족하며 리사의 교실을 떠났다. 그러나 한 시간가량의 수업을 6분짜리 비디오로 바꾸는 과정을 시작하고 나서야 리사의 가르침이 지닌 진정한 힘을 알게 되었다.

그렇다. 수업은 잘 계획되어 있었다. 리사는 좋은 콘텐츠를 선택했고, 사전에 자료를 준비했고, 수업이 어디로 향하고 있으며 더 큰 이해의 발달과 어떻게 연결되는지를 명확하게 알았다. 그런데 수업을 편집하고자 영상을 전사轉寫하니, 완전히 다른 층위가 나타났다. 수업의 각 측면을 보고 검토하면서 나는 수업 자체보다는 학생들의 학습과 사고를 효과적으로 안내하고 지시하기 위해 리사가 언어를 사용하는 방법에 점점 집중하게 되었다. 리사가 얼마나 편안하게 수업을 운영하고 학생들이 어떻게 참여하는지에 대해 이미 깊은 인상을 받았음에도 불구하고, 리사의 언어를 주의 깊게 살펴봄으로써 비로소 전문가의 수업이 어떻게 형성되는지를 이해할 수 있었다.

그것은 언어였다. 언어는 어디에나 있고 항상 우리를 둘러싸고 있지만, 우리는 그것의 미묘함과 힘에 거의 주목하지 않는다. 언어는 지속적으로 존재하기 때문에 의식적으로 리사가 어떻게 수업 도입부를 이끌었는지 검토하고 나서야 이에 대해 알 수 있었다. 그녀는 시범을 보이려고 1800년대 후반의 학생 사진을 들고 "우리는 무엇을 보고 있죠?"라고 묻는다. 학생들은 사진에서 아이들, 깃발, 책상, 서 있는 사람들, 칠판 등 몇 가지 구체적인 요소를 알아차린다. 그다음 리사는 "아이들에게 무슨 일이 일어나는 것 같나요?"라고 묻는다. 학생들은 즉시 가능성과 대안을 제시한다. "노래를 부르고 있어요.", "아마도 모임을 하고 있을 거예요.", "깃발이 있는 것으로 보아 국가를 부르고 있을 거예요." 등이다. 학생들은 가능성을 제시하고, 서로의 생각을 덧붙이며, 본 것과 연결한다. 좋은 반응이다. 좋은 참여, 좋은 집단적인 의미 부여가 이루어진다. 하지만 언어가 이와 무슨 관련이 있을까?

리사가 "우리는 무엇을 보고 있죠?"라고 물을 때, '우리'라는 대명사의 선택은 학생들에게 모두가 함께 노력하고 있고 그 활동은 경쟁적인 것이 아니라 협력적인 노력이라는 미묘한 신호를 보낸다. 학생들은 그에 따라 반응하고, 다른 사람들의 생각을 바탕으로 쉽게 자기 생각을 만들 수 있다는 것을 알게 된다. 리사가 "아이들에게 무슨 일이 일어나는 것 같나요?"라고 물을 때 '일어나나요^{is}' 대신 '일어나는 것 같나요$^{might\ be}$'라는 표현을 사용하기로 한 선택은, 사진에 명확하게 이름을 붙이려는 것이 아니라 대안, 가능성, 선택지를 찾고 있음을 학생들에게 알린다. 결과적으로 우리는 학생들이 개방적인 방식으로 반응하는 모습을 볼 수 있다. 게다가 학생들은 "그건 제가 먼저 생각한 건데요."라고 불평하는 사람 없이 서로의 생각을 기반으로 말한다. 따라서 협력과 집단적인 이해가 이루어진다.

이렇게 미묘한 언어 사용이 즉각적인 마법이 되어 제멋대로인 학생들을 참여하는 학습자로 바꾸는 것은 분명 아니다. 리사의 학생들은 이 경험 이전에 이미 '보기-생각하기-궁금해하기' 루틴에 익숙했기에 교사가 무엇을 기대하는지 알고 있었다. 게다가 그들은 협력적인 작업에 익숙했다. 하지만, 나는 리사가 전에도 같은 언어를 사용했으리라고 예상한다. 사실, 확신한다. 리사의 교실에서 여러 차례 시간을 보낸 적이 있기 때문에 이러한 언어 전략이 여러 수업에서 일관되게 사용되었음을 알고 있다.

여기서 다음과 같은 점을 알 수 있다. 단어 선택이라는 작은 변화가 기적을 가져온 것이라기보다는, 의도에 따른 단어 선택이 생각하는 문화를 형성하는 데 강력한 효과를 가져왔다. 리사는 학생들이 집단적인 의미 만들기에 참여하기를 원했고, 다른 사람들의 생각을 바탕으로 자기 생각을 덧붙이는 일을 장려했다. 대명사 '우리'의 선택은 이러한 의도와 일치했다. 마찬가지로 리사는 학생들이 사진을 빨리 보고 넘기는 일을 피하려 했고, 다양한 생각을 발전시키기를 원했다. 그녀가 선택한 표현 '것 같나요?'가 이 목표를 강화해 주었다. 교사이자 리더로서 우리의 의도, 신념, 철학은 언어를 만들어 낸다(Baker, 2007). 동시에 언어는 우리의 의도와 학생의 의도를 형성하는 데 도움을 주기에, 언어를 분석하고 그 힘을 활용하려고 노력하는 일에는 가치가 있다.

단어 선택만이 언어가 작동하는 유일한 방법은 아니다. 언어는 대화의 매개체이며, 그렇기에 상호작용적이다. 따라서 우리는 그러한 언어 사용 사례에도 주의를 기울여야 한다. 학생들이 짝을 지어 활동할 때, 리사는 교실을 돌아다니며 그들이 작업을 하고 있는지 확인만 하는 것이 아니라 학생들의 대화에 참여해 집단적 이해를 증진시켰다. 다음은 아이들이 다양한 육체노동을 하는 사진을 리사가 형준, 알렉스와 함께 볼 때의 녹취록이다.

형준: (사진을 가리키며) 제 생각에는 카펫도 만들고 있는 것 같아요.

알렉스: 네. 저도 그렇게 생각해요. 뭔가를 굴리고 있는 것 같아요. 아마도 페인트 같은 거요.

리사: 실 같은 게 있는 것 같나요?

알렉스: 네. 실이 있어요. TV 쇼에서 봤는데 나무로 된 걸 카펫 위에 놓고 내려치니까 카펫에 패턴이 생겼어요.

리사: 실을 눌러서 그 자리에 고정하고 있는 걸까요?

알렉스: 네.

리사: 좋아요, 여러분은 여기서 (학습지를 가리키며) "아이들이 일하는 게 보인다.", "대부분의 아이가 무언가를 만들고 있다.", "아이들은 15세 이하로 보인다."라고 했네요. 좋은 관찰이에요. 동의해요. 아이들은 모두 알렉스보다 어려 보이네요. (학습지를 읽으며) "아이들은 불행해 보인다."

알렉스: 음, 몇몇 아이는 불행해 보여요.

리사가 사용한 상호작용적인 언어가 학생들의 사고에 대한 관심을 전달하고, 수행해야 하는 과제에 대해 진정으로 참여하는 모습을 보여 준다는 점에 주목하라. 리사는 학생들이 사진에서 알아차리고 있는 것을 중심으로 그들과 관계를 맺고, 그들의 해석에 동참한다. 알렉스가 "음, 몇몇 아이는 불행해 보여요."라고 덧붙이는 것처럼, 리사는 학생들이 한 말을 그대로 되풀이함으로써 학생이 초기 생각을 자세히 설명하게 하고, 필요하다면 수정할 기회를 준다.

대화에 끼어들기도 하고 덧붙이기도 하지만 리사는 대화를 지배하지 않으려고 조심한다. 그녀는 "좋은 관찰이에요."라고 학생들의 좋은 생각을 확인하고, 평가하지 않는 방식으로 손쉽게 피드백을 준다. 리사는 다시 학생들이 학습지에 적어 놓은 관찰과 해석으로 돌아가 대화를 계속한다.

리사: (학습지를 읽으며) "아이들이 가족을 위해 일하고 있는지 궁금하다." 만약 가족을 위해 일하고 있는 것이 아니라면, 누구를 위해 일하고 있을까요? 무슨 뜻인지 물어보고 싶은데, 이 말의 의미는 뭐죠?

알렉스: 아마도 이 아이들의 가족은 가난했을 거예요. 그리고 그들은 돈이 필요했고요. 얘는 아이들 중에서 가장 힘이 세고 나이가 많아서 일을 하게 되었을 거예요.

리사: 그의 가족을 돕기 위해서네요.

알렉스: 네.

리사: 좋아요. 아니면 아버지가 그 가게를 운영하고 있다고 생각한 건가

요? 그래서 이 아이가 가족을 위해 일을 하고 있는 거라고요. 그럼 그 두 부분을 나눠서 생각해 볼까요? '아이들이 아버지의 사업을 돕기 위해 일하는 것인지, 아니면 가족의 생계를 돕기 위해 일하는 것인지 궁금하다.'라고요. 여러분이 말하고 있는 바가 그것 같거든요. (형준이 내용을 적는다.)

리사: 잘했어요. 이 사진에 많은 것이 있네요.

앞선 상호작용에서 리사는 학생들이 쓴 글을 가지고 "이 말의 의미는 뭐죠?" 같은 명확한 질문을 던짐으로써 다시 한번 경청하는 사람으로서 관심을 전달한다. '경청 언어'라는 개념이 이상해 보일 수 있다. 그러나 우리가 들은 것, 다른 사람들이 우리에게 제기한 질문, 연결 또는 가능성을 다른 사람들에게 전달하는 것은 우리의 대응적인 언어를 통해서다. 리사의 언어는 그녀가 올바른 대답을 확인하려는 게 아니라, 더 깊은 이해에 이르도록 그들과 소통하고 있음을 형준과 알렉스에게 분명히 보여 준다. 이 과정은 다음 대화에서 더 심화된다.

리사: 다음은 정말 흥미롭네요. "고아들인지 궁금하다." 무엇 때문에 그렇게 쓴 거죠?

알렉스: 이 아이들은 집도 없고, (한 아이를 가리키며) 얘도 그런 거 같아요. 아마 거기서 사는 것 같아요. 잘 모르겠어요. 하지만 우리는 이 아이들 중 몇 명은 살 곳이 없는 것처럼 보인다고 생각했어요. 제 말은 이 사람들요. (가리키며) 이 다섯은 갈 곳이 있어 보이는데 이 세 명은 약간…….

리사: 무엇에 근거해 그렇게 생각했나요? 왜 이 아이들은 돌아갈 집이 있

다고 생각했죠?

알렉스와 형준: 아이들의 옷이요.

리사: 그래요. 옷을 아주 잘 입고 있죠? 산뜻하고 깨끗해 보여요. 그럼 생각하게 만든 이유가 아이들의 외모에 있는 건가요?

형준: 이 아이들은 더러운 옷을 입고 있어요.

리사: 관리가 좀 안된 것 같죠? 좋아요. 재미있는 생각이네요. 부모님이 살아 계시다면 아이들이 이런 일을 하도록 내버려둘까요?

알렉스: 만약 아주 가난하다면 그럴 거예요. 하지만 충분한 돈이 있다면 아니겠죠.

형준, 알렉스와 대화를 나눌 때마다 리사는 학생들의 생각을 더 깊게 하는 질문을 던지며 대답 뒤에 숨겨진 증거와 추론을 끌어내도록 요구한다. 그렇게 함으로써 학생들은 자신의 이해를 이끌어 가는 주체가 되고 그녀는 그런 주도성을 격려한다. 첫 번째 대화에서 알렉스는 "잘 모르겠어요."라고 말한다. 하지만 알렉스는 거기서 끝내는 게 아니라 계속 생각하고 가능성을 만들어, 결국에는 아이의 옷이 집안의 경제 형편을 어떻게 반영하는지 설명한다. 그러는 동안 리사는 학생들에게 무언가를 말해 주거나 직접적인 정보를 주지 않는다. 대신에 그녀는 부드럽게 학생들의 주의를 집중시키고 그들이 생각을 앞으로 끌고 가게 한다. 또한 알렉스가 대화할 때 '우리'라는 대명사를 어떻게 사용하는지를 주목하면, 알렉스가 학습지에 있는 생각들이 공동 소유라는 것을 알고 있다는 점도 드러난다.

교실의 단어, 언어, 담화를 꼼꼼히 살피다 보면 주의해야 할 점이 많다는 사실이 분명해진다. 담화 분석, 대화 분석, 인지 언어학, 언어 인류학, 수사학적 비판 이론, 개념적 은유 이론, 사피어-워프 가설[*] 등의 연구 분야가 존재한다. 이 각 분야는 언어의 작동 방식을 이해하려는 연구자들에게 독특한 틀, 관점, 도구를 제공한다. 이 풍부한 분석 틀에 의존하면서도 그중 어느 것 하나에 너무 얽매이지 않음으로써, 우리는 학교와 교실과 조직에서 '생각하는 문화'의 생성을 촉진하는 '언어 전략'을 추출할 수 있다. 이것들은 다음과 같다.

- 사고 언어
- 공동체 언어
- 정체성 언어
- 주도권 언어
- 마음챙김 언어
- 칭찬과 피드백 언어
- 경청 언어

이 언어 전략 중 몇 가지가 어떻게 나타났는지는 리사 버커크의 가르침에서 이미 살펴보았다. 이제 각각이 맥락 속에서 어떻게 작동하는지, 어떻게 보이고 어떻게 들리는지, 그리고 개인과 집단의 학습을 어떻게 형성할 수 있는지를 더 잘 이해하고자 몇 가지 기본 이론과 관련 연구를 깊이 탐구할 것이다. 필요하다면, 우리가 어떤 언어를 사용해야 하는지뿐만 아니라 비생산적일 수 있는 언어의 유형은 무엇인지 알도

---

* Whorfian theory. 한 사람이 세상을 이해하는 방법과 행동이 그 사람이 쓰는 언어의 문법적 체계와 관련이 있다는 언어학적인 가설.

록 돕고자 특정 언어 전략 및 그것과 반대되는 표현 사이의 대조를 보여 줄 것이다.

언어의 여러 측면 중 교실에서의 대화, 담화, 질문의 역할은 이번 장에서는 다루지 않으려 한다. 언뜻 보기에 이것들은 문화적인 힘으로서의 언어를 논의하는 데 적합해 보이고 상당 부분 그렇다. 하지만 교사의 질문, 학생의 대화, 교실 담론이 문화를 형성하는 방식을 더 잘 이해하고자 교실 촬영 영상, 오디오, 녹취록을 분석하며 시간을 보낸 결과, 나는 이러한 요소들이 상호작용(8장)이라는 문화적인 힘에 더 잘 맞고, 어느 정도는 시간(4장)과도 연결되어 있다고 생각했다. 따라서 이러한 교실의 특징에 대한 탐구는 나중으로 미뤄 뒤에서 다시 다루겠다.

사고 언어

교실 문화에 대한 연구를 시작했을 때, 나는 언어가 학생들의 사고를 촉진하는 데 중요한 역할을 한다는 사실과 실제로 사고 언어가 존재한다는 사실을 민감하게 받아들였다. 아트 코스타 Art Costa(1991)는 자신이 쓴 「당신은 사고를 말할 수 있습니까? Do You Speak Cogitare?」라는 제목의 기사에서 교사들이 사고를 나타내는 풍부한 어휘를 사용하는 일은 중요하다고 이야기했다. 사고 어휘는 우리가 생각하고 있을 때 하는 일을 묘사하는 단어, 생각의 결과를 나타내는 단어를 말한다. 나는 여러분이 약간의 노력만으로도 탐구하기, 생성하기, 질문하기, 생각해 내기 puzzle, 이론화하기, 상상하기, 탐색하기 등과 같이 사고 작용을 훨씬 더 구체적인 용어로 설명하는 많은 단어를 찾을 수 있으리라 확신한다. 나의 동료 샤리 티쉬먼 Shari Tishman과 데이비드 퍼킨스(1997)는 사고 어휘에 대한 나의 이해에서 한 걸음 더 나아가, 사고 언어는 과정을 정의하는 단어(예: 정당화하기, 검토하기, 추론하기), 결과를 정의하는 단어(예: 가설 세우기, 질문하기, 판단하기), 사람의 지식과 생각에 관한 태도를 돌아보는 인식론적 입장을 나타내는 단어(예: 동의하기, 의심하기, 확인하기)로 분류할 수 있다고 제안했다. 나는 교실 문화를 연구하기 위해 교실 언어를 분석하면서 이 3가지 범주에 하나를 더 추가했다. 이는 자신의 정신 상태를 설명하는 단어(예: 혼란, 경외감, 경이로움)다.

보다시피 이렇게 다양한 단어 범주를 모두 고려한다면, 우리가 활용할 수 있는 사고 어휘는 매우 풍부하다. 하지만 이게 왜 중요한가? 학생들이나 우리에게 무슨 이득을 주는가? 물론 다른 사람들과 소통하기 위해, 즉 우리의 정신 상태와 행동, 결과에 대해 이야기할 때 필요하다. 하지만 교실에서는 사고 언어가 행동을 유도하는 데 도움이 되고, 활동을 조절하는 수단을 제공한다는 점이 더 중요하다. 우리는 학생들이 방금 읽은 텍스트에 대해 '생각'만 하기를 원하지 않는다. 우리는 그들이 등장인물들을 위한 대안적인 행동을 고려하고, 다음에 무슨 일이 일어날지를 예측하며, 등장인물들의 동기에 질문을 제기하는 일 등을 하기를 원한다. 우리가 언어를 구체적으로 사용하면 학생들은 특정한 인지적 행동을 하도록 이끌린다. 이것은 특히 참여하는 데 정신적으로 어려움을 겪는 학생들에게 도움이 된다. 피터 존스턴 Peter Johnston과 동료들(2011)이 지적한 바에 따르면, 우리가 인과관계 과정에 주의를 집중시킬 때 학생 자신과 다른 사람들이 이용할 수 있는 '전략적 서사'가 만들어진다. 이는 매우 강력한 개념이다. 언어를 사용해서 학습에 대한 다양한 전략적 서사를 암시하고, 증진하고, 가시화할 수 있다.

또한 사고 언어는 계획을 할 때뿐만 아니라 성찰하는 데 메타 인지를 사용할 때도 도움을 준다. 사고에 대해 생각할 때, 우리는 했던 일이나 사고의 결과를 돌아볼 뿐 아니라 우리가 사용했거나 사용하지 않은 과정을 검토하게 된다. 사고 언어는 사고 과정을 분석하는 데 도움을 준다. 그러나 메타 인지는 단순히 되돌아보는 일이 아니다. 사람의 사고를 지속적으로 관찰하고 지시하는 일이기도 하다. 이는 읽기 과정에서 쉽게 찾아볼 수 있다. 무언가를 읽을 때 우리는 스스로의 이해력을 관찰하고, 그것이 잘되지 않는 것을 발견하면 속도를 늦추고 무엇인가를 하도록 자신에게 지시한다. 예를 들면 다시 읽을 수도 있고, 어휘의 부족이 문제라는 결론에 도달할 수도 있고, 특별히 문제가 되는 단어를 찾아볼 수도 있다. 가끔은 잠시 멈춰서 읽은 내용과 이미 배운 다른 내용 사이의 연관성을 찾으며 긴장감이나 혼란스러운 점을 해소할 수도 있다. 이런 종류의 정신 과정이 메타 인지다. 다시 말해 메타 인지는 원하는 대로 사용할 수 있는 사고 전략에 대한 지식이다(Ritchhart, Hadar, & Turner, 2009; Zohar & David, 2008). 사고 과정을 알아볼 수 있는 언어를 갖는 것은 사고 과정을 실행에 옮기기 위한 필수 조건이다. 만약 그 과정들에 이름을 붙일 수 없다면 그것들을 쉽게, 효과적으로 활성화할 수도 없다.

그렇다면 어떻게 학생들의 사고 언어를 발달시킬 수 있을까? 주요한 방법은 다른 사람들이 사고 언어를 사용하는 상황에 학생이 놓이도록 하는 것이다. 이는 학습자가 새로운 언어를 습득하는 방법이기도 하다. 모국어든, 다른 사투리든, 특정한 분야의 언어든, 의학·법학·컴퓨터 과학과 같은 기술 분야의 매우 구체적인 언어든 모두 마찬가지다. 하지만 우리는 사고 언어를 그냥 사용하기보다는, 더 적극적이고 집중적으로 실천함으로써 시간이 지남에 따라 몰입하게 되는 경험을 학습자에게 제공할 수 있다. 학생이 언제, 어디서 생각하는지를 알아차리고 그 사고에 구체적으로 이름을 붙이는 일은 교사, 학부모, 멘토가 학생의 인식을 발전시키고 주의를 집중시키며, 과정을 강화하는 데 사용할 수 있는 핵심적인 조치다. 피터 존스턴(2004)은 이것을 '알아차리기와 이름 붙이기noticing and naming'라고 부른다. 이는 학생의 사고를 가시적으로 만드는 핵심적인 방법으로, 내가 부모들과 자주 공유하는 실천법이기도 하다. 교실에서 이 방법은 생각을 드러내는 아이 본인뿐만 아니라 다른 사람들에게도 그 사고를 가시화한다. 폴라 덴턴Paula Denton (2007)은 우리가 학생들에게 강조하고 알게 하고 싶은 부분에 학생들의 주의를 끌려고 사용하는 이 관행을 '언어 강화reinforcing language' 라고 부른다.

이것은 어떻게 작동할까? 우리가 강조하고 강화하고 싶은 것이 무엇인지를 아는 일에서 시작된다. 예를 들어, 리사 버커크는 수업에서 '보기-생각하기-궁금해하기' 루틴을 이용해 학생들에게 자세히 보고, 세부 사항에 주목하고, 주의 깊게 관찰하고, 해석하고, 설명하고, 추론하고, 대안을 만들고, 증거를 제공하고, 관계를 형성하고, 질문을 제기하도록 요청했다. 학생들이 이 모든 일을 하도록 하는 것이 '보기-생각하기-궁금해하기'를 강력한 학습 기회로 만드는 핵심이다. 학생들이 둘씩 짝을 지어 활동하는 동안 리사는 각 집단에 합류해 학생들이 활동에 참여하는 모습을 포착하려고 노력했다. 형준과 알렉스와의 상호작용에서 리사는 다음과 같이 말했다. "좋아요, 여러분은 여기서 (학습지를 가리키며), '아이들이 일하는 게 보인다.', '대부분의 아이가 무언가를 만들고 있다', '아이들은 15세 이하로 보인다.'라고 했네요. 좋은 관찰이에요." 단순히 학생들에게 그들이 잘했다고 말하기보다 언어를 사용해 그들이 잘했던 특정한 지점을 알아차리고 그것에 '관찰'이라는 이름을 붙였다.

　알아차리기와 이름 붙이기는 단순히 사고 언어를 더 많이 사용하려고 하는 것보다 훨씬 구체적으로 사고 언어를 활용하는 방법이다. 또한 생각하는 문화를 만드는 데 더 효과적이고 생산적이다. 무언가를 알아차리려면 그것이 먼저 우리의 레이더에 있어야 하기 때문이다. 그러므로 우리는 특정 수업에서 우리가 찾기를 바라는 종류의 사고를 확인해야 한다. 학습에 성공하기 위해서는 어떤 사고가 필요할까? 무엇을 강화하고 싶은가? 학생들의 주의를 무엇으로 이끌고 싶은가? 우리 스스로 사고에 대해 더 잘 인식하고 학습을 촉진하기 위해 필요한 것이 무엇인지 파악하면, 학생의 요구에 잘 대응하는 교사가 되는 데 도움이 된다. 그러고 나서 교수적 레이더를 활성화하면 우리는 더 예민해지고 우리가 찾고 있는 것이 무엇인지 알아차릴 가능성이 높아지며, 그것을 언제 어디에서 놓쳤는지도 알 수 있다. 학습이 누락되었을 때 개입하고 생산적으로 비계를 놓을 수 있게 된다. 우리가 바라는 사고의 종류를 알면 학생들의 생각을 포착해 가시화할 수 있다. 이러한 상호작용은 교실이나 집단 전체에 걸쳐 전략적인 서사를 형성하고, 사고에 대한 기대를 강화하며, 개인의 역량에 대한 인식을 발전시켜 힘을 실어 줄 수 있다.

　물론 우리는 언어를 사용해 생각 외의 다른 것들을 알아차리고, 이름 붙이고, 강화할 수 있으며, 이는 확실히 적절한 일이다. 교사는 학생들이 다른 사람들과 협력하고, 타인의 지시를 듣고, 자신의 일에 자부심을 갖도록 노력할 수 있다. 우리가 무엇을 알아차리고 이름 붙이든, 그것이 곧 학생들에게 우리가 강화하는 대상임을 깨닫게 하는 것이다. 우리의 행동은 우리가 가치를 두는 것에 대한 메시지를 보낸다. 조용히 있는 것, 주의를 기울이는 것, 과제를 완수하는 것, 말을 하지 않는 것, 실수하지 않는 것과 같은 행동들에만 학생들이 주목하게 된다면, 그들은 이러한 행동이 가장 중요하다고 배울 것이다. 그러는 대신에 우리는 학습자 공동체와, 생각하는 문화와 관련된 행동과 실천에 학생들이 주의를 두도록 해야 한다. 일반적으로 이는 우리가 학생들이 숙달하고 통제하기를 원하는 과정과 관련이 있다. 학생들을 점점 더 독립할 수 있는 기술을 개발하려고 노력하는 견습생으로 생각하라. 우리는 단지 과제 완료를 목표로 하는 것이 아니라 당면한 학습 과제의 실제적인 기술과 학습 과정에 주의를 기울이고자 하는 것이다.

공동체 언어

여러분이 리사 버커크의 교실에 간다면, 경쟁적인 방식보다는 협력적인 방식으로 서로 배우고자 헌신하는 학습 공동체에 대한 명확한 감각을 갖게 될 것이다. 학생들과 교사 모두의 이야기를 잘 들어 보면, 그들의 말에 '우리', '우리의', '우리를'과 같은 단어들이 아주 많이 사용되고 있음을 발견할 수 있다. 리사가 사진을 보고 나서 함께 이야기를 나눈 다음 예를 보자.

> **리사:** 여러분, 조용히 앉아 줘서 고마워요. 우리가 할 일은 이런 거예요. 각자의 책상에는 사진, 기록할 학습지 그리고 '아동의 권리'라는 유인물이 있어요. 세 장의 종이를 모두 가지고 와서 칠판 앞에 앉으세요. 우리가 그 사진들에 대해 어떤 결론을 내릴 수 있는지 볼 거예요. 그런 뒤에 서로의 사진들을 볼 거고요.

처음에 리사는 학생들을 칭찬하고, 그들이 무엇을 할 것인지를 정확히 나타내고자 '여러분you'이라는 대명사를 사용한다. 이로 인해 학생들은 개별적으로 처리해야 할 지시 사항이 있음을 인식한다. 다음에 그녀는 사용하는 대명사를 '우리'로 바꾼다. 이 변화를 통해 이어지는 과업은 공동의 것으로 설정되고, 학생들에게 이제 리사도 그들의 일부로 새롭게 노력을 기울이게 되었음을 알려 준다. 그녀가 학생들이 해낼 것이라는 생각을 다음과 같이 분명히 한다는 점에 주목하라. "우리가 그 사진들에 대해 어떤 **결론**을 내릴 수 있는지 볼 거예요."

언어의 미묘한 부분에 대한 연구에서, 제임스 페니베이커James Pennebaker(2011a, 2011b)는 대명사와 다른 기능어function word들의 사용이 개인적인 스타일을 드러내고 우리의 동기, 의도, 다른 사람들과의 연관성, 심지어 심리적으로 우리의 정신 상태를 매우 잘 드러낸다고 지적한다. 페니베이커는 "더 따뜻하고 더 많은 개인적인 언어"는 더 적은 관사들(a,an, the)과 더 많은 대명사를 포함하는 경향이 있다고 주장한다. 게다가 말하는 사람의 대명사 사용은 그가 주의를 집중하는 곳을 알려 준다. 이전의 녹취록에서 우리는 리사가 학생들에게 지시하고 그들을 움직이게 하고자 개별 아이들의 활동에 주의를 기울인 것을 볼 수 있었다. 그러고 나서 그녀는 대명사 '우리'를 사용했는데, 이를 통해 우리는 그녀의 주의가 모둠으로 이동하고 학생들도 그렇게 하도록 유도한다는 것을 알 수 있다. 여기서 중요한 점은 거의 모든 선생님이 그들 자신을 모둠 활동에 포함시키기 위해 때때로 '우리'를 사용한다는 것이다. 그러나 "우리는 내일 6장을 시작할 것입니다."와 "우리는 연결들을 확인할 거예요." 사이에는 차이가 있다. 전자는 모든 사람의 일반적인 활동의 변화를 나타내고, 후자는 선생님이 그 모둠과 함께 생각하고 학습한다는 점을 나타낸다. 학습자들의 공동체를 만드는 측면에서 '우리'는 선생님을 활동의 책임자로서뿐만 아니라 그 활동의 학습 과정 참가자로서도 포함시켜야 한다.

우리는 언어적이고 문자적인 의사소통이 우리 생각을 표현하는 것을 도와주는 명사, 동사, 형용사 그리고 부사와 같은 내용어content word에 지배된다고 생각하는 경향이 있다. 하지만 페니베이커는 사실 기능어들이 훨씬 더 높은 비율로 사용된다고 지적한다(말과 글의 약 30퍼센트). 그것들은 뇌에서 내용어와 다르게 처리된다는 점이 중요하다. 뇌 손상에 대한 연구에 따르면 전두엽의 브로카 영역은 사회적 기술을 관장하는 부분으로, 기능어 처리와 관련 있음이 밝혀졌다. 이러한 기능어는 사회적 연결과 공유된 이해에 의존하면서, 우리의 관계와 관련성을 나타내는 지표이기 때문에 내용어와는 다르게 처리되는 것이 당연하다. 누군가가 '이것' 또는 '저것', '그' 또는 '그녀'를 언급할 때, 화자가 말하는 것을 이해하기 위해서 청자는 공유하는 참조 프레임이나 연결 고리가 있어야 한다.

그의 저서 『단어의 사생활』(2011a)에서 페니베이커는 대명사가 다른 사람들과 우리의 관계를 드러내는 많은 방법을 발견했다. 예를 들어, 그는 주고받은 이메일을 검토한 뒤 관계에서 힘이 적은 사람이 힘이 있는 사람보다 더 많은 빈도로 대명사 '나'를 사용하는 경향이 있음을 발견했다. 스피드 데이트*에서, 그는 두 사람이 서로에게 끌릴 때 서로의 대명사 사용을 모방하는 경향이 있다는 것을 발견했다. 모두 흥미롭고 페니베이커를 미디어에서 꽤 유명하게 만든 내용들로, 이를 보면 하나

---

* speed date. 정해진 시간 동안 여러 상대를 순차적으로 만나 짧게 대화하며 알아 가는 데이트로, 미팅과 소개팅의 장점을 결합하여 만든 방식.

의 질문이 떠오른다. 우리의 언어는 단지 이미 존재하는 힘의 역학이나 친화력을 드러낼 뿐인가, 아니면 상황을 형성하고 변화시키는가?

이 질문에 대한 나의 대답은 대명사 사용은 쌍방향적이라는 것이다. 이 장에서 논의하는 모든 언어 전략이 마찬가지다. 언어 사용은 우선순위, 신념, 의도 등을 드러낸다. 그러므로 우리는 우리의 언어가 원하는 바를 잘 드러내고 있는지를 살펴야 한다. 그렇지 않다면 언어 사용에 변화를 줄 수도 있다. 우리가 더 포괄적이고 공동체 지향적인 언어를 사용하면 학생들은 그것을 알아차릴까? 페니베이커는 일상 대화에서는 거의 파악하기 어렵다고 말한다. 따라서 그의 작업에는 녹취록 분석이 포함된다. 그는 시간이 지남에 따라 패턴이 드러난다고 주장한다. 나는 집단의 문화도 시간이 지남에 따라 패턴으로 나타난다고 주장하고 싶다.

다른 주제로 넘어가기 전에 대명사에 대한 마지막 문제가 있다. 우리는 교실 밖에 있는 사람들을 지칭할 때도 대명사를 사용한다. 얼마나 자주 학생들에게 다음과 같이 묻고 있는 자신을 발견하는가? "7번 질문에서 그들이 이해하고 있는 건 뭐라고 생각하나요?" 또는 "이 문제에서 그들은 어떤 종류의 답을 찾고 있나요?" 이 대명사 사용에서 잠재적으로 문제가 되는 측면은, 교실 학생들의 학습을 단절시키는 방식으로 익명의 외부인을 공동체로 불러들인다는 점이다. 그러면 학습의 통제권이 교실, 교사, 학생의 외부에 있게 된다. 나는 "너는 이 질문의 핵심 아이디어가 무엇이라고 생각하니?", "너는 어떤 대답이 이 문제에 적절하다고 생각하니?" 같은 질문으로 초점을 다시 학습자에게 두는 것이 더 생산적이라고 생각한다.

닉 피오리Nick Fiori (2007)는 권위를 교실 밖에 위치시키는 이런 대명사 사용이 특히 수학 수업에서 벌어지는 문제라고 본다. 피오리는 "어떤 주체가 이름 없는 사람들에 의해 통제되는 것은 건전하지 않다."(p.696)라고 말한다. 학생들에게 우리가 지칭하는 사람들이 누구인지에 대한 참조를 제공하지 않으면 연결의 가능성이 없다. 학문의 바깥에 앉아서 학문에 기여한 주요 인물들조차 모른다면 학문과 친밀도를 쌓기가 더 어렵다. 우리는 적절한 참조 없이 대명사를 사용함으로써가 아니라, 실제 사람들과 그들의 기여를 연결함으로써 공동체를 형성할 수 있다.

정체성 언어

데이비드 퍼킨스(2009)는 그의 책 『배움을 온전하게 만들기Making Learning Whole』에서 학교 학습의 많은 부분에서 나타나는 주요한 문제를 지적했다. 우리가 역사, 수학, 과학 등 가르쳐야 하는 과목에서 '전체 게임play the whole game'을 하도록 실제적인 활동에 학생들을 참여시키는 것보다는 과목의 요소, 부분, 주제 등의 관점에서 가르치는 경향이 있다는 것이다. 퍼킨스는 이러한 경향을 '어바우타이티스'*라고 부른다. 우리는 학생들을 과목의 구성원으로 참여시키기보다 그 과목에 **대해**about 가르친다. 여러분 자신이 받은 교육을 돌이켜 보라. 들었던 수업에서 얼마나 많은 어바우타이티스를 만났는가? 아마도 상당할 것이다. 불행하게도 상황은 많이 나아지지 않았다(1장 참고). 표준화된 시험이 사실상 학습의 척도가 되면서, 교육과정은 시험을 치르는 과목의 일부에 초점을 맞추게 되었다. 더 나은 성취 기준과 교육과정 가이드라인이 제시되

---

* aboutitis. '~에 관한 증상'이라는 뜻으로 학생들이 무언가에 대해 배우기만 하고 실제로 그 활동에 참여하거나 경험해 보지 못하는 현상을 의미한다.

더라도, 어딘가의 어떤 관료는 그것을 시험에 적합한 조각으로 잘라서 개별 수업과 공식적인 평가에 맞게 만들려 할 것이다.

이런 장애물에도 불구하고, 세계 곳곳에는 어바우타이티스에 용감하게 대처하는 교사 전문가들이 있다. 이 선생님들은 학생들로 하여금 자신들이 어떤 과목을 바라보는 외부인이 아니라 그 과목의 일원으로서 스스로를 보도록 돕는다. 퍼킨스가 묘사한 것처럼 그들은 학생들이 게임 전체를 보는 것뿐만 아니라 게임을 하는 것도 도와준다. 역사를 배우는 것이 아니라 역사학자가 되고, 과학을 배우는 것이 아니라 과학자가 되고, 문학평론을 배우는 것이 아니라 문학평론가가 되게 해 준다는 의미다. 이러한 생각하는 문화 교실은 그들에게 실제적인 느낌을 주며, 학습 효과도 뚜렷하게 나타난다.

정체성 언어는 어바우타이티스를 피하고 학생들이 한 분야의 구성원으로서 자신을 볼 수 있도록 돕는 도구다. 수십 년 동안 문해력 교육 종사자들은 정체성 언어를 받아들였고 학생들을 당연하게 독자, 작가, 저자, 시인 등으로 불러 왔다. 이 언어는 학생들이 단순히 특정한 지식 기반을 마음대로 사용하는 것을 넘어 이 분야에서 중요한 사고와 핵심 과정에 실제로 참여하는 역할을 맡도록 돕는다. 학생들은 그것이 학생용 버전일지라도 '전체 게임'을 하고 있다. 이와 같이 교실에서 정체성 언어를 사용하는 것은 학생들에게 적용 가능한 특정 사고방식을 활성화해야 한다는 신호를 보낸다.

이와 동일하게 과학에서 실습 위주의 수업의 틀을 짜는 두 방식을 생각해 보라. 첫 번째는 "오늘 우리는 화학 반응에 대해 배울 것입니다."이고, 두 번째는 "오늘 우리는 과학자로서 다양한 환경에서 화학 물질이 어떻게 반응하는지 조사할 것입니다."이다. 어느 것이 잠재적 학습자를 수동적으로 느껴지게 하는가? 어느 것이 더 적극적인 반응을 촉진하고 다른 일련의 정신적 과정에 참여시키는가? 어느 쪽이 다른 쪽보다 더 흥미롭게 느껴지는가? 각 수업에서 교사와 학생의 역할은 무엇일 것 같은가? 틀과 수업 설정이 효과적인 교육에 중요하다면, 나는 두 번째 틀이 더 나은 역할을 한다고 제안하고 싶다.

다시 한번 말하지만, 정체성 언어 사용이 마법은 아니다. 어느 날 우리가 학생들을 수학자라고 부른다고 해서 갑자기 그들이 수학자가 되지는 않는다. 그러나 우리의 언어는 의도를 전달하는 동시에 행동에 신호를 보낸다. 어떤 학문에 대한 진정한 이해는 그 학문의 과정과 사고방식 그리고 내용 지식을 배우는 것까지라는 점을 인식할 때, 우리는 자연스럽게 그 능력들을 개발할 기회를 만들게 된다. 마찬가지로 우리는 자연스럽게 학생들이 이러한 역할을 맡는 것을 보고 싶어 하며, 우리의 언어도 그 뒤를 따른다. 그러면 학생들은 해당 과목 학습의 상당 부분이 단순히 시험을 위한 것이 아니라 해당 학문의 사고 능력 및 과정 습득과 관련이 있다고 기대하게 된다.

정체성 언어를 사용함에 있어서 우리는 일련의 행동과 운영 방식으로 학생들을 특정한 역할에 배치할 뿐만 아니라, 다른 역할은 암묵적으로 거부한다. 구체적으로 우리는 '정보 전달자로서의 교사'라는 역할과 '수동적인 수용자로서의 학생'이라는 역할을 거부하고 있다. 이 패러다임을 깨는 것은 도전일 수 있고, 많은 학생이 반항하며 시험을 위한 정보를 '정확하게 가르쳐 달라'고 하거나 숟가락으로 떠먹여 주기를 원할 수도 있다. 그러나 패러다임을 깨려면 학생들이 새로운 역할을 구상하고 수행할 수 있도록 돕는 일이 필요하다. 이 역할에는 학문 기반 역할(과학자, 예술가, 역사가 등)뿐만 아니라 과정 기반 역할(사상가, 연구자, 자료 수집가, 분석가, 해설가, 옹호자, 발명가 등)도 포함된다.

주도권 언어

1장에서 우리는 우리 사회의 경제적, 사회적, 정치적 지형과 그 변화들이 학교에 필요하고 기대하는 것에 어떤 영향을 미치고 있는지 탐구했다. 21세기에 성공하려면 필요한 기술과 성향에 대해 고민하면서, 주도성과 혁신을 발휘할 수 있는 유연하고 독립적인 학습자의 필요성이 여러 계층에서 공통된 요구로 부상하고 있음을 확인했다. 청소년 발달 전문가인 리드 라슨^{Reed Larson} (2000)은 이러한 주도권^{initiative}에 대한 필요성을 다음과 같이 표현했다. "개인은 시간이 지남에 따라 누적된 노력을 기울여 자신을 재창조하고, 환경을 재편하고, 다른 계획적인 사업에 참여할 수 있는 역량이 필요하다. 지루해하고 도전을 기피하는 청년 세대는 점점 더 복잡해지는 삶에 대처하거나 21세기의 새로운 도전에 맞설 준비가 되어 있지 않을 것이다"(p.171).

만약 정말로 주도권이 21세기 교육의 중요한 목표라고 받아들인다면 그것을 키울 때 실제로 무엇이 발전하는지 알아야 한다. 주도권의 핵심 측면, 또는 사회학과 심리학의 연구자들이 때때로 '주도성^{agency}'이라고 부르는 것은 자신의 수완과 기업가 정신을 바탕으로 선택하고 활동을 지시할 수 있는 능력이다. 세상을 우리와 분리된 것으로 생각하기보다는, 잠재적으로 지시하고 영향을 미칠 수 있는 행동의 장으로 생각한다는 의미다. 사람은 주도권을 개발함에 따라 세상을 자신의 행동에 반응하는 것으로 보게 된다. 이렇게 방향을 설정하고 영향력을 행사하는 일에는 가능한 행동을 파악하고, 잠재력을 평가하고, 주의를 기울이고, 인과관계를 이해하고, 목표를 설정하는 등의 작업이 포함된다. 간단히 말해서, 전략적이고 계획적이 되는 법을 배워야 한다. 피터 존스턴(2004)은 학생들이 강한 개인적 주도성을 갖는 것의 중요성을 설명하면서 다음과 같이 강조했다. "무엇보다도 아이들은 전략적으로 행동하면 목표를 달성할 수 있다는 느낌을 가지고 학교를 떠나야 한다"(p.29).

언어는 주도권의 발달과 어떤 관련이 있을까? 지도자, 교사, 멘토와 같은 성인은 학습자와의 상호작용에서 질문으로 학습자의 주의를 끌 수 있다. 이러한 방식으로 교사는 학생들이 잠재적인 행동 방향을 파악하고, 평가하고, 계획할 수 있도록 돕는다. 교사의 언어는 학생들이 즉시 인지하든 그렇지 않든 간에 실행 중인 전략과 그 결과에 주의를 기울이게 할 수 있다. "방금 무엇을 했는지 말해 주세요.", "이 문제를 해결하기 위한 계획은 무엇인가요?", "다음에 무엇을 할 건가요?" 같은 리사 버커크의 질문들은 학습자가 자신의 추론을 파악하고 자신의 생각을 가시화하도록 요구한다. 그렇게 함으로써 학생들은 아이디어가 단순히 머릿속에서 떠오르는 것이 아니라 자신의 통제와 영향을 받으며 추론을 형성하는 역할을 한다는 것을 깨닫는다. 마찬가지로 성인은 언어를 사용해 상황을 구성하고, 명확한 인과관계나 가능한 우연성을 만들 수 있다. 리사가 알렉스와 형준에게 "부모님이 살아 계시다면 아이들이 이런 일을 하도록 내버려둘까요?"라고 물었을 때가 이런 경우다. 이 질문으로 가상 상황을 설정함으로써 리사는 학생들에게 결과에 영향을 미칠 수 있는 일련의 조건을 검토하는 방법을 보여 준다.

청소년의 지역사회 조직 참여에 대한 연구에서 언어학자 맥플린McLaughlin, 어비Irby, 랭먼Langman(1994)은 청소년의 언어가 집단들에 참여하는 동안 어떻게 변화하는지 살펴보았다. 지역사회 조직은 청소년들 스스로가 매력적이고 효과적이라고 생각하는 집단이기 때문에 주도권 개발과 관련해 유익한 연구였다. 예술 또는 연극 동아리, 보이스앤드걸스 클럽*, 스포츠 팀과 같은 이 집단들은 성인 멘토가 아니라 주로 참여 청소년이 동기, 방향, 활동, 목표를 갖는 환경을 제공했다. 자발적으로 참여하고 스스로 활동을 주도하는 이러한 실제 상황에서는 주도성이 발달할 것으로 기대되는 분위기가 조성되었고, 실제로 그렇게 되었다. 연구 결과, 참여한 지 3~4주 만에 학생들의 언어가 극적으로 변화하는 것으로 나타났다. 대체로 집중하지 못하고 수동적이며 방어적이고 때로는 패배주의적이었던 언어가 더 계획적이고 전략적이며 주도권에 기반을 둔 언어로 바뀌었다. 히스Heath(1999)에 따르면, 이러한 언어 변화는 학생들이 참여를 통해 배우고 성인 멘토로부터 얻은 것을 반영한다. 이 변화를 좀 더 자세히 살펴보자.

먼저 학생들은 "만약 우리가 이런 식으로 행동한다면…….", "음, 그게 사실이라고 가정해 보자. 그러면 무슨 일이 일어날까?", "만약 우리가 식비에 돈을 쓴다면, 필요한 물품을 살 돈이 얼마나 남을까?" 같은 가정적인 진술을 사용했다. 이러한 가정적인 언어는 개인과 집단을 활동적인 행위자로 명확하게 위치시키고, 그들의 행동으로 발생할 수 있는 결과를 다룬다. 히스(1999)가 확인한 두 번째 언어 변화는 조동사, 즉 '~일 수 있다would', '~할 수 있다could', '~해야 한다should'의 사용이 증가했다는 것이다. "'우리가 이것을 할 수 있을까요?", "이것이 효과가 있을까요?", "다른 방법으로 생각해야 할까요?" 등의 문장들이 이에 해당한다. 이러한 진술은 고려할 수 있는 선택 사항을 확인하는 일뿐만 아니

---

*   Boys & Girls Clubs of America. 미국을 중심으로 청소년들에게 학업, 건강, 리더십, 시민 의식 함양 등을 돕는 비영리 단체.

라 그 선택 사항을 따져 보는 일과도 연결돼 있다. 이 언어 양식은 만일의 사태를 고려하는 사고의 발전을 반영한다.

확인된 다른 두 언어 전략은 학생이 집단과 더 큰 세계에 참여하고 있다는 인식과 관련이 있었다. 구체적으로, 학생들은 다른 구성원들로부터 명확성을 얻고자 질문하기 시작했다. 그로 인해 그들은 행동의 결과를 완전히 이해하고 그 결과를 따져 볼 수 있었다. "좋아, 네 말은 우리가 이렇게 한다면, 그다음에는 ~한다는 거지." 같은 말이다. 마지막으로, 학생들의 언어 사용은 이사회 구성원, 사업가, 정부 관계자, 기자 또는 다른 영향력 있는 단체와 같은 사람들의 관점과 언어를 반영했다. "만약 우리가 그 홀을 임대한다면, 시에서 우리에게 허가해 줄까?" 같은 질문이 그 예다.

물론 이런 집단에서는 학생들이 주도적으로 참여할 수 있는 기회가 많았고, 학생들의 언어 변화는 그 맥락에서 설명할 수 있을 것이다. 그러나 우리는 학생들이 누구에게서 그런 언어를 배웠는지 물어봐야 한다. 히스(1999)는 집단의 리더와 나이 든 구성원 모두 주도권 언어를 정기적으로 사용함으로써 신입 구성원들이 이를 내면화할 기회를 제공한다는 사실을 발견했다. 라슨(2000)은 학생들의 지속적이고 역동적인 언어 개발의 중요성을 강조한다. "참가자들은 단지 언어를 습득하는 데 그치지 않고 언어를 적용하고 발전적으로 사용하는 법을 배웠다. (⋯) 새로운 참가자들은 그들의 사고방식에 패러다임의 변화를 겪는 것으로 나타났으며, 이는 질적인 발달 변화를 반영한다(p.178)." 그는 이 과정을 "그들은 새로운 행동 방식을 얻었다."(p.178)라고 진술함으로써 적절하게 요약했다.

학생들이 우리에 대한 의존도를 높이지 않고 주도성과 독립성의 언어를 사용하고 있음을 확인하는 방법은 우리 자신에게 '누가 그 생각을 하고 있는가?'라고 자문해 보는 것이다. 리사의 수업에서 언어를 검토하면, 다음과 같은 것을 알 수 있다. 각 사례에서 리사는 학생들이 생각할 수 있도록 틀을 구성했다. 교육자, 부모, 멘토로서 우리의 목표는 우리가 키우는 학생들이 생각하는 사람이 되도록 격려하고 스스로를 생각하는 사람, 계획하는 사람, 행동하는 사람으로 인식하게 하는 것이다.

마음챙김 언어

언어가 우리를 더 자각하게 하고 더 의식적이게 하고, 사려 깊게 하고, 유연하게 만들 수 있을까? 오랜 연구 결과에 따르면 그럴 수 있다. 놀라운 점은, 이러한 언어의 존재감은 미묘하지만 우리의 사고에 미치는 영향은 강력하다는 것이다. 특히 해석의 가능성을 허용하고 약간의 모호함에도 문을 열어 두는 언어는 마음을 열린 상태로 유지해, 일찍 결론을 내리는 것을 피하고, 가능성을 추구함으로써 다른 사람이 제시하는 정보를 경청할 수 있는 힘을 준다. 리사 버커크는 수업을 준비할 때 단순히 "이 사진에서 무슨 일이 일어날 수 있을까요?"라고 물었다. 조건부 언어, 즉 '일어날 수 있다might'라는 단어를 사용하면 명확한 답변은 필요하지 않지만 추측은 필요하다는 미묘한 단서를 전달하게 된다. 그 결과 리사의 학생들은 일찍 결론을 내리기보다는 사진에 대한 여러 가지 해석을 제시했다. 리사가 "이 사진에서 무슨 일이 일어나고 있을까요?"라고 묻는다면 어땠을까? '일어나고 있다is'라는 절대적 언어를 사용하면 기대에 대한 다른 메시지를 보낸다. 그러면 학생들은 올바른 해석을 찾아야 한다.

마음을 열고 유연하게 유지하는 조건부 단어의 힘에 대한 이해는 20년 전 엘런 랭어Ellen Langer (1989)의 마음챙김에 대한 획기적인 연구에서 밝혀졌다. 마음챙김은 새로운 범주와 가능성을 더 쉽게 만들 수 있는 개방적이고 유연한 상태를 말한다. 랭어는 초기 연구에서 어떤 유형의 환경적 단서가 사람을 더 개방적이고 마음챙김을 할 수 있게 만드는지, 더 기계적이고 고정적이며 무의미한 행동을 유발할 수 있는 단서는 무엇인지 알아내려고 했다. 초기 연구(Langer & Piper, 1987)에서 그녀는 실험자와 함께 작업하는 방에서 피험자가 우연히 고무 물체를 마주치는 실험을 설정했다. 실험자는 일부 피험자에게 앞에 있는 고무로 된 물체가 개의 씹는 장난감**일 수 있다고**could (조건부 언어) 말하고, 다른 피험자에게는 이것이 개의 씹는 장난감**이라고**is (절대적 언어) 말한다. 그런 다음 실험자는 그 물체를 옆에 두고 피험자를 인터뷰하면서 연필로 피험자의 반응을 적는다. 어느 시점에서 실험자는 자신이 실수를 했고 자신이 쓴 것을 지워야 한다고 주장한다. 이런 일이 일어났을 때, 조건부 언어(이것은 개의 씹는 장난감일 수 있음)를 들은 피험자는 고무 물체를 지우개로 사용할 가능성이 다른 피험자보다 훨씬 더 높았다. 그 물체가 개의 씹는 장난감일 수 있다는 말을 들은 참가자들은 정신적으로 열려 있었고, 조건이 바뀌면 그 물체를 새로운 방식으로 사용하는 것을 고려했다. 반면에 물체에 명확한 이름을 붙이면 인지적으로 폐쇄적인 경향을 보였다.

좋은 실험이지만, 조건부 언어와 절대적 언어의 이 효과들이 다른 맥락에서도 작용할까? 랭어와 내가 함께 한 연구(Ritchhart & Langer, 1997)에서, 우리는 새로 만들어 낸 '쌍pairwise'이라는 수학적 개념과 그것을 푸는 절차를 대학생들에게 가르치는 실험을 설계했다. 그 절차는 정수가 포함된 기본 연산을 사용하는 정도였다. 일부 학생들은 "문제를 푸는 방법 중 하나는 ~일 수 있습니다."(조건부 언어)라는 진술을 듣고 새로운 절차를 소개받았고, 설계된 방법을 보여 줬다. 다른 집단은 "이렇게 문제를 풉니다."(절대적 언어)라는 말을 들었고, 같은 방법을 보여 줬다. 사후 테스트에서, 조건부 언어로 지시를 받은 학생들은 이 문제를 푸는 데 더 정확하고, 정확한 결과를 산출할 가능성이 있는 방법을 사용했다. 또 문제를 해결하는 정확하고 실행 가능한 대체 방법을 만들 수 있었고, 적용되지 않는 상황에서 절차를 잘못 적용할 가능성이 적었다. 새로운 수학을 배우는 이 시나리오에서, 우리는 절대적 언어로 지시를 받은 참가자들은 사전 지식을 사용하지 않고, 이해가 되지 않는 절차는 암기하려고 노력하는 것으로 그들의 과제를 해결할 가능성이 더 높다고 이론화했다. 그들은 수동적인 정보 수신자가 되었다. 반면, 조건부 언어를 들은 학생들은 단순히 절차를 배우려고 하기보다 사전 지식을 통합하며 이해하려고 노력했다.

교실에 시사점을 주는 또 다른 연구 결과는 동료인 대니얼 윌슨^{Daniel Wilson}의 모험 경주^{adventure racing} 팀을 대상으로 한 학습에 대한 연구(2007)에서 나왔다. 윌슨은 팀이 약 400마일에 이르는 낯선 코스를 탐색하면서 어떻게 의미를 협상하고 불확실성에 대처하는지 연구했다. 길 찾기에 숙련된 선수들로 구성되었음에도 이 팀들은 자주 길을 잃었고 진행을 위해 빠르게 길을 찾아야 했다. 이러한 상황에서 팀들의 언어를 검토하면서 윌슨은 가장 성공적인 팀들, 즉 상위권 팀들은 길을 잃었을 때 하위권 팀들보다 조건부 언어를 사용할 가능성이 두 배나 높다는 사실을 발견했다.

이 언어들은 어떻게 들리는가? 우승한 팀의 구성원은 "우리는 전에 여기에 와 본 적이 있는 것 같아요."라고 말했지만, 낮은 성과를 낸 팀의 구성원은 절대적 언어로 같은 감정을 표현했다. "우리는 전에 여기에 온 적이 있어요." 누군가가 여러분에게 이 2가지 말을 한다고 상상해 보라. 조건부 언어는 대부분의 사람이 대화에 참여해 자신의 의견을 제시하도록 유도한다. 반면, 절대적 언어는 방어적이고 공격적이고 독단적으로 들린다. 이런 상황에서 의견을 제시하면 말하는 사람을 밖으로 불러내서 대립을 유도하는 것 같다. 여러분이 수면 부족으로 피곤하고, 운동으로 인해 육체적으로 지쳐 있다고 상상해 보라. 절대적 언어를 사용함으로써 이 팀들은 정보를 모으고 최고의 선택을 할 수 있는 기회를 스스로 박탈하고 있다는 것을 쉽게 알 수 있다.

이제 교실에 있는 자신을 상상해 보라. 동료 학생이 여러분의 의견에 동의하지 않는 절대적인 발언을 한다고 가정해 보라. 그 또는 그녀의 말은 대화를 중단시키는 효과를 낼 것이다. 대조적으로, 누군가가 어떤 생각을 조건부 언어로 표현한다면 여러분은 자기 생각을 대화에 보태기가 훨씬 더 쉬울 것이다. 사실 '생각하는 문화 글로벌 프로젝트'를 통해, 우리는 교사가 학생들을 생각하는 사람으로 키우고 그들의 사고를 가시화하는 데 집중하기 시작하면 학생들의 언어에서 이러한 변화가 자연스럽게 일어나는 것을 볼 수 있었다. 정답 맞히기를 통해서가 아니라 복잡한 문제의 의미를 집단적으로 파악하고 다른 사람의 생각을 바탕으로 학생들이 발전하기를 교사가 원한다면, 학생들은 이 사실을 금방 알아차린다. 교사들이 조건부 언어 사용을 모델로 삼으면 학생들도 조건부 언어의 사용을 받아들이기 시작한다.

이 시점에서 여러분은 "네, 하지만 절대적인 것들도 있죠. 옳고 그름이 있잖아요."라고 생각할 수 있다. 이는 사실이지만, 우리가 생각하는 것처럼 절대적이지는 않을 수도 있다. 예를 들어, 문제를 해결하는 데에는 보통 하나의 방법이 아니라 여러 가지 방법이 있다. 모험 경주의 경우 어떤 길들은 옳았고 어떤 길들은 아니었다. 때때로 그 팀은 실제로 전에 그 장소에 가 본 적이 있었다. 여기서 중요한 점은 조건부 언어를 사용하는 팀이 실제로 올바른 답을 찾고 길을 찾는 데 더 능숙했다는 것이다. 그들이 더 잘 정보를 모으고 적절하게 가늠해 응답을 결정했기 때문이다. 조건부 언어를 쓰라는 말은 답 찾기를 포기하라는 뜻이 아니다. 너무 일찍 생각을 닫는 일을 경계하라는 뜻이다. 연구자들은 조건부 언어를 사용하면 사람들이 들은 것을 그냥 받아들이는 대신 더 비판적으로 생각하도록 격려받는다는 것을 발견했다(Herrenkohl & Guerra, 1998; Ironside, 2006).

칭찬과 피드백 언어

거의 모든 교실에 들어가면 교사에게서 정기적으로 칭찬의 말이 튀어나오는 것을 들을 수 있다. "좋았어.", "잘했어.", "훌륭해.", "정확해.", "완벽해.", "탁월해." 등. 하지만 그런 말들은 우리가 생각하는 바를 달성하지 못하고 있을 수도 있다. 연구자 해리스^{Harris}와 로젠탈 ^{Rosenthal} (1985)이 지적하듯이, "이런 종류의 피드백은 학생에게 정보를 제공하지 못한다. 따라서 정답을 맞혔는지 틀렸는지 깨닫는 것 외에는 아무런 영향도 미치지 않을 수 있다"(p.377). 다른 이들은 훨씬 더 나아가서 그런 말들이 학습에 해로운 영향을 미칠 수 있다고도 말한다. 바버라 라리비^{Barbara Larrivee} (2002)는 "교사의 칭찬은 표현의 자유를 억제하고, 교사에 대한 의존성을 만들고, 다른 사람을 기쁘게 하는 능력으로 학생들이 자신의 가치를 측정하도록 조건화함으로써 동조를 촉진한 다."(p.77)라고 주장한다. 물론 교실이 잘 관리되고 질서 있어야 한다고 생각하는 사람들은 바로 이런 이유로 칭찬을 효과적인 통제 메커니즘 으로 본다(Lampi, Fenty, & Beaunae, 2005).

캐럴 드웩(2007)은 "칭찬은 학생들이 자신의 지능을 어떻게 바라 보는지와 복잡하게 연결되어 있다."(p.34)며, 따라서 자신의 능력에 대 한 칭찬은 자부심을 불러일으킬 수 있지만 궁극적으로는 학습에 해로 울 수 있다고 말한다. 수많은 연구에서 그녀는 "정말 똑똑하구나." 또 는 "잘하시네요."처럼 칭찬이 그 사람을 대상으로 할 때 실제로 성장 마 인드셋보다는 지능에 대한 고정관념을 장려할 수 있다는 것을 발견했 다(2장 참고). 드웩은 "정말 열심히 했구나." 또는 "너 자신을 밀어붙인 것 이 보여."와 같이 사람의 노력과 행동에 주의를 기울이는 칭찬은 지속 적인 학습, 위험 감수, 도전 수용을 장려할 가능성이 더 높다고 제안한 다. 결과적으로 교사는 자신이 칭찬하는 내용과 이유를 신중하게 고려 해야 한다.

해리스와 로젠탈이 지적했듯 칭찬은 피드백이 아니다. 부분적으로 이는 칭찬이 전달하는 정보가 부족하기 때문이다. "잘했어요."에는 다 음에 무엇을 해야 할지 알 수 있는 정보가 거의 없다. 진정한 피드백은 교육적 역할을 해야 하며 학습자에게 현재 학습 과제와 직접 관련된 정 보를 제공해야 한다(Hattie & Timperley, 2007). 또한 이 정보는 학습자가 받 아들이고 실행할 수 있는 것이어야 하며, 향후의 학습을 유도할 수 있 어야 한다. 이는 수행된 내용과 아직 개선이 필요한 내용을 교사가 잘 식별하고, 학생이 개선을 달성하도록 돕는 데 도움이 되는 지침을 제공해야 함을 시사한다. 우리의 말이 이를 달성하지 못한다면 우리는 그것을 피드백보다는 평가라고 해야 할 것이다.

물론 상황에 따라 좋은 피드백이 무엇인지는 다르며, 학습자와 과제에 크게 좌우된다. 그럼에도 피드백 언어를 형성하는 측면에서 몇 가지 일반적인 전략은 연구를 통해 도출할 수 있다(Black & Wiliam, 2002; Dangel & Durden, 2010; Hattie, 2009; Hattie & Timperley, 2007). 예를 들어 언어는 구체적이고 설명적이며 정보를 제공해야 한다. 학습자가 무엇을 올바르게 수행했는지와 앞으로 무엇을 다르게 수행할 수 있는지를 알려 주는 것뿐 아니라, 앞으로 무엇을 계속 수행해야 하는지를 알려 줄 수 있어야 하기 때문이다. 리사가 학생 앤드리아와 미란에게 '보기-생각하기-궁금해하기' 루틴을 수행한 뒤 한 말은 이러한 특징을 보여 준다. "그 사진들을 정말 잘 봤어요. 무슨 일이 일어나고 있는지 설명하려고 정말 노력한 것이 보이네요. 그리고 텔레비전이나 뉴스 보도에서 본 이미 아는 정보를 사용한 방식이 참 마음에 들어요."

리사는 그들의 주의를 다음 과제로 돌리며, 다시 한번 해야 할 사고 과정을 강조한다. "이제 (학습지의) 반대편으로 넘어가면, 이 사진들에서 무슨 일이 일어나고 있는지 알아볼 수 있을 거예요. 그걸 알고 난 뒤에는 여기 아래쪽의 (학습지 아래쪽을 가리키며) '권리' 부분을 보면 되겠죠? 어떤 권리가 존중되고 어떤 권리가 소홀히 여겨지고 있는지 살펴보세요. 그리고 그렇게 말한 이유를 알려 줄래요?"

리사는 학생들에게 "정말 잘했어."라는 일반적인 칭찬으로 시작하지만 곧바로 구체적인 내용으로 넘어간다. 그녀는 학생들이 한 생각에 주목하고("설명하려고 정말 노력한 것이 보이네요.") 이름을 붙인 다음, 학생들이 수행한 몇 가지 다른 구체적인 행동("이미 아는 정보를 사용……")을 언급한다. 리사는 "이제 (학습지의) 반대편으로 넘어가면……."이라며 학생들이 이미 한 일을 다음 학습 과제와 연결한다. 이 모든 것은 진정성 있는 어조였고, 리사가 학생들이 해 온 일과 그들이 학습에서 다음에 할 일에 정말로 주의를 기울였다는 것을 보여 준다.

경청 언어

얼마 전, 호주에 있는 어느 학교의 대학원생들의 주최로 강연을 했다. 이 집단의 리더는 학교에서 더 깊이 생각하는 문화를 전파하는 데 전념하는 매우 활기찬 젊은 여성이었다. 그녀의 헌신과 노력 덕분에 그 지역의 교육자들, 연수 중인 선생님들은 매우 풍성한 콘퍼런스를 경험할 수 있었다. 상호작용이 활발히 이루어졌던 나의 강연이 끝난 후, 그녀는 다소 묘한 미소를 지으며 다가와 물었다. "선생님이 하시는 말씀이 너무 좋았어요. 그런데 선생님이 사람들의 말에 귀를 기울이는 방법이 정말 인상 깊더라고요. 저는 가르칠 때 그렇게 하는 게 어려워요. 어떻게 하시는 건가요?"

많은 신입 교사, 심지어 경험이 많은 교사조차도 듣는 법을 익히는 데 어려움을 겪는다. 하지만 듣기는 우리가 사람들의 생각에 존경과 관심을 보여 주는 강력한 방법 중 하나다. 수 패튼 톨리Sue Patton Thoele가 말했듯 "깊은 경청은 듣는 사람과 말하는 사람 모두에게 기적을 가져다준다. 누군가가 열린 마음으로, 판단하지 않고, 강렬한 관심을 가지고 경청할 때 우리의 영혼은 확장된다"(Rao에게서 재인용. 2010, p.24). 물론 경청은 다른 사람에 대한 진정한 관심에서 시작된다. 우리의 대화를 잠시 멈추고 학생들에게 생각을 말할 시간과 공간을 주어야 한다는 뜻이다. 하지만 그와 동시에, 우리가 배울 수 있는 구체적인 기술과 행동도 존재한다. 사실, 우리가 관심을 보여 주기 위해 사용할 수 있는 경청의 언어가 있다.

스티븐 코비Stephen Covey는 우리 모두가 스스로 길러야 할 중요한 습관을 설명하면서 "먼저 이해하려고 노력한 다음 이해받으려고 노력하라."라는 유명한 표현을 사용했다. 이 표현은 청자가 흔히 하는 언어 전략, 즉 '명확한 설명 요구하기'를 나타낸다. "아이들이 가족을 위해 일하고 있는지 궁금하다."라는 진술에 대해 리사가 알렉스와 형준에게 질문할 때 우리는 이를 목격했다. 좋은 청자들은 요점을 명확히 하고, 그 상황에 대한 가정을 발견하고, 화자의 의도를 확실히 하고자 진정성 있는 질문을 한다. 훌륭한 청자는 자신의 이해를 확인하고자 화자가 한 말을 바꾸어 표현하고, 화자에게 생각이 올바르게 전달된 것인지 확인해 달라고 요청할 수 있다.

일단 명확성이 확보되면 맥락과 목표에 따라 다양한 전략이 가능하다. 예를 들어, 교사나 리더는 말한 내용을 다른 사람들이 제기한 요점이나 논의 중인 다른 아이디어와 연결하고 싶을 수 있다. 이러한 연결은 다양한 생각을 서로 잇고 여러 화자의 단절된 발언을 모을 뿐 아니라 대화를 촉진하는 데 도움이 된다. 이렇듯 대화들을 엮는 행위는 일관성을 구축하고 학습 의제를 진전시키는 데 도움이 되고, 그러므로 집단에서 학습을 촉진하는 역할을 하는 사람이라면 누구에게나 중요하다. 이렇게 대화들을 잘 엮으려면 화자의 마음속에 아직 잘 형성되지 않은 핵심 아이디어, 질문 또는 이슈가 어떻게 표현되는지에 귀를 기울여야 한다. 우리는 아이디어들을 알아채고 그것에 이름을 붙임으로써 집단 내에 아이디어를 강조해 추가 논의를 진행할 수 있다.

결과적으로 우리는 경청을 통해 대화를 촉진한다. 우리는 상호작용의 문화적 힘을 탐구할 때(8장) 교실 대화와 담화를 더 다루겠지만, 지금은 토론을 이끌어 내는 데 도움이 되는 듣기와 관련된 몇 가지 언어 전략을 강조하겠다. 그 전략 중 하나는 올바름이나 정확성을 위해서가 아니라, 소크라테스식 대화처럼 탐구적 의미로 제시된 아이디어에 도전하는 것이다. "그 아이디어가 다른 맥락에서 어떻게 전개되리라고 생각해요?", "그 사고의 흐름을 따라가 보면, 그 다음에는 어떤 행동이 이어질 수 있을까요?" 등의 질문을 사용할 수 있다. 게다가 우리는 다른 사람들을 초대함으로써 논의를 더 진전시킬 수 있다. "호아킨, 방금 마시가 한 말에 대해 어떻게 생각하나요?", "케이트, 클린턴의 생각이 당신의 생각과 어떻게 연결되죠?" 같은 질문들은 수업을 계획함으로써 나오는 것이 아니라, 우리가 학생들의 말을 주의 깊게 들음으로써 나온다.

언어는 지렛대다

이 장에서는 학습을 지원하고 생각하는 문화를 구축할 때 사용되는 여러 가지 언어를 살펴보았다. 이 언어들을 어떻게 활용할지를 이해하고 실천하는 일은 교실의 교사, 학교를 이끄는 교장, 조직의 리더 또는 집단을 만들어 다른 사람들과 함께 일하는 성인에게 유용하다. 그러나 지금까지 살펴본 일곱 개의 언어가 교실과 조직에서 작동하는 유일한 언어는 결코 아니다. 공동의 목표를 향해 일하는 데 도움이 되는, 다른 사람과 구축하고 관계를 맺는 방법에 초점을 맞춘 신뢰의 언어(Maslansky, West, DeMoss, & Saylor, 2010)가 있고, 학생들의 활동을 지도하는 방향성 언어도 있다(Chilcoat & Stahl, 1986; Denton, 2007). 이 언어는 우리가 이
해할 수 있도록 정확하고 명확하며 간결하게 표현하는 데 중점을 둔다.
책임감 언어도 있는데, 이 언어는 주도권 언어처럼 우리를 행동의 중심
에 두고 대상자가 아닌 행위자로 위치하게끔 한다(Kegan & Lahey, 2001). 교
사나 리더가 과제를 구성하는 방식을 다루는 프레이밍 언어도 있다. 이
는 수신자가 과제에 접근하는 방식에 영향을 미친다(Lemov, 2010). 이슈,
사건, 개념, 문제에 대한 우리의 생각을 드러내고 형성하는 은유의 언
어도 있다(Lakoff & Johnson, 1980). 우리는 몸짓 언어에 대해서는 언급조차
하지 않았고, 교실에서 담론과 대화를 만드는 데 있어서 언어를 상호작
용적으로 사용하는 법에 대해서도 말하지 않았다. 이 부분은 8장에서
다룰 것이다.

이렇듯 언어 전략의 모음은 얼마든지 확장될 수 있다. 언어는 너무
나 보편적이어서 사실상 다른 사람과의 모든 상호작용을 형성하기 때
문에 언어학은 매혹적인 연구 영역이다. 우리는 진정으로 원하는 감정
과 의도를 전달하고 있는지 언어 사용을 검토해 봐야 한다. 생각을 알
아차리고 이름을 붙이는 것같이 간단한 언어 조정은 쉽게 할 수 있는
경우도 있다. 그러나 학생들에게 정보를 제공하지 않는 칭찬을 피하는
법을 배우거나, 수업에서 특정 내용을 다루는 데 집중하면서 경청 언어
를 사용하는 법을 배우는 것은 어렵다. 게다가 실시간으로 우리의 언어
를 모니터링하는 것은 쉽지 않다. 우리의 언어 습관 중 많은 것이 너무
깊이 새겨져 있어서 거의 알아차리지도 못한다. 언어를 더 잘 인식하고
의도와 일치시키고자 노력하는 것, 그것이 첫 단계다.

유능한 교실 언어
사용자 되기

- 현재 사용 중인 언어 전략이 무엇인지 더 많이 알아보라. 수업 한두 개를 녹음한 뒤 특정한 언어 전략에 집중해 들어 보라. 여러분은 어떤 종류의 대명사를 사용하는가? 사고 언어를 사용하는가? 토론이 잘 이루어지도록 조건부 언어를 사용하는가? 또는 믿을 수 있는 동료를 교실로 초대해 관찰하고 기록하도록 하라. 부담을 느끼지 않도록 그들이 집중할 언어 전략을 2가지 이하로 선택하라.

- 학생들의 말을 경청하라. 그들은 조건부 언어를 사용하는가, 절대적 언어를 사용하는가? 그들이 절대적 언어를 사용한다면 조건부 언어로 프레임을 바꿔 주도록 하라. 예를 들어, 어떤 학생이 "저는 답이 X라고 생각해요."라고 말하면, 여러분은 "재키는 답이 X일 수도 있다고 생각하네요. 우리가 또 고려할 수 있는 다른 가능성은 무엇일까요?"라고 말하며 그것을 다르게 프레이밍할 수 있다.

- 수업을 계획할 때, 학생들에게 원하는 주요 사고 변화를 나열하라(사고 유형에 대한 설명은 1장을 참고하라). 수업 시작 직전에 목록을 읽어 보고 이러한 유형의 사고에 이름을 붙이고 주의를 기울이려는 준비를 하라.

- 칭찬과 피드백의 언어를 글로 연습하라. 학생이 잘 해낸 구체적인 것들을 언급하면서 서면 코멘트를 시작하라. 다음 과정에서 학생이 할 수 있는 일을 2가지 이상 언급하지 말라. 여러분이 보았거나 기대하는 성장, 진전 또는 노력에 대한 또 다른 긍정적인 진술로 코멘트를 끝내라.

- 더 잘 듣는 사람이 되려면, 다른 사람들이 말하는 바를 추측하지 말고 그들의 의도를 이해한다고 가정하는 일을 피하라. 논평을 하거나 논의를 더 진행하기 전에 최소한 명확한 질문 하나를 해 보라. 다른 생각이 떠오르지 않을 때, "무엇 때문에 그렇게 말하나요?"라는 질문을 하면 화자의 생각과 그 형성에 대해 더 많이 배울 수 있다.

- 주도권을 키우는지, 의존성을 키우는지 확인하라. 학생들과 소통할 때 '지금 누가 생각하고 있는가?'라고 스스로에게 물어보라. 만약 여러분이 더 많이 생각하고 있다는 것을 알게 된다면, "미안해요. 선생님이 더 많이 생각을 하고 있는 것 같네요. 그건 선생님만 배우고 있다는 뜻이에요. 선생님은 여러분들이 배우기를 바라요. 선생님은 한발 물러설 테니 여러분이 생각하고 있는/계획하고 있는/느끼는 것을 말해 보세요."라고 말하라.

- 교실에서 학생들이 맡으면 좋겠는 다양한 역할을 나열해 보라. 목록은 과학자, 작가, 역사가, 예술가 같은 학문 관련 역할로 시작할 수 있다. 거기에서 더 나아가 편집자, 데이터 수집가, 분석가, 비평가 등 학생들이 수행할 수 있는 세부 역할을 확인하라. 수업과 활동을 구성할 때 정체성의 언어를 사용하도록 상기하고자 이 목록을 교실에 게시하라.

4장 시간

끌려다니는 대신
주도권을 잡는 법

| 시간 |

명.

- 우리가 선택한 과제를 완수하기 위해 할당하거나 배정하거나 사용하는, 측정 가능한 기간으로 구성된 '틀'.

- 우리가 경험을 회상하고, 순서화하고, 이해하는 실체.

- 우리의 경험이 흐르는 질적 차원. 그 가치를 표시하고자 '좋은 시간', '지체되는 시간', '잃어버린 시간' 등으로 이야기할 수 있다. 이러한 모든 시간은 문화를 형성하는 요인으로 작용한다. 우리가 시간을 어떻게 할당하는가는 우리의 가치를 반영한다. 또한 우리는 사건의 배열, 순간의 구성, 행동에 대한 성찰로 학습 기회를 통한 연결 고리를 만들어 통합성을 만들 수 있다. 마지막으로, 우리가 온전히 참여하는 시간을 만들고 유지하며 활용하는 능력은 학습과 사고에 필요한 에너지를 창출한다.

● 모두가 새로운 시간표, 선생님, 학생, 학년에 적응하느라 정신없이 바빴던 첫 며칠이 지나고 이제 개학 3주차에 접어들었다. 학생들은 교사마다 다른 수업 방식에 익숙해지고 새로운 과제를 해결해야 하는 등 아직 적응할 것들이 남아 있는 때다. 그럼에도 네이션 암스트롱^{Nathan Armstrong}의 12학년 학급은 교사의 지시에 대한 충분한 이해와 집단적 참여로 활기차게 돌아가고 있다. 모든 훌륭한 교사들은 첫날부터 학습에 도움이 되는 분위기를 조성하려고 열심히 노력하지만(Ritchhart, 2002), 나는 특히 네이션이 그의 학생들과 함께 시간을 활용해 12학년 교사로서 직면한 독특한 장애물들을 직접적으로 극복하는 모습에 감명을 받았다.

호주 전역의 12학년 학생들과 마찬가지로, 네이션의 수업을 듣는 학생들에게 고등학교 마지막 해는 학년 말에 치를 부담이 큰 시험을 준비하는 시기다(Brundrett, 2010). 이 시기는 학생과 교사 모두에게 압박이 상당하다. 누구도 여유를 부리거나 뒤로 물러서거나 느긋하게 지낼 수 없다. 이 시험 점수에 따라 대학에서 특정 학과에 등록할 수 있는지가 결정된다는 것을 학생들은 안다. 동시에 교사들은 학생, 학부모, 관리자가 학생들이 받는 점수에 따라 교사의 능력을 판단한다는 것을 안다. 하지만 이 치열한 시험에서 친구보다 더 높은 점수를 받아야 하고, 벼락치기를 해야 하며, 알아야 할 모든 것을 채워 넣어야 한다는 압박감이, 네이션 암스트롱의 교실에서는 편안하면서도 집중력 있는 분위기로 대체된 듯하다. 네이션은 어떻게 이런 성과를 거둘 수 있었을까? 그는 어떻게 시간을 다르게 사고해 자신과 학생 모두의 압박을 덜 수 있었을까? 하루 동안 그를 관찰하면서 몇 가지 답을 얻게 되었다.

3교시가 시작되기 전, 네이션은 2010년 그래미 시상식에서 가수 핑크Pink가 〈공중의 반짝이는 빛Glitter in the Air〉을 부른 영상을 유튜브에서 찾아 틀어 두었다. 학생들이 교실에 들어올 때 전자 칠판 화면에서는 이 노래가 감미롭게 재생되고 있었다. 네이선은 교실을 순회하며 수업 자료를 나눠 주는 동시에 한두 명씩 들어오는 학생들과 인사를 나눈다. 내가 주목한 것은 네이선이 인사를 한 뒤에 반드시 질문을 이어 간다는 점이었다. 어떤 학생에게는 주말을 어떻게 보냈는지 물었고, 어떤 학생에게는 새로 발견한 음악에 대해 이야기했으며, 또 다른 학생에게는 스포츠 활동에 대해 질문했다. 학생들이 핑크의 영상이 재생되는 것을 눈치채자 네이선은 "이거 봤어요?"라고 묻는다. 네이선은 매주 금요일마다 월요일 수업 준비를 위해 학생들에게 동영상 링크를 보낸다고 알려 줬었다. 네이선이 〈공중의 반짝이는 빛〉과 〈코지Cosi〉를 어떻게 연결할지 궁금하다.

〈코지〉는 호주 출신 극작가 루이스 나우라Louis Nowra의 희곡으로, 정신병원의 환자들이 모차르트의 〈코지 판 투티Cosi fan tutti〉를 공연한다는 내용이다. 네이선의 학급에서는 이를 자체적으로 읽고 분석하고 있다.

네이선이 학생들과 하는 상호작용은 수업 준비와 별개가 아니라 수업의 일부이며, 그가 만들고자 하는 참여적이고 공감적인 공동체의 토대를 마련하는 일이다. 이는 단순히 시간을 잘 활용하고 효율적으로 작업하는 것 이상의 의미를 지닌다. 바로 중요한 일을 우선시한다는 것이다. 학생들과의 관계 구축에 주의를 기울이는 것은 좋은 수업의 기본이고, 수업 시작부터 이를 실천하는 것이 중요하다. 교사가 관계 구축을 나중으로 미루면, 그때는 이미 학생을 잃었을 수도 있다. 네이선은 또한 학생들이 이전 수업에서 벗어나 자신과 연결되고 곧 시작될 새 수업에 집중할 수 있는 질적인 시간 경험을 만들어 주고 있다. 네이선은 단순해 보이는 행동을 통해 교사가 온전히 존재한다는 신호를 보낸다. 학생들은 교사가 수업을 준비한 모습을 보고 자신들이 개별적으로 인정받고 있다고 생각하게 된다. 교사가 거기에 있고 학생들도 거기에 있다. 학습이 시작될 것이다.

교실은 이미 지난 수업 동안 학생들이 기울인 노력으로 꾸며져 있다. 창문은 연극에 등장하는 인물 이미지, 그리고 그 주위에 붙어 있는 책의 인용문으로 가득 차 있다. 한쪽 벽에는 "사람들은 당신이 한 말과 일은 잊겠지만, 당신이 그들에게 어떤 느낌을 줬는지는 결코 잊지 못할 것이다."라는 마이아 앤절로Maya Angelou의 글귀와 함께 그녀의 포스터가 걸려 있다. 책상은 네이선이 첫 주에 만든 학습 모둠에 맞게 여섯 개씩 배치되어 있다. 학생들은 들어오자마자 자신의 자리를 찾아가 착석한다. 모둠 좌석 배치는 1년 내내 네이선의 수업에서 펼쳐질 학습에 대한 협력적 접근 방식을 보여 주는 지표 중 하나다. 또한 학생들은 들어와서 어디에 앉아야 하는지를 알고 네이선의 추가 지시 없이도 모둠에서 어떻게 작업할지를 알기에 이 자리 배치는 시간을 절약할 수 있는 장치이기도 하다. 또한 모둠은 결석한 학생과 소통할 수 있는 수단도 제공한다. 해당 학생은 모둠원들과 교류할 수 있고, 모둠원들은 결석한 학생을 위해 유인물과 정보를 수집하는 책임을 맡는다. 마지막 학생이 강의실에 들어오자 네이선은 "아이작, 문 좀 닫아 줄래요?"라고 외친다. 그런 뒤 네이선은 〈코지〉가 아니라 교사와 학생의 역할에 대한 간단한 복습으로 수업을 시작한다. 그는 화면에 여러 가지 이미지를 빠르게 보여 준다. 첫 번째는 대규모 수업을 앞두고 교실 앞에 서 있는 교사의 이미지다. "이건 무엇의 예시인가요?" 네이선이 학생들 사이로 이동하면서 묻는다. 한 학생이 "강의예요."라고 대답한다. 네이선은 재빨리 "우리 수업 시간은 제가 강의하는 시간이 아닙니다. 제가 여러분에게 정보를 전달하려고 강의를 해야 한다면 글로 쓰거나 동영상이나 메모로 전달하면 되겠죠."라고 말한다. 다음은 숟가락 이미지로, 학생들이 일제히 "주입식 학습이요."라고 재빨리 대답한다. 네이선은 "이게 저의 일인가요?"라고 묻는다. 학생들이 "아니요."라고 대답하자 네이선은 고개를 끄덕이며 "그런 식으로는 여러분이 아무것도 배울 수 없어요."라고 덧붙인다.

네이선이 학생들에게 강의를 하거나 시험 자료를 숟가락으로 떠먹여 주지 않겠다고 말한 것은 처음이 아니다. 이러한 태도는 네이선의 교수 스타일을 반영할 뿐만 아니라 시간에 대한 근본적인 발상의 전환을 의미한다는 점에 주목해야 한다. 전통적으로 강의실은 학생들에게 정보와 내용을 전달하는 장소였다. 네이선은 교과 내용이 중요하지 않거나 불필요하다고 말한 것이 아니라, 내용은 다른 방법을 사용해 전달함으로써 수업 시간은 다른 활동을 위해 비워 두겠다는 신호를 보낸 것이다. 네이선이 학생들과 공유한 다른 이미지를 보면 실제로 수업에서 어떤 학습이 이뤄질지를 알 수 있다.

"이건 어때요?" 스카이다이버의 이미지가 화면에 나타나자 네이선이 "이게 학습과 무슨 관련이 있을까요? 이 다이버가 선생님일지 물어보는 것일까요?"라고 묻는다. 한 학생이 "바로 우리예요. 모험을 하려면 위험을 감수해야 하죠."라고 대답한다. 다른 학생은 "때로는 무섭더라도 새로운 시도를 해야 해요."라고 덧붙인다. "선생님도 마찬가지예요. 교사로서 항상 안전하게 행동할 수는 없습니다. 저도 위험을 감수해야 합니다."라고 네이선은 말한다. 마지막으로 올린 이미지는 〈오즈의 마법사^{The Wizard of Oz}〉 영화에 나오는 글린다^{Glinda}의 모습이다. "선생님이 왜 이걸 띄웠을까요?" 네이선이 묻는다. "음, 선생님이 요정 대모라서요?"

네이선이 웃으며 "〈오즈의 마법사〉 본 사람?"이라고 질문을 던진다. 몇 명이 손을 든다. "아직 안 본 학생들은 숙제로 꼭 보길 바라요. 영화를 이미 본 학생들이 한번 이야기해 보세요. 왜 글린다가 좋은 교사의 사례에 해당할까요?" 한 학생이 "스스로 배우게 했기 때문이죠."라고, "도로시가 실수하도록 내버려뒀기 때문이에요." 덧붙인다. 계속 진행하기 전에 네이선은 교실을 둘러보며 학생들에게 영화를 보고 싶은지 묻는다. 학생들이 대체로 고개를 끄덕이자 네이선은 "방과 후나 점심시간에 함께 볼 수 있는 때를 찾아봅시다."라고 말한다.

수업 방식에 대한 간략한 확인과 학습의 의미에 대한 토론은 몇 분밖에 걸리지 않았지만, 투자라고 할 수 있을 만큼 가치 있는 시간이었다. 네이선은 학생들이 그의 행동을 이해하고 수업에서 자신들에게 요구되는 능동적인 역할을 자각하기를 원한다. 그는 과거에 학생들이 다른 스타일의 수업, 심지어 숟가락으로 떠먹여 주는 수업까지 경험했다는 것을 알고 있으며, 새로운 학생 집단에서 이러한 기대를 바꾸고 싶어 한다. 학습을 우선순위에 두고, 학습이 어떤 모습이고 어떻게 전개될 것인지를 분명하게 알려 줌으로써, 네이선은 다가오는 시험에 대한 잠재적인 불안감을 해소한다. 그는 학생들에게 학습에 집중하면 시험 준비도 충분히 할 수 있다고 확신을 준다.

리모컨을 눌러 핑크의 유튜브 동영상을 다시 불러온 네이선은 학생들의 활동을 안내한다. "여러분의 책상에 〈공중의 반짝이는 빛〉의 가사가 적힌 복사본이 있어요. 여러분은 이번 주말에 그래미 시상식에서 핑크의 멋진 공연을 보았으니 이제 이것이 〈코지〉와 어떻게 연결되는지 생각해 봤으면 합니다." 그런 다음 활동의 형식을 설명하며 마무리한다. "영상을 다시 틀어 줄게요. 정확히 5분 정도 걸릴 거예요. 영상이 끝나면 각자 무엇을 생각했는지 모둠원들과 토론해 보세요."

그게 전부다. 전달하는 데 1분밖에 안 걸리는 한 단락, 단 세 문장, 수십 개의 단어만으로 학생들은 분석하고, 연결하고, 설명을 만들고, 구체적인 행동과 활동을 은유적으로 표현하는 방법을 찾는 등 학습에 집중한다. 이렇게 간결할 수 있는 것은 네이선의 시간 활용 방식 덕분이다. 네이선은 개학 첫 주에 학생들에게 이메일을 보내 학생들의 사고를 준비시키고 탐구할 자극을 제공했다. 수업 시간의 간단한 지침은 학생들이 이미 알고 있는 정보를 반복한 것에 지나지 않았다. 작성된 가사는 새로운 정보가 아니었고, 단지 작업용 복사본이었다.

학생들이 개별적으로 작업하기 시작하면 네이선은 돌아가면서 대화를 나누고 경청한다. 학생들은 질문을 제기하거나 떠오르는 아이디어를 공유하는 일을 두려워하지 않는다. 앞자리에 앉은 한 학생은 노래의 연결부에 나오는 "라라라"라는 가사에 대해 생각하고 있는데, 이렇게 단순한 것에 더 깊은 의미가 있을 수 있는지 궁금하다고 말한다. "어떻게 부르고 있나요?" 네이선이 묻는다. "구슬프게요." 학생이 대답한다. "아, 음색에 메시지가 담긴 것 같군요."라고 네이선이 말한다. "잃어버린 사랑 같은 거예요." 학생이 계속 말한다. "그럼 그녀의 마음속에는 무엇이 있을까요?" 네이선이 다시 묻는다. "추억이 있어요." 얼굴이 밝아지고, 학생이 자신의 생각을 적는다. 영상이 끝나고 네이선은 학생들에게 자신의 생각을 모둠원들과 공유하고, 가능한 한 노래의 모든 대사를 〈코지〉와 연결해 보라고 신호를 보낸다.

"다 같이 모여서 이 문제를 논의해 봅시다."라고 네이선이 말한다.

학생들의 주의를 집중시킨 다음에는 "제가 여러분께 아는 것을 말하고 그것이 〈코지〉와 어떤 관련이 있는지 설명하는 대신, 여러분은 서로의 이야기를 들어야 합니다. 마지막에는 이 아이디어들이 여러분이 이미 알고 있던 것과 어떻게 연결되는지, 여러분의 지식을 어떻게 확장시켰는지, 그리고 우리의 토론이 여러분에게 어떤 도전을 주는지, 혹은 〈코지〉와 등장인물, 주제에 대해 더 깊이 공부해야 할 필요가 있는지를 생각해 볼 것입니다."라고 설명(연결-확장-도전)한다. 이어서 "선생님은 특히 여러분의 도전에 관심이 있어요. 이미 모든 것을 알고 있다면 우리는 그냥 졸업 고사를 치르면 되죠."라고 말한다. 이처럼 네이선은 학습의 초점을 '일의 수행'이 아니라 '이해의 심화'에 두며, 단순 지식의 습득보다는 이해력을 키우는 데 중점을 둔다.

수업은 노래의 각 대사를 통해 가능한 연관성을 제시하고 질문을 던지며 진행된다. "연인에게 손만으로 밥을 먹여 본 적이 있나요? 눈을 감고 그냥 믿어 본 적 있나요?" 네이선은 노래의 가사를 두 줄 읽는다. 제니는 "루이스Lewis*가 용기를 내어 과감하게 도전하고 있어요."라고 말한다. 네이선은 잠시 멈추고 "노래 가사 구절이 마음에 들어요."라고 말한다. 막스는 손을 들어 "극장에서 어둠 속에 있을 때 서로를 신뢰하고, 서로에게 자신을 드러낼 수 있죠."라고 덧붙인다. 네이선은 "좋은 관찰이네요."라고 칭찬한 뒤 다음 줄을 읽는다. "공중에 반짝거리는 빛 한 줌을 던져 본 적 있나요?"

"루이스는 손을 잡아 주는 사람이고, 반짝이는 사람은 환자들이에요. 루이스는 환자들이 자유로울 수 있게 해 주고요."라고 샘이 말한다.

---

* 〈코지〉의 주인공.

그러자 메건은 "그건 '그냥' 하는 것과 비슷해요. 할 수 있고 기회가 있으니까요. 루이스는 매우 진지한 사람이지만 이 연극을 통해 자신을 좀 자유롭게 맡기면서 놓아 주고 있어요."라고 말한다. 토론이 계속되면서 정답은 없다는 것이 분명해지고, 학생들은 단순히 독해 문제에 대한 답이 아니라 텍스트에 대한 통찰력을 제공하는 의미 있는 연결을 구축하는 데 집중한다.

20분 동안 텍스트 내용에 대해 매우 풍성하게 토론한 뒤, 네이선은 학생들의 주의를 책상에 있는 다른 학습지 중 하나로 이끈다. "맨 위에 '연결-확장-도전'*이라고 적힌 종이가 있습니다. 방금 핑크의 〈공중의 반짝이는 빛〉을 활용해 나눈 토론에 대해 생각해 보세요."라고 네이선이 말한다. 그런 다음 학습지의 목적을 설명한다. "이 학습지에 '연결'이라고 적힌 부분에는 〈코지〉와 가사 사이에서 즉각적으로 떠오른 **연결 고리**를 적어 보세요. 우리는 이미 그것에 대해 많은 이야기를 나눴지요. '확장' 부분에는 우리의 토론이 연극이나 캐릭터에 대한 여러분의 생각을 어떻게 **확장**시켰는지에 주목하세요. 마지막으로 '도전' 부분에는 이 텍스트를 이해하려고 노력하면서 떠오르는 질문이나 **도전** 과제를 기록하세요."라고 네이선은 마무리한다.

수업이 끝나 갈 무렵, 다시 한번 나는 네이선과 학생들 간의 개별 대화가 재개되는 것을 볼 수 있었다. 학생들은 안부를 묻고, 이야기를 들려주고, 경험을 공유하고, 선생님이 참석하고 싶어 할 만한 다가오는 학교 행사에 대해 알려 준다.

---

* Connect-Extend-Challenge. 하버드 교육대학원의 프로젝트 제로(Project Zero)에서 개발된 사고 촉진 루틴(thinking routine)으로, 학생들이 새로운 정보를 기존 지식과 연결하고, 생각을 확장하며, 다른 의견이나 궁금한 점을 탐구하게 하는 방법이다. 다양한 교과(국어, 수학, 과학, 예술 등)에서 활용되며, 비판적 사고력과 자기 성찰 능력, 소통력을 키우는 데 효과적으로 사용된다.

수업 내내 네이선의 학생들은 적극적으로 학습에 참여하며 시간을 보냈다. 학생들은 팀을 이뤄 서로의 아이디어를 바탕으로 작업했기 때문에 일부가 아닌 모든 학생이 수업에 참여했다. 뒷자리에서 가만히 있을 수가 없었다. 교사와 학생의 역할을 검토하는 첫 5분은 '참여 학습'의 범주에 속하지 않지만, 학습자로서 학생들이 해야 할 행동의 토대를 마련하는 데 도움이 되었기 때문에 나머지 학습을 위해 현명하게 시간을 투자한 셈이었다.

네이선의 수업에 참관자로 참여한 경험은 흥미로웠고, 네이선의 개별 피드백 세션Individual Feedback Sesson, IFS(Armstrong, 2012)에 참여한 일은 더욱 그랬다. 교직 2년 차부터 네이선은 매주 12학년 학생 한 명 한 명과 만나 글쓰기에 대한 피드백을 제공하는 과정을 시작했다. 개학 첫 주 동안 네이선은 각 학생에 대한 미팅 일정을 작성해 등교 전, 점심시간, 자유 시간 또는 방과 후 중 자신과 학생 모두에게 적합한 시간을 찾는다. 이렇게 정기적으로 잡힌 개별 피드백 시간은 해당 학생의 과제 마감일이 된다. 학생들은 과제를 가져오고, 네이선은 개별 피드백 세션에서 과제에 대한 성적과 코멘트를 적어 준다. 학생들은 휴대폰으로 세션을 메모하거나 녹음하고, 다음 과제는 매우 구체적인 목표와 함께 주어진다.

처음 네이선의 개별 피드백 세션의 구조를 들었을 때 가장 먼저 든 생각은 '**어떻게 시간을 낼 수 있을까?**'였다. 사실 네이선은 가르치는 12학년 수업 시수가 증가하면서 원래 구조를 약간 수정했다. 예를 들어, 이제는 개별 피드백 세션을 매주가 아니라 격주로 진행하고, 종종 한 명이 아니라 두 명의 학생과 진행한다. 그래도 시간 투자는 적지 않다. 시스템을 고안할 때 네이선은 현재 자신의 시간 배분 방식을 신중히 생각했다. 그는 주어진 시간에 비해 현재 자기 노력의 효과성이 어느 정도일지 고려했다. 또한 시간뿐만 아니라 에너지도 생각했다. 종이 더미를 집에 가져가서 읽고 표시하는 일은 어떤 교사에게도 활력을 불어넣지 않는다. 이에 비해 학생들을 알아 가며 시간을 보내는 일을 네이선은 진정으로 좋아한다. 게다가 자신의 노력이 인정받고 변화를 가져온다는 느낌을 받으면 자연스레 활력을 얻는다.

"서면으로 피드백을 제공할 때 겪었던 문제 중 하나는 학생들이 실제로 피드백을 읽고 제 의견을 이해했는지, 심지어 제 제안을 실행에 옮기는 방법을 알고 있는지조차 확신할 수 없다는 것이었지요." 네이선은 이렇게 설명한다. "개별 피드백 세션 시스템을 만듦으로써 보다 진정성 있고 유익한 피드백을 제공하고 싶었습니다." 그는 시간 재분배에 따른 희생도 인정한다. "많은 동료가 개별 피드백 세션이 '시간이 많이 걸린다'고 말했고 저는 낮에는 시간이 없다고 말했지만 궁극적으로는 시간을 절약할 수 있었습니다. 저는 12학년 업무를 집에 가져가지 않거든요!" 마지막으로 그는 학생들에게 학습에 관한 메시지를 이렇게 전달하고 있다고 강조한다. "제 시간을 내어 학생들과 만남으로써, 학생들은 제가 과제 자체를 신뢰하며, 그것에 충분한 시간과 주의를 기울일 가치가 있다고 이해하게 됩니다. 또한 제 시간을 학생들에게 제공함으로써 학생들은 제가 그들의 학습에 시간을 쏟을 의지가 있음을 알게 되지요. 단 한 가지 조건은 학생들 역시 적극적이어야 한다는 것입니다."

학년의 첫 개별 피드백 세션을 위해 내가 네이선, 시오반과 함께 앉았을 때, 관계 구축, 개별 목표 지원, 학생의 주인의식 고취에 대한 네이선의 관심이 분명하게 드러났다. 네이선은 시오반에게 수강 중인 수업과 장래 희망을 물어보는 것으로 시작했다. 시오반이 미술과 사진에 관심이 있다고 말하자 네이선은 "그럼 우리 개별 피드백 세션에 작품 몇 개를 가져와 보세요. 보고 싶어요."라고 말한다. 이어서 그는 국어 수업을 전반적으로 어떻게 느끼는지 물었고, 그녀는 "흥미롭기도 하지만 상당히 어렵기도 해요. 저는 글을 구조화해 제 생각을 표현하는 데 어려움을 겪는 것 같아요."라고 말한다.

네이선은 "그게 무슨 뜻이죠?"라고 묻는다.

시오반은 "머릿속에 있는 것을 글로 옮기는 것"이라고 자세히 설명한다.

이에 네이선은 "그 과정을 함께 해 나가 봅시다. 7주차까지는 연극 〈코지〉에 등장하는 루스에 대해 이야기하는 방법을 알게 될 겁니다. 분명히 그렇게 될 겁니다." 라고 대답한다. 시오반이 인용문을 본문에 넣는 데 어려움을 겪고 있다고 이야기하자 네이선은 끼어들며 "그건 우리가 함께 연습할 거예요."라고 말한다.

다음으로 네이선은 시오반에게 개별 피드백 세션의 형식을 설명한다. "우리가 만날 때마다 저는 파일을 가져와 학생이 쓴 글과 자료들을 넣을 거예요. 학생이 출력물을 가져오면 우리 둘 다 사본을 갖게 되겠죠. 개별 피드백 세션이 끝날 때 과제를 줄 거예요. 마감일은 항상 우리가 다음에 만나는 날까지니까 기억하기 쉽겠지요. 과제를 안 가져오면, 우리가 함께 검토할 게 없을 거예요." 그렇게 대화는 첫 번째 글쓰기 과제, 즉 〈코지〉에 나오는 루스라는 인물을 분석하는 일로 넘어간다.

손에 연필을 들고 조용히 시오반의 에세이를 읽기 시작한 네이선은 종이에 메모를 쓰다가 단어 선택에 대해 한마디한다. "에세이에서는 단어 선택이 중요해요. 같은 단어를 반복하지 않도록 하세요. 대신에 여기에 뭐라고 쓸 수 있을까요?" 시오반이 몇 가지 대안을 제시하자 네이선은 계속 글을 읽는다. "문장을 이름으로 시작하는 경우가 많다는 게 눈에 띄네요. 긴 에세이에서 그런 방식은 지루할 수 있어요. 그래서 우리는 복문에 대해 알아볼 거예요. 작년에 복문을 배웠나요?" 시오반은 고개를 저었다. "아니라고요?" 네이선이 확인하며 "괜찮아요. 우리가 다루게 될 거예요. 나중에는 잠결에도 할 수 있을 거예요. 뉴스를 보면 앵커들은 항상 복문으로 시작하죠."라고 말한다.

이어서 네이선은 "이 인용구 사용은 매우 매끄러워요. 재즈처럼요. 증거를 잘 사용했네요. 아이러니를 잘 활용했어요."라고 말하고, 이어서 "오, 여기 보세요, '루스는 끈질긴 현실주의자'라고 썼네요. 그게 무슨 뜻이죠?"라고 묻는다. 그러자 시오반은 "잘 모르겠습니다."라고 수줍게 대답한다. 네이선은 의미심장한 미소를 지으며 대답한다. "모른다는 걸 알아요. 그래서 물어본 거예요. 여기서 얻어야 할 교훈은, 남의 언어를 훔치지 말라는 거예요. 우리 함께 파헤쳐 봐요. 이건 그냥 그럴듯한 언어일 뿐이에요." 그리고 두 사람은 사실과 진실 그리고 현실에 집착하는 루스라는 인물에 대해 이야기한다.

에세이의 나머지 부분을 읽으면서 네이선은 항상 말과 글로 의견을 제시하고, 두 사람은 요점에 대해 토론한다. 많은 경우 네이선은 복문과 단어 선택과 같은 문제에 대해 앞으로 다룰 것이라고 표시만 하고, 그 자리에서 직접 다루지는 않는다. 이번이 시오반의 첫 개별 피드백 세션이기 때문에 대화식 세션은 수업 한 교시 정도의 시간을 가득 채운다. 한 해가 지나면서 과제와 필요에 따라 세션 시간은 달라지겠지만, 이 첫 번째 세션에서 네이선은 학교에 새로 입학한 학생인 시오반을 알아 가고자 하고, 목표를 설정하며 구조를 수립한다.

세션이 끝나자 네이선과 시오반 모두 활력이 넘치는 것 같았다. 시오반에게서 벌써 신뢰감과 안도감이 느껴진다. 글쓰기에 소극적인 태도를 보였었지만, 이제는 더 나아지는 데 필요한 지원을 받을 수 있다는 확신이 생긴 듯하다. 네이선은 그 과정과 구축되고 있는 관계를 되돌아보며, 개별 피드백 세션 시스템이 작동하는 이유를 다음과 같이 설명했다. "대부분의 인간은 안전하고, 지지받고, 인정받으며, 자신의 잠재력을 최대한 발휘할 수 있는 기회를 갖고 싶어 한다. 나는 개별 피드백 세션이 이러한 목표를 뒷받침한다는 것을 알게 됐다. 한 학년 동안 학생들은 지원과 격려를 받으면서 자기 사고의 한계를 시험하고 학습과 과제에서 위험을 감수할 수 있다고 느낀다"(Armstrong, 2012).

네이선과 하루를 함께 보내고 그의 수업 지도에 대해 이야기를 나누면서, 나는 상호작용을 통해 학생들과의 관계를 발전시키고 강력한 학습 기회를 창출하는 그의 방식에 감명을 받았다. 이는 훌륭한 교수법의 중요한 측면이며, 이어지는 장에서 더 다룰 것이다. 하지만 내가 계속 되새기게 되는 부분이자 네이선의 가르침에서 가장 혁신적이라고 생각하는 부분은 그가 시간을 다르게 생각했다는 것이다. 네이선의 사례를 간단히 살펴봄으로써 우리는 학교, 교실, 조직에서 생각하는 문화를 조성하는 데 도움이 될 수 있는, 시간에 대한 몇 가지 주요 접근 방식 및 관점을 도출할 수 있다.

- 시간을 가치관의 표현으로 인식하기
- 학습을 우선순위로 삼고 항상 최우선에 두기
- 생각할 시간 주기
- 시간을 투자해 시간을 벌기
- 시간이 아니라 에너지 관리하기

우리는 이미 시간에 대한 이러한 반응 중 일부가 어떻게 네이선의 가르침을 뒷받침하고 개인과 집단 모두의 학습을 형성하는지 살펴봤다. 이제 관련 연구와 함께 각 반응을 좀 더 깊이 탐구함으로써, 각각의 반응이 어떻게 시간에 대한 우리의 반응을 변화시키고, 우리가 시간의 희생자에서 주인이 되는 데 도움이 되는지 더 잘 이해해 보고자 한다. 이 탐구 과정에서 나는 시간에 대한 끊임없는 갈등 속에서 발생할 수 있는 자연스러운 긴장과 충돌을 다루려고 한다. 그러나 현대사회가 개인에게나 학교라는 제도에 가하는 모든 압박을 갑자기 해결할 수 있는 요술 방망이 같은 해법을 제시하지는 못할 것이다. 대신 이 논의에서는 시간을 문화적 힘으로 활용하고자 할 때, 보다 통제력 있고 능동적으로 느끼는 데 도움이 될 수 있는 접근 방식과 사고방식을 소개하고자 한다.

시간 배분은 우리의 가치관을 보여 주는 거울

어떤 조직, 집단, 가족 또는 개인이 무엇을 가치 있게 여기는지 알아내고 싶다면 그들이 돈과 시간을 어떻게 쓰는지만 보면 된다고 한다(Taylor, 2005). 즉 신용카드 사용 내역과 달력에 기록된 일정을 보면 된다. 시간은 한정되어 있고, 누구도 더 많이 만들 수 없으며, 모두에게 공평하게 배분되기 때문에 우리는 시간이 더 가치 있고 중요한 자원이라고 쉽게 주장할 수 있다. 여러분의 시간 배분은 교실에서 여러분이 무엇을 중요하게 여기는지에 대해 무엇을 말해 주는가? 학교 전체에서 시간이 소비되고 배분되는 방식은 어떤가? 내가 네이선에게 했던 것처럼 누군가가 종일 당신을 따라다닌다면, 당신의 우선순위와 가치관에 대해 시간 배분을 통해 어떤 것을 알 수 있을까?

네이선과 하루를 보내면서 나는 그가 학생들과의 관계 형성과 교실 공동체 구축을 중요하게 생각한다는 것을 쉽게 알 수 있었다. 그는 특히 학기 초에 이 일에 시간을 할애했다. 수업에 있어서는 정보 전달이 아니라 토론에 가장 많은 시간을 할애했다. 하지만 이 토론은 단순히 핑크의 노래 〈공중의 반짝이는 빛〉의 가사를 분석하는 데 그치지 않았다. 이 토론의 핵심은 자세히 살펴보고, 연결 짓고, 증거를 통해 추론함으로써 텍스트인 〈코지〉를 더 깊이 이해하는 것이었다.

여기서 주목할 점은 네이선이 단순히 '대화 시간을 제공'했다는 것이 아니다. 그는 토론을 효과적으로 만들고자 구체적인 요소들에 시간을 들였으며, 각 요소를 서로 연결해 원하는 결과를 만들어 냈다. 이 요소들은 좋은 토론 수업을 만들기 위해 정확히 무엇이 필요한지에 대한 네이선의 깊은 이해를 반영하고 있다. 네이선에게는 모든 사람의 참여와 기여 유도가 그 요소 중 하나였다. 그래서 그는 수업 초반에 개별 준비 시간을 먼저 줬다. 즉석에서 답변할 수 없는 학생도 있기 때문에 이렇게 시간을 주면 모든 학생이 기여할 내용을 갖출 가능성이 높아진다. 또한 준비할 시간을 주면 더 나은 질의응답을 보장하는 데 도움이 된다. 둘째, 네이선은 모둠 토론에 시간을 할애했다. 이로써 더 많은 학생에게 이야기하고 공유할 기회를 제공했을 뿐만 아니라 모둠이 공동체를 구축할 기회를 제공했다. 또한 네이선은 "모둠에서 공유된 아이디어에는 어떤 것이 있었나요?"라고 질문함으로써, 수줍음이 많거나 능력이 부족한 학생들도 발언할 기회를 갖는 교육적 접근이 가능케 했다. 마지막으로 실제 모둠 토론이 진행되었는데, 네이선은 모든 모둠의 의견을 듣고 학생들이 서로의 아이디어와 상호작용 할 수 있도록 했다.

분명 네이선은 수업 시간을 초 단위까지 치밀하게 계획하지 않았다. 하지만 그는 시간을 자신의 가치관에 따라 배분했다. 그의 시간 배분은 교수와 학습, 그 목적과 메커니즘을 바라보는 시각에서 비롯되었다. 교수·학습에서 무엇이 중요한지에 대한 그의 인식은 그가 지닌 우선순위와 가치관을 반영하고, 이는 다시 그의 행동을 형성한다. 스티븐 코비는 시간 관리에 관한 고전적인 저서인 『소중한 것을 먼저 하라』에서 우리가 보는 방식(패러다임)은 우리가 하는 일(또는 태도와 행동)로 이어지고, "우리가 하는 일은 우리 삶에서 얻는 결과로 이어진다."(1994, p.28)라고 말했다. 다른 결과를 원한다면 우리는 행동을 바꾸는 것부터 시작해서는 안 된다. 코비는 우리가 인식, 패러다임, 우리 앞에 있는 세상을 바라보는 방식을 먼저 바꿔야 한다고 주장한다. 코비의 조언이 사실이라면, 교사에게 단순히 새로운 기술을 훈련시키는 전략이 왜 그토록 자주 실패하는지를 설명할 수 있을 것이다. 먼저 교수·학습 과정을 바라보는 교사들의 시각을 바꿔야 한다.

계획했거나 예상되는 시간을 배분하는 일 외에도 교사는 시간에 대해 지속적으로 즉석에서 결정을 내린다. '이 토론을 계속 진행할까? 내가 더 다뤄야 할 3가지 요점이 더 남았으니 일단 넘어갈까? 학생들이 미리 읽었어야 하는 자료를 복습할 시간을 줄까? 학생이 실험하고 질문을 제기하고 혼란스러워하도록 둘까, 아니면 그냥 정답을 알려 줄까? 주제에서 약간 벗어난 흥미로운 질문을 유도할까? 다시 전체 토론으로 넘어오기 전에 모둠 토론에 얼마나 시간을 줄까?' 시간에 대한 모든 결정들은 우리가 무엇을 가장 중요하게 생각하고 가치 있게 여기는지에 대한 메시지를 전달한다.

누군가는 "하지만 잠깐만요. 저는 진도를 나가야 해요. 학생들이 치를 시험도 준비해야 하고요. 학생 서른다섯 명이 제 수업을 듣습니다. 제 수업 시간은 제가 원하는 만큼 길지 않아요. 토론하고 질문하고 탐구하고 관계를 발전시킬 시간을 주고 싶지만 여유가 없어요!"라고 아마 말할 것이다. 이러한 압박은 현실이다. 또한 교사가 자신의 시간 배분에 만족하지 못할 수 있다는 점도 충분히 이해한다. 여기서 중요한 점은 우리의 선택이 마음에 들지 않더라도, 그 선택은 학생들에게 교실에서 무엇이 중요하고 가치 있다고 여겨지는지에 대한 메시지를 전달한다는 것이다. 그 시간 배분은 우리가 원하든 원하지 않든 교실의 문화를 형성한다.

하고 싶어 하는 것과 실제로 하고 있는 것 사이의 모순을 극복하려면 다시 가치로 돌아가야 한다. 그리고 더 나아가 우선순위를 확인해야 한다. 그러려면 교수 학습의 메커니즘과 목적에 대한 깊이 자리 잡은 인식을 탐구해, 무엇이 진정으로 우리를 이끌고 있는지를 살펴야 한다. 우리가 교수를 정보 전달로, 학습을 정보 암기로 믿는다면, 우리는 그 일들에 시간을 할애할 것이다. 교육과정을 끝내는 것이나 교실을 조용히 유지하는 것을 중요한 우선순위로 여긴다면, 우리는 그 일에 더 많은 시간과 에너지를 쏟을 것이다.

학습을 우선순위로 삼고, 항상 최우선에 두기

네이선의 수업에서 눈에 띄는 특징 중 하나는 수업 시간에 '학업 참여 시간academic engaged time'(Gettinger & Walter, 2012), '학문적 학습 시간academic learning time'(Karweit & Slavin, 1981), '상호작용적 수업 시간interactive instrcutional time'(Saphier, Haley-Speca, & Gower, 2008)이라고 불리는 시간을 얼마나 많이 할애하는가 하는 점이다. 명칭이 어떻든 이 용어들은 학생들이 학습에 적극적으로 참여하고 있는 시간을 의미하며, 학습이 일어나기를 기다리거나 학습 과정에서 관여하지 않는 상태에 있는 것과는 반대되는 개념이다. 이는 '학교 일정상 배정된 시간'과 '실제 수업에 할애된 교수 시간'과 대비된다. 실제 수업에 할애된 교수 시간은 교사 발화 시간과 학생 비몰입 시간을 모두 포함할 수 있다. 당연히 학생들이 경험하는 상호작용과 참여 시간은 학습 성과와 가장 강한 상관관계가 있다(Silva, 2007). 그러나 중등학생을 대상으로 한 연구에 따르면 학생들의 수업 시간은 대화형 활동보다 강의 듣기, 필기, 학생들이 자신의 자리에서 과제 수행하기 등 비대화형 활동에 더 많이 할애되는 것으로 나타났다(Shernoff, Csikszentmihalyi, Schneider, & Shernoff, 2003). 마찬가지로 초등 읽기 수업은 학습지 작성과 같은 비독서 활동에 시간을 사용하는 경우가 많다(Ford & Opitz, 2002).

몬태나의 중학교 과학 교사인 폴 크립스Paul Cripps는 자신이 말하고, 지시를 내리며, 과학에 대해 장황하게 설명하는 경향이 학생들이 경험하는 상호작용적 수업 시간을 줄이고 있다는 것을 깨닫는 순간을 맞이했다. 그 결과, 그는 이제 매 수업이 시작될 때마다 8분 타이머를 설정하고 순수한 교사 발언이 그 제한을 넘지 않도록 한다. 이것은 학습에 참여할 더 많은 시간을 보장하는 하나의 전략일 뿐이다. 이러한 전략은 일반적으로 좋은 교수법에 대한 개념과 연결되기 때문에 여러분도 다른 전략들을 잘 알고 있을 것이다. 여기에는 방해 요소 최소화, 전환 시간 단축, 공통 과제에 대한 루틴 설정, 학생의 적극적인 반응 촉진, 명확한 목표 설정, 피드백 제공, 학생의 필요와 능력에 맞는 수업(학생의 요구에 반응하는 가르침), 독립성 장려, 학생에게 메타 인지 전략 가르치기 등이 있다(Gettinger & Walter, 2012).

이 전략들은 대화형 교수 학습 시간을 늘릴 수 있다. 그러나 더 많은 참여를 보장하는 가장 효과적인 방법은 특정 전략 사용이 아니라 시간을 보다 근본적으로 재검토하는 것이다. 학생 참여라는 측면에서 생각하면, 시간 배분에 대한 질문은 '교사로서 목표를 달성하려면 할당된 수업 시간을 어떻게 사용할 것인가?'에서 '학생들이 수업 시간을 어떻게 사용해 학습을 극대화할 수 있도록 할 것인가?'로 바뀐다. 이러한 관점의 전환은 첫째, 우리의 초점을 '나'에서 학생으로 옮긴다. 둘째, 이는 시간에 대한 우리의 사고를 재조정하여 모든 해야 할 일을 완료하기 위해 일정을 우선시하는 태도에서 벗어나게 한다. 급박함, 요구, 압박에 주의를 기울이는 대신 우선순위를 일정에 배치하게 한다. 우리 교사에게는 항상 학생들의 학습이 최우선이어야 하기 때문이다.

이러한 관점의 전환은 결코 쉽지 않다. 학교는 할 일 목록, 다뤄야 할 주요 사항, 해결해야 할 목표, 시험 마감일 등으로 가득 찬 세계다. 거의 매 순간 긴급 요청이 우리를 따라다닌다. "오늘은 정말 ~해야 해요."라는 말로 수업을 시작하면서 급한 일을 처리해야 할 필요성을 표현한 적이 얼마나 자주 있었는가? 긴급함의 횡포를 극복하려면 먼저 시간 배분의 지침이 될 수 있는 몇 가지 핵심 원칙을 파악해야 한다. 교수와 학습, 그 메커니즘과 목적에 깊이 자리 잡은 인식을 탐색해 보면 각자의 원칙이 떠오를 것이다. 다음 질문은 이 과정을 시작하는 데 유용할 수 있다.

- 여러분과 함께 한 해를 보내면서 학생들에게 무엇이 남겨지기를 바라

는가?

- 학생들에게 6주 동안만 수업을 할 수 있다면 그들에게 반드시 이해시키고 싶은 가장 중요한 것은 무엇인가?
- 과거에 가르치면서 학급 전체가 학습에 완전히 몰입하고 흥미를 느꼈던 때를 떠올려 보라. 그 순간의 감정과 에너지는 어땠는가?
- 요술 지팡이를 흔들면 모든 학생이 더 효과적인 학습자가 될 수 있는 학습 도구를 갖게 된다면 무엇을 선택하겠는가?
- 새로운 것을 이해하려고 정말 열심히 노력했던 때를 떠올려 보라. 이해를 발전시키고자 무엇을 했는가?
- 학창 시절에 종이 울렸지만 학습을 멈출 수 없었던 수업을 떠올려 보라. 그 수업에서 어떤 일이 있었기에 수업 시간이 끝난 후에도 계속 생각을 하게 되었는가?
- 작년 수업에서 학생들의 학습을 생각할 때, 더 많은 시간을 투자했으면 좋았을 1~2가지가 있다면 무엇인가?
- 자신의 교수 경험을 바탕으로 볼 때, 학습 동기를 부여하고, 아이디어에 대한 참여를 유도하며, 깊이 있고 사려 깊은 토론을 촉진하는 핵심은 무엇인가?

이러한 질문에 답변함으로써 교수와 학습의 개인적인 핵심 원칙에 대한 통찰력을 얻을 수 있다. 당신은 이러한 원칙을 수업의 배경으로 두거나 끼워 맞추기 좋게 두지 않고 수업의 중심으로 삼아 시간을 할애하고 싶을 것이다.

시간 배분의 우선순위에 관한 시대를 초월한 은유적 이야기 중 하나는 '큰 돌멩이'에 관한 것이다. 이 이야기는 학생들이 진정으로 가장 중요하다고 생각하는 우선순위에 따라 자신의 삶을 통제하기를 바랐던 한 철학 교수가 어느 날 시연으로 수업을 시작했다는 내용이다. 학생들이 강의실에 들어서자 그는 비어 있는 1갤런(약 3.8리터)짜리 투명한 유리 쿠키 병을 책상 위에 올려놓았다. 그는 말없이 주먹만한 크기의 돌을 하나씩 병에 넣으며 최대한 많이 채워 넣었다. 그런 다음 그는 학생들에게 병이 가득 찼는지 물었고, 학생들은 그렇다고 대답했다.

책상 밑으로 내려간 교수는 자갈이 담긴 용기를 꺼내더니 자갈을 병에 붓기 시작했다. 그는 가능한 한 많은 자갈을 넣기 위해 항아리를 살짝 흔들었다. 다시 한번 교수는 학생들에게 병이 가득 찼는지 물었다. 학생들은 다시 한번 "네."라고 대답했지만, 일부는 처음보다 확신이 조금 덜한 목소리였다. 교수는 다시 책상 밑으로 손을 뻗어 모래가 담긴 용기를 꺼냈다. 모래를 부은 후 교수는 다시 한번 학생들에게 용기가 가득 찼는지 물었다. 교수의 게임을 눈치챈 많은 학생이 다음을 확신할 수 없는 상황에서 웃음을 터뜨렸다. 마지막으로 책상 밑으로 손을 뻗은 교수는 물이 담긴 용기를 꺼내 병에 부었다.

교수는 이 시연의 의미를 설명했다. 처음에 몇몇 학생이 추측했듯이 "삶에는 언제나 더 많은 것을 집어넣을 수 있다."라는 뜻이 아니었다. 오히려 이 병은 우리의 삶을 의미하고, 큰 돌멩이들은 우리가 가치 있게 여기고 진정으로 중요하다고 느끼는 것들이다. 큰 돌멩이를 먼저 넣으면 다른 해야 할 일들은 틈새와 공간 속에 들어갈 수 있다. 하지만 물, 모래, 자갈로 항아리를 먼저 채운다면 이것들이 금세 모든 공간을 차지하고 큰 돌들이 들어갈 여유가 사라진다(http://www.youtube.com/watch?v=6_N_uvq41Pg에서 해당 시연을 볼 수 있다).

생각하는 문화를 구축하는 데에도 모든 학교와 교실에서 반드시 시간을 할애해야 할 몇 가지 핵심 원칙, 즉 큰 돌멩이가 있다.

- 학습은 사고의 결과다.
- 코칭과 피드백 제공은 학습을 촉진하고 추진력을 만든다.
- 우리는 이미 스스로 할 수 있는 수준을 조금 넘어서는 도전을 받고 새로운 방식으로 밀어붙여질 때 비로소 배우고 성장한다.

이 목록이 교수, 학습과 관련해 중요한 모든 것을 망라하고 있지는 않다. 대신 이것은 생각하는 문화 프로젝트 연구와 다른 연구(Dweck, 2006; Hattie, 2009; Hattie & Timperley, 2007; Perkins, 1992; Vygotsky, 1978)에서 도출된 우선순위가 높은 것들이다. 머릿속에 간직할 수 있을 정도로 짧은 우선순위 목록을 작성해 자신만의 큰 돌멩이로 삼는 것이 핵심이다. 그것들은 당신의 수업에서 반드시 시간을 할애해야 하는 우선순위여야 한다.

학교 전체 차원에서 필요한 우선순위 중 하나는 교사와 직원들을 위한 전문적인 학습 문화를 구축하는 것이다. 생각하는 문화 연구 집단의 모토 중 하나는 **교실에서 학생들을 위한 생각하는 문화가 형성되기 위해서 학교는 어른들을 위한 생각하는 문화를 구축해야 한다**는 것이다. 학교에서 교사들의 시간은 일정 관리, 현장 학습, 보고서 작성, 정책, 마감일 등 학교 행정 업무에 잠식된다. 학교의 리더는 전문적인 학습 시간을 최우선 순위, 즉 큰 돌로 먼저 확보해야 한다. 그러지 않으면 사소한 모래들이 그 시간을 빠르게 채워 전문적 학습과 대화를 위한 시간을 없애 버릴 것이다. 마찬가지로 팀, 부서, 교과 협의회에서도 큰 돌멩이를 먼저 넣어야 한다.

생각할 시간을 제공하라

자신의 큰 돌들을 모두 면밀히 검토해 각 항목이 학생들의 학습을 지원하는 데 어떤 역할을 하는지를 완전히 이해하는 일은 분명 가치가 있다. 하지만 여기서는 생각하는 문화를 구축하는 하나의 지극히 큰 돌, 즉 '학습은 사고의 결과'라는 명제를 살펴보고자 한다. 나는 1장에서 학생들에게 들려주고 싶은 학습 이야기의 핵심 메시지로 이것을 처음 제시했다. 이제 어떻게 시간 배분을 통해 학생들에게 학습은 사고의 산물이라는 메시지를 전달할 수 있는지 살펴보겠다.

대략적인 인상, 의견, 이미 알려진 정답의 회상은 즉석에서 아주 짧은 시간 안에 제시될 수 있다. 반대로 사고에는 시간이 필수적인 요소다. 복잡한 인지적 처리나 보다 사려 깊고 성찰적이며 창의적인 응답을 구성하는 데에는 시간이 필요하다. 집중이 이뤄지고 의미 있는 긴급성이 있을 때 사람들은 압박 속에서 창의적일 수 있음이 연구에서 밝혀지기는 했지만 (문자 그대로 생명이 달려 있었기에 불과 몇 시간 안에 고장 난 아폴로 13호의 공기 여과 장치에 대한 원시적이지만 효과적인 해결책을 고안해 낸 NASA 팀을 떠올려 보라.) 대부분의 상황에서는 시간 압박이 창의적 응답을 약화시킨다(Amabile, Hadley, & Kramer, 2002). 여기에 작동하는 쟁점 가운데 하나는 독창적 아이디어가 우리의 생각 표면 근처에 모여 있지 않고, 원래의 문제나 상황으로부터 떨어진 곳에 위치하는 경향이 있다는 점이다(Mednick, 1962). 따라서 초기 아이디어에서 벗어나 더 독창적인 아이디어로 나아가는 데는 시간이 걸린다. 우리가 생각할 시간을 주는 것은 이미 알려진 답이 아니라 그러한 답을 찾으라는 신호를 보내는 것이다.

시간과 사고의 관계에 관한 고전적인 연구는 1960년대 후반에 메리

버드 로Mary Budd Rowe가 시작한, 교사의 대기 시간에 관한 연구(1986)에서 비롯되었다. 로가 직면한 큰 도전 중 하나는 교사들이 반응을 기다리는 시간이 너무 짧아서 측정하기 어려웠다는 점이었다. 스톱위치는 무용지물이었다. 녹음테이프를 컴퓨터에 연결해 멈추는 순간을 감지하고 측정해야 했다. 로는 교사가 학생들에게 질문을 할 때 보통 1초도 채 기다리지 않고 대답을 요구한다는 사실을 발견했다. 로는 이를 '대기 시간 1Wait Time 1'이라고 불렀다. 학생이 말을 멈춘 뒤 교사가 반응하거나, 논평하거나, 다른 질문을 던지기까지의 시간 역시 보통 채 1초가 되지 않는다. 이를 '대기 시간 2Wait Time 2'라고 한다. 다른 연구자들은 이 짧은 시간이 과목과 학년 수준, 문화권에 관계없이 동일하다는 사실을 발견했다(Cheprecha, Gardner, & Sapianchai, 1980). 학생들이 사려 깊고 정교한 답변을 준비하거나 답변에 대한 설명을 제공할 기회가 없는 것이 이 짧은 대기 시간 때문임을 추론하는 데에는 많은 상상력이 필요하지 않다. 대신 이러한 교실의 학생들은 교사의 머릿속에 있는 것을 맞추는 게임을 배우고, 교사의 시간과 관심을 두고 경쟁하며, 학습을 주로 기억의 행위로 보게 된다.

로의 진정한 돌파구는 그녀가 조사하던 일부 초등 및 중등 과학 수업의 속도가 일반 수업과 다르다는 사실을 발견했을 때였다. 이 수업에서는 '대기 시간 1'과 '대기 시간 2' 모두가 일반적인 1초가 아니라 3초에서 5초 사이였다. 그녀는 이 약간의 시간 증가만으로도 생각할 시간이 제공되어 대화의 역학 관계가 달라지리라고 생각했다. "복잡한 사고 체계를 성장시키기 위해서는 많은 경험과 대화를 공유해야 한다. 우리가 무엇을 하고 관찰했는지 이야기하고 우리의 경험에서 무엇이 만들어지는지 논쟁하는 과정에서 아이디어가 증가하고 다듬어지며 마침내 새로운 질문과 더 깊은 탐구가 나타난다"(1986, p.43).

20년에 걸친 연구 기간 동안 로(1986)는 대기 시간 1과 2의 증가가 학생에게 미치는 영향을 연구했다. 그녀는 3초 이상의 대기 시간은 다음과 관련이 있다는 사실을 발견했다.

- 학생들의 응답 길이가 일반적인 조건에서보다 300퍼센트에서 700퍼센트까지 증가했다. '대기 시간 2'의 증가는 특히 학생들의 정교함을 높이는 데 효과적이었다.
- 증거와 추론을 더 많이 사용하게 됐다. 사실, 기다려 주는 시간이 길어짐에 따라 이러한 현상은 예외적인 일이 아니라 표준이 되었다.
- 가능성을 탐색하기 위한 사변적 사고가 증가했다.
- 학생들의 질문 수와 질문 유형이 모두 증가했다. 일반적인 조건에서 학생들이 던지는 질문은 주로 절차에 관한 것이었다. 대기 시간이 길어지면서 더 많은 질문이 나왔고, 질문의 내용도 더 충실해졌다.
- 다른 학생들의 의견에 귀를 기울이고 다른 사람들의 기여를 바탕으로 발전하고 연결하려는 경향이 증가했다. 이는 특히 '대기 시간 2'의 영향이 컸다.
- 모르겠다고 응답하는 학생이 줄고 교사의 확인을 구하는 자신 없는 응답을 하는 학생도 줄어든 것으로 보아 참여도와 자신감이 향상되었다.
- 인지적으로 복잡하고 응답을 작성하기 위해 깊은 사고가 필요한 서술형 과제에서 더 높은 성취도가 나타났다.

기록만으로는 대기 시간의 울림을 온전히 담아 낼 수 없다. 교실에 실제로 있지 않은 사람들에게 그 짧은 1~2초의 침묵이 만들어 내는 참여감과 사려 깊은 분위기를 전하기는 어렵다. 그러나 네이선의 수업에서 우리는 실제로 앞서 제시한 대기 시간의 효과를 대부분 목격했다. 가장 주목할 만한 점은 학생들의 발언이 단편적이지 않고 알차고 풍부하다는 것이다. 학생들은 소심하지 않고, 확신과 자신감을 가지고 자신의 의견을 제시한다. 광범위하게 참여가 이뤄지고, 다른 사람의 아이디어에 자신의 의견을 보태면서 대화를 확장시킨다. 그 결과, 교사와 학생 사이를 오가는 전형적인 핑퐁식 문답 구조에서 분명하게 벗어난다. 학생들이 많이 참여하고 서로 대화하며 다른 사람의 아이디어를 발전시키고 확장하는 진정한 토론이라는 느낌이 든다. 이는 교사와 학생이 공을 주고받는 탁구 게임이 아니라 여러 선수가 차례차례 공을 주고받는 농구 경기와 더 유사하다(McIntosh, 2012). 추가적인 대기 시간을 제공하면 앞서 열거한 효과들 외에도 교사와 학생의 상호작용과 교사가 던지는 질문의 유형 자체에 변화가 생긴다(Gambrell, 1980). 이에 대해서는 8장에서 더 깊이 살펴볼 것이다.

로의 연구를 토대로, 스탈Stahl(1994)은 '생각할 시간think time'이라는 개념을 제안했다. 이는 기본적으로 해야 할 과제인 '생각하기'를 강조하는 동시에, 질문 후의 시간만이 아니라 그 외의 시간까지 개념을 확장하려는 시도였다. 예를 들어, '생각할 시간'에는 교사와 학생 모두가 정보 처리 과제, 감정, 구두 응답 그리고 행동을 완수할 수 있도록, 방해받지 않는 "뚜렷한 침묵의 시간"(p.2)을 보장한다. 보통 3~5초 사이로 늘렸을 때 효과가 나타나는 대기 시간wait time과 달리, 생각할 시간은 반드시 그렇게 짧게 한정되지는 않는다. 생각할 시간은 "거의 모든 학생이 특정 상황에서 필요한 인지적 과제를 완수할 수 있도록 돕는 데 가장 적절한 시간"(p.2)이어야 한다. 생각할 시간에는 대기 시간뿐만 아니라 학생이 응답하기 전에 정보를 받아들이거나 방금 일어난 일을 고려할 수 있는 일시 정지 시간, 작업을 완료하는 시간, 다른 사람이 대화에 참여할 수 있도록 하는 응답 후 대기 시간도 포함되어 있다.

생각할 시간에는 아이디어를 생각하고 토론을 준비하기 위해 주어지는 시간까지 포함될 수 있다. 네이선은 학생들에게 〈공중의 반짝이는 빛〉과 〈코지〉의 연관성에 대해 토론하기 전에 5분을 줬다. 이를 통해 학생들은 소그룹 토론을 시작하기 전에 생각을 정리하고 새로운 아이디어를 창출할 수 있었다. 네이선은 학생들에게 시간이 얼마나 남았는지 정확히 알려 준 다음 5분짜리 동영상을 재생해 시간을 측정했다. 내가 연구를 하며 관찰한 바에 따르면, 교사들은 학생들에게 활동을 하거나 활동을 준비할 수 있는 시간이 있다고 말하고는 실제로는 그만큼 시간을 주지 않는 경우가 많다. 교사가 일관성 있게 시간을 관리하지 않으면 학생들은 시간을 비효율적으로 사용하거나, 정확히 얼마나 시간이 남았는지 알지 못해 일찍 활동을 멈추는 습관을 들이게 된다.

시간을 아끼기 위한 시간 투자가 필요하다

시간이 부족하다고 느낄 때, 우리는 종종 시간의 제약 내에서 활동과 생산을 극대화할 수 있는 더 효율적인 방법을 찾는다. 하지만 효율성을 추구한다고 해서 항상 원하는 결과를 얻을 수 있는 것은 아니다. 생각할 시간의 제공은 왜 효율성 추구가 오히려 학습을 저해할 수 있는지를 보여 주는 좋은 예다. 우리는 학교, 조직, 사회 전반에 존재하는, 더 많은 일을 더 빨리 하는 것이 낫다는 근본적인 가정에 의문을 제기해야 한다. 점점 더 많은 연구가 이 가정, 특히 한번에 여러 가지에 완전히 집중하려는 시도인 '멀티태스킹'이라는 영역을 다루고 있다.

뇌는 달리면서 음악을 듣거나 다림질하면서 TV를 보는 등 서로 관련이 없는 두 가지 활동을 큰 충돌 없이 수행할 수 있다. 그러나 정보 처리나 주의 집중과 같이 약간 더 복잡한 정신 기능을 수행하려면 두 활동 사이를 오가며 전환해야 한다. 이 전환 과정에서 뇌는 다시 이전 활동의 흐름을 잡아야 하므로 정신적 피로가 발생한다. 그러면서 정보가 손실되고 오류가 생긴다. 연구에 따르면 작업을 할 때 방해받는 사람은 그 일을 완료하는 데 최대 50퍼센트 더 시간이 걸리고, 최대 50퍼센트 더 많은 오류를 범하는 것으로 나타났다(R. D. Rogers & Monsell, 1995).

멀티태스킹의 매력은 분명하다. 연구에 따르면, 8세에서 18세 사이 청소년의 3분의 1이 숙제를 하는 동안 멀티태스킹을 하고, 대학생의 80퍼센트가 수업 중에 소셜 미디어를 사용한다고 한다. 이러한 현상이 수행 능력에 비해 미치는 영향은 학교에 분명한 시사점을 제공한다(Paul, 2013). 업무 완수에 미치는 부정적 영향도 심각하지만 학습 수행에 미치는 영향은 훨씬 더 우려스럽다. 연구에 따르면 멀티태스킹 시도, 즉 '주의 분산'은 기억력에 심각한 영향을 미치는 것으로 나타났다. 우리가 새 정보를 받아들이는 순간인 부호화^{encoding} 과정은 기억 유지에 가장 중요하다. 이 과정에서 주의가 분산되면, 우리는 그 정보를 잘 기억하지 못하거나 아예 기억하지 못한다(Fernandes & Moscovitch, 2000).

더 우려스러운 것은 러셀 폴드랙^{Russell Poldrack}의 연구(Paul, 2013)다. 그의 연구는 산만한 상황에서 뇌가 정보를 처리하고 저장하는 방식이 실제로 달라진다는 점을 보여 준다. 이러한 상황에서 개인은 자신이 학습을 더 효과적으로 한다고 믿는 경향이 있다. 이는 우리의 정신적 과정이 그 순간에 얼마나 잘 작동하는지를 효과적으로 모니터링하고 평가하기 어려운 경우가 많기 때문일 수 있다. 한 연구에서 폴드랙은 실험 집단에게 학습 활동을 하는 동안 또 다른 과제를 수행하도록 했다. 대조 집단은 학습 과제에만 집중했다. 폴드랙은 "두 과제를 동시에 수행한 집단은 단일 과제만 수행한 집단만큼 학습을 잘하는 것처럼 보였다. 그러나 추가 조사 결과, 전자의 집단은 새로운 지식을 새로운 맥락으로 확장하고 추론하는 데 훨씬 덜 능숙했으며, 심리학자들이 '전이transfer'라고 부르는 핵심 역량에서 뒤쳐지는 것으로 나타났다"(Paul, 2013). 전이는 학습에서 가장 중요한 부분이다. 우리가 진정으로 원하는 바는 학생들이 단순히 시험에서 정보를 되풀이하는 것이 아니라, 자신의 기능과 지식을 새로운 상황에 실제로 사용하고 적용하는 것이다.

효율성이 항상 효과성과 같지는 않지만, 효과성을 목표로 할 때 장기적으로는 더 큰 효율성을 얻게 되는 경우가 많다. 학기 초에 네이선의 행동에서 이를 확인할 수 있다. 수업 루틴을 확립하고, 학습에 대한 기대를 설정하고, 학습 모둠을 활용하고, 사전 준비를 철저히 함으로써 그는 수업 중에 실제로 학생들이 학습에 참여하는 시간을 극대화할 수 있었다. 네이선은 학급 공동체를 형성하고 학생들을 수업의 학습 문화에 적응시키는 학기 초의 노력을 학습 시간을 빼앗는 것으로 보지 않았다. 오히려 그는 그것을 시간이 지남에 따라 큰 결실을 맺을 투자로 여겼다. 개학 후 처음 며칠 동안 루틴을 정하고, 공동체를 구축하고, 대화의 패턴을 만들고, 큰 아이디어에 집중하고, 이해를 위한 의제를 설정하는 데 시간을 소비하는 것은 생각하는 문화를 가진 학교와 교실의 공통적인 특징이다(Ritchhart, 2002). 사실 이러한 행동은 미룰 수 있는 성격의 것이 아니다. 장기적인 성공을 거두려면 교사는 사고력을 소중히 여기고, 가시화하고, 적극적으로 장려하는 문화를 조성하는 데 일찍부터 시간을 투자해야 한다.

장기적인 효율성을 위한 초기의 시간 투자는 네이선이 개별 피드백 세션을 설계하는 과정에서도 볼 수 있다. 교직 초창기에 네이선은 대부분의 국어 교사들처럼 학생들의 에세이에 댓글을 달고 점수를 매기는 방식으로 피드백을 제공했다. 그러나 그는 이 방식이 그리 효과적이지 않은 관행임을 깨달았다. 많은 시간을 쓰고 에너지를 소모했지만, 자신의 조언이 학생들에게 실제로 읽히기는커녕 그들의 향후 학습 성과에 변화를 주지 못한다는 느낌을 받은 것이다. 이에 네이선은 특히 학기 초에 개별 피드백 세션 시스템에 시간을 투자함으로써 장기적인 효율성을 만들어 냈다. 이 시스템을 통해 학생들이 목표를 설정하고, 점점 더 독립적으로 성장하며, 글쓰기에서 스스로를 몰아붙이고, 더 큰 위험을 감수하고, 궁극적으로 자기 평가 능력을 배우도록 도운 것이다. 수년에 걸쳐 네이선은 자신의 노력이 결실을 맺었다는 극적인 증거를 얻었다. 개별 피드백 세션 시스템을 도입하기 전까지, 네이선이 가르치는 학생들이 최고 성취 구간(빅토리아주 교육과정에서 '학습 점수' 40점 이상으로, 주 전체 학생 중 상위 10퍼센트에 해당)에 도달한 비율은 그의 학교의 같은 교과 교사들이 가르치는 학생들과 비슷한 약 20퍼센트였다. 그러나 개별 피드백 세션 시스템을 시작한 첫해와 그 이후 매년, 네이선의 학생들 중 50퍼센트 이상이 상위 구간에 진입했다. 학생들이 무작위로 배정되는 비선발제 사립학교에서 이룬 성과였다.

시간이 아니라 에너지 관리

학교, 교실 또는 조직에 들어갔을 때 그곳에 있는 사람들이 스트레스에 시달리고 있다는 느낌을 받은 적이 있는가? 때로는 구성원들 스스로도 이를 인정할 때가 있다. "지금 너무 스트레스를 받고 있어요.", "일이 너무 많아요.", "지금 이 일을 감당할 수 없어요. 사람들이 너무 지쳐 있거든요." 같은 말을 하는 것이다. 어떤 사람들은 스트레스를 자신의 중요성, 근면함 또는 헌신을 인정해 주는 명예의 훈장처럼 여기는 것 같다. 스트레스의 원인은 여러 가지이지만 많은 경우 시간 문제, 즉 해야 할 일이 많아 시간에 쫓기는 느낌과 불가분의 관계에 있다. 그래서 우리는 종종 시간 관리를 통해 스트레스를 관리해야 한다고 생각한다.

그러나 시간 관리를 통한 스트레스 관리는 거의 효과가 없다. 사실 스트레스는 자신의 신체적, 정신적, 정서적, 영적 자원이 고갈되고 있다는 신호일 수 있다. 따라서 스트레스에 대처하려면 시간 관리가 아니라 에너지 관리가 필요다. 하루의 시간은 고정되어 있지만 에너지는 재생 가능한 자원이기 때문이다.

본격적으로 에너지 관리, 재충전, 자연스러운 리듬 활용에 대해 논하기 전에 짚고 넘어가야 할 점이 있다. 바로 스트레스, 특히 집단 전체의 광범위한 스트레스는 생각하는 문화의 특징이 전혀 아니라는 점이다. 오히려 이는 진정한 생각하는 문화가 자리 잡지 못했음을 보여 주는 지표일 수 있다. 이 책의 서문에서 나는 생각하는 문화가 형성된 집단에 있었던 때를 떠올려 보라고 했다. 즉 **집단의 사고뿐 아니라 개별 구성원의 사고까지도 일상적으로 존중되고, 가시화되며, 적극적으로 장려되는 공동체 말이다.** 그러한 집단을 떠올리며 그것을 유지하고 지탱해 준 행위들을 적어 보고, 그 안에서 자신이 어떤 기분을 느꼈는지도 적어 보라고 했다. 그 목록을 다시 떠올려 본다면, '스트레스를 받았다.'라는 표현은 없을 것이다. 오히려 에너지, 열정, 고양감, 몰입감 같은 단어들이 떠오를 것이다. 물론 도전과 압박을 받고, 스트레스를 받았을 수도 있다. 그러나 동시에 지지받고 있다는 확신도 있었을 것이다. 따라서 스트레스는 생각하는 문화와는 정반대의 지표이며, 이는 '해야 할 일'이라는 긴박감에 휩쓸려 자신이 목적과 방향을 잃고 있음을 반영한다. 그렇다면 질문은 이렇게 바뀐다. 생각하는 문화에서는 무엇을 다르게 함으로써 스트레스 없는 상태를 만들어 내는가? 사람들은 어떻게 시간을 활용해 생각하는 문화를 고양시키거나 소모시키는가?

스티븐 코비(1994)는 시간 관리 사분면 체계를 만들어 인간 활동의 4가지 범주를 구분했다. 그는 가로축에 '긴급성'을 두고 왼쪽은 높음, 오른쪽은 낮음으로 설정했다. 그리고 이를 가로지르는 세로축에는 '중요성'을 두어 위는 높음, 아래는 낮음으로 설정했다. 그 결과 네 개의 사분면(1. 긴급하고 중요한 것, 2. 긴급하지 않지만 중요한 것, 3. 긴급하지만 중요하지 않은 것, 4. 긴급하지도 중요하지도 않은 것)이 만들어진다. 코비는 2사분면을 질 높은 사분면으로 분류한다. 2사분면은 우리가 계획을 세우고, 타인과 자신에 투자하고, 문제를 예측하고, 새로운 것을 배우고, 위험을 감수하고, 창조하는 일을 하는 영역이다. 그는 "2사분면에 시간을 더 많이 투자할수록 우리의 역량은 커진다. 반대로 2사분면을 무시하면 1사분면이 커져서 스트레스, 번 아웃, 더 깊은 위기에 빠진다."(p.38)라고 말한다. 네이선 암스트롱의 사례를 떠올려 보라. 그의 거의 모든 행동은 질이 높은 사분면에 속해 있었다. 여기에 바로 큰 돌멩이가 놓여 있다. 우리가 시간을 투자해 시간을 만드는 곳이다. 또한 바로 이 영역에서 우리는 에너지가 고갈되기보다 오히려 충전되는 경험을 하게 된다.

에너지 사용, 획득, 재충전이라는 관점에서 생각하면 우리의 일정과 삶을 다르게 바라보는 데 도움이 된다. 짐 로허^{Jim Loehr}와 토니 슈워츠^{Tony Schwartz} (2003)는 그들의 저서 『몸과 영혼의 에너지 발전소』에서 독자들에게 2가지 핵심 질문을 해 보라고 권한다. "지금 나는 어떻게 내 에너지를 쓰고 있는가? 깊이 간직한 나의 가치와 일치하려면 나는 어떻게 에너지를 써야 하는가?"(p.15). 자신의 가치관, 우선순위와 관련된 거시적이고 매우 유용한 질문들이다. 시간이 아닌 에너지의 관점에서의 감각을 익히는 데는 다음과 같은 연습도 도움이 될 수 있다. 다음 주 동안 매일 하루를 마무리할 때 에너지 소비를 되돌아보라. 일정표를 그대로 옮겨서 확인할 필요도 없고 모든 활동을 100퍼센트 정확히 기록할 필요도 없다. 하루를 돌아보는 과정 자체가 복습이 된다. 목록을 적은 뒤, 각 활동에 다음 3가지 중 하나를 표시하라.

- **녹색** = 활동 후에 오히려 에너지가 생겼다. 쏟은 에너지보다 더 많이 얻었고, 보람 있는 시간이었다.
- **노란색** = 중립적이었다. 에너지가 소모되지는 않았지만 특별히 충전된 느낌도 없었다.
- **빨간색** = 에너지를 고갈시키는 일이었고, 버티려면 에너지를 억지로 끌어 써야 했고, 빨리 지나가기를 바랐다.

일주일 동안 매일 활동을 검토하고 평가한 뒤 색상을 살펴보라. 어떤 색이 지배적인가? 그 지배적인 색은 하루가 끝날 때, 그리고 한 주가 끝날 때의 내 에너지 상태와 연결되는가? 우리 각자의 장기적인 목표는 에너지를 고갈시키는 활동보다 에너지를 충전하는 활동이 더 많은 하루를 만들어 가는 것이다. 여러 연구는 이러한 경험이 우리 삶에 얼마나 중요한지를 밝혔다. 하워드 가드너의 연구 팀은 '보람 있게 보낸 시간'이 개인적 만족을 불러일으키는 보편적 가치임을 발견했다(Gardner, 2013). 그의 연구가 에너지와 직접 연결된 것은 아니지만, 두 개념이 서로 맞닿아 있음은 분명하다. 마찬가지로 매슈 킬링즈워스 Matthew Killingsworth의 행복에 관한 연구(2012)에 따르면 사람들은 대략 하루 중 약 40퍼센트의 시간을 빨리 넘기고 싶어 하는데, 이는 우리의 시간 활용 방식이 전반적으로 불만족에 가까운 '임계점'에 위치한다는 것을 시사한다. 시간을 새롭게 배분하면 개인적인 삶의 만족과 행복이 커질 뿐 아니라 학생들에게도 보상이 된다. 에너지는 에너지를 낳지만, 스트레스와 부정적인 생각은 악순환을 만들어 더 나쁜 상황을 만들어 낸다.

에세이를 채점하는 데 보내는 시간을 살펴본 네이선은 이것이 에너지 소모가 많은 일임을 깨달았다. 그는 매일 밤 시험지를 집으로 가지고 가고 싶지 않았다. 학습은 개인적인 것이며 학생들과의 관계에서 비롯된다는 그의 깊은 신념과 상충되지는 않았지만, 그는 채점이 학생들과의 관계를 구축하거나 학습을 개인화하는 데 별 도움이 되지 않는다고 느꼈다. 즉 효과적인 실천이 아니었다. 다른 교사들이 개별 피드백 세션 제도를 시간의 관점에서만 봤다면, 네이선은 그것을 에너지의 관점에서 보았다. 그는 학생들과 보내는 시간을 진정으로 즐겼다. 그것은 에너지를 채워 주는 일이었다. 게다가 개별 피드백 세션이 실제로 효과가 있고 변화를 만들어 낸다는 사실 자체가 또 하나의 에너지원이었다. 네이선은 수년간 개별 피드백 세션을 운영하면서, 이 시스템이 학생들에게도 에너지를 불어넣는 것을 보았다. 해가 거듭될수록 학생들은 더 적극적으로 참여하고 주인의식을 갖게 되었다.

물론 에너지를 소모하는 모든 활동을 항상 에너지를 얻는 활동으로 바꿀 수는 없다. 따라서 회복 루틴, 즉 재충전을 위한 기회, 휴식 시간, 재생의 기회를 마련하는 것이 중요하다. 이는 교사뿐만 아니라 학생들에게도 마찬가지다. 우리 몸은 약 90분에서 120분 정도가 지나면 자연스럽게 휴식과 회복의 시간을 원한다(Loehr & Schwartz, 2003). 따라서 아무리 좋은 시간일지라도 재충전하는 순간을 만드는 것이 중요하다. 이러한 재충전 시간은 가벼운 움직임, 친구와의 대화, 심호흡 등의 형태로 이뤄질 수 있다. 또한 여유 시간, 공상, 침묵의 시간도 활력을 되찾는 데 도움이 될 수 있다.

시간에 대해 다시 생각할 시간이다

50여 년 전, 심리학자 존 캐럴John Carroll(1963)은 학교에서 시간에 대해 근본적으로 다시 생각할 필요가 있다고 주장했다. 수업 시간을 학습의 핵심으로 생각해야 한다는 그의 주장은 이후 벤저민 블룸Benjamin Bloom(1974)에 의해 받아들여졌다. 그러나 그 후에도 학교는 크게 변하지 않았다. 마이크 슈모커Mike Schmoker(2009)는 학생들의 저조한 성과가 학교에서 교수로 위장한 시간 소모적인 활동들이 지배적이기 때문이라고 주장한다.

시간을 다시 생각하는 것은 어려운 일이다. 너무 자주 우리는 신성불가침인 시간표의 포로가 된다. 우리는 하나의 작은 변화가 연쇄적인 재앙을 초래할 것이라는 권력의 말을 듣는다. 그러나 저명한 교육학자 리 슐먼Lee Shulman(2008)은 "일단 시간의 족쇄를 풀어 버리면 교수, 학습, 학생 동기, 수업 설계 방식을 개선할 수 있는 수많은 상상력이 열리게 된다. 그것은 실제로 큰 변화를 만들어 낼 수 있다."라고 말한다.

우리가 시간을 단순히 채워 넣어야 할 하루의 단위로 보는 것이 아니라 무엇을 가치 있게 여기는지를 드러내고 학생들의 학습을 형성하는 문화적 힘으로 바라볼 때, 시간에 대한 패러다임의 전환이 시작된다. 이때 교사와 학생 모두의 사고를 지지하는 방향으로 시간을 배치하고 활용하는 것이 중요하다. 즉 시간표나 진도에 매이지 않고, 수업 속에서 반드시 일어나야 하는 학습과 사고에 집중할 수 있도록 우선순위를 명확히 하는 것이다. 시간의 본질에 대한 이해를 바탕으로 우리는 학생들에게 생각할 시간을 보장하고, 수업 속에 활동적이고 참여적인 학습 시간을 가능한 한 많이 만들고, 학기 초반부터 핵심적인 실천에 시간을 투자해 생각하는 문화를 구축하고, 학습에 필요한 에너지를 키우며 회복하는 노력에 더욱 자신감 있고 효과적으로 임할 수 있게 된다.

시간에 대한 사고의 전환은 오늘날 새롭게 떠오르는 많은 교육적 실천의 기초다. 예를 들면 플립핑 (Pink, 2010) [*], 블렌디드러닝 blended learning (Akyol & Garrison, 2011), 뱅킹타임 (미국 교육부, 1998) [**], 블록스케줄링 (Anderson, 2011) [***], 대규모 공개 온라인 강좌인 MOOC (Friedman, 2013), 페덱스데이 (Pink, 2009) [****], 천재의시간 또는 20퍼센트시간 (20-Time in Education,

---

[*]   Flipping. 플립드 러닝(Flipped Learning)을 의미한다.

[**]   Banking time. 교육에서 교사와 학생 간의 긍정적이고 지지적인 상호작용을 증진시키기 위한 전략. 교사가 학생과의 관계를 강화하기 위해 시간을 '저축'하는 것이다.

[***]   block scheduling. 수업 시간을 필요에 따라 묶어서 운영하는 방식으로, 일반적으로 90분에서 100분 정도의 긴 수업 블록을 설정한다.

[****]   FedEx day. 혁신적인 교육 및 학습 방법론 중 하나로, 주로 팀워크와 창의성을 촉진하기 위해 설계된 특별한 날을 의미한다. 이 개념은 직원들이 특정한 주제나 문제를 해결하기 위해

　사고력이 폭발하는 교실을 위한 8가지 도구

2013)[*], 느린학습(Quinn, 2006)[**] 등이 있다. 또한 전미 교육 시간 및 학습 센터National Center on Time and Learning가 후원하는 확장시간학교(Kaplan & Chan, 2012)[***]와 이완 매킨토시Ewan McIntosh의 디자인싱킹학교 네트워크에 속한 학교들이 실행 중인, 하루를 재구성하는 보다 급진적인 시도도 있다. 이 모든 접근법, 방법, 기법은 탐구해 볼 가치가 있으며, 여러분도 그렇게 하기를 권한다. 우리는 더 많은 학생에게 다가가고, 우리가 추구하는 참여적이고 사려 깊으며 창의적인 학습자를 배출할 수 있는 방식으로 학교 수업의 통설을 뒤흔들어야 한다. 그러나 전 세계 수천 개의 조직과 함께 일하면서 관찰한 스티븐 코비(1994)의 말을 명심하라. "결과에 중대한 변화를 일으키려면 태도와 행동, 방법이나 기법만 바꾸는 것이 아니라 그 변화의 바탕이 되는 기본 패러다임을 바꿔야 한다. 패러다임을 바꾸지 않고 행동이나 방법만 바꾸려고 하면 결국 기존 패러다임이 변화를 압도하게 된다"(p.29). 그렇기 때문에 하향식 개혁 조치

자유롭게 아이디어를 내고, 이를 실현하는 데 집중하는 시간을 제공한다. 페덱스의 빠른 배송 서비스에서 유래되어 팀원들이 24시간 이내에 특정 프로젝트나 아이디어를 완성해야 하는 날을 말한다.

[*] '천재의 시간(Genius Hour)'은 학생들이 매주 한 시간 동안 자신이 원하는 학습 목표를 설정하고 그에 따라 독립적으로 연구할 수 있는 시간이다. 이 시간 동안 학생들은 자신의 흥미를 바탕으로 프로젝트를 진행한다. '20퍼센트 시간'은 학생들이 수업 시간의 20퍼센트를 자신이 선택한 주제나 프로젝트에 할애하는 개념으로 학생들이 개인적인 관심사에 더 깊이 파고들 수 있도록 한다.

[**] Slow Learning. 학습 속도가 느린 학습자를 위한 교육 방법으로, 단순히 학습 속도를 조절하는 것이 아니라 학습의 과정과 질을 중시하는 교육 철학이다. 이 방법은 학습자가 지식을 깊이 있게 이해하고, 비판적 사고와 창의성을 발전시키는 데 초점을 맞춘다.

[***] Expanded-Time School. 학생들에게 더 많은 학습 시간을 제공하는 학교 모델로서, 전통적인 학교 일정보다 더 긴 수업 시간을 운영해 학생들이 더 많은 교육 기회를 가질 수 있도록 한다. 일반적으로 하루 수업 시간을 연장하거나, 주당 수업일수를 늘리는 형태로 운영되며, 이 모델의 주된 목적은 학생들이 학습할 수 있는 시간을 늘려 학업 성취도를 높이고, 다양한 과목에 대한 심화 학습을 가능하게 하는 것이다.

들(예: 블록 수업제)은 현장에 뿌리내리지 못하고 실패하는 경우가 많다. 코비의 말대로, 이런 실천은 "위에서 설치하는 것이 아니라, 길러져야 한다. 그것은 그것을 만들어 내는 패러다임 속에서 자연스럽게 나타나는 것"이다(p.30).

- '학습을 우선순위로 삼고 항상 최우선에 두기'에 제시된 질문을 사용해 자신이 깊이 간직한 교수·학습에 대한 인식, 메커니즘 그리고 목적을 탐구하라.

- 수업에 대한 일반적인 시간 감사監査를 진행하라. 직접 수업 영상을 촬영하거나 동료에게 부탁해 수업 시간이 어떻게 사용되는지 관찰하도록 요청하라. 관찰자는 교수/지시, 전환, 토론, 강의, 개별 활동, 모둠 활동 등 다양한 활동에 소요되는 시간을 기록하라. 이상적으로는 일주일간 자료를 모아야 수업 시간 사용의 전체적인 그림을 확인할 수 있다. 목표는 학생들의 상호작용적 학습 시간을 극대화하는 것이다.

- 교실에 있는 학생의 '참여 시간' 감사를 진행하라. 우선, 각 학생에 대한 데이터를 수집할 참관인을 지정한다. 참관인은 학급 명단과 좌석 배치도를 바탕으로 5분마다 각 학생의 참여도를 기록하라. 당신은 F = 집중, N = 중립 또는 판단할 수 없음, D = 산만함과 같은 간단한 등급을 사용할 수 있다. 예를 들어 학생 25명(S)으로 구성된 60분 수업에서 5분 간격(I)을 사용하면 300개의 데이터 포인트(I × S)를 얻을 수 있다. 집중 횟수(F)와 중립 횟수(N)의 절반을 총 데이터 포인트 수로 나누면 참여 시간 비율Percentage of Engaged Time, PET을 구할 수 있다. 공식은 다음과 같다. $(F + \frac{1}{2}N) \div (I \times S) = PET$. 총 PET 점수가 50퍼센트 미만이면 낮음, 51~60퍼센트는 평균, 61~70퍼센트는 좋음, 71~80퍼센트는 높음, 80퍼센트 이상은 우수다.

- '대기 시간'을 늘리는 연습을 하라. 이를 위한 가장 좋은 방법은 질문을 한 후 학생을 부르기 전에 조용히 혼자서 숫자를 세는 것이다. 학생이 대답한 후에도 같은 방법으로 학생에게 자세히 설명할 시간을 주거나 다른 학생이 참여할 수 있도록 한다. 당신이 관찰한 효과를 기록해 두라. 더 많은 학생이 손을 들었는가? 학생의 답변 시간이 길어졌는가? 학생들이 다른 사람의 아이디어에 더 자주 연결되는가? '대기 시간 2'를 사용하면 학생들이 자신의 초기 응답을 더 자세히 설명하는가?

- 수업 시간을 사용하는 다양한 방법을 목록으로 작성하라. 이 목록은 수업 시간을 어떻게 보내는지에 대한 자신의 생각을 반영한 개인화된 것이어야 한다. 예를 들어 어떤 교사는 새로운 절차 시연하기, 숙제에 대한 학생의 질문에 답하기, 숙제 시작하기, 그리고 가능성 논의하기를 목록에 넣을 수 있다. 다른 교사는 학급을 정리하고, 다양한 관점을 살펴보고, 가능성을 탐색하고, 소그룹으로 문제를 해결하고, 텍스트를 분석하는 글을 쓸 수도 있다. 목록의 각 항목에 백분율을 할당한다. 이 비율은 하루가 아닌 전체 수업 시간을 모두 합친 총 수업 시간을 반영해야 한다. 각 비율의 합은 100퍼센트가 되어야 한다. 당신은 자신에게 가장 중요한 일에 시간을 할애하고 있는가?

- 학생들에게도 교사가 시간을 어떻게 쓰는지에 대해 물어보라. 앞에서 만든 목록에 '기타' 항목을 추가하고, 이를 복사해 학생들에게 나눠 주도록 하라. 학생들도 각 항목에 비율을 배정하게 하라(총합 100퍼센트). 결과를 비교하고, 학생들 용지 하단에 "내 학습을 위해, 우리 수업이 더 많은 시간을 썼으면 하는 것은……"이라는 성찰 문항을 추가할 수 있다.

- 한 단원, 한 과목 또는 1년 전체에 대해 시간 성찰time reflection을 진행하라. 다음 문장을 완성하라. "지금 내가 아는 것을 바탕으로 판단하건대, 이 단원/과목/학년 동안 __에 더 많은 시간을 써야 했다고 생각한다. 학생들의 학습을 더 발전시키려면, 나는 __에 더 많은 시간을 써야 했다." 그리고 스스로 답을 설명하고 정당화하라. 왜 그렇게 생각하는가?

- 자신의 '큰 돌멩이'를 파악하라. 여러분의 최우선순위는 무엇인가? 교수와 학습에 있어서 가장 우선시해야 하는 '첫 번째 과업'은 무엇인가? 가치, 원칙, 우선순위를 나열해 목록을 작성하라. 처음에는 브레인스토밍을 해서 길게 작성해도 좋다. 이후 목록을 줄여, 누가 물으면 바로 말할 수 있을 정도로 핵심적인 몇 가지로 좁혀라.

- 당신이 무엇에 투자하고 있는지 파악하라. 나중에 시간을 절약하기 위해 지금 무엇에 시간을 투자하고 있는가? 지금 하고 있는 일 중 겉으로 보기에는 효율적이지만 장기적으로는 그다지 효과적이지 않은 것이 있는가? 집단의 효과적인 전략 레퍼토리를 확장하고 비효과적인 전략을 개선하는 데 도움이 될 수 있도록, 다른 선생님들과 아이디어를 공유하라.

- 자신의 에너지를 살펴보라. '시간 관리가 아닌 에너지 관리'라는 섹션에서 설명하는 기법을 사용해, 일주일 동안 매일 자신의 에너지 소비를 되돌아보라.

- 학교의 학생들에게 동일한 방법을 사용해 '자체 에너지 평가'를 수행하라. 학교 전체 데이터에서 추세를 살펴보라. 학생들이 에너지를 가장 많이 소모하는 곳은 어디인가? 어떤 종류의 활동으로 에너지가 고갈되고 있는가? 이에 대해 무엇을 할 수 있을까?

- 에너지 재충전 의식을 만들라. 일정을 살펴보고 언제 어디서 에너지가 부족할지 예측하라. 10분간의 의식(건물 주변 산책, 심호흡, 친구와 커피 마시기 등)을 만들어 하루의 에너지를 재충전하라.

- 에너지 소모 활동을 에너지 충전 활동으로 바꿔라. 중요하지만 효과적이지 않아 에너지를 소모시키는 활동은 무엇인가? 어떻게 하면 그 일을 더 활기차게 수행할 수 있을까?

- 자신에게 새롭고 과감한 것을 시도하라. 천재의 시간, 20퍼센트 시간, 플리핑 또는 개별 피드백 세션에 대해 자세히 알아보고 나만의 작은 버전을 시도해 보라. 자신의 경험을 되돌아보라. 당신과 학생들에게 유익한 시간이었는가?

학생의 눈으로
교사 자신을 보기

| **모델링** |

동.

- 다른 사람들이 따르거나 모방할 수 있도록 어떤 것을 보여 주거나, 시범을 보이거나, 주의를 끌다.
- 롤 모델, 멘토 또는 전문가가 견습생에게 시범을 보여서 가르치다.

명.

- 따르거나 모방하기 위한 본보기로 사용되는 시스템이나 사물. 문화 형성 요인으로서 모델링은 명시적 수준과 암묵적 수준 모두에서 작동한다. 우리는 학생들이 적절하게 배울 수 있도록 우리 자신의 사고를 가시화해 기술, 절차, 전략을 보여 준다. 학생들은 암묵적으로 교사의 행동을 지속적으로 관찰한다. 학생들은 사고하는 사람, 학습자, 공동체 구성원 그리고 리더로서의 교사의 열정, 관심, 배려, 진정성을 목격한다. 교사는 성인 모델로서 학생의 주변에서 본보기가 되어 주며, 학생이 진입하거나 거부하게 될 세상을 실재하게 만든다.

● 내털리 벨리^{Natalie Belli} 교사의 교실에 방문할 때마다 질문이 끊임없이 이어지고 있었는데, 오늘도 예외가 아니다. 식민지 시대에 뉴잉글랜드, 아프리카, 서인도 제도 사이에 존재했던 삼각무역과 관련된 학생 프로젝트가 반쯤 완성된 상태에서 교실 전체가 분주하게 돌아가고 있었다. 이 프로젝트는 내털리가 인문학 교사로서 관리하는 여러 장기 프로젝트 중 하나일 뿐이다. 5학년 학생들이 모의 시민 간담회를 준비하거나, 도시의 재활용 프로그램을 재설계하거나, 자신만의 쉼터를 직접 짓거나, 뉴잉글랜드 수족관과 협력하거나, 잠비아의 무콰시트러스트학교* 도서관에 들어갈 책을 쓰거나, 교실 뒤편에 있는 커다란 소파에 웅크려 책을 읽거나, 독서 모임에서 친구들과 대화를 나누거나, 자신이 쓴 글을 두고 친구에게서 피드백을 받는 모습을 볼 수 있다.

내털리는 자신이 가르쳐야 할 교육과정을 충실히 수행하면서도 학생들의 주^州 표준화 시험 준비를 크게 걱정하지 않는다. 내털리의 학생들 중에는 때때로 특별한 도움이 필요한 학생도 있지만, 전체적으로 볼 때 주 시험에서 꾸준히 기대 이상의 성적을 거두고 있다. 내털리는 시험에 초점을 맞추기보다 학생들이 독자와 작가로서 역량을 강화하고, 지역사회 및 세계와 강력한 관계를 구축하며, 평생 학습을 촉진하는 창의성, 열정, 상상력의 불꽃을 일으키는 것을 주요 목표로 삼고 있다. 이 목표를 이루려면 강력한 학습 기회뿐만 아니라 모델링 또한 중요하다. 내털리는 자신의 가르침을 되돌아보며 "제가 진정성 있고 진실하며 자신들을 소중히 여긴다는 것을 학생들이 알기를 바라요. 학생들이 저와 공유하고 싶은 책을 알려 주면 저는 그 책을 읽고 댓글을 달 거

---

* Mukwashi Trust School. 내털리가 자원봉사하는 곳으로, 학생들이 도서관을 만들고 있는 학교.

예요. 저는 그 댓글에 진정성이 있어야 한다는 것을 알아요. 진실해야 해요."

매사추세츠주 마블헤드에 내린 눈이 녹고 새로 찾아온 따뜻한 봄의 기운이 감도는 가운데, 내털리의 5학년 학생들이 바깥에서 쉬는 시간을 마치고 상쾌한 얼굴로 교실에 들어선다. 학생들은 수다를 떨고, 내털리는 학생들이 자리에 앉는 동안 학생 한 명 한 명과 짧은 대화를 나누고 있다. 그녀가 학급 전체를 향해 말을 시작하자마자, 단순히 학생들의 행동을 지시하고 시간을 모니터링하는 사람이 아니라 생각하는 사람, 배우는 사람으로 학생들에게 자신을 드러내고 있음을 알 수 있다. "가끔 밤에 어떤 생각을 하다가 잠이 깨서 그 생각을 멈출 수 없을 때가 있다는 거 알죠?" 내털리가 질문한다.

"네." 많은 학생이 고개를 끄덕이며 대답한다.

"어젯밤에 선생님이 잠에서 깼는데, 그날 있었던 일이 생각났어요." 내털리가 계속 말한다. 이 짧은 소개로 내털리 개인적인 생각을 이야기하는 것이 학생들에게 낯설지 않다는 사실을 알게 되었다. 학생들은 내털리가 어떤 생각에 몰두하면 밤늦게까지 사색에 잠기는 성향이 있음을 잘 알고 있는 듯했다. 또한 내털리의 발언은 학생들에게 수업 계획이 어떻게 수립되는지 보여 준다는 점에서 수업 속에서 이뤄지는 학습에 대한 강력한 배경이 된다.

내털리는 자신을 잠 못 이루게 했던 생각을 학생들에게 설명한다. "어제 조시가 자기 책을 다 읽었다며 새 책이 필요하다고 말했거든요. 그 말을 듣고 '아, 할 일이 너무 많구나.'라는 생각과 '반에서 새로운 독서 모임을 시작해야겠다.'라는 생각이 들었습니다. 그러자 '안 돼, 우리는 진도가 느려. 진도부터 따라 잡아야겠어.'라는 생각도 들었고요." 내털리는 이 말로 학생들의 말과 행동이 자신의 생각에 얼마나 큰 영향을 미치는지를 보여 준다. 그녀는 자신이 미리 정해진 일련의 활동을 진행하는 것이 아니고, 교실에서 일어나는 모든 일은 학생들이 보낸 반응에 기반한 행동임을 알려 주고 있다.

내털리는 자신을 잠에서 깨운 불안감을 공유하면서 학생들의 관심을 사로잡고 스스로를 진정성 있게 드러낸다. 내털리는 목소리의 리듬을 늦추고 보다 안정된 어조로, 밤늦게 생각한 이야기를 학생들에게 계속하면서 이제 무언가 다른 일이 일어나려 한다는 신호를 보낸다.

그러다 캠핑 가서 산을 오르던 때가 떠올랐어요. 가이드를 따라가고 있었는데, 내가 뒤처지는 건 아닐까 걱정이 되어 점점 더 빨리 걸었지요. 하이킹이 끝났을 때, 가이드가 자신이 얼마나 피곤한지 말했어요. 그렇게 짧은 시간에 완주한 건 처음이라고 하더라고요. 그래서 "정말요?"라고 묻자, 그는 "네, 계속 당신 속도에 맞추려고 노력했어요."라고 대답했어요. 그래서 저는 "오히려 제가 당신 속도에 맞추고 있다고 생각했는데요!"라고 말했죠. 그러자 그는 원래 자신은 속도를 정하지 않고 늘 무리에서 가장 빠른 등산객의 속도를 따른다고 말했어요.

내털리는 잠시 말을 멈추어 학생들이 이야기를 곱씹을 수 있도록 시간을 준다. 그 후, 학급의 학습 속도에 대한 자신의 고민으로 자연스럽게 이야기를 이어 간다. "그래서 저는 반려견 플레처를 밖으로 내보낸 다음, 우리의 속도와 현재 위치에 대해 제 나름대로 생각한 것을 적어 봤습니다."

내털리가 오래전의 경험을 이야기한 행위는 단순히 사전 지식을 활성화하는 것 이상의 의미를 지닌다. 겉으로 보기에 그녀의 등산 이야기는 한 학생이 새 책이 필요하다고 한 말이나 학습 지도에 대한 일반적인 관심사와는 아무런 관련이 없다. 이 이야기는 교훈과 은유를 동시에 담고 있다. 내털리는 이 이야기를 회상하면서 우리가 인생의 경험에서 배우는 것은 종종 경험 그 자체를 초월함을 보여 준다. 내털리는 단순히 천천히 걷는 법만 배운 것이 아니었다. 속도의 조절, 말로 표현되지 않은 기대, 우리가 느끼는 압박감이 다른 사람이 아닌 우리 자신에게서 비롯될 수 있음을 배운 것이다.

내털리는 사건을 회상함으로써 새로운 상황에 적용할 수 있는 더 큰 교훈을 떠올릴 수도 있다는 것을 보여 주고 있었다. 흥미롭게도, 내털리는 이런 교훈들을 학생들에게 직접적으로 설명하지 않는다. 대신 그 의미가 서서히 스며들 시간을 주고, 이후 다시 등산 이야기를 꺼내며 은유로 사용한다. 그 이야기는 그녀가 다음 행동을 이끌 때 '압박'이나 '욕구'가 아니라 '속도'와 '우리의 등산'에 대해 생각하도록 이끌어 주는 비유였다.

밤에 깨어난 이야기, 기억, 반려견에 관한 이야기에 매료된 세라는 손을 들어 "선생님, 그때가 몇 시였어요?"라고 묻는다. "새벽 2시였어요."라고 내털리가 대답하며 일기장을 꺼낸다. 그녀가 어젯밤의 기록이 적힌 일기장을 펴서 실물 화상기 아래로 밀어 넣자 늦은 밤에 메모한 내용이 화이트보드에 비친다.

- 글쓰기 프로젝트를 통해 책을 모아 무콰시 도서관 만들어 주기
- 시를 통한 문화적 연결 고리 만들기
- 무콰시트러스트 학교와 함께 배우기

- 『손도끼Hatchet』*, 악어, 눈, 수달, 부족

- 펜팔과 문화 학습

- 무콰시트러스트 학교가 도서관을 짓고 싶어 한다는 사실을 알게 됨

- 우리가 그들을 위해 책을 써 주기로 결정

- 우리의 시 「눈snow」의 탄생

- 성찰

- 무콰시 학생들에 대해 알아야 할 사항

- 무콰시 학생들이 우리에 대해 알았으면 하는 것들

- 사진, 일러스트레이션, 론 버거와 오스틴의 나비 수정

- 사고 루틴: 3-2-1 다리3-2-1 Bridge 루틴, 색-상징-이미지Color, Symbol, Image, CSI 루틴, 보기-생각하기-궁금해하기See-Think-Wonder, STW 루틴, 피드백 사다리Ladder of Feedback 프로토콜

- 4학년, 2학년과의 공동 작업

내털리의 학생들은 그녀가 일기를 쓴다는 사실을 이미 잘 알고 있다. 게다가 내털리가 자신의 생각을 학생들과 공유하는 일 역시 그다지 이상하게 여기지 않는 것 같았다. 하지만 나는 이 단순한 행위가 가진 힘과 그것이 전달하는 메시지에 놀랐다. 첫째, 내털리는 자신도 학생들에게 요구하는 대로 일기를 쓰고, 생각을 담는 수단으로 진정성 있게 사용함으로써 학생들에게 모범을 보여 주고 있었다. 학생들에게 단순히 일기를 쓰는 방법을 알려 주는 데서 그치지 않고 일기의 실제 유용성을 모델링한 것이다. 잠자다 일어나서 고민하고, 생각하고, 그러고

---

* 미국 작가 개리 폴슨(Gary Paulsen)이 1987년에 쓴 청소년 야생 생존 소설.

나서 일기를 쓰는 그녀의 이야기는 학생들에게 일기를 생활에 통합하는 방법을 강조한다. 둘째, 그녀는 일기장 페이지 한 켠에 적힌 메모, 형광펜 표시, 빨간 펜을 사용한 흔적 등을, 즉 자신의 생각을 지저분하지만 있는 그대로의 모습으로 공유하고 있다. 셋째, 이러한 공유에는 투명성, 진정성 그리고 취약성이 있어 교사와 학생 간의 유대감을 형성한다. 내털리는 자신의 사고 과정을 모델링함으로써 학생들을 통해 어떻게 학습을 계획하는지, 수업 진행 상황과 필요를 끊임없이 점검하며 다음에 어디로 나아가야 할지를 함께 고민하는 모습을 교실에 아주 명확히 보여 줬기에 이 유대감은 더욱 강화된다.

내털리는 수업을 위해 작성했던 메모를 해독하며 "우리가 올해 해 온 모든 일과 성취한 일들을 메모하고 생각했어요. 뒤처졌다는 생각 대신, 우리가 어디에 있고 무엇을 배웠는지요. 저는 무콰시와 우리가 어디서부터 시작했는지 생각했어요. 떠오르는 단어 몇 개를 적었어요." 내털리는 목록을 읽어 나가며 쓴 내용 중 일부를 더 자세히 설명하고 확장한다. 다 마친 후에는 "우리가 얼마나 많은 것을 해냈는지 봐요."라는 의미로 두 팔을 천장을 향해 들어 올린다.

내털리는 실물 화상기가 있는 책상에 기대어 만족스러운 한숨을 내쉰다. "삶이 너무 빠르게 흘러가고 앞만 보고 달려갈 때는 가끔 속도를 늦추고 자신이 어디에 있는지 알아차리는 시간이 필요하죠."라고 되돌아본다. 그녀는 교실을 둘러보며 "그러니 잠시 멈추고 이 과정을 곱씹어 생각할 시간을 갖도록 하겠습니다. 이 모든 것이 여러분에게 어떤 의미인지 생각해 봅시다."라고 덧붙인다. 그녀는 학생들에게 생각할 시간을 주려고 잠시 멈춘 다음 "여러분이 성찰한 바를 이야기해 보세요. 여러분이 사용하는 사고 언어를 써서요. 우리가 있는 위치와 우리가 한

일 중 무엇을 중요하게 생각하나요?"라고 말한다.

학생들이 숙고하는 동안 내털리는 교실을 돌아다니다가 학생들 사이의 빈 곳을 찾아 앉는다. 에이바는 손을 들고, 내털리가 고개를 끄덕이는 것을 확인하자 말한다. "저는 우리가 그들(무콰시트러스트 학교의 학생들)이 눈[雪]에 대해 배울 수 있도록 도운 것을 정말 소중하게 생각합니다. 글쓰기를 통해 우리 삶의 이미지를 그들의 삶에 접목할 수 있다는 점이 좋다고 생각해요. 그러면 그 아이들이 우리가 모르는 것에 대해 답장을 보내올지도 모르죠. 우리는 (잠비아에) 가 본 적이 없어요. 어쩌면 진흙의 계절에 대해 글을 써 줄지도 몰라요." 이어서 숀은 "에이바가 한 말과 비슷해요. 저는 우리가 흔하고 별거 아니라고 생각하는 것이 다른 사람에게는 얼마나 다른지 깨닫게 된 일이 소중하다고 생각해요." 내털리는 숀의 발언에 "우리가 당연하게 여기는 것들 말이죠? 참 흥미롭지 않나요? 제가 그곳에 갔을 때 저도 그렇게 느꼈어요. 우리가 당연하게 여기거나 다른 사람들도 알고 있을 거라고 그냥 가정하는 것들 말이에요."

학생들이 언급한 부분에서 우리는 내털리가 이전에 했던 모델링의 효과를 찾아볼 수 있다. 올해 초 내털리는 피드백을 주고 다른 사람에게 반응하기 위한 구조로 피드백 사다리the Ladder of Feedback (Perkins, 2003)를 소개했었다(부록 B 참고). 이 프로토콜을 사용해 응답자는 먼저 자신이 궁금한 점을 명확히 하는 질문을 한다. 그다음에는 피드백 대상이 되는 작업이나 성찰의 대상에 대해 가치 있게 여기는 점을 말한 후, 우려되는 점, 궁금한 점, 제안 사항으로 넘어간다. 내털리는 소그룹과 함께 어항 기법fishbowl technique (Miller & Benz, 2008)을 사용해 피드백 사다리의 사용법을 명시적으로 모델링하는 시간을 가졌고, 나머지 학생들은 이를 지켜보았다. 내털리는 학생들과 회의를 할 때도 피드백 사다리를 사용한다. 이는 학생들에게 자신들뿐만 아니라 어른들도 피드백을 줄 때 이 기법을 사용함을 증명함으로써, 학생들에게 이 단계의 진정성뿐만 아니라 내털리가 이 과정에 전념하고 있음을 보여 준다. 수업 활동에 대해 학생들이 발언한 내용을 보면 그들이 긍정적이고 유용한 가치 평가의 언어를 어떻게 습득했는지 알 수 있다.

나눔이 계속되면서 더 많은 학생이 무콰시트러스트 학교와 함께한 수업으로 배운 것, 즉 타인에게 나누는 일의 가치, 새로운 문화를 배우는 과정에서 느낀 놀라움에 대해 자신의 아이디어를 제시한다. 유능하고 성숙한 학생인 벤은 잠비아의 학생들과 나누기 위해 실제로 눈에 관한 시를 쓴 일을 이야기하며 대화를 조금 다른 방향으로 이끌었다. "어렵다고 생각했어요. 저는 우리가 그곳 학생들에게 눈에 대해 가르쳐 준 사실을 소중하게 생각해요. 하지만 시 쓰기는 정말 어렵다고 생각했어요. 그냥 흘러나온다고 하셨잖아요. 저도 그렇게 하려고 했어요. ("저도요."라는 다른 목소리가 주변에서 울려 퍼진다.) 하지만 결국에는 정말 이상해 보였어요. 그냥 떠오르는 모든 것을 적었는데 제대로 된 것 같지 않았어요."

내털리가 자리에서 일어나 벤과 대화를 시작한다.

내털리: 선생님이 질문 하나 할게요. 수정할 기회가 있고 친구들과 이야기할 수 있다는 사실이 안전하다고 느껴졌나요?

벤: 네, 애나도 도와줬고 숀도 도와줬고 에이제이도 언젠가 도와줬어요. 저는…… (다른 학생이 '동료peer'라는 단어를 속삭인다) 동료들로부터 많은 도움을 받았어요.

내털리: 구체적으로 어떻게 도움을 받았는지 물어도 될까요? 그냥 친구들

이 "잘했어."라고 말했나요, 아니면 다른 방식으로 도와줬나요?

벤: 몇몇 단어는 바꾸면 좋겠다고 알려 줬고요, 그림에 대해서도 조언해 줬어요. 특히 숀에게 많은 도움을 받았어요. 건물 같은 걸 그리는 방식이 많이 다르더라고요. 저는 주로 사람만 그려요. 건물은 잘 안 그리고 거의 사람 중심으로만 그려요. 그래서 건물 그리는 게 저한테는 좀 어려웠어요.

내털리: 그렇다면, 그런 관찰을 바탕으로 생각해 보면, 만약 이게 두 번째 프로젝트였다면 본인의 스타일에 더 맞게 그냥 사진을 찍었을 수도 있겠네요? 흥미로워요. 왜냐하면 선생님은 '눈에 대한 글을 쓰게 하면 쉽고 간단하겠지.'라고 생각했거든요.

벤: 아니요, 저한테는 어려웠어요.

이 대화에서 내털리는 벤이나 다른 학생들이 느낀 불편함을 축소하려고 하지 않는다. 대신 내털리는 초기의 불편함을 극복하기 위해 어떤 전략과 지원이 있었는지에 대한 논의로 대화를 이끌어 간다. 그렇게 함으로써 벤의 성찰은 다른 사람들에게 어려움과 도전에 대처하는 방법의 모델이 된다. 그가 뛰어난 학생이라는 사실은 모든 학습자가 어려움에 직면한다는 것을 보여 준다. 내털리가 끊임없이 권장해 온 '동료들을 활용해 학습을 촉진'하는 모습은 학습이 개인뿐만 아니라 공동의 노력이라는 메시지를 강조하고 있다.

내털리는 학생들의 주의를 현재 학습 중인 삼각무역으로 돌리며 과거에 시 쓰기에 기울인 노력과 지금 시 쓰기에 기울이고 있는 노력을 연결한다. "삼각무역 시뮬레이션 활동을 준비하면서, 여러분은 자신이 선택한 상품의 본질과 무역에서 그 상품의 역할을 담은 시를 쓰게 될 것입니다. 아이디어를 생성하고 이해하고 모으는 데 도움이 되도록 사고 루틴 중 하나를 사용하면 도움이 될 거예요." 그런 다음 내털리는 학생들에게 도움이 될 만한 몇 가지 사고 루틴인 '보기-생각하기-궁금해하기', '3-2-1 다리', '안으로 들어가기 Step Inside' (Ritchhart 외, 2011 참고) 등을 소개한다.

내털리는 학생들에게 자신이 제안하는 창작 과정을 더 잘 이해시키고자 이 과정이 어떻게 이루어지는지를 자기 생각을 소리 내어 말하면서 보여 준다. "저는 이렇게 해 봤어요. 톰 필링스 Tom Feelings의 책 『중간 항로 The Middle Passage』에 나오는 그림 작품을 잠시 바라보고 생각에 잠겨 봤어요." 내털리가 책의 한 페이지를 실물 화상기 아래로 밀어 넣자 펜과 잉크로 그린 배 그림이 나타난다. 필링스의 그림은 사실적인 장면에 마치 과거의 유령이 깃든 듯한 영적인 이미지가 겹쳐져 있다. 내털리는 "만약 내 화물이 '노예'라면, 만약 그게 저라면, 저는 정말 그 사람 속으로 들어가서 그 배 안은 어땠을지 생각해 보고 싶었어요."라고 말한 뒤 "노예 무역 항로를 건너는 것은 어떤 기분이었을까요? 그 이전에, 내가 떠나 온 그 마을에서는 어떤 삶을 살았을까요?"라고 질문한다.

내털리는 무생물일지라도 삼각무역 항로의 화물이 된다면 어떤 느낌일지 이해하는 것을 목표로 삼는다. 그리고 학생들에게 익숙한 '보기-생각하기-궁금해하기' 루틴을 느슨한 틀로 삼아 자신의 생각을 말로 표현한다. "이 그림을 보면 입을 벌리고 있는 두 사람이 보이지요."라고 내털리가 그림 속 두 인물을 가리키며 말한다. "그들이 무슨 말을 하고 있는지 궁금합니다. 그들의 입에서 무슨 말이 나올지 궁금해요. 두 사람의 눈을 보면 정말 겁에 질린 표정이에요. 배에서 막 나온 것 같으면서도 동시에 물속에 있는 것처럼 보이기도 하죠." 그림의 다른 부분으로 학생들의 주의를 돌리면서 그녀는 "그리고 달의 이미지가 있는 것처럼 보이기도 합니다. 달과 해가 일식 상태인 것처럼 보이죠. 그리고 배를 보니 배 자체가 머스킷 총 또는 소총처럼 보이는데, 이 그림에는 죽음이 너무 많다는 생각이 들었어요."라고 말한다. 내털리가 중점을 둔 부분은 학생들이 짓는 시의 기초가 되는 감정과 분위기를 포착하는 것이기에, 그녀는 이러한 요소에 초점을 맞춰 빠르게 자신의 생각을 말로 표현한다. 학생들은 이미 책을 함께 읽었고 그 내용에 익숙하기 때문에 작품에 대한 세심한 분석은 필요하지 않다.

내털리는 '보기-생각하기-궁금해하기' 루틴을 시작점으로 삼아 다음과 같이 생각을 말로 표현하는 활동을 계속한다. 나탈리는 이 초기 생각들을 어떻게 시의 기초가 되는 단어로 바꿨는지 보여 준다. "그래서 선생님은 스스로에게 3, 2, 1, 즉 세 개의 단어, 두 개의 질문, 한 개의 은유로 생각을 표현해 보기 시작했어요. 이것이 시를 위한 아이디어의 첫걸음이었지요." 내털리는 실물 화상기 아래 놓인 톰 필링스의 그림 대신 일기장을 놓고, 자신이 기록한 3, 2, 1을 읽는다.

- 속박, 재산, 비인간적.
- 내가 살아남을 수 있을까? 살아남고 싶나?
- 나는 배 밑바닥에서 떨고 있는 복종적인 동물이다.

내털리는 "이것이 제가 이 주제에 대해 생각을 시작한 방식이에요. 여러분도 다른 루틴을 사용하거나 루틴을 조합해서 사고해 보면 좋겠어요."라고 말을 마친다. 학생들이 독자적으로 학습하기 전에, 내털리는 마지막으로 오래된 교과서에서 가져온 삼각무역에 관한 진부한 운율의 시 한 편을 들려준다. 내털리가 시를 읽자 시의 고리타분함에 학생들이 눈을 동그랗게 뜬다. 어떤 학생들은 몸을 꼿꼿이 세우며 거부감을 드러내기도 했다. 내털리는 "알아요."라고 공감하면서, "우리가 좋은 시에서 기대하는 게 이런 건 아니잖아요, 그렇죠? 여러분은 훨씬 더 잘할 수 있을 거예요."라고 말한다.

학생들은 동료들과 함께 자신의 생각을 꺼내 말로 표현하며 아이디어를 구체화한다. 내털리가 모델링한 것처럼 학생들은 바로 시를 쓰기보다는 다양한 전략을 사용해 시를 위한 단어, 구절, 아이디어를 생성하는 것을 출발점으로 삼는다. 내털리는 교실을 돌아다니며 학생들과 그들의 아이디어에 대해 이야기를 나눈다. 학생들이 실제 시를 쓰면 내털리는 피드백 사다리를 사용해 학생들과 회의를 진행한다.

마커스는 당밀을 화물로 선택했고 내털리와 시를 나누고 싶어 한다. 그가 시를 소리 내어 읽은 후, 내털리는 피드백 사다리의 첫 단계(명확히 하기)를 위해 질문을 던지며 차근차근 올라간다. "어떻게 시작했는지 설명해 주겠니?"라는 그녀의 질문에 마커스는 초기 아이디어를 정리하기 위해 개념 지도concept map를 만들었다고 대답한다. 내털리는 시의 일부분을 소리 내어 읽는다. "나는 거대한 삼각무역 지대를 달리는 엔진입니다. 나는 작은 통에, 작은 배에서, 그리 작지 않은 여행을 떠나고 있습니다." 내털리는 피드백 사다리의 다음 단계(가치 인정하기)로 올라가며 말한다. "사용한 비유적인 언어와 감각적인 이미지가 인상 깊네요. 반복하는 부분과 두운법을 적용한 것도 마음에 들고요." 이어서 내털리는 이어 '질문하기' 단계로 넘어가면서 시 속에서 좀 더 강하게 표현함으로써 보완했으면 하는 몇몇 구절을 지적한다. 피드백 사다리의 마지막 단계에서는 "여기서는 다른 표현을 조금 더 다양하게 시도해 볼 필요가 있을 것 같아요."라고 제안한다. 짧은 대화였지만 학생들이 스스로 익히기를 바라는 과정에 대한 또 하나의 진정한 모델로서 그녀가 활약한 장면이다.

수업이 끝날 시간이 다가오자 내털리는 수업 시간에 말을 잘 하지 않는, 수줍음이 많은 마지막 학생 한 명과 이야기를 나누려고 발걸음을 멈춘다. 총鐵이라는 상품에 관한 시의 초고를 읽던 내털리는 새어 나오는 감탄을 금치 못한다. "이 한 줄만 공유해도 될까요?"라고 그녀가 묻는다. 라이언이 고개를 끄덕이자 내털리는 "여러분, 한번 들어 보세요."라고 외친다. 그녀는 강조하기 위해 잠시 멈췄다가 "나는 전쟁의 척추다."라고 천천히 읽으면서 "정말 강력한 은유이자 이미지입니다."라고 라이언에게 말한다. 그럼으로써 다시 한번 언어에 대한 애정과 학생들이 만들어 내는 결과물에 대한 기쁨을 드러낸다.

어떻게 하면 초등학교 5학년 학생들에게 삼각무역과 관련된 시를 쓰게 할 수 있을까? 하지만 내털리는 이를 손쉽게 해내며 학생들이 과제를 새롭고 의미 있고 중요한 것으로 느끼게 한다. 학생들이 짐을 싸기 시작하자 내털리는 작별 인사를 건넨다. "모두 수고 많았어요. 이 시들이 어떻게 발전할지 기대돼요. 좋은 아이디어가 정말 많고 은유와 언어 사용이 정말 놀랍습니다. 말하고자 하는 화물에 대한 표현이 정말 깊어졌어요."

내털리의 교실에서 진행되는 학습에 매료되기는 쉬운 일이다. 아이디어에 대한 수준 있는 몰입, 세상에 대한 호기심, 다른 사람의 학습에 대한 지원, 최고 수준에 도전하려는 열망, 성취에 대한 진정한 자부심이 수업에 스며들어 있다. 좋은 의미에서, 집단과 함께 개인을 성장시키는 데 전념하는 학습 공동체라고 할 수 있다. 에너지가 넘치지만 차분한 공간이기도 하다. 내털리가 이를 어떻게 달성하는지 이해하려면 모델링을 통해 암시적으로나 명시적으로 어떻게 가르치는지를 살펴보면 도움이 된다. 교사는 종종 모델링이란 수업 전에 교실 앞에 서서 학생들이 수행하기를 원하는 과정이나 절차를 보여 주는 것이라고 생각한다. 이것은 명시적 모델링explicit modeling이다. 하지만 사고하고 학습하는 사람으로서 우리가 누구인지를 보여 주는 모델링, 즉 암묵적 모델링implicit modeling도 있다. 내털리의 수업에서는 암묵적 모델링에서 명시적 모델링에 이르는 다양한 모델링 사례를 볼 수 있다. 공식적인 용어로는 다음과 같이 구분할 수 있다.

- 성향적 도제식 학습: 학습과 사고의 롤 모델 되기
- 인지적 도제식 학습: 우리의 사고를 가시화하기
- 점진적 책임 이양: 독립성을 위한 모델링
- 상호작용적 모델링: 사례, 실습, 성찰을 통해 배우기

모델링은 교육에서 거의 숨겨진 차원이기 때문에 이러한 각각의 실천을 더 충분히 이해하면 학교, 교실 및 조직에서 생각하는 문화를 조성하는 데 유용할 수 있다. 또한 모델링을 통해 교육을 이해하면 교육이 주로 정보 전달로 이뤄진다는 패러다임을 깨고 우연 학습incidental learning의 힘, 미묘한 차이, 복잡성을 더 잘 이해할 수 있다.

　사고력이 폭발하는 교실을 위한 8가지 도구

성향적 도제식 학습:
학습과 사고의 롤 모델 되기

1970년대에 하버드 의과대학 학장이던 대니얼 C. 토스테슨 박사Dr. Daniel C. Tosteson는 이미 컴퓨터가 의학에 어떻게 혁명을 일으킬지 생각하고 있었다. 또한 그는 의과대학에서 학생들이 시험에 응시하려고 방대한 정보를 전달받고 이를 다시 뱉어 내는 데 집중하는 것을 우려했다. 그는 이런 교육으로는 학생들이 좋은 의사가 될 수 없다고 생각했고, 의학 교육의 초점을 지식 습득에서 그 지식을 활용해 문제를 해결하는 능력으로 바꾸고 싶어 했다. 토스테슨의 노력으로 '사례 연구 방법case study method'은 하버드뿐만 아니라 전 세계 의과대학에서 학습의 표준이 되었다(Weber, 2009). 의과대학 학장 회의에서 토스테슨 박사(1979)는 청중에게 이렇게 말했다. "우리는 학생들에게 제공할 수 있는 가장 중요한, 아니 유일한 것은 우리 자신임을 다시 한번 인정해야 합니다. 그 외의 모든 것은 그들이 책에서 읽거나 독립적으로 발견할 수 있으며, 우리가 아무리 공들여 설명하더라도 학생이 스스로 고민하고 직접 발견했을 때 이해의 깊이가 더 깊고 명확합니다"(p.693). 그는 이어서 "현대의 용어로는 이를 '롤 모델'이라고 부를 수 있을 것입니다."라고 말했다.

오늘날 토스테슨이 발언했다면 '책에서 읽다.'가 '온라인에서 찾다.'로 바뀌었을지도 모른다. 그러나 40년 가까이 지난 그의 말은 여전히 선견지명이 있다. 교사는 진정한 롤 모델이다. 교사는 영감을 불러일으키고 모범을 보이며 가르친다. 그리고 학생들에게 생각하는 사람과 배우는 사람이 된다는 것이 어떤 의미인지를 보여 준다. 우리는 학생들이 동료들과 협력해 성장할 수 있는 지적인 삶을 제공한다. 그러나 '롤 모델'을 '완벽한 예나 본보기'와 동일시하는 것은 실수다. 완벽한 사람은 없으며, 우리가 닮고 싶은 개인적인 영웅이나 멘토가 있더라도 그들이 모든 자질을 완벽하게 구현하는 경우는 거의 없다. 실제로 연구에 따르면 새로운 학습 상황에 놓인 사람들은 종합적인 롤 모델을 찾는 것이 아니라 특정 자질, 습관 또는 행동을 구현하는 부분적인 모델을 사용하고, 그 모델들이 제공하는 것을 통해 학습한다(Filstad, 2004). 학생들의 롤 모델이 되는 일에 대해 생각할 때, 우리 자신이 가진 최고의 모습으로 무엇을 제공할 수 있는지 고민해야 한다.

교사가 '본보기'가 되어야 한다는 생각을 피해야 하는 또 다른 이유는 그것이 사실상 사유하고 배우는 존재로서의 본질에 역행하기 때문이다. 배움은 혼란스럽다. 생각하다 보면 막다른 골목에 부딪힐 수 있다. 문제를 해결하려다 막히기도 하고, 스스로 그 막힘을 해소해야 한다. 우리는 종종 상충하는 요구 사항들 사이에서 균형을 잡는 결정을 하려 하지만, 돌이켜 보면 균형이 잘 잡히지 않은 것처럼 보일 수도 있다. 사고와 배움에는 완벽함보다 지속적인 모니터링, 평가, 수정 그리고 성찰이 필요하다. 사실 모든 것이 완벽하게 진행될 때는 학습되는 것이 거의 없다는 주장도 있을 수 있다. 실수는 배움으로 가는 최고의 길 중 하나다. 우리가 학생들에게 보여 주고 싶은 것은 바로 이러한 현실이다. 우리가 실수를 어떻게 다루는지, 경험으로부터 어떻게 배우는지, 계획을 세우면서도 진행 중에 어떻게 조정하는지, 그리고 어떻게 성찰하는지를 학생들에게 보여 주려는 것이다. 이 모든 것과 더불어 우리 내면을 불타오르게 하고 호기심을 자극하는 질문들 또한 말이다.

로버트 프리드 Robert Fried (1995)는 열정적인 교사에 대해 "그들(열정적인 교사)은 항상 위험을 감수하며, 적어도 다른 사람들만큼(어쩌면 대부분의 사람보다 더 많이) 실수를 저지른다. 다른 점은 실수에 대응하는 방식인데, 실수를 무시하거나 부정하기보다는 인정하고 그것으로부터 배우려고 한다."라고 말한다. 프리드는 이러한 행동이 교실 문화에 미치는 영향에 대해 "실수를 인정하고 배우는 교사의 행동은 학생들이 스스로 실수하고 실수로부터 배울 수 있는 더 안전한 교실을 만드는 데 도움이 된다"(p.27)라고 설명한다.

물론 때때로 교사들은 자신의 취약점을 보이기 어려워할 수도 있다. 교사로서 우리의 권위, 자아 그리고 정체성은 우리가 가진 전문성과 얽혀 있으며, 스스로 취약성을 드러내면 마치 그 정체성을 잃어 가는 듯한 느낌을 받을 수도 있다. 하지만 교사가 학습하는 모습을 보인다고 해서 전문성을 포기하는 것은 아니라는 점이 중요하다. 오히려 이는 더욱 깊은 전문성을 발전시키려는 열망에 대한 모델링이다. 만약 학생들이 우리가 무언가를 모른다거나 실수를 했다는 사실에 놀란다면, 학습은 실수하지 않거나 지식의 부족을 숨기는 것이라는 오해를 신속히 바로잡아야 한다. 우리 자신과 학생들 모두 '모르는 것'과 '여전히 탐구하는 것'의 힘을 동시에 인정해야 한다.

이러한 롤 모델링은 학생들에게 성향적 도제식 학습 과정을 제공한다. 어떤 형태의 도제 관계든 개인은 특정 목표 영역에서 더 숙련된 사람에게 배운다. 도제는 실천 공동체의 신참자로서 그 공동체에 체계적으로 참여함으로써 자신의 역량을 발전시킬 기회를 가진다(Rogoff, 1990). 성향적 도제식 학습 과정에서 학생들은 성숙하고 헌신적인 학습자이자 생각하는 사람으로서의 특성, 특징, 가치를 교사에게서 배울 기회를 가진다. 롤 모델링을 통해 우리는 학생들에게서 보고 싶은 태도, 가치,

행동을 육성할 기회를 얻는다.

학습자의 관찰과 성찰은 모든 도제식 학습 과정에서 유용하지만(Cruess, Cruess, & Steinert, 2008), 우리의 학습은 더 잠재적인 수준에서 발생하기도 한다. 최근의 신경학 연구에 따르면, 인간은 거울 뉴런 덕분에 관찰만으로도 사건과 감정을 경험하도록 타고났다(Hari & Kujala, 2009; Winerman, 2005). 이 신경 메커니즘은 자동적이고 비자발적이다. 누군가가 특정 활동을 하는 것을 단순히 보기만 해도 우리 신경은 마치 우리가 직접 활동에 참여하는 것처럼 활성화된다. 누군가가 머리를 부딪히는 것을 목격했을 때의 자동적인 반응을 생각해 보라. 흥미롭게도, 연구에서는 우리가 행동의 의도를 구분할 수 있다는 사실도 보여 준다. 실험에서 피험자들은 차를 마시려고 찻잔을 집는 행동과 식탁을 치우려고 찻잔을 집는 행동에 다르게 반응했다.

거울 뉴런은 우리가 동일시하는 사람들에게 가장 강하게 반응하며(Immordino-Yang, 2008), 이는 토스테슨 박사와 다른 연구자들이 인정한 것처럼 모델링이 강력한 교육 도구로 작용하는 이유를 설명할 수 있다. 거울 뉴런은 또한 왜 호기심이 전염될 수 있는지, 왜 우리는 존중받을 때 그 감정을 돌려주려는 경향이 있는지도 설명한다. 우리는 문자 그대로 타인에게 주의를 기울이고 배우도록 프로그래밍되어 있다.

도제는 전문가로부터 직접적인 가르침을 받기보다는 주로 비공식적이고 지속적이며 때로는 비자발적인 관찰을 통해 배운다. 때문에 교사로서 우리는 항상 학생들의 모델이 되고 있음을 인정해야 한다. 우리는 항상 학생들의 시선 안에 있다. 우리가 드러내는 성향을 학생들은 우리가 원하든 원하지 않든 주목한다. 테드와 낸시 사이저(Ted and Nancy Sizer, 2000)는 그들의 책 제목 『학생들이 지켜보고 있다The Students Are

내털리의 교실에서는 늦은 밤에 깨어난 일에 대한 이야기를 통해 사고 성향을 모델링하는 모습을 볼 수 있다. 우리는 그녀의 이야기에 숨어 있는 사고와 학습에 관한 여러 메시지를 확인할 수 있다. 그녀의 이야기는 사고하는 사람들이 때로는 걱정하고 고민한다는 것을 학생들에게 드러낸다. 동시에 그러한 걱정에 사로잡히거나 지배당하지 않는 방법을 시범적으로 보여 준다. 내털리는 일기장을 사용해 반 아이들이 성취한 모든 것을 기록함으로써, 문제를 황급하게 해결하기보다는 한발 물러서서 관점을 얻는 방법을 학생들에게 보여 주고 가정에 대해 질문하는 법을 보여 줬다. 이번 경우에는 진행 속도에 관한 것이었다. 더 나아가 내털리는 집단에 속도를 맞추기 위해 노력함으로써 학습 집단의 구성원이 된다는 일의 의미를 학생들에게 드러내며, 다른 사람들이 맞추기 어려운 속도를 설정하려는 시도를 하지 않는다. 수업 후반부에서 내털리는 언어에 대한 열정을 모델링했다. 이번 수업과 내가 관찰한 다른 수업들에서 그녀는 학생들의 이해를 돕고자 헌신하고 타인을 존중하며 배우려는 열망을 보여 준다. 나는 이 수업에서 이러한 그녀의 사고 성향이 학생들의 습관으로 자리 잡고 있음을 직접 목격했다.

내털리는 진정성 있게 자신을 온전히 드러냄으로써 학생들이 그녀로부터 배울 수 있는 기회를 줬다. 이를 위해 그녀가 무언가를 계획하거나 특별한 수업을 구상할 필요는 없었다. 그저 '존재하기만' 하면 되었다. 사실, 수업이 끝난 후 그녀는 내게 사과했다. 원래 계획했던 수업이 아니었지만 그 시점에서 자신과 학생들이 처한 그대로의 상황에 충실할 수밖에 없었다고 말했다. 우리가 제공할 수 있는 것만을 배울 수 있다는 점이 성향적 도제식 학습 과정에서 가장 어려운 부분일지도 모른다. 우리는 모델링을 꾸며 낼 수 없지만, 모델링에 마음을 열 수 있고 또 열어야만 한다. 진정성을 가져야 한다. 이러한 진정성은 파커 파머 Parker Palmer의 활동과 그의 책 『가르칠 수 있는 용기』(1998)의 중심이다. 그가 말하는 용기는 교실에서 자신을 진솔하게 드러내고, 가르침 속에서 자신의 존재를 온전하게 담아내는 것을 뜻한다. 이는 곧 우리의 강점뿐만 아니라 취약성 또한 함께 드러내야 한다는 의미다.

학습자 공동체에서는 교사만이 모델은 아니다. 학생들은 동료 학생들의 태도와 성향이 드러나는 모습에 영향을 받는다. 내털리의 교실에서는, 눈에 관한 시를 쓰고 삽화를 그리는 과정에서 겪은 어려움에 대해 스스로 뒤돌아보는 모습을 통해 벤이 다른 학생들에게 본보기를 제공했다. 내털리는 벤의 성찰을 두고 그의 좌절과 부정적인 감정에 초점을 맞추는 대신, 그가 어려움과 도전을 어떻게 다루었는지에 초점을 맞추도록 매우 현명하게 이끌었다. 그런 측면에 집중함으로써 내털리는 뛰어난 학생조차 도전에 직면하고 그것을 극복하고자 노력해야 한다는 모델링을 학생들에게 제공할 수 있었다.

테드와 낸시 사이저(2000)는 가치와 성향을 모델링하는 것이 교사만의 역할이 아니라 학교라는 교육 기관 자체의 역할이라고 주장한다.

모든 고등학교는 가르친다. 그곳에서 가르치는 규칙과 일상적인 절차는 중요하고 가치 있는 교훈이다. 학생과 교사는 의식적으로든 무의식적으로든 가치들을 받아들이며, 이를 통해 그 원칙들에 따라 살아가는 법을 배운다. 이 교훈들은 낙관주의를 장려할 수도 있고 냉소주의를 조장할 수도 있으며, 성실한 노력이나 편법을 촉진할 수도 있다. (…) 학교의 핵심을 찾으려면 규정집이나 미션mission 선언문이 아니라, 그 안에 있는 사람들이 시간을 어떻게 사용하는지, 즉 서로 어떻게 관계를 맺고 아이디어를 탐구하는지를 살펴야 한다. 말과 행동 사이의 모순을 찾아보아야 하는데, 그 수가 적을수록 좋다. 또한 논의가 얼마나 자주 이뤄지는지, 그리고 그 과정이 얼마나 진실한지 평가해야 한다(Kindle locations 243, 374).

요컨대 학교와 같은 교육기관이 학생들에게 주입하고자 하는 가치를 효과적으로 모델링하려면, 동일한 가치와 기대를 성인에게도 적용시켜야 한다. 규칙의 집행만으로는 존중, 용기, 규율, 호기심, 정직, 성실성 등의 덕목을 충분히 함양할 수 없기 때문에 이러한 성향을 직접 실천하고 학교를 그 가치의 보금자리로 만드는 것이 가장 바람직한 방법이다. 물론 이를 위해서는 먼저 학생들에게서 기대하는 가치, 성향, 행동을 파악한 다음, 우리 자신이 그 덕목들을 실천하고 있는지 성찰하는 과정이 필요하다.

인지적 도제식 학습: 우리의 사고를 가시화하기

교육 분야에서는 흔히 학습을 '훈련'에 빗대어 설명하는 경우가 많다. 이 표현은 초보자를 필요한 기술이 부족한 존재로 보고, 기술을 먼저 습득해야만 의미 있는 참여가 가능하다는 인식을 나타낸다. 훈련 과정에서는 개인이 전문가나 더 숙련된 구성원과 나뉘어, '나중'을 대비한 더 작고 분리된 과제를 부여받기도 한다. 그러나 어떤 경우에는 그 '나중'이 결코 오지 않기도 한다. 또한 부여된 과제가 실제 전문가들이 수행하는 실제 과제와 다른 경우도 많다. 이는 도제식 학습과는 확연히 다르다. 도제식 학습에서는 신참자가 지원 공동체* 안에서 안내를 받으며 실제 과제에 의미 있게 참여할 기회를 꾸준히 제공받는다. 진정한 도제식 학습에서는 관찰, 코칭, 점진적 접근을 통해 복잡하고 중요한 기술을 맥락 속에서, 그리고 종종 비공식적으로 배운다(Brown, Collins, & Duguid, 1989). 도제식 모델은 진정성 있는 학습 기회를 제공한다는 점에서 오랫동안 주목받았다(Brown 외, 1989; Dewey, 1916; Lave & Wenger, 1991; Perkins, 2009; Rogoff, 1990; Vygotsky, 1978; Wertsch, 1995). 이어지는 6장에서 기회가 지닌 문화적 힘이라는 주제와 함께 실제적인 학습authentic learning에 대해 더 논의할 예정이다. 이번 장에서는 우리가 곧 살펴볼 인지적 도제식 모델과 기존의 도제식 학습 그리고 앞서 논의한 성향적 도제식 학습 사이의 차이를 구분하고자 한다.

성향적 도제식 학습에서 우리는 전통적 도제식 모델을 확장해, 학습의 대상이 반드시 특정 기술(예: 가구 제작)일 필요는 없으며, 전문가의 습관, 특성, 자질, 성향도 포함할 수 있음을 살펴봤다. 성향은 항상 모델링되고 있으므로, 초보자가 이를 자연스럽게 받아들일 기회가 충분히 주어진다. 성향적 도제식 학습은 비공식적으로 항상 일어나며, 전문가나 교사가 롤 모델이 되어 행동과 사고방식을 보여 주는 것으로 이해된다. 이 과정에서 때때로 초보자와 전문가 모두 실제로 무엇이 전수되고 있는지 완전히 인식하지 못할 수도 있다.

인지적 도제식 학습은 도제식 학습의 개념을 한층 더 확장한다. 그래서 단순한 기술 습득뿐만 아니라, 어려움을 어떻게 극복하는지, 결과물의 품질을 어떻게 판단하는지, 문제를 어떻게 식별하는지, 어떤 의사

---

* support community. 초보자가 실제 맥락에서 의미 있는 활동에 참여할 수 있도록 안내자, 조언자, 동료 들이 함께 지원하는 협력적 환경을 의미한다.

결정 과정을 거치는지 등 전문가라면 어떻게 생각하는지를 배우는 것까지 포함해야 한다고 본다. 그러나 이러한 사고 과정은 전통적 도제식 학습이나 성향적 도제식 학습에서 외적으로 드러나는 행동과 달리 쉽게 관찰되지 않는다. 실제로 인지적 도제식 학습에서 배워야 할 가장 중요한 것은 종종 관찰하기 어렵게 숨겨져 있다. 따라서 인지적 도제식 학습에서는 전문가나 교사가 자신의 사고 과정을 명시적으로 드러내고 모델링하는 적극적인 역할을 맡아야 한다. 콜린스^{Collins}와 동료(1991)들은 이에 대해 "인지적 도제식 학습에서는 사고를 표면 위로 드러내고 가시화해야 한다. 교사의 사고가 학생들에게, 학생의 사고가 교사에게 가시적으로 보여야 한다."(p.3)라고 설명한다.

그들(1991)이 지적하듯, 사고를 가시화하는 것이 인지적 도제식 학습의 핵심이다. 또한 견고한 도제식 학습은 교사와 학생 간의 쌍방향 과정이다. 더 숙련된 실천자는 자신의 사고 과정을 학습자에게 드러내고, 그 과정을 명확히 보여 줘야 한다. 이러한 명시성이 있어야 학습자는 전문가의 사고 과정을 관찰하고, 받아들이고, 직접 연습할 수 있다. 학생 역시 자신의 사고를 드러내 교사가 코칭, 교정, 피드백, 지원을 제공할 수 있게 해야 하고, 그로써 학생은 점차 이러한 사고 과정을 익혀 갈 수 있다.

전문가의 행동 이면에 있는 사고 과정을 이해하지 못하면, 학습자는 엉뚱한 데 집중하거나 어떤 일을 왜, 어떻게 해야 하는지 생각하지 않을 수 있다. 그냥 정해진 순서나 방법만 그대로 따라 하거나 무의미하게 모방하기 쉽다. 이런 오류가 얼마나 쉽게 일어날 수 있는지 잘 보여 주는 이야기가 있다. 나의 한 동료가 들려줬고, 이후 여러 곳에서 반복해서 들은 이야기다. 그 동료는 친구들과 함께 부활절 저녁 식사에 초대받았다. 주최자가 반짝반짝 윤기가 흐르는 구운 햄을 정성스럽게 차려진 식탁 한가운데에 올려놓자 모두가 감탄했다. 주최자는 할머니의 레시피를 충실히 따라 햄을 구웠다고 말했다. 식사 중에 모두가 햄이 맛있다고 칭찬했고, 동료는 레시피를 물었다.

주최자는 햄 양쪽 끝을 자르고, 조심스럽게 칼집을 내고 정향을 꽂은 뒤 천천히 구우며, 15분마다 살구잼, 버번, 레몬즙, 흑설탕, 버터로 만든 소스를 발라 광택과 맛을 내는 과정을 자세히 설명했다. 한 동료는 레시피가 정말 훌륭하다면서 "그런데 왜 햄 끝을 자르나요?"라고 물었다. 주최자는 잠시 생각에 잠기더니 "잘 모르겠네요. 어머니에게서 레시피를 받았거든요."라고 답했다. 마침 식탁에 있던 그녀의 어머니도 "나도 잘 모르겠다. 어릴 때 매년 부활절이나 특별한 날마다 햄을 준비하는 걸 지켜보면서, 어머니가 레시피 없이 하던 걸 하나하나 따라 적었을 뿐이야."라고 말했다.

궁금증이 커진 그녀의 어머니는 식탁에서 일어나 그녀의 할머니에게 전화를 걸어 진실을 확인했다. 인사를 나누고 나서 할머니는 금세 의문을 풀어 줬다. "아, 내가 예전에 쓰던 팬은 햄 전체가 들어갈 만큼 크지 않아서 항상 양쪽 끝을 잘라 냈단다."

그녀가 자신의 사고 과정을 딸에게 드러내지 않았기에 딸은 의미 없는 행동을 그대로 받아들여 햄 요리법의 일부로 여겼다. 이러한 무의미한 반복이 레시피로 공식화되어 손녀에게까지 전해진 것이다. 물론 학습자가 사고 과정에 대해 전문가에게 질문할 수도 있다. 그러나 이는 그러한 대화가 가능한 관계가 존재하고, 학습자 스스로 행동 뒤에 숨겨진 사고를 이해하는 것이 중요하다는 사실을 인식하고 있을 때만 가능하다.

우리는 내털리가 시를 쓰는 과정을 생각하며 자신의 사고 과정을 학생들에게 '생각 말하기think-aloud'로 보여 주는 모습을 살펴보았다. 수업의 주제는 삼각무역의 화물이었는데, 만약 내털리가 시의 길이나 반드시 포함해야 할 요소 등 여러 가지 제약 조건을 두고 과제를 제시했다면 학생들은 피상적이고 영감 없는 글을 썼을 수도 있다. 하지만 내털리는 시 쓰기의 진정성에 초점을 맞추고, 학생들에게 이 과정을 도제식으로 경험하게 했다. 그래서 그녀는 요구 사항을 제시하면서 지도하지 않았고, 글을 쓰기 전에 어떻게 영감을 얻고, 쓸 만한 인상적인 언어를 모으는지 직접 시범을 보이면서 시작했다. 이때 내털리는 톰 필링스의 『중간 항로』에 실린 그림을 활용했다. 그녀는 학생들 앞에서 그림을 바라보며 자신의 생각을 소리 내어 말했고, '보기-생각하기-궁금해하기' 루틴을 느슨하게 활용해 사고의 틀을 제공했다. 이 역시 사고 루틴이 단순한 학생용 활동이 아니라, 모든 학습자가 필요할 때 활용할 수 있는 도구임을 보여 주는 모델이었다. 마지막으로 내털리는 '3-2-1 다리'(다리 단계는 제외함)를 활용해 수업을 이어 갔다. 학생들은 이미 이 2가지 루틴에 익숙했으므로, 내털리가 시범 보인 것은 루틴 자체가 아니라 글을 쓰기 전에 영감과 언어를 모으는 방법임을 알 수 있었다.

내털리가 한 이러한 활동은 종종 '생각 말하기'(Davey, 1983) 또는 '실시간 모델링real-time modeling'(Barell, 1991)이라고 불린다. 이 전략은 주로 읽기 교사들이 독해 과정을 시범 보일 때 사용하며, '상호적 이해 지도interactive comprehension instruction'(Lapp, Fisher, & Grant, 2008)라고도 한다. 초등학교에서는 아주 흔하게 사용되지만, 중학교와 고등학교에서는 덜 일반적인 교수법이다. 그럼에도 이 방법은 학습자들이 각 학문 분야의 복잡한 텍스트를 다루는 데 효과적이다(Lapp & Fisher, 2007). 이 전략은 읽기

뿐 아니라 수학(Collins, Brown, & Newman, 1989), 행동 지도(Camp, Blom, Heber, & Doorninck, 1977), 두뇌의 실행 기능 발달(Willis, 2011), 심지어 명절 햄 요리법을 전수할 때까지 폭넓게 활용된다. 요컨대 학습자가 전문가처럼 사고하는 방법을 배워야 할 때 가장 효과적인 전략이다.

피셔Fisher와 프레이Frey (2008)는 "모델링은 설명을 제공하거나 학생에게 질문하는 일이 아니라, 전문가가 문제에 접근할 때 어떻게 생각하는지를 시범 보이는 일"이라고 지적한다(p.34). 모델링은 전통적인 설명식 수업과 달리, 실제 맥락에 깊이 뿌리내리고 진정성이 있다는 차이가 있다. 밴듀라Bandura (1986)는 "문제 해결 활동에 참여하는 모델이 자신의 사고 전략을 소리 내어 말하기만 해도 인지 기술 습득이 촉진될 수 있다."(p.74)라고 말한다. 이어서 그는 "문제 해결에 어려움을 겪는 아동과 성인은 성공적인 모델이 정보를 얻고 대안을 평가하는 과정을 관찰함으로써 효과적인 전략을 배울 수 있다."(p.103)라고 강조한다.

이와 같이 사고를 가시화해 다른 사람이 그 예시로부터 배울 수 있도록 한다는 전제 아래, 여러 연구 기반의 효과적인 프로그램들이 개발되어 왔다. 그중 하나는 내가 하버드 교육대학원의 프로젝트 제로 동료들과 함께 개발한 '사고 가시화Making Thinking Visible' 접근법 (Ritchhart, Church, & Morrison, 2011)이다. 또 다른 예로는 아서 윔비Arthur Whimbey와 잭 로키드Jack Lochhead (1999)가 수학 문제 해결력 향상을 위해 고안한 '짝 토의식 문제 해결법Paired Problem Solving'이 있다. 이 기법에서는 문제 해결자가 자신의 사고 과정을 소리 내어 말하고, 듣는 사람은 문제 해결자가 말한 과정만을 바탕으로 함께 문제를 푼다. 만약 오류가 생기면 듣는 사람이 이를 지적하지만, 해답은 제공하지 않는다. 이렇게 자신의 사고를 계속해서 언어로 표현하면, 그 과정이 외부로 드러나 주목받고 다듬어질 수 있다. 시간이 지나면 이러한 외적 언어화가 자기 점검과 자기 코칭 형태로 내면화된다.

점진적 책임 이양:
독립성을 위한 모델링

인지적 도제식 학습 모델의 목표는 초보 학습자가 점차 전문가(교사)의 수행을 스스로 해낼 수 있게 되어 궁극적으로 독립성을 달성하는 데 있다. 이는 전통적인 기술 기반 도제식 학습과 마찬가지로 인지적 도제식 학습에서도 동일하다. 그러나 이러한 통제권의 이양은 저절로 이뤄지지 않으며, 세심한 지원과 계획이 필요하다. 먼저 교사는 과업과 관련된 구체적인 인지 과정을 파악해 학생들에게 명확하게 드러내고, 종종 그 과정에 이름을 붙여 제시한다. 이러한 인지 전략을 시범 보이는 단계를 지나 학생들이 전략을 시도할 때 교사는 코칭과 비계를 제공하는 단계로 옮겨 간다. 마지막으로 학생들의 독립성이 커질수록 교사는 점진적으로 지원을 줄이고, 과정의 마지막 단계에서는 학생이 스스로 성찰할 수 있도록 격려한다(Collins 외, 1991).

이러한 과정의 좋은 예가 팰린사Palincsar와 브라운Brown(1984)이 개발한 상보적 교수법Reciprocal teaching이다. 이 방법은 효과적인 읽기 이해의 핵심 과정을 분석해, 텍스트 기반 질문 만들기, 요약하기, 다음에 일어날 일 예측하기, 어려운 부분 명확히 하기의 4가지 주요 전략을 도출했다. 이 전략들은 반드시 정해진 순서대로 진행되지는 않으며, 교사가 먼저 명시적으로 시범을 보이고, 학생들이 전략을 사용할 때 코칭하고 적절한 지원책을 제공한다. 학생들이 점점 능숙해지면 교사는 지원을 줄이고 학생들은 점차적으로 스스로 전략을 활용해 읽기 활동을 주도하게 된다. 궁극적으로 학생들은 소집단에서 이 과정을 함께 실천하고, 나중에는 독립적으로 적용할 수 있다.

이 방법의 강력한 효과를 뒷받침하는 핵심 요소는 학생들이 배우는 인지 과정이 해당 과제에 실제적이어서, 다양한 상황에서 반복해서 활용 가능해 유용하다는 점이다. 즉 학생들이 배우는 과정은 실제로 능숙한 독자가 어려운 텍스트를 읽을 때 자연스럽게 수행하는 과정이다. 또한 이러한 인지 과정은 다양한 상황에서 폭넓게 적용될 수 있다. 따라서 학생들은 교실 밖에서도 활용할 수 있는 유용한 기술을 습득하게 된다. 이를 학생들에게 과학 프로젝트의 결과물을 삼단 접이식 전시 자료로 구성하는 법을 가르치는 경우와 비교해 보자. 이러한 과제는 그 순간에는 중요할 수 있지만, 특정한 상황에서만 필요한 기술이다. 그리고 중요한 인지 기술을 배우는 것보다는 채점 기준을 충족하는 데 초점이 맞춰져 있을 가능성이 크다.

이처럼 사고 루틴의 설계와 활용은 학습자의 독립성을 키우는 인지적 도제식 학습 모델에 잘 부합한다. 사고 루틴은 효과적인 학습자가 특정 상황에서 사용하는 주요 인지 과정을 명확히 하고, 이를 학생들이 직접 사용할 수 있도록 한다(Ritchhart 외, 2011). 교사는 이러한 루틴을 활용해 학생들이 내용을 탐구하거나 아이디어를 다루도록 돕지만, 궁극적인 목표는 학생들이 이 사고 도구를 독립적으로 활용하게 하는 것이다. 학습자가 사고의 틀, 구조, 루틴을 갖추면 독립성이 촉진된다. 피셔와 프레이(2008)는 "학생들이 주도권을 잡을 때 그들이 지탱할 수 있도록 지원을 제공해야 한다. 단순히 길로 밀어내고 스스로 찾으라고 할 게 아니라, 그들이 필요로 하는 사고의 모델을 보여 주는 것이 중요하다.”(p.33)라고 강조한다. 즉 단순히 과제나 절차를 시범 보이기보다는 사고 과정을 명확히 모델링해야 학생들이 생산적으로 생각하는 사람으로 성장한다.

내털리의 교실에서는 여러 측면에서 이러한 과정이 효과적으로 이뤄졌다. 피드백 사다리는 피드백을 구조화하는 과정에서 중요한 단계를 명확히 제시하는 인지 도구다. 학년 초에 내털리는 학생들에게 피드백 사다리를 적극적으로 모델링하며 지도했는데, 그 과정에서 어항 기법을 활용했다. 어항 기법은 학생들이 원형으로 둘러앉고 한 집단 또는 한 쌍이 과정을 수행하는 모습을 실시간으로 관찰할 수 있도록 하는 방법이다. 어항 안에 있는 학생들은 실제 상황에서 자연스럽게 과정을 진행하며, 바깥에 있는 학생들이 이를 관찰하고 배우는 구조다. 관찰자들은 과정의 단계, 전환 그리고 사용하는 언어에 집중해 학습하도록 요청받는다. 내털리는 어항 기법을 통해 한 학생과 함께 글쓰기 피드백을 진행하며 피드백을 제공하는 과정을 보여 줬다. 이후 학생들은 짝을 이뤄 직접 연습할 기회를 얻었으며, 이러한 실습과 모델링이 지속적으로 이뤄졌다. 내털리는 학생들과 개별적으로 면담할 때 항상 피드백 사다리를 사용해 그들에게 학습 기회를 꾸준히 제공했다. 또한 학급 전체가 피드백을 주고받을 때도 이 도구를 활용했으며, 이를 통해 그녀는 학생들이 피드백을 효과적으로 활용할 수 있도록 지속적으로 지도할 수 있었다. 봄에 내털리의 교실을 방문했을 때, 학생들은 피드백 사다리를 활용해 상당히 독립적으로 피드백을 주고받고 있었다.

내털리의 사고 과정 활용 방식도 비슷한 흐름을 따른다. 이미 여러 차례 사고 루틴을 소개하고 사용해 온 덕분에, 시 창작 과정에서는 학생들이 이를 독립적이고 유연하게 적용할 수 있도록 책임을 넘겨 줄 수 있었다. 인지 과정 모델링이 성공했는지를 판단하려면 학생들이 이 정도의 독립성을 보이는지 확인해야 한다. 만약 학생들이 교사가 모델링한 인지 도구를 활용하지 않는다면, 그 도구의 유용성을 제대로 인식하지 못했거나, 독립적인 실천 기회를 충분히 제공받지 못했을 가능성이 있다.

학생을 독립적인 학습자로 성장시키는 이 과정은 '점진적 책임 이양Gradual Release of Responsibility, GRR'이라고도 한다(Pearson & Gallagher, 1983). GRR 모델은 주로 교실 내 절차나 과제 수행 능력을 키우는 데 사용되지만(Fisher & Frey, 2011), 사고의 독립성을 기르는 데도 매우 효과적인 접근법이다. 이 모델의 단계는 인지적 도제 학습과 매우 유사하며, 다음과 같이 구성된다. (1) 목표와 시범을 제공하는 집중 수업focused lesson, (2) 학습자에게 지원을 제공하는 안내된 연습guided instruction, (3) 기능이 전이되는 생산적인 소집단 협력 학습 활동, (4) 학생이 자신의 능력을 스스로 보여 줄 수 있는 독립적 과제다. 이 과정에서 코칭이 별도의 단계로 명시되지는 않지만, 안내된 연습과 소집단 협력 학습 단계에서 자연스럽게 이뤄진다. GRR 모델에서 중요한 점은 교사가 책임을 점진적으로 이양할 수 있는 기회를 의도적으로 마련해야 하며, 그 과정이 단기간에 이뤄질 것이라 기대해서는 안 된다는 점이다. 따라서 GRR 모델은 수업의 명확한 목표가 되어야 하며, 교사가 의식적으로 계획에 반영해야 효과를 볼 수 있다.

상호작용적 모델링: 사례, 실습, 성찰을 통해 배우기

앞서 논의한 3가지 모델링 방식은 학생을 생각하는 학습자로 성장시키는 데 중점을 두고 있다. 교사는 학생들에게 자율성과 독립성을 키우는 데 중요한 사고방식과 인지 과정을 모델링함으로써 개별적인 역량뿐만 아니라 생각하는 문화를 형성할 수 있다. 그러나 교사가 활용하는 모델링 방식은 이 3가지뿐만이 아니다. 교사는 종종 단순한 인지 과정뿐만 아니라 특정 활동 수행 방법이나 사회적 기술을 모델링하기도 한다. 사실 많은 교사가 '모델링'이라는 말을 들으면 이 '어떻게 하는지'를 보여 주는 모델링을 먼저 떠올린다.

이 모델링 방식은 교실에서 빈번하게 이뤄지며, 많은 교사에게 익숙하다. 심지어 이를 교사의 핵심 역할이라고 주장하는 사람도 있을 정도다. 하지만 이 방식에도 어려움이 존재한다. 기능, 절차, 행동을 지나치게 모델링하면 기계적인 암기와 모방으로 이어질 수 있으며, 창의성과 독창적 사고가 억제될 위험이 있다(Haston, 2007). 많은 초등학교 교사들은 미술 시간에 시범을 보였는데 학생들이 그것을 그대로 따라 했던 경험이 있을 것이다.

내털리는 삼각무역에 관한 시 쓰기를 모델링하면서 이런 문제를 효과적으로 피했다. 우선 그녀는 결과물이 아니라 창작 과정에 초점을 맞췄다. 학생들에게 어떻게 사고를 시작하는지, 어떤 언어를 활용할 수 있는지를 보여 줬지만, 그것을 실제 시로 만들지는 않았다. 삼각무역을 다룬 시를 예시로 보여 줬지만, 그 시는 감정의 깊이나 울림, 그리고 힘 있는 언어와 이미지 사용이 부족해 좋은 시는 아니었다. 하지만 그녀는 그 시에서 역사적 정보와 무역 경로 설명 같은 긍정적인 요소를 뽑아냈다. 이렇게 그녀는 시의 예시와 시를 만들어 나가는 단계별 과정을 결합해 학생들이 시에 어떤 내용을 포함해야 할지를 명확하게 설명할 수 있었다.

학생들이 무작정 모방하는 것을 방지하고자 교사들이 활용하는 또 다른 전략은 다양한 모델을 제공하는 것이다. 모든 모델이 완벽한 예시일 필요는 없으며, 각 모델은 각기 다른 강점을 가졌을 수 있다. 이를 분석하는 과정에서 학생들은 우수한 요소들을 분별하고, 이를 조합해 창의적인 작품을 만들 수 있다. 물론 일부 영역에서는 모방이 필요하기도 하다. 예를 들면, 손 글씨 연습, 스포츠 동작 학습, 도자기 제작 방법 익히기 등에서는 모방이 필수적이다. 그러나 학생들에게 독창적인 표현을 요구하는 경우에는 단순한 모방을 경계해야 한다.

'이렇게 하면 된다' 식의 시범 모델링이 가지고 있는 또 하나의 어려움은 복잡한 과정이나 미묘한 차이가 있는 개념을 다룰 때 제대로 전달되지 않는다는 점이다. 이를 대체할 방법 중 하나가 '상호작용 모델링interactive modeling'으로, 이는 학생의 요구에 잘 대응하는 교실responsive classroom 접근법에서 개발된 기법이다(Wilson, 2012). 상호작용 모델링은 다음과 같이 7단계로 이뤄진다. (1) 목적 진술하기, (2) 행동을 직접 보여 주기, (3) 교사가 모델링한 것을 통해 학생들이 어떤 점을 알게 되었는지 명확하게 이야기하기, (4) 학생이나 소그룹이 교사의 행동을 따라 해 보기, (5) 그 모델에서 발견한 것을 이야기하기, (6) 모든 학생이 연습하기, (7) 집단에게 피드백 제공하기다.

이러한 신중한 유형의 모델링이 효과적인 이유는 쉽게 알 수 있다. 학습의 목적과 맥락 설정, 핵심 기준에 대한 분석과 주의, 안내된 연습,

점진적인 책임 이양, 피드백 제공 등 훌륭한 교수법의 여러 측면을 포함하기 때문이다. 특히 두 차례의 '주의 깊은 관찰' 과정은 학생들이 모델을 복제할 때 반드시 포함해야 할 핵심 요소와 특징을 식별해, 앞으로 모델로부터 배우는 능력을 발전시키기 때문에 주목할 만하다. 이는 내털리가 피드백 사다리를 도입할 때 사용한 어항 기법과 유사하다. 물론 이러한 모델링은 단순한 시범 보이기보다 시간이 더 소요된다. 교사들은 무엇을 모델링할지 고민하고 시간을 투자할 가치가 있는 상황인지 판단해야 한다. 예를 들어, 효과적인 경청 방법, 상대방의 의견에 존중하는 태도를 보이며 반대하는 방법, 리더로서 팀을 독단적이지 않게 이끄는 법 등의 모델링에는 장기적인 이익을 위해 시간을 투자할 만한 가치가 있다.

모델에게서 배우기

모델을 관찰하는 과정에서 학습자는 새로운 역할과 행동을 시도하고 새로운 사고방식과 행동 양식을 익힐 기회를 얻는다. 하지만 어떤 것을 받아들이게 될까? 사회 인지 이론social cognitive theory에 따르면 사람들은 자신에게 필요한 것을 충족할 수 있다고 느끼거나, 자신과 비슷하거나 존경하는 사람의 행동일 때 더 쉽게 받아들인다고 한다(Bandura, 1986). 이것은 교사들에게 중요한 시사점을 준다. 첫째, 학습자에게 중요한 기본적인 욕구가 성취감과 자기 통제감이라면, 교사가 어떻게 학습을 관리하고 사고 과정을 조율하는지를 모델링하는 일은 학생들에게 의미 있게 다가갈 것이다. 둘째, 학생들에 대한 존중과 관심을 지닌 학습 공동체를 형성하면 학생들이 교사를 본받으려는 환경이 자연스럽게 조성된다. 셋째, 학교와 교실 그리고 집단 내에서 인정받고 보상받는 요소를 면밀히 살펴야 한다. 학생들은 대개 보상을 받을 수 있는 행동을 더욱 적극적으로 받아들이는 경향이 있기 때문이다.

이번 장에서 다양한 모델링 방식들을 살펴보며, 우리는 비공식적이고 지속적인 모델링에서 점차 명확하고 구체적인 모델링으로 나아갔다. 이 모든 모델링 방식은 교실에서 유용하게 활용될 수 있다. 그러나 교실, 학교, 집단의 문화를 형성하는 데 있어 가장 강력한 힘을 가진 것은 비공식적인 모델링이다. 이 모델링을 통해 학생들은 교사가 진정으로 어떤 사람이며, 무엇을 중요하게 여기는지를 직접 느끼게 된다. 사이저가 말했듯 "학생들이 지켜보고 있다". 학생들은 교사가 빛나는 순간과 초라해지는 순간을 본다. 하지만 어차피 보이게 될 우리의 약점, 어려움, 부족함을 감추려 하기보다 진정성 있게 열어 보이면, 지속적으로 배우는 존재가 된다는 것이 무슨 의미인지를 학생들이 보게 될 것이다.

사고, 학습, 독립성을 기르기 위한 모델링

- 자신을 진솔하게 드러내라. 교사로서 자신을 수업에 온전히 담는다는 것은 잘하는 점뿐만 아니라 어려움을 겪는 부분도 학생들과 공유한다는 의미다. 생각하는 사람이자 배우는 자로서 겪는 어려움을 학생들과 나눌 기회를 찾아보라.

- 자신의 가치관을 명확히 하라. 학생들에게 줄 수 있는 가장 큰 자산이 바로 자신이라면, 학생들이 나와 함께한 시간에서 무엇을 얻어 가기를 바라는지 생각해 보라. 완벽해지라는 의미가 아니라, 최선의 모습을 상상하고 그 모습을 꾸준히 실천하려고 노력하라는 것이다.

- 생각하는 사람으로서 좋은 본보기를 보이는 역할 모델을 찾아보라. 문제를 깊이 고민하고, 학습을 성찰하며, 상황을 분석하는 방식이 존경스러운 사람이 있는지 생각해 보라. 자신의 분야에서 사고와 지속적인 학습의 좋은 본보기가 되는 사람이 누구인지, 자신의 교수법에 영감을 주는 사람이 누구인지 떠올려 보라. 한 사람이 모든 조건을 갖추고 있지 않을 수 있으니 분야별 롤 모델을 찾아도 좋다. 이들의 품행을 살펴보며 본받고 싶은 특성, 태도, 사고방식, 행동 등을 목록으로 정리해 보라.

- 학생들에게 질문하라. 학생들과 함께 '많이 아는 사람'과 '제대로 생각하는 사람'의 차이에 대해 토론해 보라. 그런 다음 학생들에게 자신이 제대로 생각하는 사람이라고 여기는 인물이 누구인지 떠올려 보게 해라. 학급 전체가 함께 제대로 생각하는 사람의 특성을 정리해 보라.

- 관찰하고 분석해 보라. 영상 자료를 활용하거나 신뢰할 수 있는 동료와 짝을 이뤄 수업을 관찰하고, 도제식 학습의 숨은 맥락을 찾아보라. 교사는 학생들에게 어떤 태도를 보였고 학생들은 이를 어떻게 받아들였는가? 그 교사가 언제, 어디서, 어떻게 자신의 사고 과정을 학생들에게 드러냈는가? 그 교사가 생각하는 사람이자 배우는 사람으로서의 모습을 보여 준 순간이 있었는가? 있었다면 구체적으로 무엇이었는가?

- 호기심이 생기는 순간을 공유해 보라. 호기심은 새로운 학습을 이끄는 매우 소중한 성향이다. 우리의 거울 세포가 타인에게 공감적 반응을 유발하는 힘을 활용해, 자신과 학생들이 '호기심이 생기는 순간'을 함께 나눌 기회를 만들어 보라. 호기심이 생기는 순간이란, 어떤 것을 경험하거나 읽거나 보거나 듣는 과정에서 질문이 떠오르거나 궁금증이 생겨 그 순간 이후에도 계속 생각하게 만드는 시간, 즉 계속해서 생각하게 만드는 때이다. 호기심이 생긴 순간을 학생들과 정기적으로 공유해야 한다. 학생들로 하여금 방학 기간을 되돌아보며, 호기심이 생겼던 순간을 스스로 찾아보게 하라.

- 역방향으로 절차를 설계하라. 학생들이 독립적으로 더 잘할 수 있기를 바라는 과정을 하나 떠올려 보라. 자신이 그 과정을 어떻게 수행하는지 되돌아보고, 그 과정에서 사용하는 주요 사고 단계를 파악하라. 이 단계들을 학생들에게 명확하게 시범 보이고, 각 단계의 명칭을 분명하게 알려 주도록 하라.

- 어려운 내용을 가지고 생각을 소리 내어 말하는 '생각 말하기' 연습을 해 보라. 효과적인 학습자가 되는 핵심은 무엇을 어떻게 해야 할지 모를 때 어떤 일을 할지 아는 것이다. 다음에 어려운 일에 도전할 때, 학생들에게 사고를

소리 내어 설명하는 방식으로 자신의 생각 과정을 시범 보여 보라. 이는 어려운 글을 읽거나, 방대한 주제를 통합하거나, 프로젝트를 계획하거나, 아직 명확한 절차가 없는 새로운 활동에 도전할 때 활용할 수 있다.

- 점진적으로 책임을 이양할 계획을 수립하라. 학생들이 독립적으로 수행하기를 바라는 과정을 정하라. 그 과정에서 언제 시범을 보일지, 언제 안내된 연습 기회를 줄지, 언제 더 독립적인 소집단 활동 기회를 제공할지, 언제 학생들의 독립성을 기대할지 구체적으로 계획해 보라.

- 주목하는 연습을 시켜라. 학생들이 교사가 원하는 행동에 집중할 수 있도록, 어항 기법이나 상호작용적 모델링의 단계를 활용하라.

- 사과하는 법을 배워라. 품위 있게 사과하는 데는 용기와 연습이 필요하다. 먼저, 과거에 교실에서 자신이 학생들에게 보여 주고 싶지 않았던 행동을 했던 사례를 떠올려 보라. 오래전의 일일 수도, 최근의 일일 수도 있다. 이제 (1) 그 사건에서 잘못되었거나 실수였던 점을 밝히고, (2) 자신의 행동에 대해 성찰하고 그 행동이 왜 자신의 기준에 미치지 못했는지 설명하며, (3) 그때 어떻게 대응했으면 좋았을지 적어 보는 사과문을 작성한다. 학생들에게 직접 사과를 말로 전할 수 있을 때까지 사과문을 작성하는 연습을 한다.

학습을 위한
매개체 만들기

| **기회** |

명.

- 어떤 일을 하거나 성취할 수 있게 하는 일련의 조건 또는 상황.

- 특정 행동이 가능하거나 실행될 수 있는 일련의 상황. 문화 형성 요인으로서 기회는 개인과 집단 전체의 활동을 제약하거나 강화하는 역할을 한다. 기회는 숨겨져 있기도 하고 활용되지 못한 채 방치되기도 하지만 강력한 문화를 가진 곳에서는 성장, 발전, 창의성을 위한 풍부한 기회가 두드러지게 나타난다. 생각하는 문화는 이러한 유형의 기회를 중심으로 삼아 집단의 활동을 이끌고 모든 학생의 참여를 유도한다.

● 일반적으로 교사가 하는 일을 설명할 때 사용하는 언어는 '단원 계획', '수업 지도안 작성', '활동 준비', '과제 개발', '과제 부여' 등이다. 그러나 이러한 표현은 교사가 실제로 하는 일의 일면만을 보여 줄 뿐이며, 오히려 혼란을 주고 본질을 흐릴 수 있다. 훌륭한 교사들은 기회를 창출한다. 참여할 기회, 오개념에 도전할 기회, 깊이 파고들 기회, 탐구할 기회, 의미를 창출할 기회, 사고할 기회, 즉 학습할 기회를 만든다. 기회에 초점을 맞추면 학생들에게 무엇을 산출하게 할지를 고려하게 된다. 그런데 그보다 더 중요한 점은 그 산출 과정 자체에 초점을 맞추어야 한다는 것이다. 학생들에게 도전적인 과정인가? 사고를 요구하는가? 어떤 자원이 어떻게 동원되는가? 정보, 내용, 지식은 어떻게 처리되어 새롭고 독창적인 것을 만들어 내는가?

많은 연구자가 '학습 기회oppertunity to learn'라는 표현을 사용하지만(Pianta 외, 2007; Thompson, Senk, & Johnson, 2012), 일부 연구자들은 학생들이 실제로 무엇을 하는지에 주의를 집중시키고자 다른 용어를 사용한다. 예를 들어, 리처드 엘모어Richard Elmore와 동료들(City, Elmore, Fiarman, & Teitel, 2009)은 '과제task'라는 용어를, 월터 도일Walter Doyle (1983)은 '교과 학습 활동academic work'이라는 용어를, 프레드 뉴먼(Newmann, Bryk, & Nagaoka, 2001)은 '실제적인 지적 작업authentic intellectual work'이라는 용어를 쓴다. 도일은 "학생들은 과제 요구 사항을 통해 배운다. 즉 학생 자신이 직면한 과제를 수행하는 데 필요한 학습 내용과 기능을 습득하게 된다."(p.162)라고 주장했다. 엘모어는 도일의 주장을 더 간명하게 요약해, 수업 관찰의 핵심 원리 중 하나로 "과제가 성취를 예측한다."(City 외, 2009)라고 정리했다. 뉴먼은 이러한 견해에 동의하며, 학생들에게 요구되는 "실제적인 지적 요구"에 주목해야 한다고 결론지었다. 도일, 엘모어, 뉴먼의 과제

에 대한 견해는 매우 시사적이며, 다른 장에서 더 자세히 살펴볼 것이
다. 그러나 나는 '작업'이나 '과제' 대신 '기회'라는 용어를 사용해 이에
대한 문화적 힘을 설명하고자 한다. 그 이유는 다음과 같다.

- 학생들이 만들어 내는 결과물보다, 그 결과물을 만들어 내는 과정에서
  요구되거나 허용되는 행동에 주목을 기울이게 하기 때문이다.
- 학교를 작업 중심work-oriented이 아니라 학습 중심learning-oriented으로 초
  점 맞추게 하기 때문이다.
- '기회'는 다양한 형태와 규모로 존재할 수 있지만, '과제'는 특정한 크기
  와 기간을 가진 기회의 한 형태일 뿐이기 때문이다.

도일(1983)은 작업 중심과 학습 중심 교실에 관한 마셜(1987)의 연구
보다 앞서 '작업'이라는 단어를 사용했다. 실제로 도일은 학생들이 성
적을 위해 과제 완수에 집중하면 교사들이 기대한 의미 있는 학습 결과
를 창출하는 일은 어려워진다고 지적했다. 이에 대해서는 나중에 더 자
세히 설명하겠지만, 지금 강조하고 싶은 점은 도일, 뉴먼, 엘모어와 내
가 공유하는 더 큰 아이디어다. 학습을 이해하기 위해서는 학생들이 만
들어 내는 결과물만 보지 말고, 그 결과물을 얻기 위해 실제로 무엇을
해야 하며 어떤 방식으로 주어진 자원을 활용하도록 요구받고 있는지
를 살펴보아야 한다는 것이다. 학생들이 실제로 정신적으로 어떤 사고
활동을 하고 있는지가 중요하다. 이 점에서 과제들은 모두 동등하지 않
다. 과제들은 그 안에 내포된 기회에 따라 구별된다.

교사들이 만들어 내는 학습 기회는 교실에서 학습을 이끄는 핵심적
인 '수단vehicle'이다. 적절한 수단이 없다면 학습은 느려지고, 동력을 잃

으며, 때로는 완전히 멈춰 서서 고속도로가 아닌 주차장에 머물게 된다. 어떤 집단 안에서 일어나는 학습을 이해하고자 한다면, 그 집단이 어떤 기회에 참여하고 있는지를 알아봐야 한다. 즉 학습자들이 실제로 무엇을, 어떻게 하고 있는지를 살펴보는 것이다. 다음의 3가지 사례는 이러한 분석을 위한 맥락을 제공한다. 학년, 과목, 범위, 기간에 따라 다양하게 구성된 이 사례들을 통해 강력한 학습 기회를 만드는 핵심 특성을 파악할 수 있을 것이다.

인물 이해:
수학을 활용해 『오셀로』의 이아고 들여다보기

"오늘 이아고 역할을 할 사람 있나요?" 톰 하일먼Tom Heilman은 워싱턴 D.C.에 있는 워싱턴국제학교Washington International School 12학년 학생들에게 물었다. 긴 침묵 끝에 앞줄에 앉아 있던 한 학생이 손을 들자 톰은 "오셀로 역할을 할 사람은요?"라고 물었다. 교실 문 옆에 앉아 있던 한 학생이 자원했고, 두 학생은 『오셀로』 3막 3장 중 지난 수업이 끝난 부분부터 읽기 시작했다. 이아고가 오셀로를 교묘히 설득하는 결정적인 장면으로, 이아고는 단지 암시와 생생한 이미지만으로 오셀로에게 그가 신뢰하던 부하 카시오가 새 아내 데스데모나와 바람을 피우고 있다고 믿게 만든다.

두 학생이 대사를 읽어 내려가는 동안, 톰은 자주 읽기를 멈추게 하며 반 전체 학생들에게 묻는다. "방금 읽은 대목에서 주목할 만한 것은 무엇인가요?", "무엇을 발견했나요?", "이 대사에서 무슨 생각이 들었나요?" 이 질문들에 대한 대답은 쉽게 나오지 않지만, 톰은 직접 답을 하지 않는다. 그는 질문을 던져두고 학생들이 스스로 생각할 수 있도록 시간을 준다. 이 희곡을 해석하고 인물을 이해하는 것은 학생들의 몫이다. 톰은 자신의 해석을 일방적으로 전달하지 않는다. 결국은 셰익스피어의 작품 자체가 아니라 그 작품을 어떻게 이해할지를 배우는 것이 중요하다. 학생들은 확신에 차지 않은 의견을 서서히 내놓는다. 한 학생이 "이아고는 동물의 이미지를 사용하고 있어요."라고 말하고, 곧이어 "그런데 그걸로 무엇을 하려는 건지는 잘 모르겠어요."라고 덧붙인다. 또 다른 학생이 끼어들어 "이아고는 데스데모나와 카시오가 동침했다고 증명할 수 없기 때문에 오셀로의 머릿속에 어떤 이미지를 심으려는 거예요."라고 말한다. 또 다른 학생이 이러한 생각을 이어받아 "이아고는 오셀로가 이 장면을 떠올리도록 하고 있어요. 직접 볼 수 없으니 상상할 수 있는 자극적인 단서를 주려는 거예요."라고 덧붙인다.

장면이 끝날 무렵에, 이아고는 오셀로에게 데스데모나와 카시오의 배신을 완전히 믿게 만드는 데 성공한다. 오셀로는 이아고에게 "3일 안에 카시오가 죽었다는 소식을 듣게 해 달라."라고 요구한다. 이아고는 자신이 오셀로에게 유도한 그 요구를 태연하게 수락하면서도 "내 친구 카시오는 죽었소. 당신의 요청으로 그렇게 된 것이오. 그러나 데스데모나는 살려 둡시다."라고 조건을 단다. 장면이 끝난 뒤 톰은 학생들의 관심을 오셀로라는 인물에 대한 탐구로 전환해 "지금까지 살펴본 이 작품에서 여러분은 오셀로를 어떻게 생각하는지 궁금해요."라고 말한다.

톰의 말은 매우 자연스럽게 흘러나오지만, 그 말에 담긴 의미를 제대로 이해하려면 더 자세히 들여다볼 필요가 있다. 톰은 질문을 하는 대신, 학생들의 생각에 대한 자신의 관심을 표현하는 진술을 선택했다. "작품의 시작부터 지금까지 오셀로는 어떻게 변해 왔나요?"라는 질문은 분명 유의미하지만, 시험처럼 느껴지거나 정답이 있는 닫힌 질문처럼 받아들여진다. 학생들은 교사가 원하는 특정한 답이 있다고 여길 수 있다. 그러나 톰은 질문 대신 학생들의 사고에 관심을 표현함으로써 그들과 연결되고 더 많은 토론과 공유, 대화의 가능성을 열었다. 이는 더 많은 학습자가 대화에 쉽게 참여하도록 하는 전략인 '낮은 문턱으로 초대하기low threshold'(Papert, 1980)이다.

톰의 발언을 좀 더 깊이 탐구해 보자. 그의 발언은 어디에서 비롯된 것일까? 대부분의 교사처럼, 톰 역시 이 발언을 특별히 자리에 앉아서 계획한 것은 아니다. 오셀로의 변화에 대한 학생들의 사고에 관심을 표현하는 것과 전통적인 질문 사이의 이점을 비교해 따져 보지 않았다. 오히려 톰의 말은 그가 가진 가르침과 학습에 대한 기대, 즉 이해·학습·독립을 주요 목표로 삼는 관점에서 비롯되었고 학생들의 사고에 대한 그의 진정한 관심에서 나왔다. 지난 5년간 톰은 생각하는 문화를 구축하려고 노력했고, 프로젝트 제로의 다양한 아이디어를 활용해 왔기에 이러한 말들이 자연스럽게 흘러나오는 것이다.

톰의 말에 니코는 빠르게 자신의 생각을 내놓는다. "처음에는 그냥 평범하고 괜찮은 사람처럼 보였어요. 그런데 지금은 약해 보이고, 예전만큼 존중받지 못하는 것 같아요. 불안정해 보이기도 하고요." 서맨사는 방금 함께 읽은 장면을 근거로 "오직 이아고라는 한 사람의 말에 데스데모나가 바람을 피운다고 믿었어요."라고 지적한다. 교실 뒤쪽에서는 한 학생이 끼어들어 "겨우 5분밖에 걸리지 않았고요."라고 덧붙인다. 대화가 이어지면서 학생들의 관심은 이아고에게로 옮겨 간다. 맥스는 "저는 오히려 이아고가 사람을 조종하는 데 매우 능숙하다는 점에 더 무게를 두고 싶어요. 하지만 오셀로가 불안정하다는 것도 분명해요."라고 말한다.

톰은 이 학생의 관찰에 이어서 "불안정하다는 말이 두 번째로 나왔어요. 그 근거를 희곡 초반 어디에서 찾을 수 있을까요?"라고 묻는다. 이렇게 간단히 증거를 요구함으로써, 톰은 과제를 단순한 의견 제시 수준에서 근거 있는 논증의 단계로 끌어올린다. 학생들은 연달아 근거를 제시한다. "오셀로는 자신이 말을 잘 못한다고 계속 말해요.", "오셀로는 자신의 주장을 뒷받침할 사람으로 데스데모나만을 내세워요.", "오셀로는 항상 카시오를 데리고 다녀요." 또 다른 학생이 "맞아요. 완전히 들러리처럼요."이라고 덧붙인다. 샬럿은 방금 읽은 장면을 언급하며 말한다. "오셀로는 데스데모나의 부정을 직접적으로 의심하지 않아요. 이아고에게도 직접적으로 따지지 않아요." 제이슨이 이 말을 이어받아 덧붙인다. "샬럿의 말은 오히려 이아고가 오셀로를 완전히 압도했다는 예시라고 생각해요. 이아고가 그의 마음을 왜곡하지 않았다면 오셀로가 이런 곤경에 빠지지는 않았을 거예요. 이아고가 오셀로를 이끌어야만 가능했던 일이에요. 그래서 저는 이게 오셀로가 불안정했다기보다는 이아고가 그를 조종했다는 더 강력한 예라고 생각해요."

학생들은 이제 이 등장인물들이 어떤 사람인지에 깊이 빠져든다. 이는 여러 세기 동안 수없이 무대에 오른 이 희곡에서 특히 중요한 문제이며, 톰이 학생들에게 반드시 강조하고 싶은 부분이다. 톰은 "연출가와 배우에게 이 문제는 매우 중요해요. 연극을 무대에 올리기 전에 이런 점들을 반드시 해결해야 하죠."라고 말하며, 그 쟁점을 학생들의 마음속에 남겨 둔다. 여기서 우리는 톰이 크고 복잡하며 난해한 문제를 일부러 공중에 띄워 지속적인 이해의 동기로 삼는 모습을 볼 수 있다. 톰은 학생들을 문제의 문턱 너머로 이끌어, 자신이 함께 탐구하고자 하는 복잡한 질문의 세계로 초대한 것이다.

이제 톰은 반 전체의 관심을 셰익스피어의 아주 복잡한 악당 중 하나인 이아고로 돌린다. 톰은 "이제 이아고에 조금 더 집중해 봅시다."라고 말하고 자신의 의도를 설명한다. "여러분의 발표를 들으면서 느낀 것 중 하나는, 많은 학생이 이아고를 '악하다'는 단어로 표현했다는 점입니다. '그의 악한 행위들……' 같은 말로요. 그런데 여러분은 그 표현을 깊이 분석하지 않았어요. 그 단어에 너무 안주하고 있어요." 이런 맥락을 제시함으로써 톰은 학생들에게 자신이 단순히 시험을 대비하고자 익숙한 희곡을 따라가는 수업을 하는 것이 아니라는 신호를 보낸다. 그의 진정한 목표는 학생들로 하여금 더 깊이 생각하고, 텍스트와 씨름하며, 이해에 도달하도록 스스로를 밀어붙이게 하는 데 있다. 그는 이를 분명히 밝힌다. "이아고라는 인물을 더 깊이 분석하고, 그 복잡함을 파헤쳐 보세요."

이어서 톰은 반 전체에게 다음 과제를 제시한다. "지금 몇 분 동안 시간을 들여 이아고의 성격 특성 5~6가지를 적어 봅시다. 여러분이 적은 단어들을 큰 소리로 말해 주세요. 선생님이 칠판에 적을게요." 톰은 학생들에게 더 폭넓게 사고하도록 유도하면서 덧붙인다. "'악하다'는 성격 특성이 아니라는 걸 꼭 기억하세요." 이 과제 역시 문턱이 낮아 모든 학생이 부담 없이 참여할 수 있다. 동시에 이 과제는 분석의 시작을 포함하고 있다. 학생들은 이아고의 말과 행동을 검토하면서 그의 동기와 의도를 분석해야 하는 것이다.

학생들이 각자 아이디어를 적기 시작하고, 한 학생이 반박한다. "우리가 이아고가 '악하다'라고 말하고 그 이유를 뒷받침할 수 있다면, 써도 되지 않나요?"

톰은 자신의 입장을 다시 강조해 "쓸 수 없어요."라고 답한 뒤 "그럼, 여러분이 생각하는 '악한 사람'의 정의는 무엇인가요?"라고 묻는다. 그 학생이 대답한다. "타인을 의도적으로 해치는 사람이요."

"그렇다면 그 의미를 담을 수 있는 다른 형용사를 찾아보세요." 그때 또 다른 학생이 반 전체를 향해 묻는다. "'열정적인'의 반대말은 뭐야?" 톰은 누군가가 답하기 전에 끊고 "넌 영리한 학생이니, 스스로 생각해 낼 수 있을 거야."라고 말한다. 이 두 대화 장면을 톰은 학생들에게 쉬운 답에 머무르지 말고 더 깊이 사고하라고 요구하는 동시에, 그들이 스스로 생각할 수 있는 능력이 있다고 신뢰하고 있음을 보여 준다.

2분 뒤 톰은 학생들에게 형용사를 큰 소리로 외치라고 지시한다. 톰은 곧바로 학생들의 답을 받기 전에 먼저 몇 분간 생각을 정리할 시간을 줌으로써, 모든 학생이 주제에 대해 어느 정도 사고하고 학습에 기여할 무언가를 확보하게 했다. 첫 열두 개 정도의 응답을 칠판에 적은 다음 톰은 학생들에게 협조를 요청한다. "만약 단어들이 겹치는 것 같으면, 선생님을 도와줘야 해요." 5분도 채 지나지 않아 학생들은 쉰 개가 넘는 형용사를 쏟아 냈다.

영리한	기만적인	악의적인
소시오 패스 같은	회복력이 있는	꼼꼼한
조종하는	정직한	냉소적인
설득력이 있는	교활한	매력적인
표리부동한	순발력이 있는	신비로운
음모를 꾸미는	뻔뻔한	부도덕한
교활한	염치없는	깔보는
앙심을 품은	죄책감이 없는	질투심이 많은
착취하는	매혹적인	오만한

위험한	이기적인	가식적인
부정직한	냉담한	가학적인
복수심이 강한	자존감이 강한	신중한
조숙한	단호한	사교적인
비윤리적인	겉과 속이 다른	사악한
진실한	일관적인	위선적인
침착한	통찰력이 있는	계산적인
창의적인	자기애적인	

톰은 분필을 내려놓고 반을 향해 돌아서며, 눈을 크게 뜨고 외친다. "완전 장난 아니네요!" 아이디어를 함께 모으는 과정을 통해 학생들은 혼자서는 떠올릴 수 없었던 훨씬 더 많은 통찰을 만들어 냈고, 이아고에 대한 각자의 이해를 뛰어넘는 깊이까지 나아갔다. 톰은 이어 말한다. "여러분의 발표를 들으면서 궁금해졌는데, 여러분은 이 단어들 중 몇 개나 사용했을까요?" 한 학생이 손을 들고 말한다. "저는 '조종하는' 이라는 단어를 썼어요." 톰은 고개를 끄덕이며 말한다. "맞아요. 그런데 그 외에는 거의 없었어요. 이제 이아고의 복잡한 면을 더 깊이 파고들어야 해요."

다시 한번, 톰이 무엇을 말했는지보다 무엇을 말하지 않았는지에 주목해 보자. 그의 발언 속에서 톰은 '이아고의 복잡성 속으로 파고들기'라는 더 큰 과제를 제시하고, 학생들이 초점을 맞춰 노력하도록 했다. 주목할 점은, 톰이 "최종 에세이에서 선생님은 ~을 볼 것이다."라거나 "외부 시험에서 최고 점수를 받으려면 ~을 해야 한다."라고 말하지 않았다는 것이다. 시험 점수가 지배하는 시스템 안에서는 이런 말들이 낯설지 않지만, 이런 말은 학습을 올바른 방향이 아니라 잘못된 방향으로 이끈다. 그렇다고 톰의 학생들이 국제 바칼로레아 디플로마 시험 준비가 부족하다는 뜻이 아니다. 오히려 그의 학생들은 이 시험에서 매우 좋은 성과를 거두고 있으며, 톰과 그의 동료들은 각자의 교실에서 생각하는 문화를 조성한 결과 학생들의 성취도가 상승하는 것을 직접 확인했다.

학생들이 이아고의 복잡성으로 더 깊이 들어갈 수 있도록, 톰은 그들의 사고를 확장할 수 있는 독창적인 기회를 세밀하게 마련했다. 문턱을 낮추면서 이 복잡한 인물을 이해해야 할 필요성을 제시해 학생들의 참여를 이끌어 낸 톰은 수학적 사고를 활용해 이아고라는 인물을 구성해 보라고 그들에게 제안한다. 수업이 끝나기 10분 전에 톰은 과제를 설명한다. "이 단어들(칠판에 적힌 형용사 목록)을 보세요. 이아고라는 인물을 만든다면 어떤 단어들을 선택하고 싶나요? 이아고를 구성한다고 생각했을 때 꼭 들어가야 한다고 생각하는 특성을 다섯 개에서 열 개 골라 봅시다." 톰은 덧붙인다. "이건 시간이 오래 걸리는 작업이 아니에요. 그러니 원하는 만큼 많은 단어를 골라도 괜찮습니다. 단어를 많이 고른다고 해야 할 일이 많아지는 건 아니니까 걱정하지 마세요."

학생들이 자신만의 단어 목록을 완성하자 톰은 이어서 말한다. "좋아요, 이제 다음 단계로 넘어가 봅시다. 각자 자신이 고른 단어들을 보세요. 각 단어가 이아고의 성격을 형성하는 데 얼마나 중요한지를 1, 2, 3으로 평가해 봅시다." 톰은 구체적으로 설명한다. "3은 매우 중요한 특성, 2는 주목할 만하지만 덜 중요한 특성, 1은 상대적으로 덜 관련된 특성입니다. 모든 단어가 3이 될 수도 있고, 모두 2나 1이 될 수도 있습니다. 잘 생각해서 정해 보세요."

과제가 자연스럽게 개인별 사고 수준에 맞춰 조정된 것이다. 학생들은 다른 학생들이 제시한 형용사를 참고할 수 있지만, 최종적으로 어떤 단어를 선택하고 이아고라는 인물에 비춰 각각을 어떻게 평가할지는 스스로 결정해야 한다. 단순한 분석 과제가 이제는 훨씬 더 도전적인 과제가 되었고, 학생들은 이아고를 가장 잘 포착하는 형용사를 신중히 골라야 하는 상황을 맞이한다. 톰의 다음 단계는 학생들의 사고를 더욱 확장시킨다.

톰은 "이건 대단한 과제는 아니지만, 생각을 많이 해야 해요."라고 말하며 과제가 설명된 종이를 나눠 준다. "간단히 말해, 선생님은 여러분이 이아고의 성격을 수학 공식으로 표현해 보기를 원해요." 톰은 덧붙인다. "여러분, 연산 순서를 알고 있죠?" 수학 교사가 수도 없이 강조했던 주제를 물으니 교실은 웃음바다가 된다. "여러분이 각 성격 특성에 부여한 수치 평가를 그대로 유지하고, 연산 순서를 사용해서 이아고를 나타내는 수식을 만들어야 합니다. 선생님이 예시를 하나 만들어 봤어요."

$$\frac{(\text{사랑3} + \text{온화함2}) - (\text{질투2} + \text{불안2})}{(\text{어리석음1} + \text{저속함1})} = \frac{5 - 4}{2} = \frac{1}{2}$$

"주의할 점은, 선생님은 여러분에게 어떻게 이 요소들을 조합해 등식을 만들었는지 설명해 달라고 할 거라는 점이에요." 톰이 제시한 예시는 고급 수학을 요구하지 않지만, 교실 앞자리에 앉아 있던 몇몇 학생은 자신들이 배우고 있는 수학 개념까지 연결해 로그함수나 미분을 쓰겠다고 농담을 주고받는다. 그러나 래피얼은 이를 농담으로 받아들이지 않고, "정말 멋진 아이디어가 있어."라고 외친다. "그 열 개 형용사가 희극 전체에서 어떻게 변하는지 볼 수 있겠어. 형용사들의 변화를 그래프로 그리고 그 그래프 아래 면적을 구하면, '이아고'라는 인물의 본질이 얼마나 드러나는지를 양적으로 나타낼 수 있어."라고 래피얼은 친구에게 설명한다. "그래서 변화율을 찾고, 이아고의 진짜 본성이 드러나는 변곡점을 찾는 거야."

대화를 지켜보던 톰이 묻는다. "그걸 해 보고 싶어요?" 래피얼은 여전히 생각에 잠긴 채 "아마도요. 엄청 기대돼요."라고 말한다. "시도해 보세요. 정말 멋질 것 같아요."라고 톰은 격려한다. 래피얼은 다시 자신의 종이에 메모하며 중얼거린다. "나 이거 쓰면 거의 네 쪽짜리 보고서 나올 것 같아." 옆에 앉아 있던 학생이 "정말 할 거야?"라며 묻는다. 래피얼은 더 확신에 찬 목소리로 답한다. "응, 이걸 하면 이아고를 훨씬 더 깊이 이해하게 될 것 같아."

어떤 교사가 이런 반응에 감동하지 않겠는가? 래피얼은 분명 수학을 온갖 현상을 이해하는 도구로 생각하고 있다. 그러나 그의 이런 반응이 갑자기 튀어나온 것은 아니다. 톰이 이아고라는 인물에 대해 깊이 사고할 기회를 만들어 놓았고, 래피얼은 그 기반 위에서 사고를 확장해 나간 것이다. 앞서 언급했듯이, 학생들이 탐구 영역에 쉽게 들어올 수 있도록 톰은 진입 문턱을 낮게 설정했다. 그는 등장인물의 동기를 이해해야 하는 난해한 상황(연극 속에서 그 인물을 연기하거나 해석해야 하는 상황)을 제시한 뒤, 점차적으로 학생들을 그 탐구의 장 또는 사고의 장으로 이끌었다. 방정식 과제를 통해서는 학생들에게 등장인물의 행동과 말에만 머물지 않고 더 깊이 들어가 이아고가 누구인지 탐구할 기회를 제공했다. 학생들이 인물을 분석해 인물 안에 다양한 성격이 있음을 파악하고 그 중요도를 평가하며, 여러 성격이 서로 어떻게 연관되어 있는지를 고려하도록 했다. 결국 전통적 에세이가 아니라 방정식으로 표현하고 그 과정을 설명함으로써 이아고의 본질을 포착해 볼 기회를 준 것이다. 이 과제는 깊은 사고를 요구하지만, 많은 시간이 소요되지는 않는다. 실제로 마감은 다음 수업 시간이다.

주목해야 할 점은, 이 과제는 학습으로의 확장 가능성이 큰, 이른바 '높은 천장'을 가진 과제라는 점이다(Papert, 1980). 즉 학생들이 할 수 있는 활동에 큰 제약이 없다. 이 때문에 이 과제는 열린 탐구 기회가 된다. 학생들이 이아고의 본질을 포착하려고 더 복잡한 수학 개념으로 도약하거나, 래피얼이 이아고를 고정된 인물이 아닌 시간에 따라 변하는 존재로 생각해 과제를 확장하는 모습을 통해 이를 확인할 수 있다. 높은 천장을 가진 과제는 개인별 맞춤 제공이 가능하며, 다양한 수준의 학생들이 섞여 있는 집단에서 특히 유용하다. 또한 자신의 선택을 통해 과제를 구성함으로써 학생들은 자연스럽게 과제에 대한 주인의식을 갖게 된다. 그러나 이런 과제는 작업 중심 교실이 아니라 학습 중심 교실에서, 지식 습득이 목표가 아니라 이해 발전이 목표인 교실에서 가장 잘 작동한다. 만약 학생들이 시작점에만 머물고 끝까지 깊이 파고들지 않으면 이러한 과제는 잘 작동하지 않을 것이다. 그렇기에 참여가 핵심이다. 톰의 수업에서 학생들은 이 방정식 과제를 점수를 위한 것이 아니라 스스로의 이해를 구축하기 위한 기회로 받아들였고, 이에 맞게 반응했다. 래피얼의 "이아고를 훨씬 더 깊이 이해하게 될 것 같아."라는 말은 이를 명확히 보여 준다.

보이스스레드:
스토리텔링으로 이주 이해하기

데이비드 릴^{David Riehl}은 워싱턴국제학교 9학년 지리 수업에 나를 초대해 학생들이 현재 학습하고 있는 주제인 '이주'를 어떻게 다루는지 보여 주고자 했다. 데이비드와 학생들이 도착하기 전에 나는 교실을 둘러볼 기회를 가졌다. 교실은 학교의 오래된 건물 중 하나에 자리한 작은 공간이었다. 바깥에서는 인부들이 비계를 타고 오르내리며 건물을 수리하고 있었고, 망치질 소리가 텅 빈 교실 속으로 울려 퍼졌다. 교실의 하얀 벽면은 손으로 그린 흐름도, 도표, 모형이 그려진 종이들로 가득 차 있었다. 한쪽 벽에는 학생들이 만든 가족 이주 역사에 대한 그래프들이 붙어 있었다. 교실 앞 선반에는 지리 교과서가 쌓여 있었고, 나는 그중 하나를 꺼내 펼쳐 보았다.

교과서에서 '이주'에 대한 단원을 찾아보니 채 열 쪽도 되지 않았고 화려한 색상, 지도, 클립아트, 사진, 텍스트, 도표 등 다양한 시각 자료가 포함되어 있었다. 단원 끝부분에는 '체크리스트'가 있었다. 이 페이지에는 학생들이 단원에서 알아야 할 핵심 단어, 개념, 아이디어가 정리되어 있었다. 요컨대 학생들이 직접 노트에 필기하거나 정리하지 않아도 되도록 모든 내용을 대신 제공하는 셈이었다. 이 자료의 활용에 익숙해진 학생이라면, 밋밋하고 감정도 느껴지지도 않는 평이한 본문을 굳이 읽을 필요를 크게 느끼지 않을 것이라고 쉽게 상상할 수 있다. 그다음 페이지에는 '질문'이 있었다. 정답은 없지만 페이지 번호가 함께 제시되어 있어 바로 찾을 수 있었다. 예컨대 "멕시코 노동자들을 끌어들이는 주^州는 어디인가?"와 같은 질문이다. 질문들은 지나치게 단순하고 피상적이어서, 학습의 깊이를 끌어내기에는 한계가 있어 보였다. 아마도 시험을 준비하기 위한 학습 자료로 이 질문들을 사용하라는 의도인 것 같았다.

페이지 맨 아래에는 '기능, 이론, 모형'이라는 작은 섹션이 있었다. 이 섹션은 정보를 제공하는 대신, 학생들이 할 수 있어야 하는 활동을 제시했다. 예를 들면 '그래프 해석 및 활용하기', '코로플레스 지도 choropleth map 해석하기'(참고로, 코로플레스 지도는 지리적 위치에 따라 정량적 정보를 색깔이나 기호로 나타내는 지도다.), 그리고 '이주 문제 이해하기' 등이다. 이제야 비로소 흥미롭고 실질적이며 시의성 있는 주제가 등장했지만, 손에 들고 있는 교과서를 아무리 넘겨 봐도, 이주에 할애된 몇 쪽만으로 어떻게 그것을 이해할 수 있는지는 명확하지 않았다. 데이비드가 이 교과서를 단순한 보조 자료로만 사용한다는 것을 알고 있었기에, 그가 이주 문제를 어떻게 다루고 있을지 궁금해졌다.

비록 데이비드는 그렇지 않지만, 여전히 많은 학교들은 교과서를 교육과정 자체로 착각하고 있다. 상업적으로 제작된 교과서와 학습지가 학생들에게 인지적 도전을 유도하지 못한다는 사실은 오래전부터 지적되었지만(Doyle, 1983; Schmoker, 2009; Shernoff, 2013), 이 문제를 개선하기 위한 실질적 노력은 거의 이뤄지지 않았다. 나는 이런 현상이 지리 교과서를 비롯해 많은 교재가 공유하는 잘못된 믿음 때문이라고 생각한다. 가르침이란 교과서로 정보를 전달하는 일이며, 배움은 그 정보를 암기하는 것이라는 통념을 반영하기 때문이다. 사실 사전을 찾아보면 '가르치다 teach'라는 단어에 대한 정의로 '정보를 제공하다.'가 먼저 나올 것이다. 조금 더 내려가 보면 '누군가를 배우게 하다.'라는 정의도 나올 수 있다. 이 두 번째 정의가 좋은 교수의 본질을 더 잘 담고 있기는 하지만, 여전히 '어떻게 누군가가 배우도록 만들 수 있는가?'라는 질문에 대한 답은 명확하지 않다. 단순한 정보 전달만으로는 절대로 학습을 일으킬 수 없다. 우리는 단순한 정보 전달을 넘어, 진정한 학습이 일어나는 지점까지 나아가야 한다.

정보를 폄하하려는 게 아니다. 정보는 학습에 반드시 필요하고 중요한 요소다. 하지만 정보를 단순히 제시받거나, 어디에서 찾을 수 있는지(예를 들면 지리 교과서 22쪽) 알려 준다고 해서 학습이 일어나지는 않는다. 우리는 그 정보를 가지고 무언가를 해야 한다. 그 정보를 가지고 사고해야 하고, 그 정보를 통해 의미를 구성해야 한다. 우리는 그것을 처리해야만 한다. 바로 이것이 데이비드 릴이 나를 초대한 이유였다.

학생들이 교실에 들어섰는데, 그들이 이미 데이비드와 교육 실습생인 카일 캐넌이 마련한 '이주라는 주제를 깊이 있게 탐구할 기회'에 본격적으로 파고들 준비가 되어 있다는 것이 느껴졌다. 학생들은 아이패드와 공책을 꺼내, 데이비드가 수업을 시작하기도 전에 작업을 시작했다. 교실 한쪽 게시판에는 이 단원을 안내하는 핵심 질문 두 개가 붙어 있었다. '왜 사람들은 이주하는가?', '이주가 미치는 영향은 무엇인가?' 이 질문들을 탐구하고자, 데이비드와 카일은 학생들에게 아이패드 앱인 보이스스레드VoiceThread를 활용해 3~5분 분량의 '이주 이야기'를 만들도록 했다. 보이스스레드는 사용자가 원하는 문서나 사진 위에 음성 녹음을 하고, 필요한 부분에 애니메이션이나 하이라이트를 추가할 수 있는 앱이다. 쉽게 말해, 애니메이션 효과가 들어간 음성 중심의 프레젠테이션이나 설명 영상이라고 보면 된다.

학생들은 이미 자기 가족의 이주 양상을 조사해 그래프, 지도, 표로 시각화하는 작업을 했다. 데이비드와 카일은 이 자료를 바탕으로 '사람들은 왜 이주하는가?'라는 질문을 중심에 두고, 이주를 초래하는 다양한 '유출' 요인과 '유입' 요인, 자발적 요인과 비자발적 요인을 과거와 현재를 아우르는 사례들을 통해 소개했다. 3차시로 계획된 이주 이야기 프로젝트는 학생들이 이주에 대해 배운 내용을 보다 넓은 맥락에서 구체적인 이야기로 드러내는 것을 목표로 했다. 어떤 학생은 가족 구성원 한 명의 이야기에 초점을 맞췄고, 또 어떤 학생은 가족의 민족적 배경을 통해 집단적 이주 패턴을 다루고자 했다. 데이비드의 목표는 학생들이 단순히 사실을 나열하는 보고서를 작성하는 데 그치지 않고, 지리학자의 관점에서 사건을 분석하고 통찰하게 하는 것이었다.

학생들은 자신들의 연구를 계속 이어 가고자 하는 열의를 보였다. 그러나 데이비드는 수업 시작 직후 몇 분을 할애해, 학생들이 이주 이야기를 완성하기 위해 반드시 해야 할 사고 과정에 주의를 집중시켰다. 그는 전지에 '자신의 이야기 속에 분석 통합하기'라고 적고 설명을 시작했다. 그는 "기억하세요, 여러분은 지리학자예요. 지리학자처럼 생각해야 해요."라고 반 전체를 향해 말한 뒤 다시 전지에 적었다.

지식 → 지리학자들은 이주의 어려움과 이점을 어떻게 측정하는가? 그들은 어떤 언어를 사용하는가?

그는 '어려움과 이점'과 '측정'이라는 단어에 빨간색으로 밑줄을 그었다. "이주에 영향을 미치는 요인에 대해 우리가 폭넓게 배웠던 것을 기억하세요."라고 데이비드는 반 전체에게 말한다.

이어서 그는 전지에 적힌 '지식'이라는 단어 아래에 '분석'이라고 적는다. 그런 뒤 설명한다. "배경지식을 바탕으로 출발하는 것이 여러분의 분석에 아주 중요해요. 여러분은 이 배경지식을 자신이 선택한 이야기 속에 적용해야 합니다." 데이비드는 계속 말하며 전지에 다음과 같이 적는다. '어디에서, 언제, 어떻게 이주를 촉진하거나 억제하는 요소가 나타났는가? 이주에 따른 긍정적 영향과 부정적 영향은 무엇이었는가?' 그는 덧붙인다. "여러분의 분석은 그 영향을 식별하고, 서로 구분하며, 그에 대해 판단하는 과정을 거칠 것입니다. 어떤 영향이 가장 중요했는지, 눈에 띄거나 느껴졌는지를 생각해야 해요." 데이비드는 '식별하기', '구별하기', '판단하기'라는 단어를 전지에 적고 빨간색으로 밑줄을 그었다. 데이비드는 반 전체에게 "오늘 연구하면서 이걸 꼭 염두에 두세요."라고 말하며 밑줄 그은 단어들을 가리킨다. "지리학자인 여러분들 중에는 보이스스레드 나레이션을 쓰려고 준비한 사람도 있을 거예요. 그때 이 점을 생각해야 해요. 여러분의 이야기로 이주의 어려움과 이점을 어떻게 보여 줄지 고민해 보세요." 그렇게 말하고 나서, 데이비드와 카일은 학급의 인원을 반으로 나누어 일부 학생들을 옆 교실로 옮긴다. 그곳에서 학생들은 책, 아이패드, 노트 등을 펼쳐 놓고 보다 여유 있게 작업한다.

데이비드의 짧은 수업 과정을 보면, 그는 학생들을 그들이 해야 할 핵심 사고 활동, 즉 '분석'에 집중시키고자 함을 알 수 있다. 그러나 데이비드는 9학년 학생들에게 '분석'이라는 개념이 다소 모호할 수 있다는 것을 잘 알고 있다. 그래서 그는 그 점을 명확히 풀어 설명한다. 그는 지리학자들이 어떻게 이주의 어려움과 이점을 측정하고, 다양한 이주 유형을 어떻게 분류하는지를 다시 한번 상기시켜 분석의 틀을 제공한다. 그리고 학생들에게 이 틀을 자신이 선택한 이야기 속에 적용해 영향들을 식별하고, 구별하고, 판단하도록 한다.

학생들을 위한 기회를 만들 때, 우리는 학생과 교사 모두 학습으로 이어지는 과정에 집중할 수 있도록 해야 하고, 결과물이 우리를 지배하지 않도록 해야 한다. 데이비드의 학생들은 자신들의 이야기에 몰입하고 있고 아이패드를 사용하는 데 매료되어 있다. 또한 보이스스레드에 사용할 사진을 찾는 작업을 즐기고 있다. 이와 같은 활동들은 선택, 주인의식, 창의성을 가능하게 해 주는 중요한 요소다. 그러나 이런 활동이 주가 된다면 학습은 얕은 수준에 머물 가능성이 높아진다. 학습 기회를 제대로 활용하려면 단순히 활동에만 몰두하지 않도록, 학생들이 사고를 중심으로 한 학습 과정에 집중하게 해야 한다. 데이비드는 이를 실천하고 있다. 그는 분석이 무엇을 의미하는지를 풀어 설명할 뿐만 아니라 과제를 맥락화하고, 학생들이 지리학이라는 학문적 실천을 자연스럽게 반영하도록 하고 있다.

이 짧은 수업이 이뤄지는 과정과 학생들과 일대일로 상호작용 하는 과정 내내, 데이비드는 학생들에게 '지리학자'라는 호칭을 사용함으로써 그들이 그 정체성을 자연스럽게 내면화하도록 유도한다. 학생들은 이주 이야기 과제를 통해 그저 지리에 대해 배우고 몇몇 지리 용어를 식별할 수 있게 되는 데 그치지 않고, 현상을 설명하기 위해 지리학자들이 수행하는 실제 작업에 참여하게 된다. 이것이 바로 실제성이 가진 장점 중 하나다. 학생들을 실제성 있는 교과 학습 활동에 참여시키면, 그 교과가 요구하는 과정과 사고가 중심을 차지함과 동시에 학생들은 해당 분야의 지식, 기술, 용어를 통합적으로 습득하게 된다.

분석을 다룬 데이비드의 짧은 레슨을 지켜보면서, 나는 싱가포르 교육부가 시행한 흥미로운 교육 개혁 정책, 즉 '적게 가르치고, 더 많이 배우게 하라Teach Less, Learn More'(Yng & Spreedharan, 2012)를 떠올리게 되었다.

이 정책은 교사의 설명과 정보 전달을 줄임으로써 학생들이 실제로 내용에 몰입하고, 시험 준비가 아니라 학습 자체에 집중하는 것을 목표로 한다. 가해지는 시험 압박과 요구가 크게 달라지지 않았기 때문에 학생들에게 이 정책이 얼마나 성공했는지는 확실하지 않다. 그럼에도 가르친다는 것은 단순한 정보 전달이 아니라는 인식, 시험 대비로서의 교육은 진정한 교육의 모방일 뿐이라는 인식을 긍정적으로 평가할 필요가 있다. 싱가포르의 실제 운영 성과에 대해서 단언할 수는 없지만, 데이비드 릴의 교실에서 '적게 가르치고 더 많이 배우게 하라' 정신은 훌륭히 적용되고 있다. 그는 학생들이 단순히 읽는 데 그치지 않고 내용에 실제로 몰입해야 한다고 인식하고 있다. 또한 학습을 일으키는 것은 교사가 아니라 학생들의 행동이라는 점 역시 인식하고 있다. '적게 가르치기' 철학은 교사가 강력한 학습 기회를 만드는 것에 집중하도록 돕는데 유용할 수 있다. 이는 교사가 한발 물러서고 학생들이 앞으로 나아갈 수 있도록 공간을 열어 주도록 작용한다.

'음악을 지키는 음악' 프로젝트

마이클 메드빈스키Michael Medvinsky는 '학교' 음악과 '진짜' 음악 사이의 벽을 허물고 싶어 한다. 그는 미시간주 블룸필드힐스에 있는 웨스트힐스 중학교West Hills Middle School와 이스트힐스 중학교East Hills Middle School에서 음악 수업을 새롭게 맡았다. 이전까지 학생들이 경험한 음악 수업은 주로 합창 활동에 한정되어 있었지만, 마이클은 학생들에게 음악을 연주하는 것뿐만 아니라 직접 작곡할 기회도 제공해야 한다고 믿는다. 그래서 그는 일주일에 두 번, 한 번에 35분밖에 학생들을 만나지 못하는 상황에서도 이 목표를 어떻게 실현할 수 있을지 신중히 고민했다.

최신 기술을 능숙하게 다루는 음악가인 마이클은 이 목적을 위해 교실에 신속하게 설치할 수 있는 모바일 녹음 스튜디오를 갖추고 있다. 보컬 녹음을 위한 마이크, 디지털 피아노, 기타 녹음과 사운드 믹싱을 위한 입력 장치를 모두 맥북의 로직프로엑스Logic Pro X 스튜디오와 연결해, 마이클은 수업 시간마다 학생들의 음악 작업을 녹음하고 다음 시간에 그 결과를 재생해 줄 수 있다. 여기에 개러지밴드*와 디지털 기타가 설치된 아이패드 미니 세트를 추가하면 학생들이 직접 창작하고 녹음할 수 있는 모든 도구가 완비된다. 이러한 도구들은 마이클이 매주 짧은 수업 시간 동안 학생들의 노력을 남기고 기록화하며, 엮어 내도록 도와줄 것이다.

마이클이 올해 자신의 수업을 구상하면서 핵심적으로 고려한 요소는 사람들을 연결하고, 변화시키며 삶을 바꿀 수 있는 음악의 힘이었다. 그는 디지털 도구를 활용해 학생들에게 음악 창작 기회를 제공할 수 있다는 것을 알고 있었다. 하지만 그 일의 궁극적인 목적은 무엇이어야 할까? 마이클은 학생들이 이 노력에 의미를 느끼고 연결될 수 있도록 명확한 목적을 설정하고자 했다. 미국 내 많은 공립학교에서 지속적으로 예술 프로그램의 예산 삭감이 이뤄져 음악 프로그램들이 고군분투하고 있다는 점을 염려한 마이클은, 학생들이 만들어 낸 음악이 이런 프로그램을 지원하는 수단이 될 수 있으리라 생각했다. 그렇게 '음악을 지키는 음악Music 2 Save Music' 프로젝트가 탄생했다. 그가 지도하는 4~5학년 학생들이 음악을 제작하여 녹음해 공연하고 이를 아이튠즈

---

* Garage Band. 애플에서 만든 무료 음악 제작 프로그램.

^iTunes^에 업로드해 판매한다는 계획이다. 수익금은 학생들이 직접 선정한 어려움에 처한 음악 프로그램을 지원하는 데 쓰이며, 이후 지원했던 프로그램에 참여한 학생들과 스카이프^Skype^를 통해 만날 예정이다.

학기가 시작되고 2개월 후, 웨스트힐스 중학교에서 마이클의 수업을 참관할 기회가 생겼다. 아직 학기 초반이라 마이클은 학생들을 몇 번밖에 만나지 못했지만, '음악을 지키는 음악' 프로젝트는 이미 본격적으로 진행되고 있었다. 교실 한쪽에 있는 화이트보드에는 작곡을 위한 초기 준비 및 계획 과정이 정리되어 있었다.

- 영감 얻기
- 그중 하나를 선택하기 (핵심 아이디어 선정)
- 가사 쓰기
  - 각 절마다 같은 비트 사용
  - 후렴구에서는 다른 비트 사용
- 후렴구 작성
  - 단어 반복하기
- 서주^verse^ 작성
  - 단어를 바꿔 쓰기
- 같은 장르 유지하기

이 개요는 학생들이 창작 활동을 할 때 필요로 하는 기본 기술과 지식을 통합할 수 있는 구조를 제공한다. 마이클은 4학년 중 한 반은 작곡보다 작사를 먼저 하고, 다른 한 반은 거꾸로 작곡을 먼저 하고 작사를 하고 있다고 내게 말했다. 마이클은 사람이나 상황에 따라 서로 다른 접근 방식이 효과적이라는 것을 알고, 학생들에게 단 하나의 방식만 강요하지 않고 다양한 창작 방식을 제공하고자 했다.

학생들이 교실로 들어오자 마이클은 프로젝션 화면이 더 잘 보이도록 불을 끈다. 그의 이동식 스튜디오는 이미 연결되어 있고, 컴퓨터 화면이 화이트보드에 나타난다. 학생들이 지금까지 녹음해 둔 다양한 악기 소리와 목소리의 층들이 각기 빛나는 초록색 띠로 쌓여 있는 모습이 화면에 뚜렷하게 보인다. 학생들이 스크린 앞 카펫에 앉자, 마이클은 이렇게 말한다. "오늘 우리의 엔지니어는 누구일까요?" 그는 자원자를 받기보다는 무작위 번호 생성기를 사용해 학생을 뽑는다. "23번!"이라고 부르자, 한 학생이 일어나 보물을 다루듯 조심스럽게 아이패드를 받아서 자기 자리로 돌아온다.

마이클은 거의 매일 개러지밴드 애플리케이션을 사용한다고 내게 말했다. "보통은 제가 컴퓨터로 직접 작업을 했어요. 기술이 부족해서 작사, 작곡을 못 하는 학생이 없도록 하고 싶었거든요. 제가 운전석에 앉아 있어야 학생들이 자동차 조작보다 풍경(음악의 표현)에 더 집중할 수 있으니까요." 그러나 새로운 로직프로엑스 시스템을 갖춘 이후로, 마이클은 아이패드를 이용해 학생들이 원격으로 조작하게 함으로써 그들을 운전석에 앉힐 수 있게 되었다. 나머지 학생들은 화면에 일어나는 일을 함께 지켜본다.

마이클은 학생들에게 더 많은 통제권을 부여함으로써 수업 문화를 변화시키고 있다고 느낀다. "이 변화는 교실 문화에 꽤 큰 영향을 미쳤어요. 학생들은 항상 자신들의 노래에 주인의식을 가져 왔지만, 이제는 작품을 만들어 가는 과정 자체에 주인의식이 생겼거든요." 그는 예를 하나 들려준다. "며칠 전, 녹음 작업을 멈추고 화성 진행에 대해 논의를 했는데요. 반 전체 학생들이 화성 진행에 따라 코드를 변경해야 한다고 그러더군요." 마이클은 이어 설명한다. "그때 저는 녹음을 맡은 엔지니어 담당 학생에게 트랙을 지우고 처음부터 하자고 요청했어요. 그랬더니 학생이 이렇게 말하더라고요. '선생님, 이미 했어요.'"

현재 '음악을 지키는 음악' 프로젝트에서, 마이클의 학생들은 피터 우즈Peter Woods (1993)가 말한 '권한을 부여하는 교육적 사건'의 '발산'* 단계에 와 있다. 우즈는 이러한 사건을 "여러 주에서 1년 이상 지속될 수 있는, 통합적이고 목적이 명확한 교육 활동 프로그램"으로 정의한다(p.357). 우즈는 이런 사건은 결과가 미리 완전히 알려져 있지 않고 알 수도 없는 창의적인 시도이며, 그 안에는 성장의 씨앗이 담겨 있어 변혁적 학습과 개인의 성장을 촉진할 수 있다고 본다(p.357). 나머지 단계들에 대해서는 이 장의 뒷부분에서 다룰 예정이지만, 지금은 발산 단계가 학생들에게 창의성, 탐구, 확장, 실험을 장려하는 시기라는 점을 알아 두는 것이 중요하다. 이 단계에서는 어떤 일이든 일어날 수 있으며, 뜻밖의 발견이 미래의 결과를 형성하도록 허용해야 한다.

마이클은 '엔지니어' 역할을 맡은 학생에게 지금까지 녹음했던 음원을 틀어 달라고 요청한다. ('엔지니어'라는 호칭은 학생의 정체성을 반영한다는 점에서 중요하다.) 초록색 선이 이전에 녹음된 악기 층을 가로지르며 움직이는 동안 학생들은 경청한다. 마이클은 엔지니어에게 다시 녹음 파일을 재생하게 했고, 나머지 학생들에게는 수업 시간에 함께 만든 가사가 적힌 문서 화면을 화이트보드에 비추면서 지금까지 쓴 가사를 따라 부

---

* divergence. 교사가 정해진 답과 경로를 유보한 채 다양한 해석과 가능성을 열어 두고 사고와 탐색을 확장하도록 하는 창의적 수업 단계.

르라고 한다.

음악이 재생되자 4학년 학생들의 목소리가 거의 들리지 않을 정도로, 반주 소리에 묻혀 뚜렷하지 않게 흘러나온다. 이 노래는 '부유함에는 여러 가지 방식이 있다'는 핵심 아이디어를 중심으로 만들어졌다. 1절은 금전적인 부유함을 다루고 있으며, 2절에서는 다른 형태의 부유함을 다루고 있다. 두 절의 대조적인 내용 때문에 학생들은 두 절 사이에서 노래 장르도 변해야 한다고 느꼈다. 여전히 가사는 수정 중인 단계였는데 꽤 새로웠다. 노래를 따라 부르는데 어떤 학생은 가사를 잘 모르는 듯했고, 어떤 학생은 음정을 맞추느라 애쓰고 있었다. 그럼에도 학생들이 박자에 맞춰 몸을 움직이며 노래를 하려는 모습을 볼 수 있었다.

음악 재생이 끝나자마자 마이클은 반 전체에 말한다. "방금 들었던 노래 가사에 대해 옆 친구와 이야기해 보세요." 몇 분 뒤에 마이클이 말을 덧붙인다. "이제 대화를 마무리하고 생각을 나눠 봅시다." 앞줄에 앉은 한 열정적인 학생이 먼저 아이디어를 제안한다. "박수 소리를 좀 더 길게 할 수 있을까요?"

"왜 그렇게 하고 싶어요?" 마이클이 묻는다.

"그러면 비트가 더 강해져요." 학생이 설명한다. 마이클은 고개를 끄덕이며 그 제안에 수긍하고, 다른 학생들의 의견도 듣는다.

"비올라도 같이 넣을 수 있을까요?" 또 다른 학생이 묻는다. 마이클은 이번에도 제안을 수용하고, 계속해서 더 많은 아이디어를 모은다. 뒷줄에 앉은 한 학생이 손을 들고 묻는다. "선생님, 우리 목소리는요? 녹음되었어요?"

"목소리가 들렸나요?" 마이클이 되묻는다.

"음…… 안 들렸어요." 학생은 고개를 저으며 대답한다.

"그럼 오늘 뭘 하면 좋을까요?" 마이클이 미소를 지으며 묻는다.

"우리 노래를 다시 녹음해야죠!" 그 학생이 웃으며 대답한다. 녹음한 노래가 제대로 들리지 않은 음악을 접한 어색함이 교실 안의 대화를 자극했다. 그때 한 학생이 말했다. "우리 목소리를 더 잘 들을 수 있게 박수를 조금 줄여 볼까요?"

마이클은 학생들의 노래와 방금 들은 녹음에 문제가 있다는 것을 알고 있지만, 아직 이른 단계이기 때문에 학생들이 자신들의 노래를 더 전체적으로 생각하도록 격려하고 싶어 한다. "그 부분에 대해 이야기해 봅시다." 마이클이 제안한다. "박수 소리를 줄여야 한다고 생각하는 사람?" 대부분의 손이 올라간다. "좋아요." 마이클이 덧붙인다. "그럼 어떤 대안이 있는지 이야기해 볼까요? 뭘 할 수 있을까요?" 이 질문에 여러 가지 대안이 제시된다. 예를 들면 노래를 더 크게 부르는 것이다. 그런데 한 학생이 뜻밖의 제안을 한다. "플루트를 추가해서 박수 소리가 묻히게 하면 어때요?" 마이클은 그 말을 곧바로 잡아 낸다. "지금 여러분은 청중이 무엇을 듣고 주의를 기울일지를 생각하고 있네요." 이 미묘한 순간에서, 마이클은 이 한마디로 학생들의 사고를 단순히 가능한 아이디어를 제시하는 수준을 넘어 음악가처럼 생각하기 즉, 청중의 경험과 소리의 균형을 고려하는 단계로 끌어올린다.

수업을 이어 가면서 마이클은 제안한다. "여기저기서 소리를 줄이자는 말이 나오고 있네요. 선생님이 제안을 하나 할게요. 우리 목소리를 따로·녹음해서 들어 봅시다. 그렇게 하면 더 많은 정보를 바탕으로 결정할 수 있을 거예요." 앞서 오고 간 대화들처럼 많은 아이디어가 쏟아지고 논의되고 검토되었지만, 아직 결론은 나지 않은 상태다. 마이클이 훌륭한 교사로서 가진 능력 중 하나는 그가 창의적 과정 자체를 이해하고 편안하게 받아들인다는 것이다. 그는 학생들의 주인의식을 빼앗지 않으면서도, 과정이 생산적으로 진행될 수 있도록 필요한 만큼만 개입하며 구조를 제공한다.

마이클은 자신과 학생들이 이 복잡하고 불편한 과정을 거쳐야만 모든 것을 하나로 모을 수 있음을 잘 알고 있다. 그러나 이는 단순히 '버텨내야 할' 단계가 아니다. 마이클이 추구하는 학습과 생각하는 문화 형성의 핵심적인 과정이다. 그는 이렇게 말한다. "학생들이 자신들의 노래와 그들의 음악적 의사 결정 뒤에 있는 목적에 대해 이야기하는 방식이 저의 교실 문화를 새롭게 변화시키고 있어요." 마이클은 자신의 다른 수업에서 일어난 학습에 대해 블로그에 글을 쓰면서, 이런 변화가 처음으로 분명하게 나타난 순간을 이렇게 기록했다.

처음에는 목소리를 사용해 독창적인 멜로디를 만들어 자신의 음악적 생각을 반 친구들과 공유하는 것에 약간의 두려움이 있었다. 하지만 한 학생이 만든 멜로디가 교실에 울려 퍼지자 그 두려움은 금세 사라졌다. 모두가 그 멜로디를 정말 좋아했다. 나는 즉시 피아노로 그 보컬 멜로디를 연주했고, 반 아이들은 몇 번 가사를 따라 부르기 시작했다. 멜로디에 익숙해지면서 그 선율은 몇 번 더 수정되었고, 특히 마지막 부분에서는 낮은음에서 높은음으로 올라가는 흐름으로 끝나면서 자연스럽게 다음 구절로 넘어가도록 변형됐다.

이 모든 것이 하나로 맞아떨어졌을 때, 교실 안의 에너지가 완전히 달라졌다. 아이들은 의자 끝에 걸터앉아, 그 절을 계속 반복해서 부르자고 요청했다. 다른 교과 선생님이 문을 열고 들어오자마자 자기네 음악 아이디어를 들려주겠다고 졸랐다. 아이들은 정말로 들떠 있었다. 아이들에게는 정말 마법 같은 순간이었다. 그리고 오늘 그 수업 이후, 그 반의 여러 학생이 수업 사이 쉬는 시간이나 점심시간에 내 방을 찾아와 새로운 아이디어를 공유하고 있다. 이건 나에게도 마법 같은 순간이다.

Michael Medvinsky, http://mmedvinsky.edublogs.org/2013/09/16

'음악을 지키는 음악' 프로젝트가 발전해 가면서, 그 범위와 열정은 점점 더 확장되었다. 마이클은 학부모와 지역사회가 학생들의 창작 과정을 실시간으로 볼 수 있도록 페이스북 페이지와 트위터 계정을 개설했다. 학교의 한 8학년 학생은 콘서트 홍보와 온라인 판매용 티셔츠에 사용할 오리지널 로고를 직접 디자인했다. 또한 이 프로젝트는 노스캐롤라이나주 샬럿에 위치한, 폭력 피해 아동들을 지역 예술 프로그램과 연결해 주는 비영리 기관인 예술역량강화 프로젝트Arts Empowerment Project 같은 외부 단체와도 연계되었다. 콘서트 날짜가 가까워지자 행사를 홍보하는 포스터가 제작되었다. 하지만 마이클의 기술 활용 방식에 걸맞게, 이 포스터는 단순한 인쇄물이 아니었다. 오라스마Aurasma라는 앱을 사용해, 포스터에는 '오라aura'라고 불리는 증강 현실 기능이 추가되었다. 포스터를 스마트폰의 오라스마 앱을 이용해 비추면 이 영상이 보인다. '음악을 지키는 음악' 포스터를 통해 각 반의 학생들이 자신들의 노래를 소개하고 콘서트에 초대하는 영상 메시지를 볼 수 있다.

이 프로젝트로 마이클은 학교 음악과 실제 음악 사이의 장벽을 분명히 허물었다. 그는 학생들에게 음악을 창작하는 창의적 과정에 참여할 기회를 제공했으며, 이를 통해 학생들은 음악의 다양한 차원, 형식, 언어를 배우면서 동시에 주인의식과 독립성을 키울 수 있었다. 그는 공연의 가치를 소홀히 하지 않으면서 학생들의 노력이 목적과 의미를 갖게 되는 더 큰 맥락 속에 공연을 통합했다. 동시에, 자신에게도 낯선 두 학교의 학생들과 함께 음악 속에서 생각하는 문화를 구축하는 기초를 마련했으며, 이 문화는 한 해 동안 계속 확장될 것이다.

학습 기회 분류하기, 인식하기, 실현하기

이 장은 강력한 학습 기회를 보여 주는 풍부하고 다양한 사례를 담고 있다. 각 사례에서는 그것이 왜 학생들에게 매력적이고 풍요로운 학습 경험이 되었는지를 설명했다. 이제 3가지 사례를 보다 면밀히 분석하면서 그 기회들을 기본적인 차원을 기준으로 분류해 보고자 한다. 그 다음으로는 초점을 더욱 좁혀, 우리가 설계하는 학습 기회가 실제로 학습을 촉진하기 위해 갖춰야 할 구체적인 특성들이 무엇인지 살펴볼 것이다. 마지막으로, 이러한 학습 기회들을 실제 교실 수업 속에서 어떻게 실현할 수 있을지를 검토하며 이 장을 마무리할 예정이다.

기회 분류하기: 학습 기회들은 어떤 핵심 차원에 따라 달라지는가?

교사가 만들어 내는 학습 기회는 지속 기간, 형식 그리고 복잡성이라는 3가지 뚜렷한 차원에서 서로 다르다. 우선, 기회의 지속 기간이나 범위는 시간과 관련된다. 어떤 기회는 수업 시간 안에 이뤄지는 잠깐의 순간이나 상호작용처럼 매우 짧기도 하고, 또 어떤 기회는 한 학기 또는 1년에 걸쳐 진행되는 장기적인 이벤트일 수도 있다. 그 사이에는 수업 중 하나의 과제로 완료되거나 숙제로 제출되는 짧은 과제들도 있고, 여러 수업 시간에 걸쳐 이어지는 프로젝트도 있다.

앞서 소개된 사례들을 보면, 톰 하일먼의 학생들은 수업 중 시작해 숙제로 마무리하는 **과제**를 수행했다. 예를 들어, 이아고를 묘사하는 형용사를 선정하고 그것에 순위를 매기는 활동은 단 몇 분 만에 끝나는 짧은 학습 활동이었다. 반면, 데이비드 릴의 보이스스레드 앱을 활용한 이주 이야기 수업은 여러 날에 걸쳐 진행된 장기 **프로젝트**였다. 이 프로젝트는 데이터 수집하기, 분석 및 종합하기, 대본 작성하기, 적합한 이미지 선정하기, 최종 녹음하기와 같은 여러 하위 과제로 구성되어 있었다. 또 다른 예로, 마이클 메드빈스키의 '음악을 지키는 음악' 프로젝트는 수개월 동안 진행된 대규모 **이벤트**였다. 이 이벤트 역시 다양한 작은 프로젝트, 과제 그리고 순간들을 포함하고 있었다.

이러한 학습 기회들은 각각 독립적으로 존재하는 것이 아니라, 서로 중첩되고 연결된 구조 속에서 의미를 가진다. 이를 피라미드 형태로 이해할 수 있다(그림 6.1 참고). 피라미드의 가장 아래층에는 '순간'들이 자리 잡고 있으며, 이 순간들이 '과제'를 지지하고, 과제들은 '프로젝트'를 떠받치며, 프로젝트는 다시 대규모의 '이벤트'를 지탱하는 구조다. 다양한 지속 기간을 가진 학습 기회는 각각 고립된 채로가 아니라 서로 포개지고 중첩된 맥락 속에 존재한다.

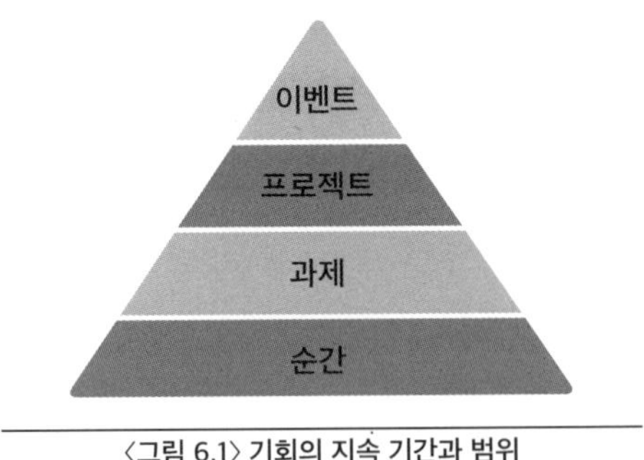

〈그림 6.1〉 기회의 지속 기간과 범위

이벤트는 규모와 지속 기간 측면에서 비교적 드물게 발생하며 피라미드의 가장 꼭대기를 차지한다. 그러나 이벤트는 학습을 끌어들이고 동기를 부여하며 추진하는 데 있어 독특하고 강력한 힘을 발휘한다. 이러한 힘은 이벤트가 지닌 총체성과 창의성 덕분이며, 이를 통해 학습은 종종 학문적 영역을 넘어 개인적, 사회적 성장까지 촉진한다(Sikes, Measor, & Woods, 1985; Woods, 1993, 1995). 이벤트는 학습에 목적 있는 맥락을 제공하고, 학습자를 더 넓은 공동체와 연결하는 경우가 많다. 예를 들어, 마이클 메드빈스키의 음악을 지키는 음악 프로젝트는 학생들의 음악적 시도에 목적을 부여했을 뿐만 아니라, 그들을 지역사회, 먼 곳에 떨어져 있는 청중과 연결해 줬다.

우즈(1993)는 이벤트가 6가지 단계를 거쳐 진행된다고 제시했다. 각 단계는 독자적인 목적, 방향성, 결과를 지닌 프로젝트라고 볼 수 있다. 첫 번째는 **개념화**conceptualization 단계로, 이벤트의 아이디어가 처음 발화되는 시기다. 초기 아이디어는 교사에게서 나올 수 있지만, 학생들이 주도권과 주인의식을 가질 수 있도록 관심을 유도하고 가능성을 탐색하도록 이끄는 것이 중요하다. 두 번째는 **준비**preparation와 계획 단계다. 이 단계에서는 필요한 기본 지식과 기술을 전달한다. 마이클의 수업에서는, 학생들이 자신만의 음악을 창작할 수 있도록 다양한 음악적 차원과 특성에 대해 가르치는 것이 여기에 해당했다. 일반적으로 이 단계에서는 신중하게 단계별 지원책이 제공되어, 학생들에게 필요한 만큼의 정보와 기술만 제공한 뒤 다시 다음 단계로 이어지는 구조로 진행된다. 세 번째는 **발산**divergnce 단계로, 마이클의 수업에서 이 단계를 관찰했다. 아이디어를 창조하고 다양한 가능성을 탐색하는 시기다. 네 번째는 **수렴**convergence 단계다. 이 단계에서는 아이디어가 통합되고 정제된다. 다섯 번째는 **통합**consolidation 단계로, 각각의 부분들이 하나로 모이고 다듬어진다. 마지막 여섯 번째는 **축하**celebration 단계로, 이때 이벤트는 어떤 형태로든 청중과 함께 공유하는 자리에서 절정에 이른다.

물론 이벤트를 성공적으로 이끌어 내기 위해서는 시간과 에너지가 필요하다. 그러나 우즈(1993)는 교사들이 이벤트를 통해 특히 전문성 차원에서 큰 보람을 느꼈다고 보고했다. 이벤트는 교사들에게 처음 가르침에 뛰어들게 했던 이상과 다시 연결될 수 있는 기회를 제공했다.

기회는 형식 측면에서도 다양하다. 전체 수업 토론, 소그룹 활동, 짝 활동, 강의, 영상 시청, 책 읽어 주기, 개별 작업, 워크시트worksheet 활용, 기술을 활용한 활동 등 교사들은 다양한 수업 형식을 사용한다. 물론 이 목록이 전부는 아니다. 하나의 수업 안에서도 수업 형식은 순간순간 바뀔 수 있다. 강의, 영상 시청, 워크시트 작성 같은 일부 수업 형식에서는 학생들이 적극적으로 학습에 참여하지 못하는 경향이 있을 수 있다. 그러나 어떤 활동이 풍요롭고 몰입감 있는 학습 기회인지를 평가할 때 단순히 '형식' 자체가 결정적인 요소는 아니다. 오히려 그 형식을 어떻게 실행하느냐가 중요하다(Shernoff, 2013). 학생들에게 사고를 요구하고, 이해를 발전시키도록 하고 있는가? 그럼으로써 더 큰 유능감과 자율성을 키우고 있다고 학생들이 느낄 수 있도록 지원하는가? 학생들은 시간이 흐름에 따라 특정 수준의 지속적인 참여를 하도록 요구받고 있는가?

모든 교사는 서로 다른 지속 기간과 형식을 가진 학습 기회들을 만들어 낸다. 하지만 이 다양한 기회 속에서 학생들의 몰입과 학습 수준을 결정짓는 핵심 차원은 바로 복잡성이다. 복잡성에 대해 생각할 때 좋은 접근법은 이를 하나의 연속선으로 보는 것이다. 이 연속선의 한쪽 끝에는 주로 단순하고 반복적인 과제들이 있다. 이 과제들은 '기억'과 같은 표층 학습 전략을 주로 사용한다. 반대쪽 끝에는 독창적이고, 새로운 반응을 요구하는 과제들이 있다. 이 과제들은 심층 학습 전략을 요구하며, 이는 학생들이 표면적 이해를 넘어서는 진정한 개념적 이해를 구축하는 데 핵심적이다(2장 참고). 결국 이러한 독창적이고 도전적인 과제들이 진정한 사고를 요구한다.

1980년대에 진행된 도일(1983)의 연구에 따르면, 학생들의 수업 시간 중 60~70퍼센트는 주로 기억 작업이나 절차 복제를 요구하는 낮은 수준의 단순 반복적 과제에 사용되고 있었다. 반면 이해, 전이, 추론, 새로운 반응을 요구하는 과제는 전체 수업 시간의 겨우 10퍼센트만 차지했다. 나머지 20~30퍼센트의 수업 시간은 집중되지 않은 시간이거나 수업 전환 시간이었다. 지난 30여 년 동안 이런 상황이 변했다고 말할 수 있으면 좋겠지만, 실제로는 그렇지 않다. 도일이 지적했던 교실 내 학생 작업의 복잡성(또는 그 부재)에 대한 패턴은 여전히 지배적인 모습으로 남아 있다. 로버트 피안타Robert Pianta와 그의 동료 연구자들(Pianta, Belsky, Houts, Morrison, & National Institute of Child Health and Human Development, 2007)이 미국 전역 400개 이상의 교육구에서 1000명이 넘는 중산층 학생들을 대상으로 진행한 종단 연구에서도 비슷한 결과가 나타났다. 연구 결과, 5학년 학생들은 문제 해결, 추론, 분석과 관련된 수업보다 기초적 기능을 가르치는 수업을 다섯 배나 더 많이 받았다. 그리고 이 학생들이 3학년이었을 때 진행한 2년 전 연구에서도 똑같은 패턴이 관찰되었다. 다른 연구들 역시 이와 유사한 결과를 보고했다. 모든 학년과 교과목 영역에서 단순 암기 과제가 수업을 지배하고 있다는 뜻이다(City et al., 2009; Newmann et al., 2001; Schmoker, 2009; Shernoff, 2013; Silver, Mesa, Morris, Star, &

Benken, 2009; Wagner, 2008).

비록 단순 반복적 과제가 교실 수업을 지배하고 있지만, 학생들을 몰입하게 만드는 것은 바로 학습 기회의 복잡성과 그로 인한 도전이다(Newmann, Wehlage, & Lamborn, 1992; Shernoff, Csikszentmihalyi, Schneider, & Shernoff, 2003). 수학 교실에서 더 많은 도전이 필요하다고 목소리를 내는 대표적인 인물 중 하나인 댄 마이어Dan Meyer(2012)는 수업의 초기 목표이자 학생 몰입의 열쇠로 '의문 상태perplexity'를 꼽는다. 마찬가지로 데이비드 셔노프David Shernoff와 미하이 칙센트미하이Mihaly Csikszentmihalyi가 학생 몰입을 연구한 결과에서도, 도전과 지원이 결합된 학습 환경에서 학생들의 지속적인 몰입과 학습에 대한 인식이 가장 자주 나타나는 것으로 밝혀졌다(Shernoff et al., 2003). 셔노프(2013)는 이를 다음과 같이 표현한다. 교사의 역할은 "학생들이 과제에 끈질기게 몰입하고 과제를 성공적으로 완수했을 때 만족과 기쁨을 느낄 수 있도록, 진정성 있고 지적으로 도전적인 학습 과제를 설계하고 창안하고 고안해 내는 것이다"(p.132). 이러한 도전적인 측면이 없는 과제라면 학생들은 몰입할 이유를 거의 찾지 못한다. 이는 미국의 고등학교를 다룬 고전적 저서『호러스의 타협Horace's Compromise』에서 테드 사이저(1984)가 지적한 바 있다.

기회 인식하기: 학습을 촉진하는 도전적인 기회의 구체적인 특성은 무엇인가?

앞서 소개한 3가지 사례 연구를 살펴보면, 각 사례마다 지속 기간과 형식은 다르지만 복잡성이라는 차원에서는 공통점이 있었다. 모두 사고를 요구했고, 새로운 반응을 이끌어 내는 방향으로 학생들을 독려했다. 좀 더 구체적으로 말하자면, 이 학습 기회들은 모두 강력한 학습을 설계하고자 하는 교사들에게 유용한 4가지 핵심 설계 원칙을 공유하고 있다. 바로 새로운 적용, 의미 있는 탐구, 효과적인 소통, 가치 인식이다. 이러한 원칙들은 다양한 연구와 이론적 작업에 뿌리를 두고 있다. 예를 들면, 이해를 위한 교수Teaching for Understanding(Wiske, 1997), 진정성 있는 지적 작업Authentic Intellectual Work(Newmann et al., 2001), 참여 이론과 학생 참여flow theory and student engagement(Shernoff et al., 2003), 사고 가시화Visible Thinking(Ritchhart, Church, & Morrison, 2011) 등의 연구에서 도출된 것이다.

새로운 적용

'이해'는 자신이 가진 기술과 지식을 새로운 상황에 적용할 수 있는 능력을 의미한다. 이러한 적용은 학생들이 문제 해결 상황을 분석하고 적용할 수 있는 기회를 포착하며, 그 후에 자신의 기술과 지식을 전이할 것을 요구한다. 전이는 기능과 지식을 가르칠 때 가장 궁극적인 목표라고 할 수 있다. 따라서 단순한 복제가 아니라 전이를 요구하는 학습 기회는 장기적으로나 시험 상황에서도 학생들에게 큰 도움이 된다. 또한 자신이 알고 있는 지식을 조직하고, 해석하고, 평가하고, 통합해 무언가 새롭고 독창적인 것을 만들어 내는 과정은 지식을 더욱 명확하고 깊이 있게, 풍부하게 만들어 준다. 이러한 독창성은 강력한 동기를 부여하기도 한다. 우리는 데이비드 릴의 이주 이야기 프로젝트 사례를 통해, 바로 이런 독창성이 학생들의 학습을 얼마나 자극하는지를 직접 확인할 수 있었다.

의미 있는 탐구

'이해를 위한 교수' 프레임워크에서 '이해 수행understanding performance'

은 이해를 구축하는 핵심 수단이다. 이해 수행의 한 측면은 학생들이 이미 가지고 있는 이해를 드러내는 것이지만, 또 다른 중요한 측면은 학생들이 이해를 새롭게 발전시킬 수 있도록 돕는 것이다. 강력한 학습 기회도 이 2가지 측면을 모두 갖춰야 한다. 따라서 단순히 적용하는 것만으로는 충분하지 않다. 새로운 이해를 구축하고, 개인적인 통찰을 발전시키는 과정도 반드시 포함되어야 한다. 하지만 현실의 학교에서는 이런 과정이 자주 문제로 나타난다. 수행 능력이 뛰어난 학생들이 좋은 성적을 받기는 하지만, 실제로는 새로운 것을 배우지 못하는 경우가 많다. 과제에서 새로운 것을 배울 기회가 없다고 느끼면 학생들은 요구된 수준을 넘어서려 하지 않을 수 있다. 이 특성은 톰 하일먼이 진행했던 이아고 과제에서도 강조되었다. 톰은 학생들에게 이 과제를 단순한 작업이 아니라, 이아고라는 인물을 새롭고 더 깊이 이해할 수 있는 기회로 제시했다. 그리고 래피얼이 이 과제에 대해 제출한 응답에서, 한 학생이 이 기회를 진정으로 적극 활용했던 모습을 확인할 수 있었다.

효과적인 소통

이해는 사고와 아이디어를 표현하고, 대표하고, 정당화하고, 소통할 수 있는 능력에 의해 요구되며 촉진된다(Nystrand & Graff, 2001; Schmoker, 2009; Silver et al., 2009). 하지만 학생들이 접하는 과제에서는 이런 능력이 충분히 강조되지 않는 경우가 많다. 설령 강조되더라도 종종 단순히 선택한 방법, 절차, 과정을 설명하는 수준에 머물고 만다(Silver et al., 2009). '사고 가시화'를 위해 사고 루틴을 교실에서 사용할 때 우리가 관찰할 수 있는 강력한 효과 중 하나는 증거를 제시하고, 생각을 설명하며, 자신의 아이디어와 개념들을 명확하게 연결 짓도록 학생들을 유도한다는 점이다. 교실 안에서 이러한 의사소통에 초점을 맞추면 학생들은 나중에 시험 상황, 특히 글쓰기 능력을 요구하는 시험에서 활용할 수 있는 중요한 기술을 갖추게 된다. 마이클 메드빈스키의 수업에서도 이런 모습이 잘 드러났다. 독창적인 음악을 창작할 때, 학생들은 필수적으로 음악이라는 학문적 언어로 소통해야 했다. 비록 마이클의 수업에 들어오기 전에 학생들은 전문적인 음악 용어를 거의 몰랐지만, 그들은 '실천 공동체' 안에서 계속해서 이 언어를 발전시킬 기회를 얻었다.

가치 인식

앞서 소개한 3가지 사례에서 학생들은 모두 무언가를 만들어 냈다. 방정식, 보이스 스레드, 노래 등이다. 교실에서 학생들이 무언가를 만들어 내는 일은 흔하지만 그것이 자신의 시간과 노력을 들일 만한 가치가 있다고 느끼는 경우는 드물다. 학생 참여에 대한 연구에서 셔노프와 동료 연구자들(Shernoff et al., 2003)은 다음과 같은 사실을 발견했다. "우리가 조사한 다양한 인식 중에서도 중요성에 대한 인식은 참여를 예측하는 가장 강력한 요인이었을 뿐만 아니라, 학습 인식과 주의 집중을 예측하는 데 있어서도 가장 견고한 요인이었다"(p.141). 연구자들은 덧붙여 강조했다. "중요성에 대한 인식이 참여를 예측하는 요인으로서 지닌 힘을 결코 과소평가해서는 안 된다"(p.138).

개별 학생의 가치 인식은 개인적 특성에 기인한다고 주장할 수도 있다. 이 말은 어느 정도 사실이다. 하지만 교사는 학생들이 과제나 활동을 가치 있는 것으로 인식할 가능성을 높일 수 있다. 특히 과제나 활동의 맥락과 목적을 이해할 때 학생들이 그 과제를 가치 있게 느낄 가능성이 높아진다. 그렇다고 해서 이것이 단순히 수업 목표나 목표 진술만으로 해결되는 문제는 아니다. 많은 학교가 교사들에게 수업 목표를 명시하도록 요구하지만, 사실 셔노프의 연구 결과에 따르면 교사가 수업을 시작하면서 수업 목표를 진술하는 행위는 학생들의 가치 인식에 거의 영향을 미치지 않았다. 교사의 목적 인식이 곧바로 학생의 목적 인식으로 이어지지는 않는 것이다. 오히려 중요한 것은, **활동을 더 큰 목표나 의미 있는 과업 속에 자연스럽게 자리 잡게 하는** 능력이었다.

예를 들어, '음악을 지키는 음악' 프로젝트처럼 이벤트는 학습을 더 큰 맥락 안에 위치시키고, 그와 관련된 모든 프로젝트와 과제에 명확한 이유를 부여해 준다. 이것이 이벤트가 가진 힘 중 하나다. 또한 데이비드 릴은 학생들이 자신만의 이주 이야기를 만들 수 있도록 선택권을 줬다. 이로 인해 학생들은 가족의 역사와 개인적으로 의미 있게 이어질 수 있었고, 결과적으로 프로젝트에 대한 가치 인식도 높아졌다. 톰 하일먼의 경우도 마찬가지였다. 그는 이아고 방정식 과제를 단순한 작업이 아니라, 이아고라는 인물을 더 깊이 이해할 수 있는 기회로 설정했다. 그리고 학생들이 이 과제에서 과감히 도전하고 스스로 한계를 넘어설 수 있도록 허용했다.

기회 실현하기: 어떻게 성공적으로 교사와 학생 모두에게 도전적인 학습 기회를 만들 수 있을까?

기회는 가르침의 핵심이다. 우리가 설계하는 과제는 학생들의 수행을 위한 무대를 마련한다. 이 과제들은 학생들에게 영감을 주고, 참여를 이끌고, 가능성과 창의성을 열어 줄 수 있다. 반대로 학생들의 노력을 단순하고 피상적인 모방으로 제한해 버릴 수도 있다. 마이크 슈모커(2009)는 학교 성취를 향상시키는 매우 생산적이고 비용이 적게 드는 방법 중 하나로, 저차원적 과제를 유의미하고 목적 지향적인 학습 기회로 바꾸자고 제시한다. 남이 만들어 준 활동지, 교사용 지도서, 학습지, 판박이 수업과 같은 일률적인 자료에 대한 의존을 줄이자는 것이다. 이것들은 실제로 교사가 가르치고 있는 개별 학생들의 특성, 요구와 맞아 떨어지지 않기 때문이다. 이런 제안, 즉 더 강력한 학습 기회를 창조하라는 말에 대해 "그래요, 하지만……."이라고 말하는 소리가 들리는 듯하다. 아마 앞서 제시한 3가지 사례를 보면서도 비슷한 생각을 했을 것이다. 그렇다면, 이제 그 몇 가지 '변명'에 대해 함께 생각해 보자.

"그런데 이런 기회를 만들려면 시간이 더 걸리잖아요." 솔직하게 말하겠다. 정말 시간이 더 걸린다. 하지만 학습 기회를 만드는 일이 바로 가르치는 일 자체다. 이것은 교사가 경험하는 기쁨이자 도전의 일부이기도 하다. 그런데 왜 이 중요한 일을 다른 누군가에게 맡겨야 한단 말인가? 앞서 소개한 사례들을 살펴보면, 교사들은 모두 한 번도 한 적 없는 새로운 일에 도전하고 있었다. 하지만 그들이 그 과제와 프로젝트, 이벤트를 계획하는 데 오랜 시간이 걸리지는 않았다. 이들은 학생들을 밀어붙이고, 몰입시키고, 그들의 학습을 촉진시키는 관점으로 사고하는 데 이미 익숙했다. 그래서 자연스럽게 그러한 강력한 학습 기회를 항상 찾고 있었던 것이다. 또한 이 교사들은 새로운 시도를 하는 데 익숙하기 때문에, 가끔 새로운 아이디어를 조정하거나 수정해야 하는 상황이 생겨도 그것을 대수롭게 여기지 않았다. 가장 중요한 것은, 이 교사들 모두가 학생들과의 참여와 새로운 시도를 통해 에너지를 얻는다는 점이다. 4장에서 언급했듯이, 시간 관리보다 에너지 관리가 더 중요하다는 사실을 상기해 보라.

또한 우리가 만들어 내는 모든 학습 기회가 완전히 새로울 필요는 없다. 예를 들어, 마이클은 학생들에게 자신만의 음악을 창작하도록 가르친 경험이 있었기 때문에 그것을 새로운 맥락에 적용하는 데 많은 시간이 필요하지 않았다. 또한 내 동료 마크 처치Mark Church가 말했듯, 기존의 학습 기회(심지어 누군가가 이미 설계한 수업)를 "한 단계 끌어올려" 활용할 수도 있다. 전에 사용했거나 다른 곳에서 발견한 과제를 검토하면서 몇 가지 간단한 질문을 던져 보는 것이다. 예를 들면 다음과 같다. '이 상황에서 학생들이 더 많이 사고하도록 참여시키려면 어떻게 해야 할까?', '이 과제를 확장해 천장을 더 높게 설정할 수 있을까?', '이 과제를 더 흥미로운 맥락으로 확장할 수 있을까?', '이 과제에 불필요하게 많은 비계가 있어서 오히려 사고를 제한하고 있지는 않은가?', '내가 정말 학생들과 함께 탐구하고 싶은 핵심 질문은 무엇이며, 이 과제를 통해 어떻게 학생들이 그 질문에 도달할 수 있을까?' 마이어(2012)는 수학 과제의 수준을 한 단계 끌어올리고 단순한 계산 문제를 깊이 있는 사고를 요구하는 문제로 만드는 데 뛰어난 전문가다. 만약 아직 이런 사고 과정에 익숙하지 않다면, 동료 교사들과 협력적으로 과제를 검토해 여러분이 만드는 학습 기회를 함께 발전시켜 보는 것도 좋은 방법이다.

"그래요, 하지만 우리 학생들이 치르는 시험은 단순 반복적 연습을 필요로 하지, 사고력에 바탕을 두고 있지 않잖아요." 이런 생각에는 전제가 있다. 기초적 기능을 중심으로 한 표준화 시험에 대비하는 가장 좋은 방법은 학생들에게 그 기본 기능을 반복적으로 연습시키는 것이라는 생각이다. 그러나 실제로는 그렇지 않다. 프레드 뉴먼(Newmann 외, 2001)이 시카고 내 공립학교의 3학년, 6학년, 8학년 학생 5000명 이상을 대상으로 수행한 연구에서, 복잡한 사고와 정교한 의사소통을 요구하는 과제를 정기적으로 접한 학생들은 단순 반복적 과제

를 주로 접한 또래들보다 기초적 기능 시험에서 더 좋은 성과를 보였
다. 이러한 경향은 모든 학업 수준의 학생들에게 공통적으로 나타났다.
성취 수준이 낮은 학생들일수록 사고를 중심으로 한 학습 기회를 제공
받지 못하면 불이익이 더 커졌다. 결국, 학생들은 시험지의 답안지에
마킹하는 데 시간을 보내기보다 지식과 지식을 연결하고 사고를 확장
하는 데 더 많은 시간을 써야 한다.

대규모 연구에서 도출된 뉴먼의 연구 결과는 매우 설득력이 있다.
이 결과가 오랫동안 누적된 다양한 연구 결과들과 일치한다는 점에서
더욱 그렇다. 이전 연구들은 모두 학생들의 이해를 발전시키고, 지식
의 전이와 적용에 주목하며, 교과 내용을 매개로 사고하는 법을 가르
치는 것이 표준화 시험 대비뿐만 아니라 21세기 시민성을 기르는 최선
의 준비라고 보았다(City et al., 2009; Cobb et al., 1991; Knapp, Shields, & Turnbull, 1992;
Shernoff, 2013). 이는 전혀 놀라운 일이 아니다. 로버트 프리드(1995)가 지적
했듯이 학생의 학습 참여가 곧 성취의 핵심이기 때문이다. 프리드는 이
렇게 말한다. "학생들이 교과 내용에 몰입하게 하고 싶다면 교사는 교
수법을 바꿔야 한다. 가르치는 양을 줄여야 한다. 그래야 학생들이 정
말 중요한 것들을 잘, 깊이 배울 수 있다. 교사는 흥미로운 질문을 던지
고, 탐구를 위한 틀을 마련해야 하며, 그 후에는 물러서서 학생이 스스
로 학습하도록 해야 한다"(p.57).

**"그런데요, 제가 지도하는 학생들은 이런 사고 중심 수업에 협조
하지 않을 거예요. 학생들은 그냥 떠먹여 주기를 원해요."** 『호러스의
타협』에서 테드 사이저(1984)는 이것을 중등교육에서 나타나는 핵심 딜
레마로 지적했다. 너무 많은 것을 요구받지 않는 대신 조용하고 순응
적으로 행동하기로 학생들은 일종의 암묵적 교실 계약을 맺는다는 것

이다. 겉으로 볼 때 학교는 평상시처럼 운영되지만, 학습은 달팽이 걸음처럼 느리게 진행된다. 도일(1983) 역시 학생들이 기존의 과제 구조를 유지하려는 강한 압력을 교사들에게 가하고 있음을 발견했다. 교사는 단지 내용을 전달하고 학생은 암기하는 것에 만족하는 구조가 고착되어 있는 것이다. 도일은 이렇게 관찰했다. "장기적인 학업 성취 향상을 위해 인지심리학에서 제시하는 과제 유형이야말로 교실에 도입하기 가장 어려운 과제들이다"(p.189).

도일은 이러한 갈등이 과제의 모호성을 줄이려는 욕구에서 비롯된다고 설명했다. 동시에 학생들은 평가 기준을 충족하지 못해 실패할 위험을 최소화하려는 경향을 보인다. 단순 암기 과제는 명확하며 위험이 낮다. 반면 이해를 요구하는 과제는 훨씬 더 모호하며, 쉽게 '틀릴 수 있고' 불확실하다. 새로운 과제가 주어질 때 학생들은 이 위험과 모호성을 관리하려 한다. 그래서 "이건 어떻게 채점돼요?", "정답은 뭐예요?" 같은 질문을 통해 과제의 경계를 명확히 하고 모호성을 줄이려 한다. 때로는 학생들이 '파일러팅 piloting' 전략을 사용하기도 한다(Lundgren, 1977). 이는 교사에게 부분적인 답안을 반복적으로 보여 주며 교사가 사실상 '정답이 무엇인지' 정의해 버리게 만드는 행위를 말한다. 교사가 이러한 '파일러팅 시도'에 말려들지 않으려면 강한 의지가 필요하다.

하지만 도일의 연구 결과에는 한계가 있다. 그가 주로 작업 중심의 교실들을 연구했다는 점이다. 도일은 이에 대해 의문을 제기하지 않았고, 성적과 평가가 학생들에게 동기를 부여하는 주된 수단이라는 가정 역시 의심하지 않았다. 학생들이 성적표에 반영되는 것만 하려고 한다는 인식은 분명 강하게 존재한다. 이는 어느 정도 사실이다. 만약 교사가 지식만을 평가한다면, 학생들은 이해하고자 하는 노력이 무가치하다고 여길 것이다. 따라서 평가는 우리가 기르고자 하는 행동, 과정 그리고 결과물과 일치해야 한다. 노력해도 아무 보상이 없다고 느낀다면 학생들은 참여하지 않는다. 그렇다고 해서 모든 과제를 점수화해서 성적에 반영해야 한다는 뜻은 아니다. 예를 들어, 톰 하일먼의 이아고 방정식 과제는 점수와 연결되지 않았지만 그는 학생들에게 책임감을 유도하는 연결 고리를 세심하게 설정해 두었다. 학생들은 나중에 이아고에 대해 글을 써야 할 것이며, 이아고를 깊이 이해하려는 노력이 자신의 글쓰기에 도움이 될 것임을 알고 있었다. 그래서 학생들은 이 과제가 가치 있다고 느끼고 몰입했다. 즉 과제에는 '인지된 가치'가 존재했다. 또한 데이비드 릴은 '분석 방법 자체를 명시적으로 가르침으로써' 과제의 모호성을 효과적으로 관리했다. 이러한 명시적 교수는 학생의 사고 발달을 도우면서도 자율적 학습 태도를 길러 주는 효과가 있다(Schmoker, 2009).

궁극적으로, 학생들의 태도 변화는 생각하는 문화 속에 깊이 참여함으로써 이뤄진다. 그들은 이해와 독립성의 발달을 학습의 주요 목표로 인식하게 된다. 이는 기존의 작업 중심 태도에서 벗어나 학습 중심 태도로 전환함을 의미한다. 이 전환은 우리가 설정하는 기대와 우리가 만들어 내는 학습 기회를 서로 일치시킴으로써 가능하다. 과제를 더 큰 목적 속에 자리 잡게 하고, 학생이 선택권을 갖고 창의적으로 사고하며, 그들에게 도전할 수 있는 기회를 제공하고, 다른 사람들과 협력적으로 참여하는 맥락 안에서 이를 수행하게 하는 것, 그것이 이 과정의 핵심이다.

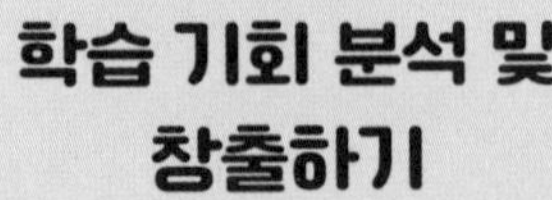

- 학생들이 하는 '행동'의 관점에서 과제나 프로젝트를 분석하라. 읽어 보면서, 학생들이 과제를 수행하며 실제로 하게 되는 행동을 가장 잘 설명하는 동사들을 목록으로 작성하라. 그다음, 학생들이 각 동사가 가리키는 행동에 소비할 것 같은 시간의 양에 따라 그것들을 정렬해 보라. 이 과정은 해당 과제나 프로젝트의 학습 잠재력에 대해 무엇을 드러내는가?

- 과제나 프로젝트의 '천장'을 높이거나 없애라. 학생들에게 제공한 지침이나 설명을 읽어 보라. 학생들이 만들어 낼 결과물을 그 지침이 제한하고 있지는 않은가? 어떻게 지시문을 바꿔야 더 많은 가능성을 열 수 있을까? 스스로에게 물어보라. '이 반에 있는 학생들 중에서 첫날에도 이 과제를 문제 없이 해낼 수 있었을 학생이 있는가?' 만약 그렇다면 그 과제를 더 도전적이고 개방적으로 설계할 필요가 있다.

- '의문 상황'을 만들어라. 우리가 이 내용을 배워야 하는 이유는 무엇인가? 어떤 상황에서 이 학습 내용이 필요한가? 무언가를 해결하거나 이해하기 위해 이 내용을 배워야만 하는 상황을 어떻게 만들 수 있을까? 바로 그 상황이 '의문 상황'이다.

- 하나의 단원 내에서 과제나 프로젝트를 '새로운 적용', '의미 있는 탐구', '효과적인 의사소통', '가치 인식'이라는 4가지 기준에 따라 검토하고 평가하라. 각 과제가 위의 4가지 중 무엇에 강점이 있고, 어떤 점을 보완할 수 있을지 평가해 보라. 어떤 부분이 보완되어야 하는가?

- '한 단계 끌어올리기|bumping them up'를 실천하라. 학생 참여를 일정 정도 이상 이끌고 있는 기본 과제를 하나 선택하고, 혼자 또는 동료와 함께 이 과제를 어떻게 끌어올리거나 확장할 수 있을지 생각해 보라. 학생들이 정말로 깊이 사고하고 탐구하도록 유도하는 방향이어야 한다. 예를 들어, 학생들에게 단순히 "이 방정식 x의 값을 구하라."라고 하는 대신, "이 방정식 x의 값을 구할 때 보통 실수하는 지점은 어디일까?"라고 물어보라. 전자는 단순히 알려진 절차를 적용하는 일이지만, 후자는 분석, 오개념 식별, 관점 전환을 요구한다.

- '오늘 수업 중 학습 활동에 대한 나의 성찰' 시트를 사용하라(부록 A 참고). 이 자료는 학생들에게 직전 수업 시간 동안 자신이 가장 몰입했던 활동 유형이 무엇인지 알게 해 준다. 학생들의 응답을 보기 전에, 먼저 교사 자신이 시트를 작성해 보고 자신의 인식과 학생들의 인식이 일치하는지 확인하는 것도 좋은 방법이다. 물론 '정보 수집'이나 '기능 연습'이 잘못된 활동인 것은 아니다. 하지만 이런 활동들이 학생들이 경험하는 주된 학습 기회여서는 안 된다.

- 성공을 분석하라. 동료 교사들과 함께 '성공 분석 프로토콜'(부록 C 참고)을 사용해, 가장 효과적이었던 교수 및 학습 기회를 식별하고, 기록하고, 공유하고, 분석하라. 이 분석을 통해 학습 기회를 더욱 강력하게 만드는 추가적인 기준을 발견할 수도 있다.

- 덜 가르치기를 실천하라. 수업 시간 동안 학생들이 더 많이 활동하고 사고하고 학습할 수 있도록 교사는 무대의 중앙에서 물러날 방안을 찾아보라. 자신이 얼마나 많은 시간 동안 말하고 있는지 확인하기 위해, 수업을 영상

으로 촬영해 보는 것도 좋은 방법이다.

● 경험 표집법Experience Sampling Method을 사용해 학생들의 참여도를 파악하라. 이 방법은 미하이 칙센트미하이가 사람들이 사건을 어떻게 경험하는지 데이터를 수집하고자 사용했다. 순수 경험 표집법은 참가자들에게 무작위 간격으로 알림을 보내어, 자신의 경험에 대해 짧은 메모나 평가 점수를 기록하도록 한다. 응답은 2분 이상 걸리지 않아야 한다. 교실에서는 수업 중 한두 번 정도 무작위로 멈춰서 학생들에게 5점 척도(1점: 매우 비동의, 5점: 매우 동의)에 따라 다음과 같은 문장에 응답하도록 할 수 있다.

- 지금 수업에서 하고 있는 일이 흥미롭다.
- 나는 지금 이 활동을 즐기고 있다.
- 나는 지금 많은 것을 배우고 있다.
- 나는 지금 맡은 과제에 집중하는 데 어려움을 겪고 있다.
- 나는 이 수업의 과제나 주제에 대해 생각하고 있었다.
- 나는 지금 정말로 깊이 사고하도록 자극받고 있다.
- 나는 지금 우리가 하고 있는 대부분의 내용을 이미 이해하고 있다.

(참고: 몇몇 문항은 학생들이 단순히 모든 항목에 높은 점수를 매기지 않고, 문항을 실제로 읽고 응답하게 만들고자 역채점 문항으로 설정되어 있다.)

7장 루틴

학습과 사고를 돕는
발판 마련하기

| 루틴 |

명.

- 효율적이고 생산적인 방식으로 특별한 결과를 달성하기 위해 고안된 일련의 행동 절차.
- 반복될 수도 있는 특정 문제, 사건, 상황을 관리하고 대처하고자 집단 내에서 받아들여지거나 확립된 행동 규범. 문화 형성 요인으로서 루틴은 집단의 업무 수행 방식을 구성하는 일련의 공유된 관행을 의미한다. 루틴은 교실의 인프라 구조로, 그곳에서 일어나는 대부분의 활동을 안내한다. 루틴은 관리, 참여, 담론, 교수, 학습 또는 사고 등 어떤 목적이든 간에 상관없이 혼란을 최소화하고 불확실성을 줄이며 활동을 알려진 경로를 따라 안내하는 데 도움이 된다. 궁극적으로 루틴은 개인과 집단 모두의 행동 패턴이 된다. 특히 학습 집단에서는, 사고와 학습을 지시하고 안내하며 발판을 제공하는 사고·학습 루틴의 존재가 매우 중요하다.

● 유치원 교실 문을 열고 들어서는 순간 나는 조금 긴장했다. 다섯 살 아이들로 가득 찬 반을 맡아 수업한 지 꽤 오래되었고, 감각이 많이 무 뎌졌다는 생각이 들었다. 게다가 오늘 준비한 수업은 약간 모험적이었 다. 이전에 시도해 본 적 없는 방식이었고, 처음 만나는 이 아이들이 내 가 만든 학습 기회를 충분히 흥미롭게 받아들여 30분 동안 집중할 수 있을지 깊은 믿음이 필요했다. 제발 내가 옳기를 바랄 뿐이었다. 나는 이 학교 교사들과 수학 문제 풀이에 대한 작업을 막 시작했는데, 이들 은 최근에 배운 수학적 절차를 간단히 적용하는 단순 문장형 문제 이상 의 단계로 나아가는 데 어려움을 겪고 있었다. 교장은 내가 시범 수업 을 진행함으로써 교사들이 다른 접근 방식을 볼 수 있으면 도움이 될 것 같다고 제안했다.

내 목표는 좋은 수업 하나를 보여 주는 것이 아니라 교사들이 학생 들을 진정한 수학에 참여시키는 데 사용할 수 있는 몇 가지 일반적인 원리와 구조를 소개하는 것이었다. 특히, 교사들에게 수학적 문제 해결 의 명확한 예를 제시해 어린 학생들도 풍부한 수학적 사고를 할 수 있 다는 것을 보여 주고, 단일 수업을 넘어 지속적으로 활용할 수 있는 사 고 루틴인 '주장-근거-질문 Claim-Support-Question, CSQ'과 '가장 커다란 미소 the Biggest Smile' 과제를 제시하고 싶었다.

교실에 들어서자 캐시 선생님이 학생들에게 매트 쪽으로 올 시간이 라고 알렸다. 학생들이 둥글게 모여 앉는 동안 나는 앞쪽 구석에 있는 의자에 자리를 잡았다. 캐시 선생님은 나를 소개하고, 수업을 참관하기 위해 모인 다른 여섯 선생님 사이에 앉았다. "매트 쪽으로 오세요."라 는 간단한 말로 학생들이 활동을 바꾸면서 자리를 이동한다는 것은, 관 리 루틴이 잘 학습되었다는 증거다 (Leinhardt, Weidman, & Hammond, 1987). 학생들은 자기 물건을 정리하는 방법과 원으로 앉을 때 자리 잡는 방법을 알고 있었다. 학생들이 매트 바깥쪽에 둘러앉고 교사는 앞쪽 '괘도' 옆에 자리 잡는 것도 학생들에게 익숙한 수업 루틴이다(Yinger, 1979). 학생들은 매트 쪽으로 이동하면 수업이 어떻게 진행될지에 대한 배경지식을 갖추고 있다. 수업에는 빈번하게 반복되는 사건과 형식이 많다. 때문에 이러한 활동을 관리하는 루틴이 있으면 전환 시간을 엄청나게 절약할 수 있으며, 나와 같은 방문 교사도 훨씬 더 효과적으로 수업할 수 있다.

이 문제가 마음을 사로잡을 수 있기를 바라며 문제 제기를 시작했다. 나는 "오늘 아침 여러분과 함께 고민할 수 있어서 기뻐요."라며 말을 꺼냈다. "캐시 선생님께서 여러분은 정말 훌륭한 문제 해결사라고 말씀하셨는데, 여러분의 도움이 필요한 문제가 하나 있어요. 며칠 전이 학교에서 사진 찍는 날이었는데 기억나요?" 말을 하고 싶어 하는 다섯 살짜리 아이들의 열의를 피하면서 계속 말을 이었다. "어제 체육관 옆을 지나가는데 사진사가 누군가에게 '네가 가장 크게 미소 짓는구나.'라고 말하는 걸 들었어요." 말을 마치자마자 눈앞 학생들의 얼굴에 동의하는 듯한 미소의 물결이 퍼진다.

"누구였어요?" 한 열성적인 학생이 외쳤다.

"바로 그게 문제예요. 누구였는지는 못 봤어요. 그냥 사진사가 '네가 가장 크게 미소 짓는구나.'라고 말하는 걸 들었을 뿐이거든요. 그때, 생각을 좀 해 봤어요." 이렇게 문제의 단초를 마련한 뒤 나는 우리가 이 문제를 논의하기 위해 사용할 어휘를 소개한다. "어떤 사람이 사실일 수도 있고 사실이 아닐 수도 있는 말을 할 때 우리는 그것을 **'주장'**이라고 불러요. 어떤 사람이 무언가를 사실이라고 '주장'한다는 것이지요."

나는 쉽게 이해할 수 있는 예시를 든다. "예를 들어 저는 '내일 비가 올 거야.'라고 말할 수 있어요. 그것은 저의 주장이죠. 사실인지는 알 수 없지만, 그 주장을 뒷받침할 수 있는 증거evidence를 찾을 수 있을지도 모릅니다. 하지만 그 주장에 의문을 갖게 하는 것들 몇 가지를 생각해 낼 수도 있어요." 나는 더 많은 어휘를 소개한다. "'내일 비가 올 거야.'라는 제 주장을 뒷받침할 수 있는 이유reason를 생각해 볼까요?"

무릎을 꿇고 팔을 올린 미카는 "봄이니까 비가 올 수도 있어요. 봄에는 비가 많이 오잖아요."라고 말한다. 다른 학생이 "TV에서 비가 온다고 했어요."라고 덧붙인다.

"아, 그 2가지가 제 주장을 뒷받침하는 '증거'군요."라며 나는 앞으로 사용할 언어를 다시 한번 강조한다. "그럼 의문이 드는 점은요? '내일 비가 올 거야.'라는 제 주장에 의문을 제기할 수 있을까요?"라고 묻는다.

"기상 캐스터가 그렇게 말해도 항상 맞는 건 아니잖아요." 제이컵이 대답한다.

"흥미롭군요. 정보의 출처가 어디인지, 그 사람이 항상 옳은지 생각해야 한다는 것이네요."라고 덧붙인다.

학생들이 주장과 증거라는 말을 이해하는 것 같다고 확신한 다음 나는 "그럼 다시 사진사의 주장인 '네가 가장 크게 미소 짓는구나.'로 돌아가 볼게요."라고 수업을 전환한다. 그런 뒤 "그 주장을 뒷받침하고 사실이라고 생각하게 만드는 '근거'는 무엇일까요?"라고 질문한다.

"하지만 그 사람이 누구에게 말했는지 모르겠어요." 재스민이 내 무릎에 기대어 말한다.

"맞아요. 우리는 모르죠."라고 대답한다. "그래서 그 주장에 '의문'을 갖게 되는 것 같아요. 사실이 아닐 수도 있다고 생각하게 하니까요." 맞은편에 있던 개브리엘이 근거를 제시한다. "하지만 사진사는 모두를 보잖아요. 웃는 모습을 많이 봤으니까 알 수도 있어요." 옆에 앉아 있던 저말이 자리에서 일어난다. "만약 그게 저라면, 저는 진짜 크게 미소 짓기 때문에 틀림없이 사실일 거예요."라고 말하면서 그는 반에서 가장 큰 미소를 지어 보인다. 아이들과 눈을 맞추며 "사진사가 누구인지 알면 이 주장을 탐구하기가 더 쉬울까요?"라고 묻자 아이들은 일제히 "네!" 라고 외친다.

"그럼 저말이 '내가 제일 크게 미소를 지었어.'라고 주장했다고 해 봅시다. 그 주장을 뒷받침하려면 어떻게 해야 할까요? 우리가 뭘 할 수 있을까요?" 여러 학생이 손을 번쩍 들고, 동시에 "재면 돼요."라고 말한다. 이런 생각이 나온 것은 놀라운 일이 아니다. 나는 수업에서 측정에 관한 활동을 막 시작했다는 캐시의 말을 떠올렸다. 왜, 언제, 어떻게 측정하는지에 대해 어린 학생들이 생각하게 하는 것이 우리가 이번 주제에서 바라는 사고의 핵심이다. 그리고 이는 측정에 관한 치수 단위를 학습하기 전의 중요한 전단계이기도 하다. 어느 것이 더 많은가? 얼마나 더 많은가? 어떻게 알 수 있나? 측정한 값은 어떻게 신뢰할 수 있나? 이러한 질문은 단순한 활동지가 아니라 구체적 맥락 속에서 탐구할 때 의미가 생긴다. 미소는 그러한 맥락을 제공해 준다. 자기 미소를 다른 사람의 것과 직접 비교하기는 쉽지 않기 때문이다.

아이들이 '측정'이라는 행동을 제시하기는 했지만, 그 행동이 어떤 증거를 만들어 낼 수 있는지는 아직 명확하지 않았다. 나는 학생들의 사고를 그 지점으로 이끌려 했다. "무엇을 측정할 수 있을까요?"

"미소요." 수업으로 다시 돌아온다.

나는 "저말의 주장이 사실인지 어떻게 알 수 있을까요?"라고 질문한다. 학생들은 이것이 어떻게 가능할지를 생각하며 약간 당황한 표정을 짓는다. 마침내 한 학생이 "누군가가 더 크게 미소를 짓는다면 사실이 아닐 수도 있잖아요."라고 제안한다.

"저말보다 더 큰 미소를 가진 사람이 있다면 말이지요?" 나는 명확히 하고자 묻는다.

"네." 그 학생은 고개를 힘차게 끄덕이며 대답한다. 그렇다. 때로는 사실이 아님을 입증하는 것이 사실임을 증명하는 것보다 더 쉬운 법이다.

증거의 성격을 파악하도록 나는 상황을 바꿔 물었다. **"그럼 만약 우리가 저말의 미소와 내털리의 미소를 비교해서 저말의 미소가 더 크다는 것을 알아 낸다면요? 그게 증거가 될까요?"** 학생들은 약간 의아한 표정을 짓는다. 조너선이 그 장면을 포착하고 말한다. "하지만 그렇다고 해서 저말이 반 전체에서 가장 큰 미소를 짓고 있다는 증거는 되지 않잖아요."

"맞아요." 나는 인정한다. **"따라서 어떤 근거 하나가 항상 무언가가 사실임을 증명하지는 않아요. 그게 사실일 수 있다고 생각하는 몇 가지 증거와 이유를 주는 거지요."** 그런 뒤 나는 묻는다. **"저말의 미소가 내털리의 미소보다 더 크다면 저말의 주장이 사실이라는 증거일까요?"** 대부분의 학생이 '증거'라는 개념을 이해하는 것 같지만, 다섯 살 아이들이 참/거짓의 이분법적 사고에서 벗어나는 것은 힘든 일이다. 때문에 이 개념을 굳히려면 증거에 관한 추가 작업이 필요하다. 오늘 거기까지 이르지 못하더라도 괜찮다.

"조용히 생각하는 시간을 가졌으면 좋겠어요. 말하지 마세요. 손도

쓰지 마세요. 우리의 미소를 어떻게 측정할 수 있을지 혼자 생각해 보세요.” 이 학급에 대해 잘 모르기 때문에 여기서 꽤 구체적인 지시를 내렸다. 하지만 이 수업에 더 많은 시간을 투자한다면 ‘조용히 생각할 시간을 갖기’가 곧 또 하나의 수업 루틴이 되어, 손을 들고 대답하기보다는 교사의 질문에 반응하는 익숙한 방식이 될 수도 있을 것이다. 유치원은 학생들이 이제 막 학교의 수업 루틴을 배우는 단계다. 그러나 고학년 학생들은 이전 경험을 바탕으로 루틴을 이어 간다. 교사가 이러한 루틴을 바꾸거나 아이들이 불쑥 말을 하는 비효율적인 루틴 형성을 막으려면, 학기 초반에 시간을 들여 새로운 방식을 배우도록 해야 한다.

약 30초 후, 내가 끼어든다. “옆 사람에게 아이디어를 공유해 주세요. 우리의 미소를 측정하려면 어떻게 하면 좋을까요?” 학생들이 파트너를 찾아 아이디어에 대해 자연스럽게 대화를 시작하는 모습을 보니, 캐시 선생님이 ‘생각-짝-공유하기’^{Think-Pair-Share} 루틴을 사용했음을 알 수 있다. 학생들이 무엇을 해야 할지 아는 듯 보인다는 것은 루틴이 확립되었다는 신호다. 실제로 무엇을 해야 할지 아는 것이 바로 루틴이다. ‘생각-짝-공유하기’는 다면적인 루틴이다. 수업 기법인 동시에 사고를 촉진한다. 학생들에게 명시적으로 생각할 시간을 주기 때문이다. 동시에 담화 루틴이기도 하다. 학생들 간의 대화를 위한 구조를 제공하기 때문이다.

학생들이 서로 이야기를 나누는 동안 종이에 “누가 가장 크게 미소를 지었나요?”라고 적는다. 이를 통해 우리 수업은 특정 주장에 대한 탐구에서 벗어나 ‘미소를 어떻게 측정할 수 있을까?’라는 더 일반적인 질문을 탐구하게 될 것이다. 나는 교사들에게 ‘주장-근거-질문’ 루틴을 소개하고 이것을 어떻게 전제나 주장을 탐구하는 구조로 사용할 수 있는지를 보여 주고 싶었다. 이는 문제 해결에 대한 새로운 사고 방식이다. 단지 단어를 기호로 변환하는 것이 아니라, 아이디어의 진실 또는 진위를 탐구한다. '주장-근거-질문' 루틴은 또한 수학의 핵심 개념인 '증거'와 '증명'이라는 개념을 학생들이 알 수 있게 한다.

5세 아이들과 하는 전체 수업은 어려울 수 있다. 나는 단순히 이야기만 나누는 것이 아니라, 모두가 적극적으로 문제 해결에 참여하고, 다양한 측정 기법을 시도하고, 측정값을 비교하며, 모든 학생이 그 과정에 참여하도록 하고 싶었다. 손가락과 자를 사용한 측정하려는 시도가 몇 번 실패하자 좌절한 어린 소녀 케이티가 손을 들어 '플라스틱 필름'을 사용해 측정하자고 제안한다. 나는 무슨 뜻인지 명확히 몰랐지만, 그녀는 곧 설명을 덧붙인다. 그것은 선생님이 포스터나 종이를 코팅하면서 잘라 낸 플라스틱 조각들이다. 캐시 선생님은 미술 활동을 위해 그런 조각들을 상자에 모아 두고 있었다. 이 필름을 어떻게 사용할지 묻자 케이티는 짝 얼굴에 플라스틱을 붙이고, 손가락으로 움직이지 못하게 한 다음 미소의 양 끝을 표시하면 된다고 설명한다. 우리는 막 그 방법을 시도하려 했는데, 상당히 가능성이 있어 보였다. 그러나 곧 시간이 다 되어 아이들은 음악 수업으로 이동해야 했다.

이후 교사들과 수업을 돌아보는데, 캐시는 학생들이 측정할 수 있도록 자신이 직접 실을 꺼내고 싶은 충동을 참기 힘들었다고 털어놓았다. 우리는 학생들에게 생각할 시간을 주고, 효과가 없을 수도 있는 전략을 시도해 보고, 점차적인 수정 과정을 거치도록 하는 일이 얼마나 어려운지 이야기했다. 이 과정은 그 자체로 교사와 학생 모두에게 새로운 수업 루틴이었다. '교사가 준 지시에 따라 과제 끝내기'에서 '앞으로 나아가기 위한 전략을 모둠에서 함께 찾아 해결하기'로의 전환이었다.

우리의 대화는 수업 자체의 세부 사항에서 벗어나 '주장-근거-질문' 루틴으로 옮겨 갔다.

루틴은 활동 그 이상이다

『생각이 보이는 교실』이 출간된 이후 전 세계의 교사 수천 명에게 사고 루틴이 소개되었다. 교사들은 이러한 루틴이 교실에서 '잘 작동'하고 학생들의 사고를 드러내는 데 도움이 되는 동시에, 능동적이고 참여적인 학습을 제공한다는 것을 알게 되었다. 하지만 많은 교사가 이 루틴을 유익한 일회성 활동이 아닌, 교사와 학생에게 모두 잘 작동하는 진정한 루틴으로 전환하는 데 여전히 어려움을 겪고 있다. 관리 루틴과 수업 루틴은 거의 무의식적으로 진행되는 내재화된 행동인 반면, 사고 루틴은 구조와 비계를 제공하므로 의도적으로 활성화해야 한다. 처음에는 교사가, 시간이 지나면서는 학습자가 스스로 목표를 달성하기 위해 의식적으로 이를 배치해야 한다.

데이비드 코언 David Cohen(1990)이 그의 선구적인 저서 『한 교실의 혁명: 우블리에 선생님의 사례 A Revolution in One Classroom: The Case of Mrs. Oublier』에서 제시한 경고성 이야기가 생각난다. 코언은 교구로 수학을 가르친다는 아이디어에 매료된 교사 우블리에의 수업에 대해 기록했다. 우블리에는 자신의 수업이 근본적으로 변했다고 느끼지만, 코언은 무의미한 학습지가 교구를 이용한 무의미한 작업으로 대체되었을 뿐이라는 사실을 발견한다. 우블리에의 교실에서 목표는 여전히 교사의 말을 잘 따르고 교사가 요구하는 대로 답하는 것이었다. 나는 일부 교실에서 사고 루틴이 교수와 학습의 근본적인 재정렬이 아니라, 단지 외형적 변화에 그칠 위험에 빠지는 것은 아닌지 걱정된다. 이를 방지하려면 교사는 사고 루틴을 학생들이 스스로 진정한 사고를 하게 하고 학생들의 이해를 확장하게 하는 도구이자 구조로 사용해야 한다.

사고 루틴에 대한 아이디어는 사고 교육 전문 교사에 대해 연구하며 처음 떠올렸다(Ritchhart, 2000, 2002). 1년간의 관찰 기간 동안 단 한 번도 사고 기능을 가르치는 '수업'을 하는 교사를 보지 못했다. 대신 그들에게는 학생들의 사고에 비계를 놓고 지원하기 위해 정기적으로 사용하는 구조가 있었다. 나는 이러한 구조가 교실에서 실제로 나타나는 방식을 보고 '전략'보다는 '루틴'이라는 단어가 더 적절하다고 생각했다. 내가 본 사고 비계는 부분적으로 수업 루틴이자 부분적으로 사고 전략이었다. 따라서 그것은 교실 인프라의 일부가 되었고, 익숙한 수업 방식으로 자리 잡았다. 이러한 특성, 즉 문화를 형성하는 특성은 '루틴'이라는 명칭에 잘 담겨 있다. 그러나 사고 루틴은 명시적인 전략 코칭(Askell-Williams, Lawson, & Skrzypiec, 2012; Beyer, 1998; Harvey & Goudvis, 2000; Rosenshine, 1997)과 교사의 수업 루틴 사이의 어딘가에서 작동하므로, 사고 루틴은 때로 어느 한쪽과 더 관련된다.

비알릭칼리지Bialik College 교사들의 사례는 사고 루틴이 일회성 활동이나 주입식 교육에서 벗어나, 학생들의 더 깊은 학습과 사고를 지원하는 도구가 되고 결국 행동 패턴이 되는 좋은 예를 보여 준다. 3~18세 학생들이 다니는 호주 멜버른의 사립학교 비알릭칼리지는 지난 10년간 생각하는 문화 프로젝트의 주요 연구 장소였다. 비알릭칼리지의 사례는 루틴 그 자체를 목적이 아니라, 교실과 학교의 강력한 문화를 구축하는 데 활용해야 하는 문화적 힘 중 하나로 인식하기에 좋은 모델이다.

나를 포함한 동료들은 학교에 생각하는 문화를 조성하기 위해 종종 사고 루틴을 시작점으로 삼는다. 그 이유는 루틴이 가장 중요한 문화적 힘이어서가 아니라 다음과 같은 이유 때문이다.

- 교사가 사고력 문제에 바로 집중할 수 있도록 도와준다.
- 교사가 즉시 활용하고 결과를 확인할 수 있는 구체적인 사례를 제공한다.
- 학생들의 사고를 가시화해 학생들이 할 수 있는 좋은 사고의 생생한 예를 교사에게 제공한다.
- 사고를 둘러싼 실천과 논의를 촉진한다.
- 교실에서 사고와 학습을 위한 인프라를 구축하는 데 도움을 준다.
- 다른 문화적 힘과 쉽게 연결된다. 교사들은 루틴을 진행하면서 그들의 언어, 기회 창출, 상호작용 등에서 변화를 발견한다.

비알릭칼리지의 루틴 사용에 대한 개별 사례는 많다. 우리는 다양한 맥락에서 이러한 사례들에 대해 글을 쓰고 발표했다 (Ritchhart 외, 2011; Ritchhart, Palmer, Church, & Tishman, 2006; Ritchhart, Palmer, Perkins, & Tishman, 2004; Ritchhart & Perkins, 2008). 여기에서 내가 들려주려는 것은 학교 전체 수학 수업에서 학생들의 사고를 촉진하기 위해 '주장-근거-질문' 루틴을 활용한 집단적인 이야기다. 이 이야기는 모든 교과 영역에서 사고 루틴이 어떻게, 왜 강력한 학습 도구가 될 수 있는지를 다루고 있기 때문에 중요하다.

또한 비알릭칼리지의 사례는 교사가 사용하는 루틴의 숫자가 아니라 어떻게 사고를 지원하는지에 초점이 있어야 한다는 점을 보여 주기 때문에 중요하다. 하나의 강력한 루틴을 잘 사용하는 것이 많은 루틴을 단순한 활동으로 사용하는 것보다 낫다. 이 이야기는 케이틀린 페이먼 Caitlin Faiman이 심화 수학 수업에서 사고 루틴을 시도하는 노력으로 시작된다. 그런 다음 이야기는 초등학교의 정규 교실, 특히 제니스 카인더 Janis Kinda 선생님의 2학년 교실에서 수학을 가르치는 장면으로 이동한다. 마지막으로, 중등 수학을 가르치기 위해 학교에 새로 부임한 제니퍼 케인 Jennifer Kain은 학생들 사이에서 수학 학습 방법으로 루틴이 잘 정착되어 있다는 것을 깨닫고, 학생들의 사고를 유도하고 구조화하고자 10학년 교실에서 이를 쉽게 통합할 수 있음을 알게 된다. 이 사례를 읽으면서 루틴이 교실에서 어떻게 교수와 학습을 근본적으로 재구성하고 있는지 자문해 보라. 루틴을 일회성 활동을 넘어 이해력을 키우는 도구로 제공하는 방법은 무엇일까?

'주장-근거-질문' 루틴을 사용해 5학년 수 이론 탐구하기

"'주장-근거-질문' 루틴은 이제 우리 교실의 기본 구조이자 학습 문화로 발전했습니다."라고 케이틀린 페이먼은 자신이 가르치는 수학 심화 수업에 대해 설명한다. 지난 10년 동안 2~7학년 학생들과 함께 수업했고 현재 학교의 초등 수학 코디네이터로 일하고 있는 케이틀린은 이제 학생들이 "문제에 대한 해답(데이터)을 생성하고, 이를 바탕으로 이론이나 주장을 만들고, 그 주장을 증거로 뒷받침하고, 나아가 자신이나 동료가 제기하는 새로운 질문의 형태로 탐구를 확장하는" 훌륭한 경험을 쌓았다고 말한다.

5학년 심화 수업을 참관하기 위해 케이틀린의 '교실'에 들어갔을 때, 그 말을 금세 실감할 수 있었다. 케이틀린이 수업을 진행하는 다목적실에는 움직일 수 있는 공간이 거의 없다. 12×20피트 크기의 이곳은 교사 회의 공간, 컴퓨터, 전문성 개발 공간, 개인 지도를 위한 공간, 추가 보관 시설로 사용되지만, 그럼에도 케이틀린은 이 교실을 수학이 돋보이는 공간으로 만들었다. 그녀는 화이트보드 없이 전지와 학생 공책에 의존해 모둠의 학습 내용을 기록화하고 전시함으로써 사고를 가시화한다.

벽에는 "1차원에 대해 설명할 수는 있지만 그것을 그릴 수는 없다."와 같은 학생들의 의견과 제곱, 둘레, 면적에 대한 최근 수업 내용을 기록한 다양한 색상의 전지가 붙어 있다. 다른 전지 위에는 검은색 펜으로 문제가 적혀 있다. "두 분수의 합은 $11\frac{2}{3}$입니다. 두 분수는 무엇일까요?" 겉으로 보기에는 매우 간단한 산수 문제처럼 보인다. 하지만 케이틀린은 이 문제를 단순한 답 맞히기가 아니라 더 많은 것을 알아내야 하는 탐구 과제로 접근했다. 문제 아래에는 "우리의 가설은……."이라고 적혀 있고, 학생들의 이름과 함께 다음과 같은 나름의 규칙들이 제시되어 있다.

- 대분수 또는 가분수를 더해야 한다.
- 진분수만 써서는 만들 수 없다. 11은 두 개의 진분수를 사용해서는 만들 수 없으니까.
- 적어도 하나의 숫자는 대분수 또는 가분수여야 한다. $11\frac{1}{3} + \frac{2}{6}$처럼.
- 두 분수 $11\frac{2}{3}$를 2로 나누면 $5\frac{5}{6}$다. 여기서 $4\frac{5}{6} + 6\frac{5}{6}$처럼 숫자를 조금씩 벌려 보면…….

- $11\frac{5}{6} + (-\frac{1}{6})$도 가능하다.

- 두 개의 대분수를 더하려면 하나는 홀수여야 한다. $5\frac{1}{3} + 6\frac{1}{3}$처럼.

- $6\frac{5}{6}$와 $4\frac{5}{6}$는 어때?

이 종이 옆에는 다양한 주장에 찬성하거나 반대하는 근거를 제공하는 포스터들이 두 개 넘게 있다. 다음과 같은 확장 내용도 있다. "만약 분모가 같지 않은 두 개의 대분수의 합이 $11\frac{5}{6}$이라면? (단, 분모는 서로의 배수가 될 수 없다.)"

수업이 시작되자 케이틀린은 심화반 수강생 열두 명에게 두 테이블 중 하나에 모여 앉으라고 지시한다. 앉을 자리가 부족해 절반은 주변에 서 있다. 테이블 한쪽 끝에 앉은 케이틀린이 "지난 시간에는 삼각수[*]를 살펴보았지요."라고 시작한다. 고개를 들어 한 학생을 바라보던 그녀는 지난 수업 시간에 학생이 제기한 문제를 기억해 낸다. "에단, 뭔가 시작하고 싶다고 했죠? 주장이 있다고 했지요?" 에단이 말을 시작하자 학생들은 모두 그의 말에 집중한다. "1은 삼각형을 이루지 못하기 때문에 삼각수가 될 수 없어요. 3은 세 개의 점으로 삼각형 모양을 만들 수 있기 때문에 최초의 삼각수라고 생각해요. 또한 1은 사각수[**]입니다."

많은 학생들이 에단의 주장에 이의를 제기하려고 손을 번쩍 든다. 케이틀린은 학생들에게 손을 내려놓으라고 하면서 에단의 추론을 더 살펴본다. "좋아요, 1은 삼각수가 될 수 없다고 했고, 그 근거로 삼각형 모양이 될 수 없기 때문이라고 했는데, 그 증거가 바로 여기에 있네요."

---

[*]　1부터 시작되는 연속된 자연수의 합을 나타내는 수. 정삼각형 모양으로 나타낼 수 있는 자연수.

[**] 정사각형 모양으로 나타낼 수 있는 자연수.

라고 말하며 앞에 놓인 전지로 반 아이들의 주의를 돌린다. 전지를 읽으며 그녀는 "삼각수는 사각수와 비슷하지만 삼각형 모양입니다."라고 말한다. 이제 주장이 명확해졌으니 케이틀린은 더 자세히 설명한다. "1은 삼각형을 이루지 않는다고 했는데 어떻게 1이 정사각형을 이룰 수 있나요?" 에단은 이 진술의 의미를 명확히 설명하는 데 어려움을 겪었지만, 학급의 도움을 받아 '모양'을 의미하는 것이 아니라는 것을 명확히 설명할 수 있었다. 3×3, 2×2인 정사각형도 있을 수 있고, 1×1인 정사각형도 있을 수 있고, 한 줄에 한 칸씩 정사각형을 만드는 방법도 있다는 것이다. 케이틀린은 그 주장의 타당성을 판단하지 않고 "좋아요."라며 "무슨 말인지 알겠습니다."라고 긍정한다.

에단이 제기했고 케이틀린이 결론을 내리지 않은 그 주장은 이후 이틀간, 학생들이 삼각수를 탐구하는 동안 수업 내내 파장을 일으킬 것이다. 시간이 지남에 따라 아이디어가 발전하도록 허용하고 질문, 문제, 불확실성을 그대로 두는 것은 교사에게 항상 자연스러운 일은 아니며, 케이틀린은 자신이 점진적으로 변했음을 인정한다. "'주장-근거-질문' 루틴을 활용하려면 학생들에게 기꺼이 권한을 넘겨야 해요. 특정 내용을 가르치려는 것이 아니라 진정으로 학문을 가르치고 수학적으로 사고하도록 장려하려면 어느 정도 통제권을 줘야 합니다."라고 그녀는 설명한다. "꽤 두려울 수 있어요. '학생들이 옆길로 새면 어떻게 하나? 내가 가르치려는 기능이나 결과에서 벗어나면 어떻게 하나?'라는 두려움이 있어요. 하지만 큰 그림을 보아야 합니다. 연습과 자신감이 필요해요. 무엇보다도, 학생들의 생각을 존중하는 태도가요."

에단의 주장에 대해, 케이틀린은 학생들에게 데이터를 수집하고, 분석하고, 패턴을 찾고, 일반화하거나 주장을 펼칠 시간을 더 주고 싶어 한다. 케이틀린은 지난 수업에서 학생들이 생각했던 내용을 간략하게 요약하며 시작점으로 삼는다. 삼각수가 무엇이고 어떻게 만드는지에 대한 아주 기본적인 주장들이다. 예를 들면 다음과 같다.

- 삼각수는 사각수와 비슷하지만 삼각형 모양이다.
- 시작할 때 맨 위에 점을 찍고 아래에 두 개, 그 아래에 세 개를 찍는 방식으로 만든다.
- 각 변에 같은 수의 점이 있어야 한다.

케이틀린이 학생들에게 돌아서서 물었다. "새로운 주장이 있는 사람 있나요?" 대부분의 손이 올라갔다. 그러자 케이틀린이 말한다. "첫 번째 단계는 종이에 자신의 주장을 적는 거예요. 두 번째 단계는, 주장할 내용이 없거나 이미 작성한 주장이 있다면, 사각수에서 했던 것처럼 공식을 찾아보아야 해요. 에단은 사각수 계산 공식이 있다고 했죠. 2씩 두 줄, 4씩 네 줄, 7씩 일곱 줄 등등. 삼각수에서도 세 번째, 일곱 번째, 아홉 번째를 찾을 수 있는 공식을 생각해 보세요. 세 번째 단계는 이러한 주장들을 살펴보고 찬성 또는 반대의 증거를 찾을 수 있는지 확인하는 것입니다. 3분 동안 조용히 자기 주장을 작성하고 공식을 찾으면서 더 깊이 탐구해 보세요."

학생들은 자리로 돌아와 글쓰기를 시작한다. 3분 뒤 케이틀린은 학생들을 다시 앞으로 모으고, 종이에 쓴 주장들을 읽는다.

- 관점에 따라 다르겠지만, 두 번째 또는 세 번째 삼각수부터는 세 개의 동일한 변이 있고 가운데에 삼각형이 하나 들어 있는 형태가 된다.

- 삼각수를 그리는 또 다른 방법은 밑변과 두 변에 점을 두고 가운데를 채우는 것이다.

- 수는 1, 2, 3, 4, 5, 6만큼씩 늘어난다. 바닥에 새로운 줄을 하나씩 더 추가하기 때문이다.

- 1은 아래쪽과 양쪽 대각선에 각각 하나가 있기 때문에 삼각수다.

- 첫 번째 삼각수는 실제로 삼각형을 이루는 첫 번째 숫자이므로 1이 아닌 3이다.

- 삼각수인 숫자는 사각수가 될 수 없다.

- 일곱 번째 삼각수를 찾으려면 맨 밑에 7을 놓고 위로 쌓아 올리면 된다.

- 삼각수는 삼각형 모양으로 만들 수 있기 때문에 1부터 시작한다.

몇몇 학생은 주장을 하기보다 질문을 던졌다. '주장-근거-질문'의 질문 방식은 특정 주장에 대한 의문을 제기하거나 회의적인 입장을 표명하는 데 사용할 수 있지만, 탐구 주제에 대해 더 일반적인 질문을 제기하는 데에도 사용할 수 있다. 학생들의 질문은 다음과 같다.

- 제곱을 쓸 때는 지수 '2'를 쓰고, 세제곱을 쓰려면 지수 '3'을 쓴다. 그렇다면 삼각수는 방정식으로 어떻게 써야 할까?

- 사각수와 삼각수는 몇 개일까?

- 삼각수는 배열*과 왜 다를까?

---

* array. 여러 자료를 묶어 하나의 변수로 취급하는 자료의 집합. 1차원 배열은 벡터, 2차원 이상의 배열은 행렬 및 다차원 배열의 개념과 연관이 있다.

케이틀린이 주장과 질문을 읽는 동안 교실은 활기가 넘친다. 많은 학생이 즉시 증거를 내놓아 서로의 주장을 지지하거나 반박하고 싶어 한다.

'1이 과연 삼각수인가?'는 여전히 중요한 문제이며, 표기법의 문제 또한 학생들의 호기심을 자극했다. 하지만 시간이 다 되어 수업을 마쳐야 했다. 수업이 끝날 무렵에도 아이들이 여전히 이 문제에 대해 수군거리는 소리가 옆에서 들렸다.

삼각수 탐구는 이제 막 시작일 뿐이었다. 케이틀린은 첫 번째 삼각수가 무엇인지에 대한 문제 해결이 학생들이 패턴과 관계를 더 깊이 파고드는 데 중요하다는 것을 알고 있다. 다음 날, 젬마가 직접 그려 온 그림을 공유하면서(그림 7.1) 이 논쟁은 새로운 전환점을 맞이한다.

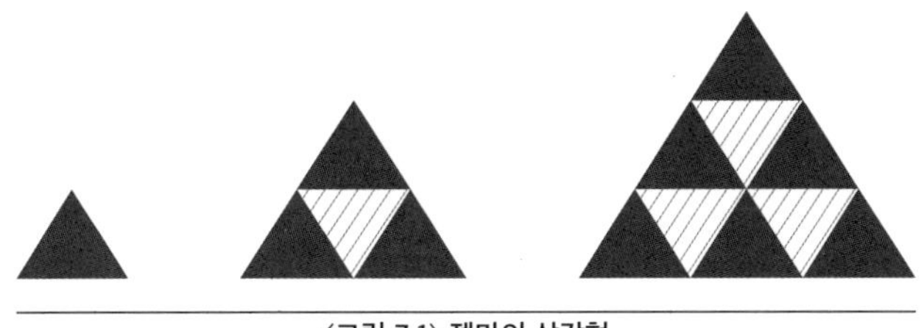

<그림 7.1> 젬마의 삼각형

젬마는 친구들에게 자신의 그림을 설명한다. "그러니까 삼각수는…… 음, 우리는 원 (점)으로 그렸지만 삼각형으로도 그릴 수 있어요. 그러니까 첫 번째 삼각수는 삼각형 하나예요. 그리고 두 번째 삼각수는 이렇죠." 그녀는 그림을 가리키며 말한다. "젬마가 좋은 점을 지적했어요." 케이틀린이 말한다. "우리는 삼각수를 점을 사용해서 그리기로 했죠. 하지만 원하는 대로 그려도 돼요." 바로 전날 1이 삼각수가 아니라고 고집했던 에단은 갑자기 깨닫는다. "아, 그 점의 모양이 바로 숫자의

종류구나.” 그는 감탄한다. “그러니 사각수에는 정사각형을 쓰고 삼각수에는 삼각형을 쓰는 거야!”

“이 삼각형들의 밑변에 대해 뭘 알아냈는지 말해 보세요.” 케이틀린이 젬마의 그림을 가리키며 학생들에게 물었다. 제이컵이 재빨리 끼어든다. “밑변은 항상 숫자와 같아요. 그러니까 두 번째 삼각형 밑변이 작은 삼각형 두 개이고, 세 번째 삼각형은 세 개니까, 첫 번째 삼각형은 1이라는 뜻이죠.” 그는 신이 나서 말했다. 이때 옆에 서 있던 학생 중 한 명이 친구에게 돌아서서 “거봐, 내가 맞았어.”라고 외친다. 케이틀린은 이 말을 기회 삼아 끼어든다. “맞고 틀리고는 중요하지 않아요. 중요한 건 증거예요. 앞으로 나아가려면 우리가 납득할 수 있는 증거가 필요해요.” 이어서 케이틀린은 이 문제가 왜 중요한지 다음과 같이 명확하게 설명한다. “이 문제에 대해서는 여전히 의견이 다를 수 있지만, 앞으로 첫 번째 삼각수가 무엇인지 우리만의 결론을 내려야 해요. 그래서 이번 탐구에서는 1을 첫 번째 삼각수로 하겠습니다.”

학생들이 수학에 열중하는 태도, 주장·증거·근거를 제시하는 언어가 수업의 일부가 된 모습을 이틀 동안 보며 나는 감탄했다. 모든 것이 매우 수월해 보였는데, 그것이 바로 루틴의 매력이다. 루틴은 복잡한 과제와 사고를 쉽고 자연스럽게 보이게 만들 수 있다. 하지만 케이틀린과 그녀의 학생들이 항상 이렇게 매끄러웠던 것은 아니다. 케이틀린은 사고 루틴이 학생들의 사고를 돕는다는 것을 알고 있었지만, 처음에는 그것을 실제 루틴으로 정착시키기가 쉽지 않았다.

비알릭칼리지의 생각하는 문화 학습 공동체 초기 구성원으로서, 케이틀린은 동료들과 함께 사고 루틴을 시도하고 그것이 학생들의 사고와 학습 형성에 어떻게 도움이 되는지 연구했다. ‘보기-생각하기-궁금해하기'나 '확대해서 보기$^{Zoom\ In}$'(Ritchhart et al., 2011에서 케이틀린의 사례 참고) 와 같은 루틴을 활용할 수 있었지만, 그것들을 수업에서 실제 행동 패턴으로 만드는 것은 쉽지 않았다. '주장-근거-질문' 루틴이 도입되면서 케이틀린의 수업 방식에는 진정한 변화가 시작되었다. '주장-근거-질문' 루틴은 원래 말과 글에서 사실과 의견의 문제를 탐구하는 방법으로 설계되었지만, 케이틀린은 이 루틴이 수학에 적용될 수 있다는 것을 즉시 깨달았다. 수학자들이 추측이나 이론이라고 부르는 주장을 식별하고 그 주장이 타당한지 탐구하는 것은 수학적 사고의 핵심이며, 그 과정은 분석, 추측, 일반화, 증명을 하나로 통합하는 것이다(Silver, Kilpatrick, & Schlesinger, 1995). 이는 그녀에게 학생들의 수학 학습을 이끌 수 있는 강력한 구조로 다가왔다.

케이틀린은 이 과정을 어떻게 시작했는지 설명해 주었다. "학생들에게 질문을 던지고, 데이터를 만들 시간을 줬습니다. 우리는 그것을 어떤 방식으로든 기록하고, '무엇을 발견했나요? 패턴이 있나요?'라고 물었죠. 그러면 그게 초기 주장으로 발전했고, 저는 그것을 진술문으로 정리해 줬어요." 대화를 기록하는 방식에 대해 케이틀린은 "'주장', '근거', '질문'이라는 칸을 만들었어요. 그리고 그 칸을 채우며 나아갔죠."라고 말한다.

케이틀린은 루틴의 발전에 대해 이렇게 설명한다. "그 흐름을 배워야 해요. 시간이 지나면 칸이 사라지면서 아이들이 스스로 질문을 던져요. 교사에서 아이들에게로 넘어가는 거죠. 그러면서 수학 수업 방식도 달라져요. 점 하나하나를 따라가는 수업이 아니라, 거대한 이해를 향하는 수업이 되는 거예요."

게임 그 이상:
2학년 수학에서의 차이화[*] 수업

우수한 학생들이 수 이론과 같은 특별한 주제에 대해 수학적으로 사고하는 일은 기대할 수 있지만, 다른 다양한 수준의 학생들도 '주장-근거-질문' 루틴에 같은 방식으로 반응할까? 케이틀린은 그런 의문을 가졌고, 직접 확인해 볼 기회를 얻었다. 2학년 선생님들인 제니스 킨다, 빅토리아 나이트Victoria Knight, 킴 해딕스Kim Haddix와 함께 케이틀린은 학생들의 홀수와 짝수, 자릿값에 대한 이해를 강화하기 위해 '짝수의 왕과 여왕'이라는 간단한 게임을 고안했다. 이 게임에서 플레이어는 0부터 9까지의 면이 표시된 십면체 주사위 세 개를 굴려 세 자리 짝수가 나올 때마다 1점을 얻는다.

게임은 복잡하지 않지만, '주장-근거-질문' 루틴을 덧입히면 학생들은 패턴과 관계를 찾고 더 깊은 수학적 사고를 하는, 단순히 게임을 하는 것 이상의 기회를 얻는다. 수학적 이해도가 높은 학생들은 게임의 수학적 구조를 더 깊이 있게 탐구할 기회를 얻고, 기초 개념이 부족한 학생들은 자릿값과 홀수와 짝수 개념에 대한 지식을 강화하는 데 집중할 수 있다. 제니스 킨다는 이 점을 '주장-근거-질문' 루틴의 장점 중 하나로 꼽으며 다음과 같이 말했다. "또래 학습 기회를 제공하죠. 기본적 이해가 부족한 소규모 초점 집단은 함께 학습하면서 더 기본적이거나 구체적인 주장을 탐구할 수 있고, 다른 집단은 더 추상적인 아이디어를 탐구하며 함께 학습할 수 있어요."

---

* differentiating은 '차이화', '개별화', '차별화'로 번역되는데, 이 책에서는 '차이화'로 통일하였다.

제니스는 전자 칠판 앞 매트에 앉아 화면에 지시 사항을 비추며 게임에 대한 설명을 시작한다.

짝수의 왕과 여왕

- 짝을 짓거나 세 명이 한 조가 되어 게임을 한다.
- 주사위 세 개를 굴려 나온 숫자를 작은 것부터 기록한다.
- 이 숫자들을 이용해 만들 수 있는 모든 세 자리 짝수를 만든다.
- 짝수 하나를 만들 때마다 1점을 얻는다.

수업에서는 '오름차순', '홀수', '짝수', '숫자' 등의 용어를 복습한 뒤 몇 가지 조합을 만들 수 있는지, 그리고 몇 점을 얻을 수 있는지 예시를 살펴보았다. 수업에서 연습으로 던진 주사위는 5, 0, 5가 나왔다. 제니스는 주사위로 만들 수 있는 세 자리 숫자를 학생들에게 묻는다. 한 학생이 "505요."라고 대답하고, 다른 학생이 "550이요."라고 덧붙인다. "다른 숫자는 없나요?" 제니스가 묻는다. 그녀 앞쪽에 있던 학생들이 손을 들자 제니스는 "세 자리 숫자입니다. 우리는 세 자리 숫자를 찾고 있어요."라고 덧붙인다.

그러자 손들이 동시에 내려가며 아쉬운 탄식이 흘러나온다. "왜 손을 그냥 내렸나요?" 제니스가 묻는다. 제시가 설명한다. "55라고 적으면 0이 백의 자리에 들어가게 돼요. 하지만 그러면 실제로는 55일 뿐이고 세 자리 숫자가 아니죠." 제니스는 이렇게 단언한다. "제시의 주장은 백의 자리에 0이 있어도 두 자리 숫자가 된다는 겁니다. 0백55라고 할 수 있지만, 실제로는 그렇게 말하지 않거든요. 그냥 55라고 하면 되니까요."

　여기서 흥미로운 점은 제니스가 제시의 아이디어를 받아들여 주장으로 재구성했다는 것이다. 제시는 단지 사실을 진술했을 뿐인데 왜 주장이라고 하는지 의문을 제기할 수도 있다. 관례상 앞에 나온 0을 세지 않는 것은 사실이다. 그러나 이를 주장으로 바꿔 제시한다고 해서, 제니스가 그 내용이 사실이 아니라고 말하는 것은 아니다. 오히려 그녀는 수학에서 우리가 아는 사실들은 아이디어에서 비롯되며, 그 아이디어가 어떻게 유지되는지 검증해야 한다는 신호를 보내고 있다. 이는 수학을 배우는 근본적으로 다른 방식이다. 학생들은 단순히 맹목적으로 암기하지 않는다. 다른 아이디어와의 관계를 통해 이해하고 충분히 검증한 아이디어의 토대를 쌓아 가는 것이다. 이 경우, 0을 맨 앞에 사용할 수 없다는 것은 수학이 아니라, 첫 번째로 셀 수 있는 숫자의 위치를 참고하는 우리의 관습이다.

　다른 예시를 살펴본 뒤 제니스가 학생들에게 게임을 탐구해 보라고 하려던 순간, 앤절라가 손을 든다. "두 명 다 짝수 세 개가 나오면 어떻게 돼요?" 그녀가 묻자 제니스는 칠판에 그 내용을 적으며 "그건 질문으로 남겨 둘게요." 말한다. "이제 게임을 해 봅시다. 어쩌면 누군가가 그 질문에 답하는 데 도움이 될 만한 주장을 내놓을지도 몰라요." 제니스는 탐구를 하기 전, 학생들의 질문으로 시작하기를 좋아한다. "초반의 주장을 통해 누가 주제에 대해 알고 있는지, 그리고 학습 방향을 어떻게 잡아야 할지 파악할 수 있죠."라고 그녀는 설명했다. "수학에 재능 있는 학생들에게는 이 틀이 보다 개방적인 질문을 던지고 탐구하는 데 활용할 수 있는 완벽한 발판이지요." 하지만 학년 초에는 주로 자신이 먼저 그런 질문을 던졌다고 그녀는 인정했다.

약 10분 동안 게임을 한 뒤 제니스는 익숙한 루틴으로 학생들을 다시 집중시킨다. "하나, 둘, 셋, 나를 주목해." 학생들은 "하나, 둘, 선생님을 주목해."라고 따라 한다. 학생들은 제니스를 마주 보며 돌아선다. 제니스는 "이리 와서 매트에 앉으세요. 화이트보드, 마커, 주사위는 제자리에 두세요."라고 지시한 다음 "어디에 앉을지 신중하게 선택하세요. 저는 아무 자리에나 앉는 어리석음 때문에 우리 생각이 방해받는 걸 원하지 않아요."라고 덧붙인다. 학생들이 전체 회의를 위해 자리를 잡자, 제니스는 모임의 과제를 이렇게 정리한다. "우리가 깨달은 순간들을 공유해 볼게요. '맞아!'라고 무릎을 치게 만든 것들과 '어?'라며 고개를 갸웃하게 만든 것들 말이에요." 학생들의 생각을 적기 위해 펜을 들고 그녀는 다음과 같이 말하며 학생들의 주의를 환기시킨다. "이 게임과 관련해 몇 가지 주장을 해 봅시다. 점수를 얻으려면 무엇을 알아야 할까요? 새로운 질문을 생각해 낼 수도 있고, 앤절라의 질문에 대한 답을 찾을 수도 있을 겁니다."

"좋아요." 제니스가 말을 시작했다. "타이, 아주 신이 나서 손을 들었네요. 뭘 공유하고 싶은 건가요?" 타이는 칠판을 가리키며 자신의 주장을 단호하게 말했다. "질문에 대한 거요. 비긴 거예요."

"그럼 두 사람 모두 세 개의 짝수가 나오면 비긴 건가요?" 제니스는 명확하게 설명하며 되물었다. 타이는 고개를 끄덕였고, 제니스는 더 밀어붙였다. "예를 들어 줄 수 있나요?" 타이는 증거로 "우리 둘 다 5, 8, 2가 나왔는데, 똑같았어요."라고 말했다.

타이의 증거를 통해, 그의 주장이 앤절라의 질문과 약간 관련은 있지만 다른 내용임이 분명해졌다. 이 차이점을 설명하기 위해 제니스는 앤절라를 불렀다. "앤절라, 타이의 증거에 대해 어떻게 생각하나요? 둘다 5, 8, 2가 나왔는데 점수가 같다네요. 질문에 답이 된 건가요?" 앤절라는 망설임 없이 대답했다. "아니요, 전 두 명 다 짝수 세 개가 나오면 어떻게 될지 묻고 있었어요. 5는 짝수가 아니잖아요." 제니스는 다시 타이에게 돌아서서 물었다. "타이, 주장을 다시 말해 줄 수 있겠어요? 알아낸 게 정확히 뭐였죠?"

"아." 타이가 말했다. "제 주장은 둘 다 똑같은 숫자가 나오면 같은 점수를 얻는다는 거예요."

그 뒤 10분 동안 제니스는 학생들이 공유한 주장을 기록했는데, 학생들은 종종 조건문을 사용해 게임에서 무슨 일이 일어날지를 설명했다.

- 숫자가 홀수이면 아무 숫자도 만들 수 없다.
- 모두 짝수만 나오면 많은 점수를 얻는다.
- 1과 0 두 개가 나오면 세 자리 짝수는 하나만 만들 수 있다.
- 짝수가 세 개 나왔지만 두 개가 같으면, 세 개의 다른 짝수가 나왔을 때보다 점수가 적다.
- 2, 4, 8이 나오면, 거의 스무 개 가까이 짝수를 만들 수 있다.
- 같은 숫자가 없고 모두 짝수이면 6점을 얻고 모두 0이 나오면 점수를 얻지 못한다. 하지만 같은 숫자가 한 쌍 나오면 2점만 얻는다.
- 백의 자리에 숫자 하나를 두고 시작하면 각 자릿수는 두 가지 선택지만 남는다.
- 짝수 두 개와 홀수 한 개가 나오면 4점을 얻는다.
- 짝수 하나와 홀수 두 개가 나오면 2점을 얻는다. 하지만 0이 포함될 때는 다를 수 있어서 확인해야 한다.

제니스는 학생들의 주장을 별다른 토론 없이 차례대로 기록한다. 서로 모순되더라도 우선은 모든 생각을 드러내게 하는 것이 중요함을 알기 때문이다. 학생들은 이후에 다시 탐구하며 증거를 통해 주장을 지지하거나 반박할 수 있을 것이다. 제니스는 "'주장-근거-질문' 루틴의 강력한 측면 중 하나는 누구나 주장을 할 수 있다는 것입니다."라고 말한다. "자신이 기여했다고 느끼면 학생은 자신감을 키우지요. 더 깊이 이해하려는 열망을 키우는 데도 도움이 됩니다. 아무도, 심지어 선생님도 생각하지 못했던 주장을 학생이 하는 순간이 항상 있어요!"

직접 관찰한 수업 내용을 돌이켜 보면, 게임을 하면서 한 번도 "내가 이겼어!"라고 외치는 학생을 본 적이 없다는 사실에 놀랐다. 2학년 학생들 사이에서 이런 반응은 흔치 않을 것이다. 하지만 제니스의 수업에서 학생들은 자신의 행동만큼이나 짝의 행동에도 관심을 보였다. 증거를 수집하면서 근본적인 패턴과 관계를 발견하는 데 몰두했기 때문이다. 이기는 것이 아니라 배우는 것이 중요했다. 아주 기본적인 게임으로 시작했지만 이제는 수학에 대해 훨씬 더 깊이 생각할 수 있는 기회로 바뀌었다. '주장-근거-질문' 루틴은 학생들의 사고에 구조를 제공함으로써 제니스의 수학 교육 방식을 변화시켰다. "'주장-근거-질문' 루틴은 제가 수학을 가르치는 방식을 바꿔 놓았어요. 수업을 하고 학생들의 학습을 지도할 때 훨씬 더 명확한 틀을 제공해 줬거든요."라고 그녀는 설명한다. "학생들이 질문을 던질 때 학습을 완전히 새로운 방향으로 이끌어 갈 수 있어요. 안타깝게도 주제를 심도 있게 탐구할 자유나 시간이 항상 있는 것은 아니고, 교육 과정의 제약은 어려움이 되기도 하지요. 하지만 수학에 참여하고, 적어도 흥미로운 부분들을 명확하게 표현해 보는 일은 분명 가치가 있습니다."

주장-근거-질문 루틴으로
중등 수학을 비행기로 학습하기

비알릭칼리지에 새로 부임한 교사인 제니퍼 케인은 중등 수학반 학생들에게서 다음과 같은 차이를 알아차렸다. "학생들 스스로 자신의 생각과 이해를 소중히 여기면서, 사고를 표현하는 데 익숙하다는 것을 알 수 있었어요." 덕분에 그녀는 '주장-근거-질문' 루틴을 원활하게 사용할 수 있었다. "학생들이 스스로 루틴의 가치를 발견했기 때문에 루틴의 구조에 빠르고 쉽게 몰입했어요."라고 그녀는 회상했다.

학기 중반에 제니퍼의 10학년 수학 수업을 방문했을 때, 제니퍼는 '주장-근거-질문' 루틴을 사용해 이차방정식의 관계를 조사하고 포물선의 주요 특징을 알아내고 있었다. 이 탐구의 맥락은 종이비행기의 무게와 날아가는 거리와의 관계를 살펴보는 것이다. 먼저, 제니퍼는 학생들에게 앞으로 일어날 일에 대한 주장이나 예측을 하도록 한다. 제니퍼에게 이러한 초기 주장은 중요한 역할을 한다. "'주장-근거-질문' 루틴은 수학에서 추정과 해의 타당성 이해의 중요성을 상기시켜 줬어요."라고 그녀는 설명한다. "주장이란 학생들이 앞으로 일어날 일에 대해 예측한 것이라 생각해요. 학생의 주장을 통해 저는 그 학생의 이해 정도를 빠르게 평가할 수 있죠."

제니퍼는 탐구를 위한 주장을 칠판에 기록한다.

- 무게가 더 많이 실리면 바닥으로 당기는 힘이 강해져 비행 거리가 짧아질 것이다.
- 날아가는 거리가 줄어들 것이다.

- 무게가 더해지면 날아가는 거리가 짧아지고 무게가 비행기를 아래로 밀어내기 때문에 바닥에 더 빨리 떨어질 것이다.
- 무게가 증가할수록 비행 거리가 짧아지고 바닥에 닿는 속도도 훨씬 빨라질 것 같다.
- 스테이플러 심을 종이비행기에 많이 박을수록 활공 거리가 짧아질 것으로 예상된다.
- 종이비행기는 지면에 더 가깝게 날다가 결국 추락할 것이다.
- 무게가 계속 증가할수록 종이비행기의 비행 거리는 줄어들 것이다.
- 날아가는 거리가 짧아질 것이다. 위로 올라가다가 거의 수직으로 떨어진다. 무게가 증가할수록 비행 거리는 짧아질 것이다.

주장들을 살펴보면, 학생들은 무게가 증가함에 따라 거리가 감소하는 선형적인 관계가 있다고 생각하는 것이 분명하다. 많은 주장이 이러한 감소를 설명하는 핵심 변수로 중력이라는 개념을 꼽고 있다.

학생들이 짝을 지어 스테이플러를 사용해 비행기의 무게를 추가하고 날리며 데이터를 수집하는 실험을 진행하면서, 순수 선형성을 보일 것이라는 가정은 맞지 않는다는 것이 금방 드러난다. 데이터가 수집되자 학생들은 먼저 수작업으로 그래프를 그린 다음 공학용 계산기를 사용해 회귀선을 구한다. 이를 통해 새로운 증거가 발견되고 그 결과 주장을 수정해야 한다.

- 그래프에는 최댓값이 있다.
- 증가하다가 감소한다.
- 가장 먼 비행 거리가 꼭짓점turning point의 좌표가 된다.

- X축은 스테이플러 심의 무게이고 Y축은 비행 거리다.

- 비행 거리는 실제로 증가했다.

- 증가 후 곧바로 감소해 최댓값이 되었다.

새로운 데이터는 데이터의 포물선 모양에 대해 논의하고 포물선의 주요 속성에 집중할 기회를 제니퍼에게 제공하는데, 이는 학생들에게 중요한 수학적 학습이 된다. 이를 통해 실험에 영향을 미치는 모든 변수와 이를 가장 잘 통제할 수 있는 방법에 대한 많은 질문이 발생한다. 대부분 과학적인 질문이다. 하지만 수학적 질문도 등장하는데, 데이터와 데이터의 수학적 표현에 대한 심오한 질문들이 포함된다. 예를 들어 다음과 같다.

- 숫자들이 불균등하고 서로 관련성이 없는데 어떻게 종 모양 곡선bell curve이 나올 수 있는가?

- 계산기의 계산 결과가 우리가 수기로 그린 것과 다른 이유는 무엇인가?

- 왜 우리의 답은 불일치하거나 왜곡되었는가?

- 우리의 데이터가 포물선에 제대로 반영되었는가?

- 왜 우리 포물선은 이렇게 좁을까?

- 선형 모델을 사용하면 그래프가 더 정확하게 설명되지 않을까?

- 이 그래프가 $y=a(x-h)^2+k$라는 식과 어떤 관련이 있나?

제니스 카인더의 의견에 공감하며 제니퍼는 다음과 같이 말한다. "학생들이 던지는 다양한 질문에 항상 놀라고 있습니다. 종종 제가 생각하지 못한 질문이 나오기도 하죠." 하지만 제니퍼가 생각하는 '주장-

근거-질문' 루틴의 가장 큰 장점은 바로 근거를 찾는 과정에 있다. "학생들은 증거를 바탕으로 추론하는 것을 어려워하는데, 근거는 이 능력을 키워 줍니다. 학생들은 수학적 맥락에서 증거를 제시하기 어려울 수 있어요. 대신 문제를 설명하거나 풀기만 원하는 경우가 많지요. 이 루틴은 학생들이 속도를 늦추고 세부 사항, 미묘한 차이, 복잡성에 주의를 기울이도록 합니다. 증거를 바탕으로 추론하는 학생들의 능력은 향상되고 있으며, 이는 오로지 이 루틴을 더 자주 사용하면서 얻을 수 있는 결과입니다."

도구, 구조, 패턴:
교실에서 루틴 설정하기

이 장의 서두에서 언급했듯이 학교와 교실에는 매우 다양한 유형의 루틴이 존재한다. 여러 연구자가 서로 겹치는 다양한 분류 체계를 사용해 교실 루틴을 분류했지만(Kaser, 2007; Leinhardt 외, 1987; Yinger, 1979), 나는 이 논의를 위해 '관리', '수업', '상호작용', '사고'라는 4가지 주요 범주를 제안한다. 각 유형은 그 자체로 중요하며, 모두 교실의 원활한 운영을 지원하는 보이지 않는 인프라를 구축하는 데 크게 기여한다. 또한 모든 루틴은 동시에 3가지 차원에서 작동한다. 즉 (1) 어떤 일을 성취하기 위한 도구, (2) 행동을 이끌고 안내하는 구조, (3) 익숙한 패턴이다.

4가지 유형의 루틴이 전부 유사하고, 제대로 기능하는 교실에서는 이 모두가 존재해야 한다는 필요성에도, 지금까지 교사, 교사와 협업하는 사람들의 초점은 거의 전적으로 관리 루틴과 수업 루틴에 맞춰져 있었다(Kaser, 2007; Lemov, 2010; Linsin, 2009; Murray, 2002; Wong & Wong, 1997). 이는 신규 교사나 교실을 관리하는 데 어려움을 겪는 교사의 필요와, 교실이 통제되고 집중되지 않으면 학습이 이뤄질 수 없다는 사실에서 비롯되는 경우가 많다. 그러나 이러한 편중에는 위험이 있다. 관리와 수업 루틴이 중요하기는 하지만 여기서 멈춰서는 안 된다. 이러한 루틴을 지나치게 강조하면 학생의 사고와 학습을 촉진하기보다는 학생 통제와 교사의 지식 전달에 더 많은 관심을 기울이게 된다.

인터넷에서 '교실 루틴'을 검색해 보면 관리 루틴에 관한 내용이 줄줄이 나온다. 관리 루틴은 교사가 학기 초에 학급을 원활하게 운영하기 위해 자주 설정하는 루틴이다. 여기에는 주의 집중 방법, 학급의 자질구레한 일 처리, 이동, 훈육, 전환, 청소, 재료 준비, 자리 이동 등이 포함된다. 요컨대 "관리 루틴은 학급 조직과 행동을 통제하고 조정하고자 확립된 절차"(Yinger, 1979, p. 166)다. 교실에서 반복적으로 수행해야 하는 작업에는 일반적으로 루틴이 있으면 도움이 된다. 예를 들어 학생들의 주의를 집중시키는 일을 생각해 보라. 이는 거의 모든 수업에서 교사가 해야 하는 일이며, 특히 학생들이 모둠으로 작업하는 경우에는 이를 용이하게 하는 루틴이 있으면 도움이 된다. 제니스 카인더는 "하나, 둘, 셋, 나를 주목해."라는 루틴을 사용했다. 다른 교사들은 전등을 끄거나, 박수를 치거나, 차임벨을 울리거나, 조용히 손을 들고 학생들이 스스로 손을 들고 조용해질 때까지 기다린다. 종종 이러한 루틴은 학교 전체에서 합의되기도 한다. 이러한 루틴을 가르치고 배우는 데는 시간이 거의 걸리지 않는다. 하지만 일관성 있게 적용해야 한다. 일관성이 없으면 관리 루틴은 금방 무너진다.

관리 루틴은 실천 공동체의 맥락에서 설정되며, 교실을 원활하게 운영하는 데 도움이 된다. 보다 징벌적이고 훈육을 위한 목적을 가진 관리 루틴을 만들 수도 있다. 이러한 루틴은 일반적으로 통제와 질서에 관한 것으로, 떠든 학생 이름 칠판에 적기, 교실 문을 잠가 종이 울리면 지각한 학생은 들어오지 못하게 하기, 조용히 줄 세우기 등이다. 이 루틴들은 질서를 확립하는 데 도움이 될 수 있지만 대가를 치르는 경우가 많다. 학생들은 규칙을 어기는 사람으로, 교사는 교도관으로 전락할 수 있다. 따라서 루틴이 어떻게 시행되는지, 긍정적인 관계 형성을 해치거나 학습을 저해하지 않는지 주의 깊게 살펴봐야 한다. 질서와 학습 사이의 적절한 균형을 찾는 좋은 예로 신입생 국어 수업에서 학교 첫날 관리 루틴을 수립하는 타일러 헤스터Tyler Hester의 모습을 담은 동영상이 있는데, 이는 유튜브에서 확인할 수 있다(Shiksastudio, 2012).

수업 루틴은 교사가 수업을 진행할 때 사용하는 스타일, 접근 방식, 도구, 관행, 절차 등이다. 수업 루틴은 교사의 개성과 선호도를 반영하는 고유한 특성을 어느 정도 지니고 있다. 그 교사는 수업을 어떻게 운영하는가? 정보를 어떻게 전달하는가? 토론을 시작하는 방법은 무엇인가? 질문에 어떻게 대응하는가? 교사는 이 일들을 자동으로 수행하기 때문에 일상적인 방식이 있다는 사실조차 인식하지 못할 수 있다. 즉 이러한 행동이 루틴이 되어 있어 생각할 필요가 거의 없다는 뜻이다. 마찬가지로 학생들도 교사의 행동을 예측 가능한 패턴을 따르는 익숙한 '대본'으로 받아들인다. 내가 진행한 유치원 수업과 제니스의 2학년 교실 모두에서, 시작과 마무리 토론을 위해 매트 쪽으로 이동한 것은 일상적인 수업 루틴이다. 케이틀린 페이먼의 수업에서는 학생들이 전지가 놓인 테이블 하나에 모여 앉았다. 공학 계산기 사용은 제니퍼 케인의 수업 루틴이었다.

교실에서 수업을 진행하는 일반적인 방식은 루틴에 해당한다. 하지만 이러한 루틴이 항상 가장 효과적인 방법은 아닐 수 있다. 너무나 익숙한 예로, 교사가 수업을 마치는 방식을 들 수 있다. 시간이 다 되어 종소리가 울리면 수업이 끝나고 학생들은 짐을 싸서 나가는 경우가 많다. 이런 일은 내가 유치원에서 겪었던 것처럼 일어날 수도 있고, 그 교사에게는 루틴일 수도 있다. 그러나 이러한 관행이 루틴이 되었다면 특별히 효과적이지 않으므로 다시 생각해 볼 필요가 있다. 영국에서 이루어진 연구에 따르면, 전체 구성원이 한자리에 모이는 마무리 전체 모임이 학생들의 학습을 지원하는 측면에서 훨씬 더 효과적인 수업 종료 방법이라고 한다 (Siraj-Blatchford 외. 2011). 제니퍼와 제니스의 수업에서처럼 마무리 전체 모임을 통해 학생들은 배운 내용을 공유하고 토론을 요약하는 활동 중 일환으로 질문을 제기할 수 있다. 이러한 모임을 이용해 교사는 중요한 아이디어를 강조하고, 학생들의 생각에 의문을 제기하고, 수업을 요약하고, 다음 수업의 방향을 제시할 수 있다. 대안에 대한 관심이 부족해 비효율적인 루틴이 교실에 자리 잡게 되면, 깨기 어려운 습관이 된다. 새로운 방식이 습관이 될 때까지 연습해야 한다.

수업 루틴은 우리가 흔히 사용하는 방식 외에도 자주 발생하지 않는 특정 활동을 수행하는 데 사용하는 도구이자 구조가 될 수 있다. 예를 들어, 내가 좋아하는 새로운 루틴 중 하나는 아이디어를 공유하는 데 사용되는 '하나 주고 하나 받기Give One, Get One'다. 학생들은 먼저 주제와 관련된 아이디어 목록을 스스로 작성한다. 그런 다음, 학생들은 자신의 목록에서 아이디어 하나를 공유할 파트너를 찾아 '하나 주기'를 한다. 파트너는 공유된 아이디어를 기록하며 '하나 받기'를 한 뒤 자기 목록에서 새로운 아이디어를 하나 공유한다. 각 학생이 아이디어를 하나씩 주고받았으면 두 학생 모두 새로운 파트너를 찾아 이 과정을 반복한다. 이는 기본적으로 브레인스토밍의 일종이지만 개인이 더 많은 책임을 져야 한다. 이 루틴은 아이디어를 생성하는 도구이자 공유 과정을 촉진하는 구조로 작동한다. 몇 번만 사용해도 교사가 빠르게 이용할 수 있는 익숙한 패턴이 된다.

상호작용 루틴은 교사와 학생 간의 접촉뿐만 아니라 학생과 학생 간의 접촉을 구조화한다. 언어와 담화에 국한되지는 않지만 그러한 유형의 교류를 다루는 경우가 많다. 손을 들어 의견을 제시하는 것은 우리 모두가 가지고 있는 기본 루틴이지만, 질문과 답변이라는 상호작용을 구성하는 유일한 방법은 아니다. 교사는 눈을 마주치거나, 엄지손가락을 가슴 가까이로 올리거나, 심지어 손을 들지 않음(Black, 2002; Buhrow & Garcia, 2006)으로써 이러한 상호작용을 구조화할 수 있다. 1970년대에 처음 소개된 '생각-짝-공유하기(Lyman, 1981)'는 상호작용을 구조화하는 루틴으로, 전통적인 질문과 답변 패턴을 깨뜨렸다고 평가받는다. 협력 학습 구조, 북 클럽, 소크라테스 세미나, 리더 없는 토론(Ritchhart, 2002)은 모두 교실에서 대화와 토론을 위한 구조를 제공한다.

이 루틴들은 긍정적인 상호작용을 위한 구조를 제공함으로써 학생들의 사회 정서 학습을 지원한다. 학생의 요구에 '대응하는 교실 접근법'은 정서적으로 안전한 학습 환경을 조성하기 위해 상호작용 루틴을 광범위하게 활용한다(Rimm-Kaufman, Fan, Chiu, & You, 2007). 5장에서는 내털리 벨리가 피드백 사다리를 사용해 자신과 학생이 서로에게 피드백을 주는 방식을 구조화한 방법을 살펴봤다. 이 루틴을 익힌 학생들은 피드백을 더 효과적으로 주고받을 수 있는 수단을 갖게 되었다. 8장에서는 문화적 힘으로서의 상호작용에 초점을 맞추고, 긍정적이고 교육적으로 풍부한 상호작용을 촉진할 수 있는 몇 가지 다른 루틴을 살펴보겠다.

사고 루틴은 앞서 언급했듯이 수업 루틴으로도 사용할 수 있지만, 진정한 힘은 그것이 인지 전략으로 학생들의 행동 패턴이 되어 사용될 때 발휘된다. 사고 루틴이 일반적으로 어떻게 작동하는지, 특히 '주장-근거-질문' 루틴이 어떻게 작동하는지를 이해하려면 도구, 구조, 패턴이라는 3가지 특성을 고려하는 것이 유용하다. 이 장 전체에서 이 용어들을 사용했지만, 자세히 살펴보면 시간이 지남에 따라 교실에서 사고 루틴이 어떻게 발전하는지 이해하는 데 도움이 된다.

'도구'로서 사고 루틴은 특정 유형의 사고를 활성화하는 데 사용된다. 이러한 측면에서 인지 전략과 유사하다. 따라서 교사는 사고 루틴을 사용할 때, 루틴이 수업 진행을 어떻게 촉진할 수 있는지를 넘어 학생들에게 사고 도구를 어떻게 제공할 것인지를 고려해야 한다. 작업에 가장 적합한 도구를 선택하려면 학생들이 이 내용을 통해 어떤 사고를 해야 하는지, 어떻게 하면 그런 사고를 가장 잘 유도할 수 있는지 자문해야 한다. '주장-근거-질문' 루틴은 학생들이 예측하기, 데이터 분석하기, 패턴 찾기, 일반화하기, 증거 검토하기, 질문 제기하기 등의 활동을 하도록 유도한다. 이러한 사고 활동은 수학을 한다는 것의 의미 대부분을 차지하기 때문에 이 루틴은 다양한 수학적 상황에 쉽게 적용할 수 있다. 여기서 우리는 사고 기회와의 명확한 연결성을 볼 수 있다. 사고 기회를 만들 때 우리는 학생들에게 그 사고를 하는 데 필요한 도구도 제공해야 한다.

어떤 도구를 사용하든, 목표 달성에 있어 루틴이 어떻게 작용하는지를 점검하는 일은 유용하다. 수업 루틴의 경우, 교사는 루틴이 얼마나 효과적인지 되돌아봐야 한다. 사고 루틴의 경우, 학생들도 스스로 되돌아봐야 한다. 이 루틴은 우리가 문제를 탐구하는 데 어떻게 도움이 되었는가? 더 깊이 파고드는 데 도움이 되었는가? 이해를 촉진하는 데 도움이 되었는가? 다음 번에는 어떻게 조절할 수 있을까? 루틴의 어떤 부분을 개선하고 어떤 기능을 추가로 개발해야 할까? 학생들과 함께 루틴을 되돌아봄으로써 우리는 학생들이 루틴을 스스로 통제하고 스스로 학습에 활용할 수 있도록 도울 수 있다.

교사들로부터 "사고 루틴이 다른 과목에는 좋은 것 같은데 제 과목에는 맞지 않아요."라는 말을 자주 듣는다. 특정 사고 루틴이 특정 내용과 맞지 않을 수 있지만, 사고 루틴의 더 넓은 의미는 학습자가 새로운 내용을 이해하려고 노력할 때 필요한 사고를 효과적으로 촉진하고, 비계를 마련하고, 방향을 제시하는 것이다. 따라서 사고 루틴을 직접 개발하거나 기존의 사고 루틴을 효과적으로 활용하려면 교사는 **'이 내용에 대해 학생들은 어떤 종류의 사고를 해야 하며, 어떻게 하면 그러한 사고에 비계를 잘 만들어 줄 수 있을까?'**라는 질문을 스스로에게 던져야 한다. "사고 루틴이 특정 과목과 맞지 않는다."라는 말을 하는 것은, 일반적으로 그 과목을 학생들에게 기억력만을 요구하는 방식으로 가르치고 있기 때문이다. 이러한 불충분한 가르침은 종종 불충분한 학습으로 이어진다. 기억과 연습은 기능과 지식 기반을 구축할 수는 있지만 이해를 발전시키지는 못한다. 이러한 상황에서 사고 루틴을 사용하려면 일부 교사는 이해를 위한 학습의 의미를 근본적으로 다시 생각해야 한다.

'구조'로서 사고 루틴은 사고를 위한 비계로 설계되었다. 학습자에게 사고의 틀을 제공하고, 각 단계가 다음 단계로 이어지는 순서를 제시한다. 이는 사고 과정을 이해하는 데 도움이 된다. 많은 학생에게 "이 구절을 읽고 이해하라.”라는 지시는 너무 모호하고 실행하기 어렵다. 그러나 ‘연결-확장-도전’(Ritchhart et al., 2011)과 같은 루틴을 사용하면 학생들은 이미 알고 있는 내용과의 연관성을 찾고, 읽은 내용을 통해 이해가 어떻게 확장되거나 더욱 발전하는지를 파악하며, 마지막으로 추가 탐구가 필요한 질문과 과제를 제기함으로써 이해를 분석할 수 있는 도구를 갖게 된다.

구조와 비계에 얽매일 필요는 없다. 이 장에서 제시한 사례들을 통해 우리는 교사들이 주장을 예측으로 보기도 하고 패턴으로 보기도 하는 등 조금씩 다른 것을 보았다. 그리고 질문에 대해서도 반증으로, 때로는 추가 탐구가 필요한 문제로 다루었다. 사고 루틴의 힘은 대부분 유연성에서 비롯된다. 더 나아가, 이러한 유연성은 사고 루틴이 교실과 학생들의 마음속에서 패턴으로 자리 잡고 있음을 보여 주는 신호이기도 하다.

다른 루틴과 마찬가지로 사고 루틴 사용의 궁극적인 목표는 사고 루틴이 행동의 패턴이 되도록 하는 것이다. 이는 학생들이 사고 루틴에 익숙해지고 다양한 상황에서 사용하면서 이뤄진다. 그러나 완전히 굳어지는 다른 루틴과 달리 사고 루틴은 일단 자리를 잡으면 더 유연하게 변하는 것을 볼 수 있다. 교사들은 종종 루틴이 굳어지는 것이 아니라 더욱 내재화되고 자연스러워지는 현상을 발견한다. 예를 들어, 학생들은 근거 자료의 중요한 역할을 인식하기 시작하면 ‘주장-근거-질문’ 루틴을 사용하지 않는 상황에서도 이를 요구할 수 있다. 마찬가지로, 학생들이 주장에 익숙해지면서 잠정적인 해석과 가능한 설명을 말로 하기 시작할 수 있는데, 그것이 ‘모른다’는 의미가 아니라 이해를 향한 첫걸음임을 알게 되었기 때문이다. 우리는 그것을 사고 루틴이라고 말할 수 있다.

이 장에서 제시된 4가지 사례는 4가지 유형의 루틴이 모두 교실의 원활한 운영에 어떻게 영향을 미치는지를 보여 준다. 동시에 이 사례들은 학생들의 학습 형성에 있어 사고 루틴의 고유한 역할을 강조한다. 우리는 교실을 돌아보고 스스로에게 다음과 같은 질문을 던져야 한다. 사고를 위해 어떤 종류의 지원과 구조를 제공하고 있는가? 학생들에게 사고를 촉진하고 이해하기 쉽게 하기 위해 어떤 도구를 제공하고 있는가? 그리고 우리 교실에서는 어떤 종류의 사고가 일상화되어 있는가?

- 교실에서 어떤 사고를 루틴으로 만들고 싶은지 파악하라. 해당 과목에서는 어떤 종류의 사고가 중요한가? 학생들은 이해력을 높이기 위해 어떤 종류의 사고를 할 수 있어야 하는가?

- 시도해 볼 사고 루틴을 찾아보라. 『생각이 보이는 교실』 또는 비저블 싱킹 Visible Thinking 웹사이트(http://www.visiblethinkingpz.org/)를 방문해 학생들에게 길러 주고자 하는 사고 유형에 맞는 루틴을 찾아라. 목표에 적합한 세 개에서 다섯 개의 사고 루틴을 파악하라.

- 사고 루틴을 사용해 보고 성찰하라. 루틴을 활동이 아닌 사고의 도구로 소개하는 것이 좋다. 예를 들어 "오늘 우리의 목표는 어제 읽은 글을 더 깊이 이해하는 것입니다. 이를 달성하기 위한 토론의 구조는 '4C*'를 사용하겠습니다."와 같은 방식으로 말하라. 이제 교수 활동의 관점에서 루틴을 되돌아보라. 학생들이 콘텐츠에 참여하는 데 도움이 되었는가? 수업을 구조화하고 학생들의 참여를 유도하는 데 도움이 되었는가? 어떤 부분에서 옳다고 느꼈고 어떤 부분에서 어려움을 겪었는가?

- 학생들이 루틴을 도구로서 생각해 보게 하라. 예를 들어 학생들에게 다음과 같이 물을 수 있다. "우리는 토론을 위한 구조로 '4C'를 사용해 이해를 깊게 하려 했습니다. 어떻게 진행되었다고 생각하나요? 토론이 더 생산적

---

* 연관성(Connection)-도전(Challenge)-개념(Concept)-변화(Change) 루틴. 『생각이 보이는 교실』 참고.

이고 집중적으로 이뤄졌나요? 더 잘 이해하게 되었다고 느끼나요? 루틴에서 어려웠던 점과 쉬웠던 점은 무엇인가요? 다음에 이 루틴을 사용할 때 어떤 점을 개선해야 할까요?"

- 학생의 사고를 검토하라. 학생들이 작성한 내용을 수집하고 동료 교사들과 함께 모여 학생 사고의 증거를 세심하게 살펴야 한다. '학생 사고 살펴보기 Looking At Students' Thinking, LAST 프로토콜'(부록 D 참고)을 사용해 대화를 구조화할 수 있다.

- 나만의 사고 루틴을 만들라. 좋은 루틴은 단계가 적고, 효과적인 학습자가 특정 상황에서 할 법한 사고를 명시적으로 보여 준다. 학생들이 정기적으로 하는 특정 학습 과제가 있는가? 이러한 과제를 잘 수행하려면 어떤 사고가 필요한가? 이러한 단계를 파악하면 루틴을 만들 수 있다. 학생들이 독립적으로 할 수 있는 토론 유형이 있는가? 그렇다면 그 토론의 핵심 요소나 주요 단계를 식별해 새로운 루틴으로 만들 수 있다.

- 새로운 관리와 수업 루틴을 수집하라. 다른 수업에 참관해 해당 교실의 루틴에 주의를 기울이라. 어떤 루틴이 학생이 독립적으로 학습하도록 지원하는 데 더 효과적인 전환이고, 교수법인가? 관찰한 새로운 루틴을 언제, 어디서 사용할 수 있는가?

- 자신의 수업 루틴을 살펴보라. 수업 시작과 끝을 위한 루틴이 있는가? 모둠 과제, 독립 과제, 수업 토론, 강의, 단원 복습, 주의 집중 등 다양한 유형의 활동에 대한 루틴이 있는가? 이러한 루틴이 교수자와 학생이 학습에 집중하는 데 효과적인가? 좀 더 일관성이 있다면 학생들의 학습 효과에 도움이 될까? 루틴을 개선하기 위해 어떤 조정이나 수정이 필요할까?

학습자의 역량을 강화하는
관계 형성하기

| 상호작용 |

명.

- 두 개 이상의 객체가 서로 영향을 미칠 때 나타나는 동적 현상.

- 행동과 효과 사이에 생성되는 피드백 고리. 문화 형성 요인으로서 상호작용은 교사와 학생, 학생과 학생, 교사와 교사 간 관계의 기초를 형성한다. 상호작용은 개인을 공동체로 엮는 사회적 직물을 짜 나간다. 집단 구성원 간의 상호작용은 한 장소의 정서적 분위기, 톤 또는 기풍 ethos을 정의하는 데 도움이 된다. 생각하는 문화에서 교사와 학생의 상호작용은 학생의 사고에 대한 존중과 관심을 보여 줌과 동시에, 집단에 효과적으로 기여할 수 있는 가치 있고 유능한 인재로 그들을 육성한다.

● 당신에게 가장 의미 있는 교육 경험은 무엇이었는가? 생각하는 사람이자 학습자로서 자신을 형성하는 데 도움이 되었던 몇 가지 경험을 꼽을 수 있는가? 어떤 경험이 여러분을 최고로 이끌고 학습의 새로운 경지에 도달할 수 있게 해 줬는가? 집단에게 이러한 질문을 하면 아이디어나 개념, 아하 모멘트를 떠올리기보다는 개인적인 상호작용, 멘토링, 집단과의 연결, 또는 학습 과정에 참여한 다른 사람과의 강력한 상호 참여에 대한 이야기를 듣는다. 학습이 고립된 활동이 아닌 사회적 노력이라고 생각한다면, 관계는 중추적인 역할을 한다. 관계는 우리에게 동기를 부여하고 참여를 유도한다. 또한 위험을 감수할 수 있도록 지지받는 환경을 마련해 준다. 학습자로서 우리는 누군가가 우리를 지지해 주고 넘어졌을 때 기꺼이 붙잡아 주면서 성공을 응원한다는 사실을 아는 것만으로도 큰 도움을 받는다. 1968년 예일대학교에서 코머 학교개발 프로그램*을 설립해 학교-가정-지역사회의 연결을 옹호해 온 미국의 선도적인 인물 제임스 코머James Comer는 "의미 있는 관계 없이는 의미 있는 학습이 이뤄질 수 없다."라고 말하며 학습에서 타인의 역할이 중요함을 더욱 강조했다(Comer, 1995).

훌륭한 교사들은 종종 자신의 성공을 관계의 측면에서 설명한다. 2013년 미국 교육감 협의회에서 올해의 교사로 선정된 화학 교사 제프 샤버노Jeff Charbonneau는 배움과 사고, 기쁨이 넘치는 교실 문화를 만들려는 깊은 신념을 가지고 있다. 그는 실제로 자신의 교실을 '낙원'이라고 여기고 있으며, 교실이 낙원이 되려면 그곳에서의 매일이 학생 개개인

---

* Comer School Dvelopment Program. 학생의 전인적 발달을 중심에 두고 학교 운영을 재구성하는 혁신적인 학교 개선 모델. 학부모, 교사, 지역사회의 협력 속에서 학생의 사회·정서적 성장을 토대로 학업 성취를 도모한다.

에게 가장 소중한 날이 되어야 한다고 생각한다(〈Jeff Charbonneau-2013 전국 올해의 교사〉 동영상, 2013). 그러기 위해서는 교사가 학생 개개인과 소통해야 한다. "가장 중요한 것은 학생들과의 관계입니다."라고 제프는 말한다. "학생과 긍정적인 관계를 맺을 수 있다면 무엇이든 가르칠 수 있습니다. 양자역학이나 물리학까지 가르칠 수 있습니다. 복잡한 예술, 시각 및 공연 분야로 학생들을 데려갈 수도 있습니다. 가장 중요한 것은 관계입니다."(「High School Teacher to Be Honored at White House」 뉴스 기사, 2013).

수상 경력에 빛나는 고등학교 교사 이본 디밴스허치슨Yvonne Divans-Hutchison(Rose, 1995) 또한 같은 생각을 한다. 그녀는 예비 교사들에게 "아이가 글을 읽지 못한다고 해서, 그 아이가 당신을 읽지 못한다고 생각하지 마세요. 아이들은 자신을 믿어 주는 사람과 얕잡아 보는 사람을 단번에 알아챌 수 있습니다. 교실에 들어오는 순간부터 그 차이를 느낄 수 있죠."(p.17)라고 말한다.

물론 학습에 있어 관계의 중요성을 인식한다면 긍정적인 관계가 형성되지 않을 때 어떤 일이 벌어지는지도 인정해야 한다. 높은 조회수를 기록한 테드 강연에서 리타 피어슨Rita Pierson(2013)은 어느 동료 교사가 "저는 애들을 좋아하라고 돈을 받는 게 아닙니다. 수업을 하라고 돈을 받지요. 제가 가르치면 아이들은 배워야 하고요. '내가 가르치면, 아이들은 배운다.' 그걸로 끝이죠."라고 얘기했다고 말한다. 이에 대한 리타의 대답은 간단명료했다. "아이들은 자신이 싫어하는 사람에게서 배우지 않아요." 그녀는 강연 말미에 "모든 어린이는 결코 포기하지 않고, 관계의 힘을 이해하고, 자신이 최고가 될 수 있도록 격려해 주는 어른, 즉 챔피언을 가질 자격이 있습니다."라고 설득력 있게 말했다. 다른 연구자들은 이를 '따뜻한 요구자warm demander'라고 부른다. 학생에게 정서적으로 따뜻하지만, 학업적으로는 엄격한 기준을 유지하는 교사들을 칭하는 말이다(Bondy & Ross, 2008).

그렇다. 관계는 실제로 학습에 중요하며 관계의 본질은 상호작용을 통해 드러난다. 사회적 존재인 우리는 다른 사람들과의 상호작용으로 집단이나 문화가 무엇인지, 어떻게 작동하는지, 그 규범과 가치를 배워 나간다. 상호작용은 장소에 대한 감각을 제공하며, 집단 내에서 어떻게 행동해야 하는지, 무엇이 기대되는지를 학습하게 해 준다. 상호작용을 통해 우리는 누가 우리 편이고 우리를 지원하는 사람들인지 식별한다.

교사가 수업 영상을 분석해 고유의 교실 분위기가 가진 특성을 발견한다면, 교수와 학습에서 상호작용이 얼마나 중요한지 금방 알게 될 것이다. 이러한 특성은 일반적으로 8가지 문화적 힘으로 나타난다. 이 목적에 적합한 내가 좋아하는 동영상 중 하나는, 미국 교사상 수상자이자 사우스캐롤라이나주 뷰퍼트 고등학교^{Beaufort High School}의 스페인어 교사인 레슬리 리비스^{Leslie Revis}의 수업 영상이다. 영상 내내 레슬리는 웃고, 경청하고, 옆에 앉아 학생들과 신체적 접촉을 한다. 그녀는 학생들이 어려움을 겪을 때 지지해 주고, 성공을 함께 축하한다. 그녀는 에너지와 행복을 발산한다. 그녀는 학생 집단과 거리를 두지 않고, 그들의 일부처럼 보인다. 시청자는 이러한 순간을 찰나처럼 포착한다. 시청자들은 레슬리의 정서, 학생들과 개별 또는 집단으로 상호작용하는 모습에서, 그것이 특히 교실의 가치와 규범을 전달하는 데 효과적임을 알아챈다. 또한 시청자들은 학생들이 서로 상호작용 하는 방식에 주목하는데, 이는 종종 교사와 학생 간의 상호작용을 반영한다. 더 깊이 분석한 뒤 시청자들은 교사의 진정성, 열정과 유머 사용, 그리고 교실에 형성된 유대감이 분위기에 중요한 요소로 작용한다고 지적한다. 당연하게도 시청자들은 레슬리의 교실이 학습자로서 자신들이 있고 싶은 곳이라고 말하기도 한다.

학생들 역시 학습에 있어 상호작용의 중요성을 인식하고 있다. 레즈닉Resnick과 동료들(1997)이 청소년에 대한 전국 종단 연구를 검토한 결과, 학생들은 일반적으로 학교 교육이 자신의 삶, 관심사와 단절되어 있다고 느꼈지만, 거의 모든 학생이 자신에게 의미 있었던 교사와의 관계를 파악하고 설명할 수 있었다. 로저스Rogers Carl와 프라이버그H. Jerome Freiberg(1994)가 학생들에게 가장 잘 배울 수 있는 조건에 대해 설문조사를 했을 때 학생들은 신뢰와 존중, 가족의 일원 같은 느낌, 서로를 돌보는 장소, 신뢰와 존중을 받는 경험, 교사를 지지적이고 도움이 되는 존재로 인식하는 것 등을 언급했다. 이 모든 응답의 중심에는 교사와 학생의 관계가 자리하고 있다. 캐슬린 쿠시먼Kathleen Cushman(2005)이 인터뷰한 고등학생 중 한 명은 교사에게 전하고 싶은 말을 하는데, 이 말은 생각하는 문화의 발전을 지원하는 데 필요한 교사와 학생 간 상호작용의 구체적인 유형을 제시한다. "너희가 최선을 다하기를 기대한다고 자주 상기시켜 주세요. 우리가 어려움을 겪고 있어도 우리의 노력을 격려해 주세요. 도움이 되는 피드백을 주고, 우리가 그 피드백을 되돌아보기를 기대해 주세요. 다른 학생들과 비교하지 마시고, 우리 곁을 지켜 주세요"(p. 64~67).

물론 학습에 있어 관계와 상호작용의 중요성에 대한 이해가 새로운 것은 아니다. 듀이John Dewey(1916), 비고츠키(1978), 브루너(1996), 헨리Jules Henry(1963), 글래서William Glasser(1968), 로저스와 프라이버그(1994)는 모두 타인과의 상호작용은 학습 과정을 지원할 뿐만 아니라 학습과 분리될 수 없는 사회적 노력이라고 강조했다. 이러한 이론적 연구의 핵심에는 전환 학습transformative learning, 즉 단순한 정보 전달을 넘어서 전인적 발달을 추구하는 학습은 고립된 상태보다 공동체에서 이뤄질 가능성이 더 높다는 믿음이 자리 잡고 있다. 이러한 공동체는 대체로 민주적인 성격을 띠며 상호성, 지지, 연결, 공동 의사 결정을 강조한다. 반대로 단순한 정보 전달을 주요 목표로 삼는 경우, 우리는 종종 상호작용, 교사와 학생 간 관계의 중요성을 무시하는 대본화된 프로그램*이 도입되는 상황을 목격하게 된다.

최근 연구에 따르면 교사와 학생 간의 관계 구축에 대한 관심은 단순한 호의의 문제가 아니라 학생의 성취도, 특히 비판적 사고의 발달을 지원하는 데 중요한 역할을 하는 것으로 나타났다 (Cornelius-White, 2007; Pianta, Hamre, & Allen, 2012; Stupnisky, Renaud, Daniels, Haynes, & Perry, 2008). 존 해티John Hattie의 비평 (2009)에 따르면 다양한 교육적 실천, 프로그램, 의사 결정, 교육과정 그리고 배경이 학생 성취에 어떤 영향을 미치는지 분석한 결과, 교사와 학생의 관계는 학습에 매우 큰 영향을 미치는 상위 요인 중 하나로 확인되었다. 효과 크기 점수effect-size score가 0.72로 나타났는데, 이는 다른 모든 조건이 동일할 때 이 요인에 주목하면 백 번 중 일흔두 번은 학생 성취에 긍정적인 효과가 있을 가능성이 높다는 의미다. 즉 교사와 학생의 상호작용은 학생 성취에 큰 영향을 미치는 드문 변수 중 하나다. 상호작용의 중요성에 대한 추가적인 근거는 예일아동연구소Yale Child Study Center의 제임스 코머(2001)가 수행한 오랜 연구와, 학생들의 집단 내 정서 지능과 사회화에 주목하는 사회 정서 학습에 관한 최근 연구 (Jensen & Snider, 2013; Tough, 2012)에서도 확인할 수 있다.

---

* Scripted program. 정해진 대본대로 운영되는 프로그램.

이러한 압도적인 증거들은, 교사와 학생 간의 상호작용 및 그 상호작용의 결과로 형성되는 관계가 학습을 지원하는 데 중대한 역할을 한다는 사실을 보여 준다. 그러나 교사와 학생 간의 상호작용은 단지 교사가 지닌 성격personality의 산물로 간주되는 경우가 많으며, 변화될 수 있는 교육의 한 측면으로는 간주되지 않는 경우가 많다. 물론 교실에서 이뤄지는 상호작용의 양, 질, 맥락에는 실로 무한한 경우의 수가 있겠지만, 이 장에서는 핵심적인 몇 가지 사례를 선별해 다음의 질문들을 탐색하고자 한다. 교사가 활용하기 위해 노력해야 하는 교사와 학생 간 상호작용의 질적 측면은 무엇인가? 학습과 사고를 지원하는 생산적인 상호작용을 식별하려면 수업을 관찰하는 코치, 퍼실리테이터facilitator 또는 기타 관찰자들은 교사의 어떤 행동을 주의 깊게 보아야 하는가? 교사의 상호작용을 보다 생산적이고 촉진적인 교수 방식으로 만들기 위해 사용할 수 있는 구체적인 교수법은 무엇이며, 이것이 교실 내에서 생각하는 문화를 향상시키는 데 어떻게 기여할 수 있는가?

학생의 역할을 바꾸다:
소외된 학습자를 '주체'로 세우기

"먼저, 제가 자리를 비운 동안 다른 선생님과 함께 열심히 해 준 여러분이 정말 자랑스럽다는 말을 하고 싶어요." 줄리 레인즈Julie Rains는 8학년 특수학급의 1교시 수업을 시작하며 이렇게 말했다. 학생 일곱 명으로 구성된 소규모 학급에 속한 학생들은 모두 개별화 교육 프로그램Individualized Education Programs, IEP을 받고 있다. 일부는 언어와 말하기에 특정한 문제를 가지고 있고 일부는 자폐 스펙트럼에 속해 있다. 반 학생들이 반원 모양으로 둘러앉은 가운데 줄리가 책상 위 연단에 기대어 미소를 짓고 있다. 그녀 뒤에는 화면에 크게 미소 짓는 얼굴이 비춰져 있는데, 이는 자폐 학생들에게 감정을 시각적으로 보여 주기 위한 단서다. "여러분이 열심히 해 줘서 정말 고마워요." 줄리는 계속해서 말한다. "제가 에드모도(학교 포털 이름)에 여러분에게 메시지를 남겼는데, 혹시 아직 못 봤을까 봐 다시 한번 말하고 싶었어요." 이 짧은 인사는 그녀가 잠시 자리를 비운 뒤 다시 학급과의 연결 고리를 만드는 역할을 한다. 또한 줄리가 자리에 없었고 수업도 하지 않았지만 학생들과 소통하며 그들의 진도를 계속 살피고 있다는 사실을 알리는 효과도 있다.

"오늘은 『스피릿 베어』*라는 책으로 엔브라이튼Enbrighten 게임을 할 거예요."라고 줄리가 설명한다. 이전에 수업을 방문했을 때 배웠던 '엔브라이튼'은 학생들의 독해력과 언어 능력을 개발하고자 줄리와 그녀의 교육 동료인 언어 치료사 에리카 러스키Erika Lusky가 만든 '게임'이다. 학생들은 게임을 하면서 '요약하는 사람', '시각화하는 사람', '어휘를 책임지는 사람', '연결하는 사람', '질문하는 사람', '명료화를 맡은 사람', '예측하는 사람'과 같이 읽기 이해 전략과 관련된 특정 역할을 맡는다. 그런 다음 학생들은 함께 텍스트를 읽고, 학급 토론을 준비하기 위해 자신에게 주어진 역할을 수행한다. 토론은 교사나 학생 중 한 명이 이끌거나 진행할 수 있다. 각자 맡은 역할을 잘 수행하면 점수를 받으며, 응답이 텍스트에 대한 이해와 통찰을 더 많이 보여 줄수록, 학생들에게 각 역할에서의 깊이와 통찰이 무엇인지 설명해 주는 루브릭rubric에 따라 더 많은 점수를 받는다. 단, 역할을 시도하기만 해도 점수를 받을 수

---

* 벤 마이켈슨(Ben Mikaelsen)이 쓴 청소년 소설로, 주인공 콜 매슈스(Cole Matthews)라는 15세 소년이 자신의 폭력적이고 문제적인 과거를 극복하고 치유와 성장을 이루는 이야기를 다룬다.

있다. 또한 근거를 사용하거나, 다른 사람의 생각과 연결하거나, 자신의 생각을 설명하면 두 배의 점수를 얻을 수 있다. 학생들이 핵심 역할에 익숙해짐에 따라, 줄리와 에리카는 '상징화하는 사람', '비평하는 사람', '식별하는 사람', '옹호하는 사람', '판단하는 사람'과 같은 추가 역할도 설계했다.

줄리와 에리카가 이 게임을 활용함으로써 도달하려는 중요한 목표는 학생들이 독자로서 자신감을 키우는 것이다. "첫 학기의 목표는 학생들이 아이디어를 공유하고 위험을 감수하는 데 편안함을 느끼는 것"이라고 에리카는 설명한다. 줄리는 "이 역할들은 독서 토론 모임에서 사용하는 역할들과 유사하지만, 우리는 더 많은 비계와 지원을 제공하고, 교사들이 직접 참여해 모델링도 해요."라고 자세히 설명한다. 비록 독서 토론이 점수 때문에 게임처럼 느껴질 수 있지만, 줄리와 에리카 모두 점수의 중요성을 크게 강조하지 않는다. "결국 점수가 정말로 중요한 건 아니에요."라고 줄리가 설명한다. "처음에는 일부 학생들에게 동기부여가 될 수 있지만요. 6학년 학생들은 경쟁심이 강하고 점수에 아주 의욕적이지만, 8학년이 되면 일반적으로 더 이상 점수가 필요하지 않게 됩니다. 그들은 그냥 바로 텍스트로 들어가 서로에게서 배우죠. 우리의 목표는 점수를 없애고 학생들이 스스로 독립적으로 활동할 수 있도록 하는 거예요." 이 목표는 내가 관찰하는 8학년 반에서 분명히 실현되고 있다. 오늘 수업을 준비하면서 줄리와 에리카는 이미 지난주에 학생들과 게임이 어떻게 진행되었으면 하는지 논의했다.

"목요일에 우리가 이걸 어떻게 하기로 했는지 이야기했던 내용을 다시 복습해야 해요."라고 줄리가 말문을 연다. "무슨 말을 했는지 기억나나요?"라고 줄리는 반 전체에게 질문한다. 줄리나 에리카가 지난 수업 시간에 내린 결정을 메모하지 않은 것은 아니다. 학생들에게 자신들이 수업을 주도하고 이끌고 있다고 느끼게 하려는 것이다. 만약 줄리가 자신의 메모를 읽는다면 학생들 대신 자기가 통제하고 있다는 메시지를 주게 되고, 학생들은 그냥 앉아서 줄리가 지시하기를 기다릴 수도 있다. 줄리는 한 걸음 물러서서 학생들이 앞으로 나설 기회를 제공하고 있다.

케이트: 리더가 없거나 모두가 리더가 될 수 있어요. 진행자도 없고요.

줄리: 그럼 언제 진행자가 필요하죠? 언제 러스키 선생님이나 제가 개입해야 하죠?

게이브: 우리가 말싸움을 하거나 언쟁할 때요.

도널드: 아니면 서로 말을 가로막을 때요.

줄리: 우리가 또 뭘 정했나요?

벨라: 각자 역할을 따르기로 했어요

벤 : 필요할 때만 개입하기. 그리고 오늘은 점수를 안 주기로 했어요.

줄리: 맞아요. 오늘은 점수를 주지 않기로 투표했어요.

매디슨: 역할은 누가 정해 줬나요?

벨라: 이미 다 정했잖아.

도널드: 케이트는 요약하는 사람을 맡기로 했고, 매디슨 너는 시각화를 담당하는 사람이었어······.

이 대화가 오가는 동안, 줄리는 자신의 책상에 앉아 학생들이 결정한 사항들을 워드 문서로 정리해 화이트보드에 프로젝터로 투사한다. 이는 학생들에게 자신들이 내린 결정들을 시각적으로 상기시켜 주는 도구로 작용한다.

특히 주목할 점은 이 짧은 상호작용 속에서 줄리와 학생들이 일관되게 '우리'라는 대명사를 사용한다는 점이다. 줄리는 학생들에게 통제권의 일부와 의사 결정권을 넘기면서도 자신이나 에리카를 모둠 참여자에서 제외하지 않는다. 오히려 모델이자 참여자, 공동 학습자로서의 역할을 유지하며 수업에 함께하고 있다. 에리카와 줄리는 교육구 내의 많은 특수교육 영어 수업에서 사용되는 대본화된 커리큘럼을 피하고, 듀이의 사상을 수업의 토대로 삼고 있다. 듀이(1916)는 다음과 같이 말했다. "이미 완성된 교과 내용을 제공하고 그것이 얼마나 정확하게 재현되었는지를 듣는 일의 대안은 수동성이 아니라 참여, 즉 활동을 함께하는 것이다. 이런 공유된 활동 속에서 교사는 학습자가 되고, 학습자는 자기도 모르게 교사가 된다"(p.166). 줄리와 에리카가 학생들을 독려하고 필요할 때 발판을 마련해 주고 집단의 진행 상황을 모니터링하는 역할을 유지하면서도 만들고자 하는 역학 관계는 바로 이런 것이다.

모든 사람이 자신이 맡은 역할을 명확히 정하면 에리카는 희망하는 학생에게 기록용 활동지를 제공한다. "토론 시작용 기록지 원하는 사람?"이라고 말한다. 벤이 손을 들고 자료를 받는다. "또 필요한 사람? 오늘은 비용을 받지 않아요. 무료예요. 아무도 없나요? 좋아요, 필요하면 와서 가져가세요."

줄리는 반 학생들에게 다시 상기시켜 준다. "마지막으로 하나만 더 정하면 돼요. 제가 읽어 줄까요, 아니면 오디오 녹음을 들을까요? 또는 낭독하고 싶은 사람이 있나요?"

"제가 읽고 싶어요."라고 벨라가 자원한다. 그러자 줄리는 반 아이들에게 복사본 열아홉 장을 나눠 준다. 학생들이 필요하다면 밑줄을 긋거나 메모할 수 있도록 하기 위함이다. 줄리는 교실 앞에서 학생들 사이의 원 안으로 자리를 옮겨 앉는다. 이 행동은 학생들의 주의를 모둠 활동 자체에 집중시키도록 유도하는 역할을 한다. 또한 이러한 신체적 위치 이동은 줄리 자신이 집단의 일원으로 자리매김하고 있음을 명확히 보여 준다.

이러한 책임 이양은 엔브라이튼 게임으로 독립적인 사고력을 키우는 데 있어 중요한 요소다. 줄리와 에리카는 학생들이 독립적인 학습자가 되려면 시간이 지남에 따라 그들이 더 큰 통제력을 발휘할 수 있도록 한발 물러서야 한다는 것을 알고 있다. 궁극적으로 그들은 학생들이 이 소규모 모둠뿐만 아니라 학생 집단 내에서도 적극적인 참여자가 되기를 원한다. 이를 위해서는 학생들이 자신이 맡은 역할을 내면화하고, 다른 상황에서도 독립적이고 적절하게 수행할 수 있어야 한다. 게임의 규칙은 무엇이고 자신의 역할이 무엇인지, 게임 진행 방식은 어떻게 할지, 누가 텍스트를 읽을지를 결정하도록 참여시키면 학생들은 수업 활동에서 인정받는 정당한 협력자가 된다(Herrenkohl & Guerra, 1998). 이 같은 접근을 통해 학생들은 수업을 자신이 주도적으로 형성해 가는 장으로 인식한다(Pianta et al., 2012). 학생들이 교실을 자율성과 독립성을 존중받는 공간으로 인식하고 자기 주도적 학습의 기회를 갖고 있다고 느낄 때, 비판적 사고에 참여할 가능성도 더 커진다(Mathews & Lowe, 2011; Stupnisky et al., 2008).

벨라는 『스피릿 베어』의 19장을 읽기 시작한다. 이 책은 초등학교 7학년 읽기 수준으로 분류되어 있어서 특수 학생에게는 다소 어려울 것이라 예상했다. 하지만 벨라의 읽기는 전반적으로 유창하고 표현력도 풍부하다. 예를 들어 '자극을 받은galvanized'과 같은 단어에서 가끔 더 듣거나 억양이 틀리는 경우도 있지만, 전반적으로 자신감 있고 안정된 읽기였다. 이 부분에서는 주인공인 소년범 콜이 자신의 보호관찰관인 원주민 가비와 틀링깃 부족의 장로 에드윈에게 거친 태도를 보이는 장면이 나온다. 콜의 분노 표출 때문에 두 사람은 처벌보다는 치유를 목적으로 하는 '회복적 생활 교육' 프로그램에 그가 참여할 자격이 있는지 의문을 가지게 된다. 이 프로그램은 알래스카 해안의 외딴섬에서 1년을 보내는 대체 형벌이다. 벨라가 챕터의 단락 구분 지점에서 잠시 멈추자, 줄리는 조용히 그녀에게 몸을 돌려 "잘했어."라고 나지막이 말한다. 벨라는 환하게 미소 짓는다. 줄리는 이어서 반 전체를 향해 이야기한다. "여기서 멈추는 게 좋겠네요. 자, 몇 분 시간을 줄 테니 각자 맡은 역할을 수행하세요. 필요하면 본문을 다시 읽어도 좋아요."

학생들이 각자의 역할에 집중하자 에리카는 어휘를 책임지는 역할을 맡은 학생 옆으로 자리를 옮긴다. 이 학생은 언어 발달에 어려움이 있다는 진단을 받았고, 에리카는 학생에게 어떤 단어들을 골랐는지 물어본다 '물집이 잡힌', '말을 더듬는', '추구'라는 답이 나오자 각 단어에 대해 무슨 생각을 하고 있는지도 질문한다. 학생이 설명을 마치자 에리카는 방금 말한 내용을 직접 적어 보라고한다. 대부분의 학생은 이미 준비를 마쳤지만, 모두 요약하는 사람 역할을 맡은 케이트를 기다리고 있다. 케이트가 토론을 시작할 예정이기 때문이다.

"이 부분은 주로……."라고, 케이트가 미리 제공된 '문장 시작 표현'을 사용해 말문을 연다. "콜이 오두막을 짓는 중에 늑대를 봤고, 밤이 되자 피곤해서 자겠다고 합니다. 가비는 콜에게 저녁을 만들 거냐고 묻지만, 콜은 거부합니다. 가비는 콜에게 그의 태도가 좋지 않다고 말합니다. 콜은 혼자 남아 답답해하다가 늑대 춤을 추기로 결심합니다." 케이

트의 요약에는 이 섹션의 주요 사건이 정확한 순서대로 포함되어 있지
만 이 책의 큰 부분인 콜이 겪고 있는 내면적인 갈등은 빠져 있다.

"책 내용과 연결할 지점이나 의견이 있나요?" 줄리가 모둠원에게
묻는다. 아무도 대답하지 않자 줄리는 대화 도중에 언제든 다시 연결할
기회가 있을 것이라는 생각으로 다음으로 넘어간다.

매디슨은 교실 앞으로 나아가 실물 화상기 아래에 종이를 놓는다.
종이의 맨 위에는 '시각화하는 사람'이라고 적혀 있고, 그 아래에는 두
개의 텐트가 그려져 있다. 각각의 텐트에는 사람 머리가 하나씩 삐져나
와 있고, 머리 위에는 생각 풍선이 있다. 생각 풍선 안에는 구불구불한
선이 있다.

매디슨: 저는 콜이 텐트 밖으로 고개를 내밀고 "내일 떠날 거야."라고 말하
는 모습을 그렸어요.

줄리: 문장 시작 표현을 사용해서 말해 볼까요?

매디슨: 제 머릿속에는 콜이 텐트 밖으로 고개를 내밀고 2가지를 말하는
장면이 떠올랐어요. "내일 떠날 거야."와 "아냐, 여기 있을 거야."요.

줄리: 왜 이렇게 그렸어요?

매디슨: 그냥 제일 먼저 떠오른 생각이었어요.

줄리: 그 생각이 케이트의 요약과 어떻게 연결되나요?

매디슨: 솔직히 크게 연결되는 것 같지는 않아요.

자신의 생각을 더 깊이 있게 설명하거나 책과 다시 연결해 달라는
줄리의 압박이 큰 효과를 거두지 못했음을 알 수 있다. 에리카는 매디
슨에게 더 명확하게 설명해 달라고 요구하고, 그림의 구불구불한 선이

무엇을 의미하는지 다시 한번 설명해 달라고 요청하는 등 다른 방법을 택한다. 이번에는 매디슨이 그림에 대한 설명을 바꾼다.

> **매디슨**: 이쪽은 가비가 "너는 내일 떠나게 될 거야."라고 말하는 장면이에요. 그리고 이건 콜이 "왜요? 왜 제가 내일 떠나야 해요?"라고 말하는 장면이에요.

줄리는 매디슨이 이 책의 해당 부분의 핵심, 즉 콜이 섬에서 보내는 시간이 그의 태도 때문에 곧 끝날지도 모른다는 점을 잘 파악했음을 인식하고, 자신의 주장을 뒷받침하기 위해 본문에 입각한 근거(텍스트 기반 증거)를 사용하는 방법을 시범으로 보여 준다. "저도 매디슨의 그림과 연결되는 부분이 있어요."라고 말하며 줄리는 학생들이 주의를 책 160쪽으로 돌린다. 줄리는 자리에서 일어나 실물 화상기 아래로 페이지의 복사본을 밀어 넣고 읽으면서 해당 구절을 강조해 표시한다.

"넌 여기서 끝이야." 가비가 말했다. 그의 목소리는 단호하고 확고했다. "이 섬에는 너와 네 태도를 모두 수용할 공간이 없어." 콜의 머릿속이 복잡해졌다. 가비는 허세를 부리는 걸까? 하지만 만약 진심이라면? 그 도박은 감수할 만한 가치가 없었다. 콜은 텐트에서 비틀거리며 나왔다. "알았어요, 알았다고요. 저녁 차릴게요."

즉시 벨라가 "10대처럼 말하네요."라고 대답한다.

"왜 그렇게 생각하죠?" 줄리가 묻는다.

벨라는 그 이유에 대해 "건방지게 굴고 있잖아요. 10대들은 가끔 건

방질 수 있기 때문이에요."라고 답한다.

지금까지의 토론 과정에서 줄리와 에리카는 따뜻한 요구자 역할을 하면서 학생들이 더 많이 발언하고, 더 깊이 생각하며, 적극적으로 상호작용 하도록 부드럽게 이끌어 왔다 (Bondy & Ross, 2008). 이러한 방식은 단순한 역할 이상을 수행하는 것이다. 그들은 어려운 상황이 되면 쉽게 포기하는 불안하고 주저하는 학습자들을 지지하고, 학생들이 깊이 있게 생각하고 더 많이 기여하며 서로 소통하도록 밀어붙이면서 그 사이에서 섬세한 균형 감각을 발휘하고 있다. 또한 그들은 정확성을 중시할지, 학생의 독립성을 키울지, 그 2가지 목표 사이에서 신중한 판단을 해야 하는 상황에도 처한다.

이러한 긴장감은 도널드가 어휘를 책임지는 역할을 맡아 '물집이 잡힌', '말을 더듬는', '추구'의 정의를 제시했을 때 뚜렷하게 드러난다. 도널드가 제시한 '물집이 잡힌'이라는 단어의 정의는 정확했고, 다른 학생들도 이를 확인해 줬다. 하지만 '말을 더듬는'을 누군가가 화가 났다는 뜻으로, '추구'를 무언가를 준비한다는 뜻으로 정의한 것은 다소 핵심에서 벗어난 설명이다. 하지만 수업에 참여한 다른 학생들이 이에 대해 더 깊이 있는 설명이나 반론을 제시하지 않자, 줄리와 에리카는 굳이 수정하지 않기로 직감적으로 판단한다. 도널드는 자신이 알고 있는 지식과 단어가 쓰인 맥락을 활용해 단어의 의미에 대해 자기 나름대로 합리적으로 추론한 것이다. 엔브라이튼 평가 기준표에서 그의 행동은 '거의 도달almost there'로 간주되며 3점을 받는다. 언어 능력이 부족한 것으로 확인받은 학생인 도널드에게 이는 충분한 진전이며, 낯선 영역에 스스로 발을 들여놓은 것 자체가 의미 있는 성과다. 이 시점에서 만약 교사가 그의 정의를 정정하거나 비판한다면 오히려 그는 자신감과 학습 동기를 잃을 수 있다. 줄리와 에리카는 이를 잘 알고 있으며, 따라서 수정하지 않기로 결정한다. 이것은 그들이 매 순간 학생의 이해 수준, 감정 상태, 학습 동기를 함께 고려하면서 교육적 판단을 내리고 있다는 증거다.

글에 대한 논의는 게이브가 책에 언급된 늑대 무리와 자신이 본 영화 〈늑대 인간 소년The Boy Who Cried Werewolf〉 사이의 연관성을 이야기하면서 본격적으로 시작된다. 게이브는 영화 속 인물이 "혼자 있으면 힘을 잃게 된다. 늑대는 무리에서 힘을 얻기 때문이다."라고 말한 대목을 언급한다. 이 이야기를 듣고 케이트는 늑대에 대해 더 알고 싶은데 백과사전을 찾아봐도 되는지 묻는다. 백과사전에서 해당 부분을 찾아낸 케이트는 그 페이지를 실물 화상기 밑에 놓고, 늑대가 어떻게 무리를 이루는지, 알파 늑대와 오메가 늑대의 역할이 무엇인지 반 친구들에게 읽어 준다. 오메가 늑대, 즉 무리에서 가장 밑바닥에 있는 늑대에 대한 언급을 듣고 줄리는 "이 이야기에서 오메가 늑대는 누구일까요?"라고 묻는다. 반 아이들은 주저하지 않고 콜이라고 대답한다.

세스는 더 명확한 설명이 필요하다고 생각한 텍스트의 일부, 즉 가비가 콜에게 "내일 따뜻한 물에 몸 좀 담가."라고 말하는 구절을 공유한다. 게이브는 콜이 미니애폴리스로 다시 보내질 것이라는 자신의 예측을 이야기한다. 두 학생의 답변 모두 활발한 논의와 토론을 불러일으켰고, 학생들은 다양한 가능성을 제시하면서 서로에게 주장을 명확히 하고 자신에게 설명해 달라고 요청한다. 에리카와 줄리는 때때로 학생들의 의견을 바꿔 말해 주며 "제가 이해한 바로는……."으로 시작해서 "제가 제대로 이해했나요?"라고 확인하는 방식으로 적극적 경청의 모범을 보여 준다.

수업 시간이 끝나 갈 무렵, 줄리는 상징화하는 사람으로서 자신의 역할에 대한 소감을 발표하기 위해 앞으로 나온다. 그녀는 실물 화상기 아래에 준비한 자료를 놓고 "이 상징은 매디슨에게서 빌린 거예요. 매디슨이 여러 번 이 기호를 사용한 것을 봤기 때문이에요."라고 말한다. 그녀가 선택한 상징은 간단한 소용돌이 모양의 그림이다. 줄리는 자료를 읽으면서 "콜이 혼란스러워하기 때문에 이 부분을 상징하는 말은 '소용돌이'라고 생각해요. 약함을 드러내는 것이 콜에게는 새로운 경험이고, 그는 변화하고 싶지만 분노를 조절하는 방법을 몰라요."라고 설명한다. 이어서 그녀는 "여러분이 많이 이야기한 내용과도 연결되는 것 같아요. 우리 반 전체가 콜에 대해 확신이 없어요. 그가 변할지 아닐지 모르겠죠." 라고 말한다. 줄리는 벨라를 향해 말을 이어 가면서 "벨라, 콜이 상황에 따라 다르게 행동한다고 지적했잖아요. 저는 그가 아직 팀으로 일하는 방법을 모르기 때문에 이런 식으로 행동하는 건 아닌가 싶어요. 그것은 우리가 수업 시간에 팀워크의 중요성에 대해 이야기하는 것과도 관련이 있어요. 여러분은 어떻게 생각하나요?"라고 말한다.

학생들이 박수를 치며 화답한다. "제가 박수를 받는다고요?" 줄리가 웃는다. "왜 제가 박수를 받는 거죠?" 케이트는 "선생님이 우리 아이디어를 많이 연결해 주셨고, 제시해 주신 상징도 매우 공감돼요."라고 설명한다.

줄리가 토론에 참여함으로써 그녀는 단지 교사가 아니라 집단의 일원으로 위치하게 되며, 동시에 학생들에게 본보기가 될 기회를 갖는다. 토론에서 공유된 아이디어와 특정 학생을 연결함으로써, 줄리는 자신이 학생들의 의견을 경청하고 참여했다는 사실을 알릴 수 있다. 이를 통해 학생들은 자신의 아이디어가 가치 있음을 자연스럽게 알게 된다.

오늘 수업에 참여한 학생들은 각자 하나의 역할만 맡았다. 하지만 시간이 지나면서 그들은 다양한 역할에 참여할 기회를 갖게 되고, 이를 통해 유용한 도구들을 활용할 수 있는 지적 레퍼토리, 즉 다양한 수단과 방법을 개발할 수 있다. 이처럼 역할은 단지 과제를 수행하기 위한 고정된 절차가 아니라, 학생들이 사고하고 참여할 수 있도록 안내하는 광범위한 정신적 사고의 틀을 제공한다(Herrenkohl & Guerra, 1998). 교양과목에서 이와 같은 역할 부여와 참여 구조는 학급 내에서 영향력 있는 학생들이 토론을 독점하는 것을 방지하는 데 효과적이다(E. G. Cohen, 1994). 초보자의 경우 교사는 에리카와 줄리처럼 충분한 지원과 모델링을 제공해 학생들이 압도당하지 않도록 하는 것이 중요하다. 과제뿐만 아니라 학생들이 서로 어떻게 상호작용 해야 하는지 배울 수 있도록 대화 패턴에 관한 모델링도 필요하다.

엔브라이튼 게임은 학생들의 읽기, 쓰기, 말하기 능력을 발전시키는 것과 직접적으로 관련된 목표를 가지고 있다. 하지만 이 게임이 이 수업에서 내가 목격한 모든 상호작용을 설명하지는 못한다. 이 게임은 더 넓은 맥락 속에 자리 잡고 있으며, 우리는 그 맥락 역시 이해해야 한다. 줄리와 에리카가 수업을 통해 궁극적으로 추구하는 목표는 생각하는 문화의 발전이다. 그들에게 있어서 이는 학생들이 서로에게서 배우고, 함께 배우고, 자신의 생각을 드러내는 적극적인 기여자가 되는 동시에 다른 사람의 사고를 독려하고 지원하는 훌륭한 경청자가 되도록 돕는 것을 의미한다. 줄리는 "처음 이 교실에 들어온 아이들은 몇 주 동안은 우리가 미친 것 같다고 생각해요. 평소와는 다른 종류의 환경이고…… 수업 방식도 다르거든요."라고 말한다.

이 새로운 행동 방식의 토대를 마련하고자 그들은 수업의 첫 며칠 동안은 모둠 규범을 개발하는 데 시간을 쓴다. 에리카는 수업 첫날 어떻게 규범을 만드는지 설명한다. "멘토인 토드 비들랙Todd Bidlack은 〈오스틴의 나비〉*영상을 사용하는 것이 효과적일 수 있다고 제안했어요. 훨씬 어린 학생들이 서로 토론하고 돕는 모습이 담겨 있기 때문에 학생들이 부담을 갖지 않고 재미있게 볼 것이라고 생각했거든요." 이 영상은 론 버거가 다양한 학생 집단을 이끌고, 오스틴이라는 1학년 학생이 반 학생들의 피드백을 통해 어떻게 인상적인 나비 그림을 완성하는지를 보여 준다.

줄리는 학생들의 반응을 이렇게 회상한다. "학생들은 항상 '1학년답지 않아요.'라고 말해요. 그러면 저는 '무엇이 다른가요?'라고 물어보지요. 그러면 학생들은 서로 대화하는 방식이 다르다는 것을 알아차립니다. 서로 기분을 상하게 하지 않으면서도 솔직한 피드백을 주는 방식이죠." 이 사례를 바탕으로 학급에서는 일련의 규범을 정해 교실 앞쪽에 게시했다.

- 우리의 답 자체보다 그 답에 이르는 사고 과정이 더 중요하다.
- 막혔을 때는 반 친구에게 도움을 요청한다.
- 우리는 언제든 다른 사람의 아이디어에 덧붙일 수 있다.
- 증거와 추론에 따라 생각이 바뀌면, 자유롭게 말할 수 있다.

규범 옆에 걸려 있는 또 다른 전지에는 큰 글씨로 '혼자 떠들지도 말

---

*   Austin's Butterfly. 미국의 교육자이자 EL교육(EL Education)의 수석 학술 책임자인 론 버거(Ron Berger)가 전하는 교육적 이야기이자, 학교 현장에서 피드백과 비판적 사고의 중요성을 보여 주는 대표 사례.

고, 입 다물고 있지도 말자.[*]라는 문구가 적혀 있다. 이 문구 주위에는 각자 이 표현을 어떻게 해석하는지를 설명하는 포스트잇이 붙어 있다. 전지 하단에는 "친구 부르기+혼자 떠들지도 말고, 입 다물고 있지도 말기=손 들 필요 없음"이라는 등식이 써 있다. 이는 교사가 언제든지 학생에게 답변을 요구할 수 있으며, 그 학생이 답변을 미루고 싶을 때는 '친구를 불러' 도움을 받을 수 있다는 메시지다.

이 규범들은 '규칙'이 아니다. 이것들은 학생들이 자신, 그리고 다른 친구들의 학습을 지원하기 위해 취할 수 있는 긍정적인 행동에 초점을 맞추고 있다. 이런 방식으로 규범은 학생들에게 새로운 역할을 부여한다. 줄리와 에리카의 학생들에게 이는 성장에 매우 중요한 부분이다. 대부분의 학생은 대체로 수업에서 주변적인 역할에 머무르는 데 익숙하며, 종종 따라가거나 눈에 띄지 않으려는 데 더 관심을 둔다. 줄리와 에리카는 학생들이 더 독립적이고 능숙한 학습자가 되기 위해서는 수업에서 학습 내용과 서로 상호작용 하는 방식을 바꿔야 한다는 것을 잘 알고 있다.

수동적 수업을 넘어: 서로의 아이디어를 기반으로 학습하기

- 누가 말해 볼까요?
- 누가 기억하나요?

---

* No Hogs, No Logs. 협동 학습이나 집단 활동에서 자주 사용되는 표현으로, 학생들이 수업이나 토론에 적극적으로 참여하되, 한 사람이 모든 기회를 독차지하거나(hog), 아무것도 하지 않고 조용히 방관하는(log) 현상을 방지하기 위한 규범.

- 이것의 이름은 무엇이죠?
- 이걸 뭐라고 부르죠?
- 주요 아이디어는 무엇인가요?

이와 같은 질문은 학생에게 정보를 회상하고 다시 알려 주도록 요구하는 매우 일반적인 '복습' 유형의 질문이다. 이 질문을 하면 학생이 응답하고 교사가 평가하는 전형적인 담화의 패턴, 즉 QRE[*]가 뒤따른다. IRE[**]라고도 하는 이 패턴은 많은 교실에서 기본 담화 스타일로 사용되며(Cazden, 2001), 이러한 상호작용 패턴을 사용하지 않으려고 의도적으로 시도하지 않는다면 교사는 이 형태를 쓰게 될 가능성이 높다.

그렇다면 왜 다른 상호작용 방식이 필요할까? 모든 교사는 때때로 QRE 방식을 사용한다. 예를 들어, 수업을 시작할 때 학생들의 기존 지식을 활성화하려고 사용할 수 있다. 그러나 이 방식의 한계를 인식하는 것이 중요하다. 첫째, 항상 그런 것은 아니지만 QRE 형식은 주로 기억을 주요 인지 기능으로 삼기 때문에 사고력을 기르는 데 한계가 있다. QRE가 지배하는 교실에서는 학습이 곧 암기라는 인식이 강화된다(Bereiter & Scardamalia, 1989). 둘째, 그 결과 나타나는 담화 패턴은 선생님과 한 명의 학생 사이에서 탁구 경기처럼 말이 오가는 것인데, 이렇게 되면 학생 대부분은 상호작용에서 소외된다. 숙련된 교사라도 수업에 있는 모든 학생을 이 경기에 참여시키기는 쉽지 않다. 더욱이 실제로는 상호작용이 거의 일어나지 않는데 교사 자신은 수업이 활발하게 진행되는 것처럼 느낄 수 있다. 또한 학생들의 의견을 모으더라도, 일관된

흐름이 없는 산발적 답변들만 남는 것처럼 느껴질 수 있다.

실제로 토론이 자리 잡으려면 학생과 교사 모두 전과 다른 상호작용 패턴을 써야 한다. 탁구 대신 농구가 생산적인 토론을 위한 더 유용한 비유가 될 수 있다. 농구에서 공(질문)이 코트를 따라 이동하듯이, 생각이 서로 맞부딪히고 반응하면서 전개되는 것이다.

캐머런 패터슨Cameron Paterson은 한동안 자신의 교실에서 이러한 상호작용 패턴을 촉진하기 위해 노력해 왔으며, 사고 루틴과 토론 규칙을 사용하면 도움이 된다는 것을 알게 되었다. 호주 시드니에 있는 사립학교에서 우수한 성취를 보이는 남학생들로 구성된 그의 12학년 현대사 수업은 미시간에 있는 에리카와 줄리의 특수학급 대상 수업과는 다른 세계의 일처럼 보일 수 있다. 하지만 그 역시 학생과 학생 간의 상호작용이 변화하려면 교실에서 학생들에게 새로운 구조와 역할이 주어져야 한다고 생각한다. 캐머런의 학생들은 대학 진학을 결정짓는 고등학교 졸업자격시험Higher School Certificate, HSC에서 좋은 점수를 받기 위해 필요한 내용을 배우는 데 중점을 두고 고등학교 3학년이 된다. 따라서 교사는 그저 전달만 하고 학생은 앉아서 받기만 하면 된다는 가정이 깔려 있을 수 있다. 교사와 학생 모두 암기가 곧 준비라고 생각하는 경우가 너무 많다. 학생과 교사 간의 이러한 수동적이고 의존적인 상호작용 패턴을 바꾸려면, 교사가 학생의 신뢰를 얻어야 하고, 학생과 학생 간의 새로운 상호작용 패턴을 학습의 측면에서 제공해야 한다.

내가 캐머런의 교실에 갔을 때는 학기가 거의 끝날 무렵이었다. 모든 학습 과제는 끝났고 학생들은 곧 시험을 치를 예정이었다. 칠판에는 오늘 수업을 위해 "1975~1979년 동안 크메르 루주가 캄보디아에 미친 영향을 평가하라."라는 고등학교 졸업자격시험 예시 문제가 적혀 있었다. 학생들이 도착해 빠르게 자리를 찾자 캐머런이 말문을 열었다. "오늘은 에세이를 제출하는 날이죠. 어려운 문제였죠. 사실, 졸업자격시험에서 출제되는 문제보다 더 어려웠습니다." 캐머런은 칠판을 가리키며 졸업자격시험 문제에 대해 학생들의 주의를 환기시킨다. "이런 유형의 질문이 나올 수 있습니다. 앞으로 5분 동안 이 문제에 대해 자유롭게 글을 써 보세요. 멈추지 말고 계속 쓰세요. 막히는 부분을 넘어서면서 써 보세요." 그 이상의 설명 없이 학생들은 대부분 공책에 글을 쓰기 시작하고, 한 명만 컴퓨터로 글을 쓴다. 학생들은 분명 이런 글쓰기를 해 본 경험이 있었던 듯하다. 아무도 추가 설명이나 더 자세한 안내를 요청하지 않기 때문이다.

캐머런은 조용히 교실을 돌아다니다가 한 학생이 사색에 잠겨 있는 것을 발견하고는 "생각이 너무 많네요. 그냥 글을 쓰세요."라고 말한다. 그러고는 학급 전체에 "아이디어가 부족하고 막막하다고 생각할 때, 바로 그때 가장 좋은 아이디어가 떠오르는 경우가 많습니다. 그냥 계속 쓰세요. 글쓰기에 실수란 없습니다. 그냥 계속 쓰세요."라고 말한다.

5분이 지나자 캐머런이 다시 학생들을 불러 모은다. "자, 이제 마무리하세요. 여러분이 방금 한 일은 곧 시작할 활동의 준비였습니다. 우리는 올해 마이크로랩Micro Lab을 여러 번 사용했습니다. 세 명씩 모둠을 이뤄 준비해 주시기 바랍니다. 서로 마주 볼 수 있도록 자리를 이동하세요."

마이크로랩 프로토콜(Ritchhart, Church, & Morrison, 2011)은 토론을 위한 간단한 구조다. 세 명으로 구성된 모둠에서 각 구성원은 다른 두 구성원의 방해나 질문, 의견 제시 없이 주제 또는 초점 질문에 대한 자신의 생각을 공유한다. 세 사람이 모두 발언을 한 뒤에는 공개 토론이 이어진다. 이 구조는 모두가 자신의 아이디어를 표출할 수 있게 하고, 참가자들이 서로를 경청하며, 튼튼한 기반 위에서 대화가 이뤄지도록 보장한다.

캐머런이 "누가 먼저 하고, 누가 두 번째, 누가 세 번째로 발언할지 결정하세요."라고 안내한다. "발언 시간은 2분이며, 그 후 30초 동안 조용히 생각하는 시간이 주어집니다. 다시 한번 말하자면, 할 말이 없어지면 남은 시간 동안 조용히 앉아 있어야 합니다. 세 명 모두 끝나고 나서야 서로의 생각을 더 깊이 탐구할 수 있는 토론 시간이 주어집니다. 질문 있나요?"

"그럼 누가 말하는 동안에는 반박하면 안 되는 거죠?" 한 학생이 묻는다.

"맞아요, 말하는 동안에는요." 캐머런이 답한다.

"그럼 한 사람은 한쪽 주장을 하고, 저는 반대 주장을 하는 거예요?"라고 또 다른 학생이 묻는다. 이 학생은 캐머런이 종종 사용하는 또 다른 활동을 떠올리고 있다. 그 활동에서 캐머런은 칠판에 도발적인 문장(예: 폴 포트는 미쳤다.)을 적고, 학생들로 하여금 짝을 이뤄 양쪽 입장을 변론하게 한다.

캐머런은 "아니요."라고 설명한다. "그건 이전에 했던 활동이고, 지금은 그게 아니에요." 타이머를 설정하기 전에 마지막으로 지침을 덧붙이면서 캐머런은 "지난번에 이 작업을 할 때, 메모를 하는 것이 유용하다고 생각한 사람도 있었습니다."라고 수업 참가자들에게 상기시킨다. "자, 첫 번째 발표자가 시작하겠습니다."

각 집단의 첫 번째 발표자가 시작하자, 낮게 웅성거리는 소리가 들린다. 소규모 모둠으로 모여서, 듣는 이들은 발표자와 눈을 마주치기도 하고, 주의 깊게 경청하는 모습을 보여 준다. 가끔씩 그중 한 명이 발표자의 발언을 메모한다. 학생들이 크메르 루주가 캄보디아에 미친 영향에 대한 생각을 공유하는 동안 캐머런은 교실을 순회하며 경청한다. 다음 모둠으로 이동하기 전에 캐머런은 칠판으로 돌아와서 자신이 엿들은 몇 가지 아이디어를 빨간 분필로 적어 둔다. 2분이 끝날 무렵, 그는 각 모둠에서 얘기한 '군사적 측면, 정치적 측면, 경제 4개년 계획, 베트남의 영향 그리고 중국과의 동맹' 등의 아이디어 목록을 모았다.

타이머가 울리자 캐머런은 발표를 멈추라고 말하며 반 전체에 "좋아요, 30초 동안 조용히 해 주세요."라고 알린다. 교실이 조용해진다. 몇몇 학생은 노트에 짧은 의견을 적는다.

캐머런이 시간 관리자, 경청자, 기록자 역할을 하면서 수업은 마이크로랩의 다음 두 라운드를 진행한다. 시간 관리자는 마이크로랩 프로토콜에서 매우 간단하고 필수적인 역할이며, 교실에서 교사의 전통적인 역할에서 크게 벗어나지 않는다. 그러나 경청하면서 동시에 기록하는 역할은 교사와 학생의 역할을 재조명한다. 학생들의 말을 경청하고, 아이디어를 끌어내고, 칠판에 기록해 검증함으로써 캐머런은 학생들이 지식 생산자의 능동적인 역할을 수행하도록 했다. 물론 교사가 학급에서 아이디어를 수집하고 기록하는 경우도 종종 있다. 하지만 이러한 방식은 여전히 팝콘 스타일*로 운영되는 경향이 있으며, 한 학생이 짧은 답변을 하는 동안 많은 학생이 수동적으로 앉아 있는 경우가 많다. 마이크로랩 프로토콜에서는 학생들이 발표자로서의 역할을 확대해 자신의 아이디어를 주도적으로 제시해야 한다. 또한 상호작용의 대

---

* popcorn style. 학생들이 돌아가며 자발적으로 답변하는 방식. 팝콘 튀듯이 예측 불가능하게 발표자가 바뀌는 것을 의미한다.

상은 교사가 아니라 동료 학생들이며, 모두가 공동 학습자이자 토론자로서 참여한다. 캐머런은 경청함으로써 그가 대화에 집중하고 있고, 그 대화가 중요하며, 학생들의 말에 관심이 있다는 신호를 보낸다. 경청을 통해 그는 전체 수업 환경에서 학생 개개인의 학습을 더 잘 파악할 수 있다.

다음 라운드에서 캐머런은 사형 집행의 영향, 농업, 농촌, 농민, 집단화, 미국의 역할, 테러의 역할 등 주요 아이디어를 칠판에 파란색으로 기록한다. 마지막 라운드에서는 토론에서 떠오른 아이디어를 녹색으로 바꿔 기록한다. 폭격, 종교, 난민, 중국과 소련의 분쟁, 데탕트(긴장 완화), 외부 영향력의 중요성, 크메르 루주의 목표……. 이제 칠판은 학생 개개인을 대표해 수업에 등장한 아이디어들로 가득 차 있다.

이 시점에서 마이크로랩 프로토콜의 절차에 따라, 세 명씩 구성된 소모둠은 앞서 진행한 세 차례의 라운드에서 나온 모든 이야기를 연결해 열린 대화를 나눠야 한다. 하지만 캐머런은 반 전체에서 이 대화를 진행하기로 결정하고, 칠판에 적어 놓은 내용을 대화의 배경으로 활용한다. "그럼, 방금 들은 내용을 바탕으로 어떤 연결 고리를 만들고 있나요? 크메르 루주의 영향을 어떻게 생각하나요?"

"경제적인 부분을 나눠서 범주별로 정리해야 할 것 같아요."라고 엘리엇이 대답한다. 그는 시험 문제에 어떻게 답할 것인가가 주된 관심사인 듯하다.

맥스는 "아마도 단기적인 영향보다는 장기적인 영향이 더 클 거예요."라고 말한다.

다른 사람이 아이디어를 내기도 전에 앞자리에 앉은 한 학생이 "선생님, 팝콘 스타일로 말해야 하나요, 아니면 이제는 아이스크림콘 스타일로 해야 하나요?"라고 묻는다. 이 학생은 캐머런이 이 반과 전에 나눴던 대화를 언급한 것이다. 그 대화에서 캐머런은 진짜 대화가 어떻게 보이고 들리는지에 대해 설명하며, 아이디어가 그냥 불쑥불쑥 튀어나오는 방식은 팝콘에 비유했고, 서로의 아이디어 위에 새로운 생각을 쌓아 올리는 것은 아이스크림을 쌓는 모습에 비유했다. 아이스크림콘 스타일에는 무언가를 함께 구축해 나간다는 감각이 있으며, 교실 토론도 다양한 높이의 아이스크림콘을 만들어 가는 과정으로 볼 수 있다. 각 콘의 높이는 대화가 진행되는 동안 달라질 수 있다.

캐머런은 아이스크림콘 스타일이 좋다고 답한다. 그러자 대화가 전환되며, 학생들은 장기적 영향과 단기적 영향, 폭격의 결과로 인한 크메르 루주의 급부상, 즉각적인 고통과 고문, 지식인 계층을 제거한 데 따른 장기적인 여파에 대해 의견을 내기 시작한다. 학생들이 자신의 발언을 시작하는 방식도 달라졌는데, 더 많은 연결 표현을 사용한다. "그 말에 덧붙여서…….", "반면에…….", "그것에 기반해서…….", "라치가 말한 것에 덧붙이자면……." 이런 식의 문장 구조 제공은 에리카와 줄리가 학생들에게 엔브라이튼 활동에서 자신의 역할을 위해 문장 시작 표현을 제공한 것과 마찬가지로, 새로운 상호작용 방식과 다양한 담론 패턴을 지원하는 데 유용하다.

토론은 점점 더 깊어지고 길어질 수 있는 분위기로 전개된다. 한 학생이 크메르 루주가 젊은이들보다 노인들에게 더 큰 영향을 미쳤다고 주장하자 캐머런은 그 생각을 바로 이어 가지 않고 이렇게 말한다. "흥미로운 이론이네요. 이 생각은 다음 활동으로 넘어가면서 기억해 둡시다." 이 말과 함께 캐머런은 학생들의 사고를 더 깊이 이끌기 위해, 반 학생들이 새로운 방식으로 배우고 참여하는 역할을 할 수 있도록 안내한다.

칠판의 모든 메모를 지우고, 캐머런은 앞으로 졸업자격시험 예시 질문(1975~1979년 동안 크메르 루주가 캄보디아에 미친 영향을 평가하시오.)을 더 깊이 탐구하는 구조로 '생성-분류-연결-정교화 Generate-Sort-Connect-Elaborate, GSCE' 루틴을 사용할 것이라고 설명한다. GSCE는 아이디어 간의 중요성과 연결성을 드러내는 방식으로, 개념 지도를 만드는 데 쓰이는 루틴이다(Ritchhart et al., 2011). 이 루틴을 사용하는 데 익숙한 캐머런은 이를 유연하게 적용해 학생들의 학습을 지원한다. 그는 반을 두 집단으로 나누고, 첫 번째 집단에게 "지금까지 우리가 나눈 모든 아이디어를 바탕으로 이 질문(졸업자격시험 문제의 질문)에 답하는 데 핵심이 되는 요소들을 생각해 보세요. 중요한 요소는 안쪽에, 덜 중요한 것은 바깥쪽에 배치하세요."라고 설명한다. 그리고 나머지 반 학생들에게는 "첫 번째 그룹이 배치하는 내용을 잘 보면서 동의하는지 판단해 보세요. 여러분은 나중에 나가서 그 요소들 간의 연결선을 그리는 역할을 맡을 거예요. 특히 중요한 연결 관계에 집중하세요. 글씨는 크게 써 주세요. 조용히 진행하세요."라고 지시한다.

10분 만에 칠판은 서로 연결된 아이디어와 정교한 설명으로 가득 찬다. 중앙에는 문화, 경제, 전통적인 농촌 생활에 대한 강조, 지식층의 이탈에 대한 아이디어들이 모여 있다. 칠판은 어수선해 보이지만, 함께 생각하고 서로의 아이디어 위에 새로운 생각을 쌓으며 학생들이 단순 암기의 효과를 넘어섰음을 보여 준다. 이 점을 강조하고자 캐머런은 학생들에게 묻는다. "칠판에 적힌 것 중에서, 처음 5분간 자유롭게 글을 썼을 때보다 여러분의 생각을 더 깊이 이끈 것은 무엇인가요? 지금은 어떤 생각이 드나요?"

맥스: 맥락이 더 잘 드러난 것 같아요.

존: 어떤 것을 오래 지속시키고 싶은 욕구요. 저는 사회를 만들고 아이들을 새로운 방식으로 교육하는 것에 대한 점은 생각하지 못했어요.

캐머런: 잭, 유교적 가치와 아시아적 가치의 연결 고리에 대해 좀 더 설명해 줄 수 있을까요? 그것이 지금 우리의 논의와 어떻게 연결될까요?

잭: 고대의 가치로 돌아가는 거죠. 새로운 세계의 영향과도 연결되는데, 새로운 세계가 바로 예전의 세계였으니까요. 그들은 유교적 가치를 지키고 있었어요.

캐머런: (칠판을 읽으며) "썩은 것은 도려내야 한다." 이 말이 왜 중요한가요?

캐머런이 마지막 질문을 하자 학생들은 '아이스크림콘 스타일'로 답변한다. 즉, 앞선 발언을 이어받아 확장하거나, 특정 요소를 더 깊이 다루며 아이디어들을 서로 연결한다. 진정한 담화가 이뤄지는 모습이다.

덩컨: 사회 전체의 모든 측면이 정화되어야 한다는 말이에요. 사회적, 인종적 정화죠.

라치: 문화적 측면도요.

잭: 그리고 그 정화는 경제 변화도 의미해요.

엘리엇: 결국 그것이 그들을 붕괴로 이끈 원인이었죠.

수업이 끝나 갈 무렵, 캐머런은 학생들에게 마지막으로 요청한다.

"오늘 수업의 구조가 여러분의 학습에 어떻게 기여했는지를 1분 에세이로 써 주세요." 많은 교사가 수업을 마무리하는 방법으로 1분 에세이나 출구 티켓*을 사용한다. 하지만 캐머런은 단순히 수업 내용을 정리하기보다, 교사로서 자신이 사용한 수업 구조와 전략이 학생들의 학습에 어떤 영향을 줬는지를 그들이 직접 성찰해 보게 한다. 이러한 방식은 학생들과 함께 수업을 더 좋게 만들어 가는 소통의 선순환 고리를 만들었다. 이는 학생들의 학습에 관심이 있다는 것과 교사로서 성장하고자 하는 의지를 보여 주는 행동이다. 매우 단순하지만, 교사와 학생 간 상호작용을 형성하는 중요한 의사소통 도구다(Brookfield & Preskill, 1999; Lee, 2004).

정서와 행동을 통해 문화 만들기

학습을 촉진하고, 학업 성취를 증진시키며, 비판적 사고를 지원하고, 생각하는 문화를 만드는 데 기여하는 정서적 특성은 연구자들이 잘 정리해 놓았으며 대부분의 사람에게 낯설지 않다. 예를 들자면, 공감 잘하고, 따뜻하며, 배려심 있고, 진실되고, 진정성 있으며, 긍정적이고, 존중하며, 신뢰를 주고, 유머 감각이 있다는 등의 특성이다(Cushman, 2005; Resnick et al., 1997; C. R. Rogers & Freiberg, 1994). 만약 어떤 교사를 그런 단어들로 묘사한다면, 여러분은 아마도 그 교사의 수업을 즐겁게 들었을 가능성이 크다. 교직 안팎에서 우리는 모두 그런 자질이 자연스럽게 몸에 배어 있는 사람을 알고 있다. 그 특성들을 단순히 성격의 산물로 귀결시킬 필요는 없다. 교사들은 누구나 자신의 행동으로 이런 자질을 전달

---

* exit ticket. 수업이 끝날 때 학생들이 짧게 답변하는 질문지를 의미한다.

할 수 있다. 눈을 마주치고, 미소를 짓고, 학생들의 이름을 기억하고, 자신의 개인적인 면모를 보여 주고, 실수를 인정하고, 학습자로서 자신을 드러내고, 학생들의 삶에 관심을 갖고, 학생들을 한 인간으로 높이 존중하고, 갈등을 개인적인 문제로 만들지 않고, 약속을 지키고 신뢰받는 존재가 되고, 경청하고, 지지하는 것이다. 만약 따뜻함, 배려, 진정성이 당신에게서 자연스럽게 나오지 않는다면, 새로운 감정을 느끼기 위해 행동하는 것이 새로운 행동을 하기 위해 감정을 느끼려는 것보다 훨씬 더 쉽다는 점을 기억하라(Pascale, Sternin, & Sternin, 2010).

연구 문헌에서는 학업 성취, 독립성, 친사회적 발달을 촉진하면서 생각하는 문화를 개발하고자 하는 교사를 위해 3가지의 근본적인 행동을 제안한다.

- 비지시적 태도 유지하기
- 사고를 촉진하기
- 학생의 자율성 지원하기

'비지시성 nondirectivity'은 이 교수 행동을 설명하는 데 있어 개인적으로 가장 선호하는 표현은 아니지만, 연구자들이 사용하는 용어다. 단지 그 이유만으로 이 용어를 고집할 필요는 없지만, 실제로 비지시성은 교사와 학생 간 상호작용의 변수 중에서 학생 성취에 가장 큰 영향을 미치는 요소로 나타났으므로 이 개념을 이해할 가치가 있다(Cornelius-White, 2007; Hattie, 2009). 교사가 비지시적이라는 것은 방향성이 없거나 학습을 이끌지 않는다는 뜻이 아니라, 통제하지 않는다는 의미다. 지배적이고 권위주의적인 교사들은 순응을 이끌어 내는 데 능할 수 있지만, 학습을 촉진하거나 생각하는 학습자로 학생을 길러 내는 역량은 없다.

비지시적 교사들은 학생들과 권한을 나누며, 학생들이 교실 운영의 정당한 파트너가 되도록 허용한다. 이는 줄리와 에리카가 학생들에게 엔브라이튼 활동의 기준을 정하게 했던 방식과 유사하다. 비지시적 교사들은 또한 학생들이 목소리를 낼 수 있도록 장려하는데, 이는 학생들로 하여금 자신의 기여가 수업에 중요하며 직접적으로 영향을 준다는 점을 인식하게 한다. 우리는 이를 캐머런의 수업에서 볼 수 있었다. 그의 학생들은 자신의 아이디어와 기여가 수업의 기반이 된다는 것을 알고 있었다. 이와 달리, 학생들이 자신이 거기에 있든 없든 수업은 짜여진 대로 진행될 것이라고 느낀다면, 즉 어떤 각본에 따라 움직이는 프로그램처럼 수업이 운영된다면, 학생들은 자신의 목소리가 반영되고 있다는 느낌을 받기 어렵다. 로버트 피안타는 긍정적인 교실 상호작용을 측정하고 개발하는 데 오랜 시간 헌신한 인물로, 목소리와 권한의 개념을 멋지게 연결시켜 교사들은 "학생들이 교실에서 형성적 역할을 할 기회를 제공해야 한다."라고 말했다(Pianta et al., 2012, p. 374).

사고 촉진pressing for thinking 역시 학생 성취와 높은 상관관계를 보이는 교사의 상호작용/관계 변인 중 하나다. 나는 이 표현이 마음에 든다. 이는 교사들이 해야 할 일을 정확히 포착한다. 우리 모두는 학생들이 사고하기를 바라며, 학생들이 사고하도록 격려하고 싶어 한다. 심지어 사고할 기회를 만들고 시간을 제공하기도 한다. 모두 좋은 조치지만, 우리는 학생들의 사고를 촉진해야 한다. 즉 학생들을 도전시키고, 자극하고, 증진시켜야 한다는 뜻이다. 우리는 학생들이 불완전한 답변이나 근거 없는 반응으로 넘어가도록 내버려두면 안 되며, 이유와 증거가 뒷받침된 사고를 요구해야 한다.

매디슨이 시각화하는 사람의 역할을 맡아 자신의 그림에 대해 피상적인 설명을 했을 때 줄리와 에리카는 그냥 넘어가지 않았다. 그들은 사고를 촉진했다. 비록 그들이 원하는 만큼의 답을 얻지는 못했고 더 구체적인 응답이 어떤 것인지는 줄리가 직접 제시했지만, 사고를 촉진하는 행동 자체가 중요했다. 이는 매디슨과 나머지 학생들에게 줄리와 에리카가 더 높은 성과를 기대한다는 신호를 보낸 것이다. 사고를 촉진하는 행동이 따뜻함, 공감, 지원과 결합될 때, 즉 교사가 따뜻하면서도 엄격한 요구자가 될 때 학생들은 교사가 자신의 성공에 관심이 있다는 것을 알게 된다.

자율성을 지원하는autonomy-supporting (Deci & Ryan, 1985) 교사들은 항상 학생들이 앞으로 나설 수 있도록 자신이 한발 물러설 방법을 찾는다. 그들은 학생들이 스스로 학습을 통제하고 있다고 느끼고 학습을 이끌고 안내할 수 있는 기술과 능력을 갖췄다고 느끼며, 그 결과 유능한 학습자가 되기를 바란다(Stupnisky et al., 2008). 좋은 부모처럼 그들은 높은 기대와 강한 지지, 요구와 지원을 결합해 독립성을 촉진한다(Baumrind, 1989). 이러한 맥락에서 신뢰의 유대감이 형성되며, 학생들은 학습자로서 위험을 감수해도 안전하다는 느낌을 받는다(Shernoff, 2013).

줄리와 에리카의 핵심 목표는 학생들이 자신의 학습을 스스로 주도하고 자신감과 역량을 모두 보여 주는 것이었다. 이를 위해 그들은 지지적인 분위기 속에서 다양한 비계를 제공하며, 학생들이 위험을 감수하고 도전할 수 있도록 격려했다. 또한 학생들이 앞으로 나서서 촉진자 역할을 할 수 있도록 허용했다. 같은 학교의 한 과학 교사가, 어느 학생이 과학 실험에서 일어난 현상에 대해 주장을 제시하고 그 주장을 근거와 증거로 뒷받침했다는 말을 전했을 때, 줄리와 에리카는 자신들이 변화를 만들어 내고 있다는 사실을 실감했다. 마찬가지로, 또 다른 학생이 집에서 부모님과 함께하기 위해 엔브라이튼 게임 사본을 요청했을 때 줄리와 에리카는 그 학생이 자신의 학습을 주도하고 있음을 알 수 있었다.

역할 수행을 통한 상호작용 형성

대부분의 교실은 암묵적인 규범, 즉 데릭 에드워즈Derek Edwards와 닐 머서Neil Mercer(2013)가 '교육적 기본 규칙educational ground rules'이라 부른 것에 따라 운영된다. 만약 우리가 지금까지의 관행에서 벗어나 학생들과의, 그리고 학생들 사이의 새로운 상호작용 방식을 만들고 싶다면 우리가 진정으로 장려하고 싶은 규범을 명확하게 정의해야 한다. 집단 규범을 설정하는 데 도움이 되는 자료는 다양하다(Allen & Blythe, 2004; Phipps & Phipps, 2003). 그중 하나는 최고의 학습을 하기 위해 필요한 조건이 무엇인지를 학생들이 생각해 보게 하는 것이다. 또 다른 방법은 효과적인 학습 모둠을 관찰하고 그 구성원들이 어떻게 학습을 지원했는지 분석하는 것인데, 에리카와 줄리는 "〈오스틴의 나비〉 영상을 활용해 이 접근법을 사용했다. 캐머런 패터슨은 유치원생들의 효과적인 협업 이야기인 〈레지오에밀리아 이야기The City of Reggio Emilia Story〉(Project Zero & Reggio Children, 2001)를 활용해 유치원생들의 효과적인 협력 학습 사례를 소개하며, 중·고등학생들과 함께 학습 규범을 설정하는 데 활용한다.

레슬리 헤런콜홀Leslie Herrenkohl과 매리언 게라Marion Guerra(1998)는 모둠을 위한 4가지 중요한 규범을 제안한다. '모둠 활동에 기여하고 다른 이들도 그렇게 하도록 돕기', '주장에 이유를 들어 뒷받침하기', '타인의 아이디어를 이해하려고 노력하기', '서로의 아이디어를 바탕으로 발전시키기'다. 이 규범들은 개인의 행동을 이끌어 줄 뿐만 아니라 집단에 대한 헌신감을 형성하는 데에도 도움이 된다. 그리고 이 집단 학습에 대한 헌신은 모든 개인의 학습을 향상시키는 핵심 요소로 밝혀졌다(Boaler, 2008; Watanabe, 2012).

또한 학생들에게 새로운 사고 기술을 습득하는 데 도움이 되는 구체적인 지적 역할을 부여하는 것도 유용할 수 있다. 독서 동아리, 북 클럽 그리고 엔브라이튼 게임에서 자주 이런 방식이 사용된다. 나는 멤피스에 있는 프레스비테리언 데이 스쿨Presbyterian Day School의 필립 커밍스Philip Cummings의 6학년 수업을 관찰하면서, 학생들이 지역사회의 인종차별 문제를 연구할 때 모둠별로 역할을 부여하는 모습을 봤다. 그 역할에는 독창적인 발상가, 연결자, 반대 의견 제시자, 신뢰 점검자, 마음 읽기 전문가, 정리 담당자 등이 있었다.

이러한 역할을 통해 각 모둠은 해야 할 일들에 압도되지 않고 주의를 집중할 수 있었다. 헤런콜흘과 게라(1998)는 과학적 설명을 구축하는 데 도움이 되는 3가지 역할을 4학년 학생들 수업에서 가르쳐 보았다. '예측과 이론화', '결과 요약', '증거 또는 결과를 이론, 예측과 연결하기'였다. 흥미롭게도, 이 역할을 수행한 학생들은 실험 활동 중일 때뿐만 아니라 다른 집단의 발표를 경청할 때도 학습 효과가 큰 것으로 나타났다.

'좋은' 질문이 학습을 이끈다

질문은 교사가 교실에서 학생들과 상호작용 하는 주요 방식 중 하나다. 우리의 질문 방식은 교실의 분위기와 에너지를 결정한다. 질문은 학생, 교사 그리고 학습 내용을 연결하는 문화의 촉매제다. 이번 장에서 소개된 사례에서 줄리, 에리카, 캐머런은 주의를 집중시키고, 이해를 촉진하며, 단순한 답변을 넘어서게끔 하고, 학생들의 사고를 드러내는 도구로 질문을 활용했다.

교사로서 우리는 모두 학습과 깊은 사고를 이끌어 내는 좋은 질문을 하고 싶어 한다. 그러나 질문의 힘을 제대로 활용하려면 그것은 계획에서가 아니라 우리의 목표와 기대에서 자연스럽게 나온다는 점을 기억해야 한다(2장 참고). 우리의 목표는 교사가 하는 주요 질문 유형 5가지를 구분하는 데 도움이 된다.

- **복습 질문**: 학생들에게 이전 지식이나 절차를 떠올리게 하는 질문이다. 많은 교사가 수업 시작 시 복습 질문을 통해 선행 학습을 재활성화한다. "어제 우리가 무슨 이야기를 했는지 기억하나요?"
- **절차 질문**: 교실 활동과 행동을 이끌지만, 내용보다는 행동에 초점을 둔 질문이다. 예를 들어, "모두 연필 가져왔나요?" 같은 질문이다. 절차 질문은 명확한 지시("모두 연필 꺼내세요.")보다는 효과가 떨어진다.
- **생성 질문**: 탐구를 촉진하는 질문이다. 2가지 주요 유형이 있다. 장기적 탐구를 이끄는 본질적 질문과 교사도 답을 모르는 실제적 질문이다. "크메르 루주와 같은 전체주의 체제는 어떻게 권력을 얻고 유지하나요?" 같은 질문이 이 생성 질문에 해당한다.
- **구성 질문**: 이해를 심화시키는 질문이다. 아이디어를 연결하거나, 해석하게 하며, 큰 아이디어와 핵심 개념에 집중하게 하고, 아이디어를 확장하게 하는 질문이다. "지금까지 들은 내용을 바탕으로 어떤 연결 고

리를 만들고 있나요?" 같은 질문이 이에 해당한다.

- **촉진 질문**: 학생들에게 자신의 사고를 설명하거나 구체화하도록 요구함으로써 그 사고를 드러내는 질문이다. 학생의 답변에 대한 후속 질문으로, 학생이 더 깊이 사고하도록 이끈다. "왜 그렇게 생각했나요?" 같은 질문이 이에 해당한다.

생각하는 문화 연구 팀은 교사의 질문을 살펴보며, 생각하는 문화가 잘 조성된 교실이 전통적인 교실과 어떻게 다른지, 교사가 생각하는 문화를 구축하는 과정에서 질문이 어떻게 변화하는지 분석했다. 우리는 전통적인 교실에서는 교사가 과업을 지시하기 위해 절차 질문과 복습 질문을 주로 사용한다는 사실을 발견했다. 또한, 교실이 점점 생각하는 문화로 바뀌면서 교사의 질문이 복습 질문에서 구성 질문과 촉진 질문으로 옮겨 가는 현상을 관찰했다. 목표가 바뀌었다고 이해할 수 있다. 복습 질문을 하는 교사는 학생이 무엇을 알고 기억하는지 확인하려는 반면, 구성 질문을 하는 교사는 중요한 아이디어에 대한 학생의 이해를 안내하고, 방향을 제시하며, 더 깊이 이끌려는 목적을 갖는다. 또한 촉진 질문은 사고를 드러내는 데 목적이 있다. 우리는 이 두 목표가 이번 장에서 살펴본 수업에서 어떻게 실현되는지를 확인할 수 있었다.

줄리와 에리카의 수업에서 학생들이 맡은 역할은 단순히 정보를 떠올리는 것이 아니라, 이야기를 이해하고 의미를 구성하며, 이해를 쌓는 데 초점이 맞추어져 있었다. 캐머런의 수업에서는 학생들의 지적 활동이 큰 질문(크메르 루주의 영향은 어떻게 평가할 수 있을까?)을 중심으로 이뤄졌다. (고등학교 졸업자격시험 문제는 지시문 형태였으나, 여기에서는 그것을 본질적인 질문으로 재구성했다.) 그는 이 큰 질문을 탐구하는 과정에서 주로 구성 질문을 활용했다.

- 방금 들은 내용을 바탕으로 어떤 연결 고리를 만들고 있나요?
- 크메르 루주의 영향을 어떻게 생각하나요?
- 칠판에 적힌 것 중에서, 처음 5분간 자유롭게 글을 썼을 때보다 여러분의 생각을 더 깊이 이끈 것은 무엇인가요?
- 지금은 어떤 생각이 드나요?

줄리와 에리카는 따뜻하면서도 엄격한 요구자로서 촉진 질문을 사용해 학생들이 더 깊이 설명하고 사고하도록 압박했다. 이러한 질문은 학생들에게 설명 없는 답변만으로는 충분하지 않다는 신호를 줬다.

- 왜 그렇게 생각하죠?
- 왜 이렇게 그렸어요?
- 그 생각이 케이트의 요약과 어떻게 연결되나요?

새로운 담론 패턴 만들기

대화는 "리허설 없는 지적 모험"이다(Oakeshott, 1959). 대화는 우리를 타인의 사고·관점과 접촉하게 하고, 새로운 통찰을 촉진하는 매개체다. 대화를 통해 우리는 서로를 신뢰하고 존중하며, 타인을 배려하는 법을 배우고, 동시에 그들로부터 배려받는다. 그러나 QRE 패턴의 상호작용이 지배적이기 때문에, 교실에서 일어나는 담론의 상당 부분은 진정한 대화나 대화가 되지 못한다. 이런 기본적인 상호작용 패턴을 깨는 방법 중 하나는 교사로서 우리가 일부러 이 탁구 게임을 농구로 전환하는 것이다. 즉 질문이라는 공을 더 자주 던지고, 다른 학생들을 대화에 참여시키며, 학생들을 대화로 연결할 기회를 더 많이 찾아야 한다는 의미다. 첫 단계로, 이를 수업 목표로 삼을 수 있다. 그리고 그 목표를 학생들과 공유한 뒤 수업 후 학생들에게 피드백을 요청할 수도 있다. 이러한 명시성은 학생들을 동맹으로 끌어들여 권한을 나누는 방법이다.

농구로 전환하는 일은 주로 교사의 행동에 달려 있다. 그러나 실질적인 대화가 가능해지려면 학생들도 자신의 역할을 수행해야 한다. 캐머런은 학생들과 팝콘 스타일의 발언과 아이스크림콘처럼 대화를 구축하는 발언 사이의 차이점에 대해 학생들과 논의함으로써 그들을 동참시켰다. 이러한 비유는 교실에 자리 잡았고, 캐머런과 학생 모두가 자신들의 노력을 점검할 수 있게 해 줬다. 교사가 실제로 사용할 수 있는 문장 시작 표현을 제공하는 것이 일부 학생에게는 도움이 된다:

- ____________가 말한 것에 연결해서⋯⋯.
- 저는 ____________에 동의/반대합니다. 왜냐하면⋯⋯.
- ____________의 아이디어에 덧붙이자면⋯⋯.
- ____________의 말을 듣고 지금 저는 ____________을 생각하게 되었어요.
- 그 아이디어를 따라가면, 이런 결론에 도달할 수 있을 것 같아요. 그러면⋯⋯.
- ____________의 말에 기반해서 확장해 보면⋯⋯.

QRE 패턴을 깨고 다른 종류의 상호작용을 촉진하는 또 다른 교사의 행동은 '반성적 토스^{reflective toss}' 사용이다. 이 용어는 학생들의 사고를 촉진하고 명확히 하기 위해 사용하는 질문 순서를 설명하고자 과학 교사 짐 민스트렐^{Jim Minstrell}이 만들었다(van Zee & Minstrell, 1997). 전통적으로 연구자들은 담론이 교사의 질문에서 시작된다고 보았다. 그러나 짐은 학생들의 발언과 아이디어를 대화의 출발점으로 삼았다. 반성적 토스에서 교사의 첫 번째 목표는 학생의 의미를 '잡아내는' 것, 즉 학생의 발언 이해다. 즉시 의미를 파악할 수 없다면, "그것에 대해 더 말해 줄 수 있나요?" 또는 "잘 이해가 안 되는데, 다른 방식으로 말해 줄 수 있나요?"와 같은 후속 질문을 한다. 교사가 의미를 파악하면, 그때 교사는 학생에게 질문을 다시 '던진다^{toss}'. 즉, 학생이 자신의 사고를 교사와 스스로에게 더 깊이 설명하고, 근거를 제시하도록 유도하는 질문을 하는 것이다. 예를 들어, 짐은 학생에게 "그렇다면 그것이 학생에게 무엇을 말해 주나요?", "그 주장의 근거로 무엇을 생각했나요?" 또는 늘 쓰는 질문인 "왜 그렇게 생각했나요?"라고 묻는다. 핵심은 학생이 자신의 답변에 대해 더 깊이 생각하도록 촉진하는 것이다.

우리는 새로운 담론 패턴을 만들고, 학습을 구조화하는 역할을 학생들에게 부여하며, 좋은 질문을 던짐으로써 교실 내 상호작용을 크게 변화시킬 수 있다. 이러한 실천은 학생들을 통제하려 하지 않고 그들을 자율적인 학습자로 성장시키려는 분위기에서 더욱 강력한 효과를 발휘한다. 또한 이 목표는 더 넓은 맥락 속에 자리 잡고 있다. 학생들이 진정으로 사랑받고 존중받는 분위기에서만 달성될 수 있다. 우리는 학생들의 사고에 관심을 갖고 그것을 존중해야 한다. 그럴 때만 학생들은 자신의 사고를 진정으로 드러내고, 우리에게 그들의 학습을 들여다볼 창을 제공한다. 상호 존중과 관심을 보이는 분위기에서 교사와 학생, 학생과 학생 사이의 강력한 상호작용이 만들어지고, 생각하는 문화가 진정으로 뿌리내릴 수 있을 것이다.

<h1 style="text-align:center">사고와 학습을 지원하는
상호작용 촉진하기</h1>

- 규범을 확립하라. 규범은 보통 학년 초나 모둠 활동을 처음 시작할 때 설정되지만, 언제든 설정할 수 있다. 새로운 프로젝트, 활동 또는 모둠별 과제, 집단 작업을 시작할 때를 그 활동에 맞는 규범을 만들 기회로 삼아라. 어항 기법을 사용하거나, 효과적인 학습 장면이 담긴 영상을 분석해 학생들이 긍정적인 행동에 집중하도록 유도하라.

- 역할을 만들어라. 학생들이 숙달해야 할 학습 상황(독해, 과학적 설명 구성, 연구 수행, 데이터 분석 등)을 파악하라. 그 상황을 효과적으로 다루기 위해 필요한 지적 역할이나 사고 태도를 명명하라. 이러한 역할들이 바로 학생들이 맡게 될 학습적 정체성이다. 그 역할들을 더 세분화해 학생들이 해당 역할을 수행할 때 할 수 있는 행동, 실천 방식, 질문들의 목록을 만들어라.

- 학생들에게 설문 조사를 하라. 쿠시먼과 로저스(2013)는 학생들에게 "교사가 학습자로서의 당신에 대해 무엇을 알았으면 좋겠나요?", "교사가 당신을 존중하고 소중히 여긴다는 것을 알게 되는 행동은 무엇인가요?", "교사가 학생들의 최고의 모습을 이끌어 내기 위해 해야 할 조언은 무엇인가요?"와 같은 질문을 했다. 동료와 함께 학생들을 대상으로 설문지를 만들어 학생들의 생각을 알아보라. 학생들이 자신의 의견이 소중하다고 느끼도록 결과를 공유하고 실행할 준비를 하라.

- 연결 의식connection ritual을 시작하라. 각 학생이 교실에 들어올 때 인사하는 것처럼 간단할 수도 있고, 수업 중 모든 학생에게 한 번씩 말을 걸거나, 언

급하거나, 관찰하는 시간을 가질 수도 있다. 좀 더 정교하게 운영한다면 아침 모임과 같은 형식도 가능하다.

- 질문 유형 5가지('좋은' 질문 하기 항목 참고)에 따라 자신의 질문을 분석하라. 자신이 어떤 유형의 질문을 주로 하는지 알아보기 위해, 수업을 녹화하거나 동료에게 관찰과 기록을 부탁하라. 동료와 파트너 또는 3인조를 이루면 서로 관찰자와 피관찰자의 입장을 모두 경험할 수 있다.

- 손 들기 규범을 바꿔라. 교사가 질문하고 손을 드는 학생만 지명하는 방식은 QRE 패턴에 갇히게 하거나, 빠르게 답하는 소수의 학생에게만 특혜를 주는 결과를 낳는다. 대안으로 무작위 번호 생성기나 학생 이름이 적힌 아이스크림 막대를 사용할 수 있다. 또 다른 대안은 오직 눈맞춤을 통해서만 학생들을 지명하는 것이다.

- 반성적 토스를 연습하라. 교사로서 학생이 의미하는 바를 확실히 파악했는지 확인하라. 불분명하거나 자신이 추측하고 있다고 느껴진다면, 추가 정보나 재설명을 요청하라. 학생이 답변한 후 의미를 파악했다는 확신이 들면 잠시 멈추고 "왜 그렇게 생각했나요?"라고 질문하라. 이 간단한 질문을 통해 학생과 그들의 사고, 이해에 대해 어떤 점을 배우게 되었는가?

- 피드백을 구하라. 학기 중이나 학기 말에 학생들에게 설문지를 주고 수업이 어떻게 진행되고 있는지, 학습자로서 무엇이 잘되고 무엇이 잘 안 되는지, 그리고 학생들이 자신(교사)을 어떻게 바라보는지 파악하라. 관심이 없거나 실행할 의지가 없는 질문은 하지 마라. 결과를 학생들과 공유하고, 정보를 어떻게 활용할 것인지 설명할 준비를 하라.

- 학생들의 문화를 배우는 학습자가 되어라. 다양한 배경, 세대, 민족, 문화를

가진 학생들과 연결되려면, 그들이 자신과 같은 방식으로 행동하거나 반응할 것이라고 가정하지 마라. 학생들의 문화에서 무엇이 보상을 받고, 가치 있고, 인정받는지 알아내라. 그 문화의 관점에서 성공이란 어떤 모습인가? 무엇과 어떤 사람이 존중받는가? 갈등은 어떻게 다뤄지는가?

- 진정성을 실천하라. 학습자로서의 자신 중 어떤 부분을 학생들과 공유하는 것이 적절할까? 학습자로서의 고민, 흥분되는 일 또는 실수를 통해 배운 이야기 등을 공유하라.

- 학습 기자 learning journalist 역할을 만들어라. 순환 방식으로 학생을 지정하여, 핵심적인 학습 순간을 찾아 기록하도록 하라. 또한 다른 학생의 아이디어를 발전시키거나 확장한 훌륭한 사례 또는 수업 중에 나온 좋은 질문을 기록하도록 하라.

- 프로토콜을 활용해 학생 상호작용을 구조화하라. 마이크로랩이나 파이널 워드 Final Word 같은 간단한 프로토콜을 사용하면 학생들이 경청하고 토론하는 방법을 배울 수 있다.

- 수정하고 개선하는 문화를 만들어라. 과제, 아이디어, 프로젝트, 그림, 실험이 초안에서 점차 높은 수준의 결과물로 발전할 때, 피드백과 피드백을 통한 학습이 필요해진다. 갤러리 비평 Gallery Critique 같은 전략이 이러한 문화를 만드는 데 유용하다(Berger, Gardner, Meier, Sizer, & Lieberman, 2003).

9장 환경

공간을 활용해
학습과 사고 지원하기

| 환경 |

명.

- 한 사람이 활동하는 주변 조건이나 영향.

- 하나의 집단이나 개인이 점유하는 물리적 공간. 디자인, 미학, 설정, 전시물, 유물, 가구로 구성된다. 하나의 문화를 형성하는 물리적 환경은 조직의 '몸짓 언어'로서, 구성원들이 없는 상태에서도 조직의 가치와 핵심 메시지를 전달한다. 학교나 교실의 물리적 환경은 개인의 상호작용 방식, 행동, 성과에 영향을 미친다. 물리적 공간은 집단과 개인의 작업을 억제하거나 영감을 줄 수 있다. 대부분의 교사가 오래된 학습 패러다임에 맞춰 만들어진 물리적 환경을 물려받지만, 공간 디자인을 통해 생각하는 문화를 촉진하고 지원하기 위해 할 수 있는 일은 여전히 많다.

● 눈을 감고 교실을 상상해 보라. 여러분이 수업하는 공간이 아닌 다른 교실을 떠올려 보라. TV 방송에서 보았던 일반적인 교실도 괜찮다. 교실을 둘러보며 무엇이 있는지 확인해 보자. 이제 교실 문을 열고 교실 밖으로 걸어 나간다. 눈을 감는다. 무엇이 나를 맞이하는지 느껴 본다. 이어서 도서관으로 자리를 옮겨 가상 여행을 이어가 보자. 마음속으로 주변을 둘러보면서 상상 속 학교에서 어떤 점이 눈에 띄는지, 무엇이 익숙한지, 무엇이 매력적인지, 어떤 점이 마음에 들지 않는지 생각해 보자.

아마도 눈앞을 스쳐 지나간 이미지는 이 책의 다른 독자들이 떠올린 이미지와 크게 다르지 않을 것이다. 우리는 공통의 경험에 뿌리를 둔 학교, 교실, 도서관의 이미지, 즉 우리를 익숙한 것으로 되돌아가게 하는 일종의 '노스탤지어 중력'에 묶여 있다(Bergsagel, 2007). 이러한 향수는 드라마에서 교실을 보여 주는 방식에 의해 더욱 강화된다고 볼 수 있다. 1957년 초연된 〈비버에게 맡겨라 Leave It to Beaver〉부터 1969년의 〈룸 222 Room 222〉, 1975년의 〈웰컴 백, 코터 Welcome Back, Kotter〉, 2009년의 〈글리 Glee〉에 이르기까지 그리 많은 것이 변하지 않았다. 칠판은 화이트보드로, 책상은 테이블로 대체되었지만 네 면의 벽으로 둘러 쌓여 정면에 교사의 책상이 있고, 문 바로 바깥에 복도가 있으며, 교실 앞쪽을 향해 학생들이 줄지어 앉아 있는 모습은 변함없이 유지되고 있다.

학교와 교실은 왜 지금과 같은 모습을 하고 있을까? 학교 건물을 설계할 때 적용된 가정은 교육이 무엇이고 학습이 어떤 모습인지에 대한 과거의 철학과 이해에 뿌리를 두고 있다. 2장에서 설명한 것처럼 공립학교는 아동 노동을 근절하려는 노력에서 시작되었다. 이때부터 학교는 어린이들의 일터라는 개념이 생겨났다. 우리는 또한 학생 무리가 정해진 경로를 따라 일사불란하게 움직이며 같은 시간에 같은 방식으로 같은 것을 배우는 공장식 학교 모델을 개발했다. 공장은 개별화가 아니라 표준화를 위한 곳이다.

공장은 우연, 발견 또는 공동체를 위한 장소라기보다 효율성, 적합성, 통제를 위한 곳이다. 따라서 우리는 거의 동일한 방식으로 설정된 동일한 크기의 교실을 가지고 있다. 종소리가 울리면 학생들은 교실에서 복도로 쏟아져 나와 줄지어 다음 장소로 이동한다. 이러한 학교의 설계 특징은 교실을 공장뿐만 아니라 감옥과 동일시되어 '감방과 종cells and bells'이라고도 불려 왔다(Nair & Fielding, 2013). 모든 감방 또는 교실을 하나의 긴 복도를 따라 배치하면 공간과 시간의 효율성이 보장되고 통제와 감독이 쉬워진다. 학생들이 머물거나 어울릴 수 있는 공간은 없으며, 교사는 복도에서 이동 상황을 더 효율적으로 모니터링할 수 있다. 종이 울리면 학생과 교사가 배정된 방으로 이동하면서 복도는 비워진다.

학교 건물의 디자인은 학습에 대한 뿌리 깊고 널리 퍼져 있는 가정을 물리적으로 표현하는 곳이기도 하다. 학습은 주로 나중에 사용하는 정보를 습득하고 저장하는 개별화된 노력이라는, 즉 '결정 지능'*이라는 개념은 학생들이 교실의 정면을 바라보고 일렬로 배치된 책상에 앉아 교사로부터 지식을 전달받는 공간과 잘 어울린다. 이 공간에서는 교사에게 집중하는 데 방해가 되지 않도록 방해 요소를 최소화한다. 이 모델에서 학생은 수동적이며 채워야 할 빈 그릇으로 간주된다. 반면, 학습을 다른 사람들과 함께 문제를 해결하고 추론하며 새로운 아이디

---

* crystallized intelligence. 경험과 교육, 학습을 통해 축적된 지식 및 기술로 구성된 지능을 의미한다. 과거에 습득한 지식, 언어 능력, 생활 지혜, 문화적 이해 등으로 문제를 해결하는 능력이다.

어를 탐구하는 능력인 '유동 지능fluid intelligence'의 발달을 촉진하는 능동적이고 협력적인 노력으로 간주한다면, 학생들이 일렬로 앉는 전통적인 배치는 적합하지 않다.

'형태는 기능을 따라야 한다.'라는 디자인 분야의 격언이 있다. 그러나 대부분의 학교 건물과 그 안의 교실들은 '감방과 종' 구조, 즉 칸막이로 구분된 교실과 종소리로 움직임을 통제하는 형태에 머물러 있다. 이 구조는 과거의 기능, 즉 교사가 앞에서 일방적으로 가르치는 '정면 응시형 교육'을 위해 설계된 것이다. 앞으로 10년 동안 학교 리모델링이나 신축 등 인프라 조성에 수십억 달러가 투입될 것으로 예상되는 상황에서, 이제는 학교의 물리적 환경을 재고하고 이를 학습에 대한 현재의 이해와 일치시키는 일이 반드시 필요하다(Bergsagel, 2007). 또한 물리적 환경이 교수와 학습을 지원하는 데 어떤 역할을 하는지 인식해야 한다. 어떤 이들은 물리적 환경을 단순한 편의 시설이나 사치로 보기도 하지만, 최근 영국의 한 연구에서는 색상, 선택, 연결, 복잡성, 유연성, 빛 같은 요소들이 학생들의 학습 향상에 상당한 영향을 미친다는 사실이 밝혀졌다(Barrett, Zhang, Moffat, & Kobbacy, 2013).

또한 문화를 형성하는 데 있어 물리적 환경의 역할도 이해해야 한다. 조성된 환경은 특정 행동 방식과 상호작용 방식을 설정하고 촉진한다. 이는 무엇이 가치 있고 중요하며, 무엇을 기대하고 권장하는지에 대한 메시지를 전달한다. 학생이 교실에 들어올 때 물리적 공간은 잠재적 교육과정의 일부로서 학습이 어떻게 이뤄질지에 대한 메시지를 전달한다. 그럼에도 교사들은 때때로 교실의 물리적 공간을 중요하지 않은 것처럼 취급한다. 이러한 경향은 초등학교와 달리 자신만의 수업 교실이 거의 없는 중등학교에서 자주 나타난다. 하지만 야후, 구글, 픽사와 같은 기업의 사무실이나 의도적으로 고안된 테드 강연장에서 볼 수 있듯이, 어린아이들에게도 환경이 중요하고 성인에게도 중요한데 청소년에게는 중요하지 않을 이유가 있을까?

문화를 형성하는 물리적 환경의 힘을 인정하면서, 켄 로빈슨은 "문화를 바꾸고 싶다면 마음 습관habits of mind 그리고 사람들이 활동하는 물리적 환경이 필요하다."라고 말한다(OWP/P Architects, VS Furniture, Bruce Mau Design, 2010, p.58). 스탠퍼드대학교 디스쿨d.school 환경 협업팀 프로그램 책임자인 스콧 도어리Scott Doorley와 스콧 위트호프트Scott Withoft(2011)는 물리적 공간을 조정해 보며 그것이 새로운 방식의 존재를 어떻게 가능하게 하는지 살펴보라고 조언한다. "환경을 의도적으로 바꾸기 시작하면 협업을 촉진하는 요소와 아닌 요소, 창의성을 높이는 요소와 아닌 요소가 드러나게 될 것이다"(p.8).

이번 장에서는 공간을 땜질하는 데 그치지 않고 교사들이 학습을 촉진하고 새로운 상호작용 방식을 키우고 생각하는 문화를 지원하고자 적극적으로 설계한 세 교실을 방문한다. 먼저 '감방과 종' 사고방식으로 설계된 미국의 한 대형 고등학교의 전형적인 콘크리트 블록 교실에서 수업을 하는 중등 교사 캐시 하나월트Kathy Hanawalt를 만나 본다. 다음으로는 호주 태즈메이니아에서 어린아이들을 위해 설계된 보다 친밀한 공간에서 수업하는 넬리 깁슨을 방문한다. 마지막으로는 미국 멤피스로 이동해 기존 학교 공간을 완전히 새롭게 디자인해 재구성한 앨리스 몬드 파커Alice Maund Parker의 학습 스튜디오를 살펴볼 것이다.

전통적인 교실에서 펼쳐지는 새로운 학습

"저 이 수업 들어도 되나요?"라며 한 학생이 캐시 하나월트의 교실 문 사이로 고개를 내밀며 외친다. 그 학생은 교실 한쪽 끝에서 다른 쪽 끝까지 훑어보며, 책상에 앉아 개인 사진과 기념품으로 둘러싸인 캐시를 향해 미소 짓고는 나타난 만큼이나 빠르게 복도를 걸어 사라진다.

"재미있네요."라고 캐시는 말한다. "저나 이 과정에 대해 전혀 모르는 학생들도 '이 교실에서 수업 듣고 싶어요.'라고 말해요. 그냥 이 공간의 분위기를 좋아하는 것 같아요. 편안하다고 느끼는 거죠. 이 공간이 그들에게 말을 거는 셈이에요." 워싱턴주 타코마 외곽의 클로버파크 고등학교Clover Park High School에 있는 캐시의 교실은 창 없는 다른 직사각형 교실들과 모양이나 크기 면에서 다를 바가 없지만, 확실히 독특한 분위기와 느낌을 지니고 있다. 문틈으로 잠깐 머리를 내민 행인에게도 분명하게 느껴질 정도다.

복도에서 가장 눈에 띄는 점은 캐시의 교실에 천장 형광등 불빛이 없다는 것이다. 대신 교실 곳곳에 스탠드 조명이 배치되어 부드럽고 아늑한 빛을 발한다. 작은 책상 조명은 교실 문을 바라보도록 전략적으로 배치된 캐시의 책상을 비춘다. 이를 통해 학생들이 교실에 들어오는 모습을 볼 수 있고, 수업을 하지 않을 때에도 복도를 지나가는 학생들과 소통할 수 있다.

"천장 형광등은 스트레스를 줘요."라고 그녀는 말한다. "저는 학생들이 이 공간에 들어와서 편안함을 느끼고 차분한 분위기를 경험하기를 바라요. 일단 모두 자리에 앉고 안정되면, 저는 종종 시작할 준비가 되었다는 신호로 천장 조명을 켜요. 하지만 처음에는 스탠드 조명만 켜서 더 따뜻한 공간을 만드는 것을 좋아합니다."

캐시의 교실에 창문은 없지만 스탠드 조명과 천장 조명을 함께 사용하면 빛을 좀 더 세밀하게 제어할 수 있고 그녀 자신도 편안함을 느낄 수 있다. "제가 여기서 살아야 한다면, 즐겁게 지낼 수 있는 공간이라면 좋겠거든요."

이름 모를 학생이 잠깐 들여다본 캐시의 교실은 전통적인 교실과는 다른 독특한 모습을 하고 있다. 학생들의 책상은 모서리가 직각인 거대한 C 자 모양으로 배열되어 있어 모든 학생이 서로를 바라보고 칠판과 선생님에게 집중할 수 있다. C 자 안쪽에는 더 많은 좌석, 빔프로젝터가 있는 책상이 있다. 이러한 좌석 배치는 이동과 대화를 촉진하는데, 이는 캐시의 인문학 수업에서 중요한 요소다. 그녀가 학생들을 모둠으로 나눌 때 C 자의 모서리와 중앙 책상은 모둠 단위로 모여 협업할 수 있는 공간이 된다.

교실 한쪽 구석에는 캐시가 학생들을 위해 마련한 보다 사적인 공간이 있다. 그곳은 동양적 느낌이 나는 양탄자로 다른 곳과 구분되는데, 나무 책장과 생명력이 강한 식물로 둘러싸인 아늑한 공간이다(자연광이 없다는 점을 기억하자). 학생들이 조용히 책을 읽거나 생각에 잠기는 휴식처 역할을 하는 곳이다. 이처럼 이 교실 전체가 학생들의 활발한 상호작용과 다양한 학습 방식을 지원하도록 의도적으로 설계되어 있다.

캐시가 구성한 교실 환경은 그녀의 교수 스타일을 반영할 뿐만 아니라, 데이비드 손버그David Thornburg가 「사이버공간에서의 모닥불 Campfires in Cyberspace」(2004)이라는 역사적인 논문에서 밝힌 4가지의 "원초적 학습 은유" 중 3가지를 직관적으로 포착하고 있다. 그의 최근 저서

『모닥불에서 홀로덱까지From the Campfire to the Holodeck』(2013)[*]에서도 이를 살펴볼 수 있다. 손버그는 이를 모닥불campfire, 물웅덩이watering hole, 동굴cave, 삶life이라고 명명한다. 모닥불은 스토리텔링에 대한 인간의 성향에 착안해, 집단에서 가장 연장자가 자신의 지혜를 스토리텔링을 통해 전수하는 이야기를 듣고 배우고자 한자리에 모이는 순간을 상징한다. 물웅덩이는 위계질서가 없는 소규모 비공식 집단에서 동료들에게 배우는 장소다. 동굴은 집단에서 물러나 개인적인 성찰과 연구, 아이디어의 기회를 만드는 순간을 의미한다. '삶'이라는 은유는 지식을 실제 세상으로 가져가서 활용하고 적용해야 하는 필요성을 포착하며, 종종 삶이 제공하는 맥락적 복잡성과 씨름하면서 더 많은 학습을 촉진한다.

손버그는 기술을 통한 학습과 관련된 이 은유들을 탐구하는 데 관심이 있었지만, 그의 첫 3가지 원형은 물리적 학습 환경의 효과적인 설계에 대한 통찰력도 제공한다. 건축 회사인 필딩 네어 인터내셔널Fiedling Nair International은 새로운 학교를 설계할 때 이 개념을 폭넓게 활용한다(Nair & Fielding, 2005). 동시에 이러한 원형은 개별 교사에게 접근 가능한 프레임워크를 제공한다(Hewes, 2012). 캐시의 큰 C 자 모양 책상 배치는 학생들이 교사나 칠판 또는 스크린을 함께 보며 모여서 이야기를 듣고 배울 수 있는 공간을 만들어 준다. 그녀의 교실은 별도의 물웅덩이 공간을 제공할 만큼 크지 않지만, 양쪽 모퉁이와 중앙 테이블을 이 용도로 사용할 수 있다. 마지막으로, 별도의 공간을 차지하는 독서 코너는 학생들이 휴식을 취할 수 있는 동굴 공간을 제공한다. 유연한 환경은 교사와 학생들이 한 학습 형태에서 다음 학습 형태로 원활하게 전환

---

[*] 홀로덱은 스타트렉 시리즈에 등장하는 가상현실 공간 생성 장치다.

하는 데 도움이 된다.

복도를 벗어나 실제로 교실에 들어서면 캐시가 학습자의 참여를 유도하는 공간을 어떻게 만들었는지 더 자세히 알 수 있다. 화이트보드의 펜 받침대를 따라 책이 초대장처럼 나란히 놓여 있다. 스포츠 관련 책, 최신 인기 소설, 추리소설, 학생 창작 도서 등 다양한 독자의 취향을 고려한 여러 종류의 책이 나란히 줄지어 놓여 있다.

화이트보드 위에는 색지에 적힌 일련의 질문들이 붙어 있으며, 이는 캐시가 학생들의 학습을 지속적으로 집중시키고 연결하기 위해 찾아낸 '주제 흐름throughlines'을 나타낸다(Blythe & Associates, 1998; Ritchhart, 2002). 질문들은 간단하지만 흥미를 일으킨다. '어떤 이야기인가?', '이 이야기에는 다른 관점이나 숨겨진 이야기가 있지 않을까?', '그 이야기를 어떻게 아는가?', '왜 그 이야기를 알아야 하고 전해야 하는가?', '이야기 속에 권력은 어디에 있는가?' 캐시는 이러한 질문이 어떻게 시작되었는지 설명한다. "영어, 역사, 작문, 커뮤니케이션이 포함된 인문학을 가르치고 있는데, 우리 교육구의 커리큘럼을 살펴보니 '스토리'가 이 모든 것을 결합할 수 있다고 생각했어요. 글쓰기를 통해 이야기를 효과적으로 전달하는 법을 익히고, 독서를 통해 다양한 서사를 접하며, 역사를 통해 기록 너머에 존재하는 '또 다른 관점의 이야기'가 무엇인지 탐구하는 것이죠. 그래서 저는 이 질문들이 '제국주의와 혁명' 같은 우리의 주요 단원과 이 모든 학문을 결합할 수 있겠다고 생각했죠."

'다른 이야기는 무엇인가?'라는 질문은 캐시와 그녀의 학생들에게 특히 도발적이었다. "이건 항상 나오는 질문이에요."라고 캐시는 말한다. "시사적인 사건에 대해 이야기하고 있는데 누군가가 '그럼 다른 관점의 이야기는 뭐죠?'라고 묻는 거지요. 저는 학생들이 예상하는 것과는 다른 동네에 살고 있는데, 한 학생이 '그게 선생님에 대한 다른 관점의 이야기인가요?'라고 물은 적도 있어요." 한쪽 벽에 걸린 전지에는 이 질문에 대한 학생들의 참여 열기가 더욱 잘 드러나 있다. 전지에는 "우리는 '다른' 관점의 이야기를 살펴봐야 한다. 왜냐하면……."이라는 문장과 함께 다음과 같은 목록이 이어진다.

- 성급하게 판단하고 싶지 않기 때문이다.
- 추측을 하고 있을 수도 있기 때문이다.
- 진실을 더 잘 파악할 수 있기 때문이다.
- 보이는 것이 전부라고 생각해서는 안 되기 때문이다.
- 누군가를 잘못 비난하고 있을 수 있기 때문이다.

전지 옆의 파란색 게시판에는 한 학생이 자신의 수업 외 활동을 보여 주고 '다른 관점의 이야기'를 표현하고자 만든 사진 콜라주가 있다. 이러한 기록물은 다른 아이디어를 떠올리도록 자극하고 학습을 서로 연결시키는 역동적인 특성을 가진다.

교실 안 다른 쪽 벽에는 '화해와 복수의 관계는 무엇인가?'라는 질문에 대한 학생들의 답변을 보여 주는 '분필 대화'(Ritchhart, Church, & Morrison, 2011) 루틴을 적용한 결과물이 걸려 있다. 여기저기에 명언이 적혀 있다. "중요한 것은 질문을 멈추지 않는 것이다."(앨버트 아인슈타인), "당신에게 주어진 거칠지만 소중한 삶으로 무엇을 할것인가?"(시인 메리 올리버). 메리 올리버의 말 옆에는 또 다른 종이가 붙어 있으며, 그 위에 학생들이 자신의 답변을 적어 놓았다. 이러한 수업 토론과 학습, 그리고 개개인의 흔적이 물리적으로 드러나면 공간은 학생들에게 더 연결되고 개인적인 곳이 된다. 학생들의 생각이 벽에 걸려 있고, 어떻게 학습했는지가 눈에 보이게 드러나 있다.

캐시의 교실은 특별히 화려하지도, 첨단 기술이 적용되어 있지도, 값비싼 장비나 특별히 독특한 요소가 있지도 않다. 하지만 그 공간은 의도를 갖고 구성되어 있으며, 전형적인 네모난 교실의 틀에서 벗어나 있다. 학생들과 개인적으로 연결되고, 학생들이 목소리를 내며, 그들을 적극적으로 참여시키고, 학습을 하나의 흐름으로 엮어 가고자 하는 캐시의 바람은 교실의 물리적 환경에서 고스란히 드러난다. 다양한 형태의 학습을 위한 구역을 구별해 조성함으로써 캐시와 학생들은 학습자이자 공간 사용자로서 더 큰 유연성을 가질 수 있고, 공간을 최대한 활용할 수 있다. 학생들이 없을 때조차도 이 교실은 누군가가 살아가는 듯한 분위기를 자아낸다. 이러한 모습은 캐시의 성격과 스타일뿐만 아니라 학생들의 개성을 생생하게 반영하고 있다.

큐레이터로서의 교사

"항상 아름다운 학습 공간을 소중히 여기고 만들고자 노력했지만, 공간을 바라보는 제 역할에 대한 관점은 바뀌어 왔어요. 이제 저는 스스로를 큐레이터라고 생각합니다."라고 넬리 깁슨은 설명한다. "아이들과 함께 공간을 조성하고 싶지만, 들여오는 물건을 관리해야 하는 어른으로서의 특별한 역할이 있습니다. 신중하게 선택해야 하는 거죠. 무엇이 아이들의 관심을 끌 수 있을까요? 확실히 알 수는 없지만 큐레이터는 주제를 정하고, 제공하고, 자극을 주는 역할을 해야 한다고 생각해요."

호주 태즈메이니아 론세스톤에 있는 스카치오크번 칼리지Scotch Oakburn College의 1학년 교실에 들어서면 큐레이터로서의 세심한 배려와 절제미를 느낄 수 있다. 이 교실에서는, 초등학교 교실에서 흔히 볼 수 있는 화려한 색상의 사각형 모양 카펫, 알파벳 띠, 숫자 띠, 게시판 장식, 포켓 차트, 출판사에서 보낸 대형 책 표지 포스터, 생일 달력, 동물이 웃고 있는 만화 같은, 상업적으로 만들어진 자료는 찾아볼 수 없다. 초등학교 교실에서 흔히 볼 수 있는 원색도 별로 볼 수 없다. 대신에 교실은 학생들이 학습한 증거로 가득 차 있다. 보는 사람이 오래 머물면서 집중하고 탐색할 수 있도록 학생들이 그린 그림과 조각품, 조립품, 글짓기 결과물을 세심하게 배치했다. 학생들이 작업에 몰두하고 있는 사진과 함께 대화 내용이 기록되어 있어 과거에 어떤 일이 있었는지 생생하게 그려 볼 수 있을 정도다. 볼거리가 많지만 차분한 색상의 조합 때문에 공간이 복잡하거나 부담스럽게 느껴지지 않는다. 모든 것이 흰색 또는 검은색 배경 위에 전시되어 있어서 사진이나 학생들의 그림에서 나오는 색감이 온전히 드러난다.

한 책장 위에는, 두꺼운 흰색 포스터 보드를 아코디언처럼 접어 만든 것(병풍책)이 놓여 있다. 이 보드는 9×12인치 크기의 종이 여러 장을 테이프로 이어 붙인 지그재그 모양을 하고 있는데, 학생들의 학습 여정이 그대로 드러나 있다. 각 패널에는 학생들이 '큰 수'에 대해 탐구하는 모습을 담은 사진이 정성스럽게 부착되어 있다. 첫 번째 패널에는 '큰 집단 세기Counting Large Collections'라는 제목이 적힌 흰 종이가 클립으로 고정되어 있다. 그 아래에는 활동 당시 학생들의 대화 일부가 기록되어 있다.

- "우리는 협동해야 해."-아라벨라

- "열 개씩 세자."-아치

- "열 개를 만들려면 다섯 개를 가져오고 또 다섯 개를 가져오면 돼."-잭

- "안 돼, 다시 시작해야 해. 정말 100개가 있는 것 같아."-릴리

- "두 개씩 세고 있어. 더 빠르니까."-스테파니

전시물은 단순하지만 우아하게 꾸며져 있으며, 나중에 되돌아볼 수 있도록 학습의 순간을 담고 있다. 비슷한 문서들이 다른 여러 책장의 상단부에 줄지어 놓여 있다.

게시판은 의식적으로 절제된 모습을 보여 준다. 학생들의 작품으로 가득하지만 모든 학생의 작품이 게시된 것은 아니며, 수업 시간에 배운 학습 내용의 예시가 전시되어 있다. 자료를 설명하는 라벨은 크고 알록달록하고 화려한 글씨체가 아니라 손 글씨나 일반적인 인쇄체로 되어 있어 내용에 집중할 수 있다. 이 게시판들은 방 전체에서 관람객의 시선을 끌기 위해서가 아니라 가까이 다가와 자세히 살펴보도록 유도하고자 디자인된 것이 분명하다. 한 게시판에는 수업에서 탐구한 읽기와 관련된 3가지 아이디어, 즉 '사려 깊은 독자', '메타 인지', '스키마'라는 주제가 게시되어 있다. 각 라벨 아래에는 그림, 대화 기록, 사진이 있다. 맞은편에는 '아름다움', '토양', '마음'이라는 최근 배운 세 주제에 관해 수업한 내용이 담긴 게시판이 있다. '아름다움'이라고 표시된 곳에는 '아름다움이란 무엇인가?'와 '아름다움은 중요한가?'라는 질문에 대한 학생들의 답변이 몇 가지 있다.

소피: 아름다운 것에서 좋은 아이디어를 얻을 수 있기 때문에 중요하다.

스테파니: 장소가 아름다우면 그 시간을 즐길 수 있기 때문이다.

아치: 아름다움은 가족이다. 동행하는 사람이 있기 때문이다.

스테파니: 아름다움을 보면 설레는 기분이 들기 때문이다.

제이비어: 아름다움은 나를 행복하게 한다. 스타가 아름다운 이유는 그들이 행복했던 과거를 기억할 수 있기 때문이다. 아름다움은 즐기는 것이다.

올리비아: 아름다움은 사랑을 느끼게 해 주고 우리를 행복하게 해 주기 때문에 중요하다.

스테파니: 올리비아의 말에 공감한다. 아름다움은 사랑과 도움의 시간이다.

아치: 아름다운 곳을 걷다 보면 그 시간을 즐기게 된다. 그래서 아름다움이 중요하다.

게시판에는 막대기를 유기적으로 연결해 만든 모빌이 함께 있다. 이 모빌에는 학생들의 학습 결과물이 몇 개 더 걸려 있다. 학생들이 그린 하트 그림이 전시된 모빌에 눈길이 갔다. 그림 속 하트는 밸런타인데이를 위한 게 아니다. 넬리 선생님이 가져온 실제 어린 양의 심장을 학생들이 관찰해 그린 다음 색칠한 것이다. 학생들은 도화지 대신 버려진 오래된 소설책에서 뜯어낸 종이 위에 그림을 그렸는데, 수채화의 반투명성 덕분에 그림 밑에 글자가 고스란히 비쳐 보였다. 그 결과물은 정말 아름다웠다.

학교의 존재 이유는 결국 학생들의 '배움'에 있으며 그 배움의 과정은 눈에 보이게 드러나야 한다. 넬리는 이를 훌륭하게 수행해 교실을 말 그대로 '생각이 가득한' 공간으로 만들었다. 그녀는 단순히 미적 감각이 뛰어난 것이 아니라 학습 과정에서 기록물의 역할에 대해 깊이 이해함으로써 이를 달성했다. 학생들의 학습 활동을 담은 자료는 빈 공간을 채우는 단순한 장식이 아니라 영감을 주고, 초대하고, 정보를 제공하고자 전시되어야 한다. 기록 자료를 통해 다른 학생들이 만든 수준 높은 작품을 보면서 학생들은 더 높은 곳에 도달하고 더 많은 것을 성취하도록 영감을 받는다. 또한 학습을 수정 또는 심화하거나 새로운 방향으로 나아갈 수 있도록 자신의 학습을 성찰하고 다시 살펴볼 수도 있다. "학습 활동을 기록으로 남김으로써 제가 추구하는 목표 중 하나는 매번 학생들에게 기록을 돌려주는 것입니다."라고 넬리는 말한다. "저는 학생들을 앉혀 놓고 제가 게시한 자료를 보여 주며 이야기를 나눠요. 저는 학생들이 이론을 구성하고 학습한 순간을 큐레이터처럼 기록해 보여 주지요." 동료, 교육 행정가, 학부모로 구성된 더 큰 지역사회 공동체에 속한 교실에서 기록물은 학습이 어떤 모습인지, 학습자들이 질문과 통찰을 통해 어떤 결과물을 만들어 내고 있는지를 알리는 역할을 해야 한다. 이러한 방식으로 기록물은 그곳에서 이뤄진 학습과 사고에 대한 일종의 제도적 기억의 역할을 한다.

넬리의 경우처럼 기록물은 학습을 가시적이고 공개적인 것으로 만든다. 이를 학생의 성적표와 같은 매우 개인적인 문서와 비교해 보라. 성적표는 학습이라는 신비로운 과정을 단 하나의 점수로 압축하려고 하며, 그것을 통해 "학생이 받은 점수에 기여한 인간의 노력, 사고, 기술, 창의성 또는 개성을 상상하는 일은 거의 불가능하다"(Bergsagel, 2007, p.54).

당연히 학부모들은 넬리의 노력을 높이 평가한다. 한 아버지는 "벽면이 마음에 들어요! 전시된 모든 작품과 이야기가 정말 좋습니다. 아이들이 작품을 보고 자기가 만든 것에 자부심을 느낄 수 있다는 점이 그렇네요. 특히 흑백 작품이요."라고 말했고, 한 어머니는 "들어서는 순간부터 교실이 활발하고 매력적이었어요."라고 언급했다. 그녀의 배우자는 "아이디어 구상부터 결과물까지, 아이들이 학습을 주도하고 있다는 것을 보여 줘서 교실이 마음에 드네요."라고 의견을 덧붙였다.

넬리의 교실은 물리적인 구조 면에서도 '배움의 시각화'가 돋보인다. 여느 교실보다 크지 않은 직사각형이지만 양쪽 끝에 커다란 창문이 있어 훨씬 넓고 개방적으로 보인다. 복도와 마주 보는 교실 벽면은 대부분 유리로 되어 있고 복도 역시 학교의 동쪽 마당을 바라보는 유리벽이다. 덕분에 아침에 실내로 햇빛이 들어온다. 또한 학생들이 교실을 지나갈 때 다른 학생들이 학습 중인 모습을 볼 수 있어 동료애가 높아지고 학교 전체가 학습 공동체라는 의식을 키울 수 있다. 활동과 학습은 더 이상 숨겨지지 않고, 학생과 교사 모두 서로 더 긴밀하게 연결되어 있다고 느낀다. 교실의 반대쪽 벽은 바닥부터 천장까지 통유리로 되어 있다. 이웃한 지붕 너머로 서쪽 풍경이 보이고 오후의 햇살은 실내를 가득 채운다. 또한 학습에 필요한 도구와 자료들이 눈에 띄게 배치되어 있어 영감을 얻거나 활용할 수 있다.

교실의 전시물들이 아무리 아름답다 해도, 그것만으로는 넬리 스스로가 생각하는 '큐레이터 역할'이 완전히 끝나지 않는다(Strong-Wilson & Ellis, 2007). 그녀는 박물관의 큐레이터처럼 호기심을 자극하고 학습을 촉진하는 환경을 조성하려고 하며, 환경을 '세 번째 교사'로 활용한다. 종이와 수채화가 놓인 테이블 위에 올려진 신선한 수국, 테이블 위에 무작위로 배열된 아름다운 태즈메이니아산 나뭇조각 더미, 돋보기와 그림 재료 세트 옆에 놓인 씨앗 꼬투리가 가득한 유리병, 책이 가득한 통, 막대기가 가득한 바구니와 이를 묶는 줄, 탐색 활동을 위한 흙이 가득한 욕조용 테이블 등이 이러한 환경을 조성한다. 이 모든 것이 준비되어 있지만, 넬리는 무엇이 학생들의 관심을 끌지, 그녀의 자극에 학생들이 어떤 반응을 보일지 확신할 수 없다. "저는 여러 가능성을 염두에 두면서, 학생들이 이끄는 대로 따라야 해요." 이는 아이들과 부모 모두를 기쁘게 하는 방식으로, 제공되는 자료들이 끊임없이 변화함을 의미한다.

학생들이 이끄는 바대로 따라간 사례는, 남자아이 세 명이 막대기를 방 한쪽에서 가져와 흙으로 가득 찬 통에 넣었을 때 일어났다. 탐구로 시작된 이 활동은 조형물과 환경을 만드는 작업으로 발전했다. 막대기를 원하는 대로 배치한 뒤 소년들은 동물을 그리고 오려서 자신들의 '숲'을 채우기 시작했다. 넬리는 그들의 대화에 귀를 기울였고 조각품이 소통과 탐험의 매개체가 되었다는 사실을 알게 되었다.

어느 순간 소년들은 자신의 조각품이 실제로 '입체적'이라는 사실을 발견했다. "아이들은 조각품이 모든 각도에서 잘 보이는지 확인하려고 그 주변에서 소통하고 움직이기 시작했어요. 어느 단계에서는 한 아이가 다른 아이를 문밖으로 보내 방에 들어왔을 때 조각품이 어떻게 보이는지 확인하더라고요." 넬리는 "다 완성되었다고 생각한 한 학생이 친구들에게 조각상 뒤에 있는 소파에 앉으라고 했고, 친구들은 더 많은 동물로 채워야 할 구멍이 있다는 것을 발견하더군요."라고 이야기했다. 이러한 집단적 학습 결과를 되돌아보며 넬리는 "이제 우리 반 아이들은 입체 조형물을 탐구할 때마다 항상 뒤로 물러서서 자신이 만든 작품 주위를 걸으며 다양한 시야에서 바라봅니다."라고 설명한다.

어떤 사람들은 넬리가 환경을 '큐레이팅'하는 데 관심을 기울이는 것이 그저 '어린이'들을 가르치기 때문이라고 설명하겠지만, 그녀는 이러한 가정을 거부한다. 넬리는 초등과 중등 교실에서 장기간 대체 및 보조 교사로 일한 경험을 바탕으로 환경에 대한 관심이 강력한 문화 형성의 원동력이 될 수 있다고 믿는다. "호바트라는 곳에서 4학년 학급을 맡았을 때가 가장 기억에 남아요. 대체 교사가 많이 거쳐 가서 아이들이 괴로워하고 있었거든요. 저는 교실에 들어가서 바로 무언가를 게시하기 시작했습니다. 자연에 대한 도발적인 질문들을 준비하고, 자료를 가져오고, 아이들에게 아름다움에 대해 물어보았죠. 또한 아이들을 데리고 나가서 사진을 찍게 하고, 그것들을 다시 교실로 가져오게 했어요."

그녀는 이러한 행동의 영향을 설명하면서 이렇게 회상한다. "그때가 처음으로 환경이 엄청난 영향을 미친다는 사실을 깨달은 순간이었어요. 도미노처럼 하나의 문화적 힘이 다른 문화적 힘으로 연결되는 것 같았죠. 환경은 기회를 제공하고, 모델이 되며, 기대를 전달합니다. 그 아이들은 꾸준히 무언가를 이어 갔던 경험을 해 본 적이 없었습니다. 아무것도 기대하지 않았죠. 그런데 갑자기 제가 아이들이 교실 공간을 소중히 여기기를 바라자, 학생들은 제가 그들을 위해 올바른 일을 할 것이라는 기대를 갖게 됐어요. 환경을 변화시키는 일이 우리가 공동체로 새롭게 시작할 수 있도록 도운 것이지요."

사고를 위한 디자인

앨리스 파커는 "이 공간은 학교의 다른 공간과 완전히 달라 보이죠."라고 말한다. "제 꿈은 EDGE 스튜디오가 생각하는 사람, 혁신하는 사람, 협력하는 사람, 위험을 감수하는 사람으로서 학생들이 힘을 얻는 장소가 되는 것입니다."라고 말한다. 교사가 건축가, 관리자, 디자이너와 함께 교육 공간 설계에 참여할 수 있는 기회는 흔치 않지만, 테네시 주 멤피스에 있는 프레스비테리언 데이 스쿨Presbyterian Day School에서 앨리스는 바로 그런 기회를 가졌다. 디자인 싱킹design thinking을 연구하고 그 것이 초등학교 남학생들에게 어떤 가능성을 줄 수 있을지 탐색하는 위원회의 일원이었던 앨리스는 가시적 사고visible thinking와의 연관성을 발견하고 이 둘의 결합을 구상한 것이다. 그런 다음 그녀는 학교가 리모델링을 진행 중이라는 기회를 포착해 다른 종류의 교실을 만들기 위한 아이디어를 학교 측에 제안했다. 건축가 팀과 함께 일하면서 앨리스와 동료들은 사고와 혁신을 지원하는 새로운 종류의 학습 공간에 대한 비전을 공유했다. 처음에 앨리스는 자신이 실제로 디자인 싱킹 주임 교사가 될 것이라고는 예상하지 못했지만, 학기가 시작되자 그 역할을 맡게 됐다.

EDGE 스튜디오라는 이름은 이곳이 전통적인 강의실이 아니라 디자인 공간, 스튜디오라는 의미를 담고 있다. EDGE라는 약어는 디자인 싱킹의 핵심 단계를 반영한다. 탐색Explore, 공감 개발Develop empathy, 아이디어 성장Grow your ideas, 평가Evaluate다. 앨리스는 이 약어를 '생각의 가장자리까지 가기going to the edge of my thinking', '날카로운 아이디어edgy ideas', 가장자리에서 뛰어내리기jumping off the edge', '아이디어가 있는 가장자리on the edge of my seat with ideas'라는, 새롭고 창의적인 영역으로 생각을 밀어붙이는 일을 은유적으로 표현한 것이라고 본다.

미로 같은 복도를 따라 안내를 받다 보면 첫 방문임에도 그곳이 EDGE 스튜디오임을 알 수 있다. 바로 눈에 띄는 것은 창문과 스튜디오 문이 일반적인 금속이 아니라 보라색 금속 장식이 있는 유리로 되어 있으며, 학교 상징색인 보라색과 빨간색으로 꾸며져 있다는 것이다. 이쁜만 아니라 스튜디오 공간의 네 면 중 세 면이 대부분 유리로 이루어져 있다. 스튜디오는 양쪽 복도 사이의 모퉁이에 있고 복도를 향한 벽면에는 큰 창문이 있어 스튜디오에서 일어나는 학습이 모든 사람에게 보이도록 설계되어 있다. 앨리스는 "이 창문은 우리의 사고와 학습이 방 안을 넘어 밖으로 확장된다는 일종의 은유라고 생각해요."라고 말한다. 세 번째 벽은 이동식 유리 파티션으로 구성되어 있어 스튜디오 공간을 바로 옆의 미술실과 하나로 연결할 수 있다.

이러한 개방성과 투명성은 현재 전 세계 학교 건축의 두드러진 경향 중 하나일 것이다. 넬리 깁슨의 교실에도 이러한 특징이 있었고, 여기 멤피스에서도 같은 특징이 나타난다. 주목할 만한 점은 넬리와 앨리스 모두 새 건물에서 가르치지 않고 내부를 완전히 재설계한 기존 학교 건물에 있다는 점이다. 비용 측면에서 보면 기존 내부 벽을 개조하고 창문을 설치하는 것이 새 건물을 짓는 것보다 훨씬 저렴하다. 투자한 비용에 비해 학교의 분위기는 엄청나게 달라질 수 있다. 일부에서는 학생들이 산만해질 것이라고 우려하지만, 학생과 교사는 개방감에 금방 적응하는 경향이 있다. 또한 복도는 더 이상 숨거나 머무르는 공간이 아니게 되므로 창문을 통해 학생들을 더 잘 감독할 수 있다.

유리창 너머로 안을 살피다 보면 이 공간의 또 다른 독특한 특징인 스탠딩 책상이 눈에 들어온다. 책상은 네 개씩 모둠으로 배치되어 있으며, 학생들이 앉고 싶을 경우를 대비해 각 책상마다 의자가 있다. 미네소타의 한 학교 교사가 디자인했다는 이 책상의 또 다른 특징은 흔들리는 발판이다. 이를 통해 학생들은 앉아 있을 때도 계속 움직일 수 있다. 매우 매력적인 기능이라 나도 사용해 보고 싶다는 생각이 들 정도다. 많은 교실에서 교사들은 학생들의 움직이고 싶은 욕구에 맞서 싸우느라 에너지를 소비하지만 대개 별다른 성과를 거두지 못한다. 인체 공학적 학교 설계 및 신체 움직임 전문가인 디터 브라이트헤커(Dieter Breithecker, 2007)는 교사에게 학생들의 꼼지락거림과 평화를 이루라고 조언하며 "수동성과 능동성, 긴장과 이완, 스트레스와 해소 사이의 지속적인 리듬 변화만이 신체적, 정서적, 정신적 균형 상태를 보장하는 조건으로 이어질 것이다. 깨어 있고 집중력을 유지하려면 학생들은 앉아 있을 때에도 움직일 수 있어야 한다."(p.2)라고 말한다.

앨리스는 몸을 꼼지락거리는 행동을 확실히 긍정적으로 받아들이며, 학생들이 많이 움직일 수 있도록 스튜디오 공간을 다양한 배치가 가능한 곳으로 만들었다. 스튜디오에 들어서자 서 있는 학생, 흔들리는 발판을 이용해 의자에 앉은 학생, 바닥에 누워 전지 주변에 모여 있는 학생, 교실 뒤편에 서 있는 두 무리의 학생들이 보였다. 5학년 학생들은 『뉴욕에 간 귀뚜라미 체스터』에 나오는 주인공 체스터를 위한 새 집을 설계하고 있다. 이 프로젝트는 실제 귀뚜라미가 살 수 있는 서식지이면서 체스터의 성격에 맞는 공간을 만들어 환상과 현실을 결합하는 것을 목표로 한다.

학생들이 체스터가 접근하기 쉽고 편안하게 사용할 수 있는 재료를 찾기 위해 노력하는 동안 부드러운 웅성거림이 교실을 가득 채운다. 앨리스는 "우리 학교는 항상 학생들과 함께 움직이고 탐구할 수 있도록 의도적으로 노력해 왔습니다. 책상에 달린 막대 움직이기, 자신만의 공간 만들기, 바닥에 눕기 등을 모두 허용합니다. 이는 학습과 창의력, 새로운 사고를 촉진하기 위함입니다."라고 말한다.

EDGE 스튜디오의 또 다른 특징은 밝게 빛을 내는 다양한 광원이 있다는 점이다. 캐시 선생님이 전기스탠드를 가져와 방에 더 다양한 조명을 만들어 분위기를 조성하고, 구역을 나누고, 활동을 알리는 신호로 만들었다면, 새로 디자인한 EDGE 스튜디오는 조명에 매우 세심하게 신경을 썼다. 복도로 통하는 창문은 공간에 개방감을 주는 동시에 복도의 빛이 실내로 스며들게 한다. 미술실은 천장부터 바닥까지 내려오는 통창으로 외부에 개방되어 있기 때문에 자연광은 접이식 유리 파티션을 통해 EDGE 스튜디오로 흘러 들어온다. 자연광은 동기부여, 기분, 에너지에 영향을 미치며, 일부 연구에 따르면 적절한 자연광을 받으면 학습 능력이 향상된다(Barrett et al., 2013; Bergsagel, 2007). EDGE 스튜디오에는 2가지 종류의 인공조명이 있다. 새롭게 설치된 간접조명은 가장 우수한 형태의 인공조명으로, 천장에 반사되어 전체 공간에 고르게 빛을 퍼뜨리며, 전통적인 형광등에서 나는 윙윙거리는 소음이 없고 쾌적하다. 흐린 날에는 실내 조도를 높이기 위해 원형의 하향 조명도 사용할 수 있다.

앨리스가 교실을 돌아다니며 학생들의 이야기를 듣고 생각을 유도하는 모습을 보니 이 교실에는 '앞'이라는 개념이 없다는 생각이 든다. 앨리스의 책상은 교실 한쪽 구석, 싱크대 옆의 작은 공간을 차지하고 있으며, 일부러 최대한 공간을 적게 차지하도록 구석에 놓은 듯 보인다. 시선을 사로잡는 전자 칠판도 없다. 대신 대형 평면 모니터를 벽높은 곳에 설치하고 아래쪽으로 기울여, 실내의 거의 모든 위치에서 쉽게 볼 수 있도록 했다. 공간이 넉넉해 이동이 자유롭고 바닥에서 작업할 수도 있다. 일반적으로 교실 방향의 기준 역할을 하는 화이트보드 대신 스튜디오의 유일한 단단한 벽을 아이디어페인트[*]로 칠해 벽 전체가 거

---

* IdeaPaint. 미국의 아이디어페인트사가 2008년에 처음 선보인 제품으로, 벽이나 책상 등 매끄러운 표면에 칠하면 그 표면이 화이트보드처럼 쓰고 지울 수 있는 보드로 변신하는 특수 페인트.

대한 화이트보드로 쓰인다.

이것은 EDGE 스튜디오에서 시작되어 학교의 모든 교실에 쉽고 저렴하게 도입된 아이디어 중 하나이며, 교사와 학생 모두가 좋아한다. 벽에 글씨를 쓰면 마치 금기를 깨는 듯한 느낌을 준다. 천장과 바닥만이 경계이기 때문에 일반적인 화이트보드보다 훨씬 덜 답답하게 느껴진다. 앨리스가 '발상의 벽 Idea Wall'이라고 부르는 이 공간은 브레인스토밍을 하거나, 프로토타입 prototype을 그리거나, 아이디어를 정리하거나, 간단한 프레젠테이션을 공유하기에 아주 좋은 공간이다. 벽이 높기 때문에 선생님은 학생들의 손이 닿지 않는 위쪽 공간을 이용해 메시지, 메모, 라벨 등을 적어 둔다. 한쪽에는 "지난 수업의 헤드라인*"을 확인하세요."라는 메시지가 있고, 반대편에는 "귀뚜라미에 대한 다양한 생각들"이라는 제목이 적혀 있다. 중앙에는 창의적 문제 해결을 위해 숨겨진 다양한 선택지를 발굴하는 '옵션 폭발 Options Explosion' 사고 루틴을 위한 지시 사항이 있다. "(1) 뻔한 것 나열하기, (2) 숨겨진 것 브레인스토밍하기, (3) 이제 어떻게 할까?"라고 적혀 있다. 이 제목 아래에서 여러 학생이 소그룹을 이뤄 각자 펜을 들고 체스터에게 실행 가능하면서도 매우 독창적인 서식지가 될 물건들에 대한 생각과 아이디어를 추가한다.

특히 디자인 사고와 관련해 학생들의 학습에 이 공간이 어떻게 작용하는지 생각해 볼 때, 앨리스는 이 공간 활용의 융통성을 강조한다. "EDGE 스튜디오 설계의 유연성 덕분에 학생들은 다양한 방식으로 협

---

* headline. 학생들이 수업에서 배운 내용을 한 문장 또는 짧은 문구로 요약해 보는 활동. 오늘 배운 내용을 신문 헤드라인처럼 요약해 보라고 요청함으로써, 학습 내용을 깊이 있게 성찰하고 요약하는 습관을 기르는 데 목적이 있는 사고 루틴 활동이다.

업할 수 있습니다."라고 그녀는 말한다. "팀과 함께 작업할 장소나 공간에 대한 정해진 규칙이 없습니다. 거의 모든 것이 가능하죠. 학생들은 책상, 벽면, 방 안의 작은 공간, 복도, 회의실 등에서 협업하고 있어요. 심지어 외부로 나갈 수도 있고요." 앨리스는 '모닥불'이나 '동굴'보다 '물웅덩이'가 더 필요하다고 생각하지만, 이 공간도 그에 맞게 조정할 수 있다. 모일 수 있는 여러 장소가 있기 때문에 책상이나 회의실은 '동굴'이 될 수 있다. 발상의 벽 주변에 모이거나 평면 LCD 모니터를 함께 보는 것은 집단이 '모닥불' 주변에 모이는 기회를 제공한다.

수업이 끝나 갈 무렵, 앨리스는 학생들을 모아 오늘 수업의 핵심과 EDGE 스튜디오 공간의 힘을 함께 담아낸 짧은 마무리 멘트를 건넨다.

오늘 선생님이 들은 것, 그리고 본 것을 말해 줄게요. 많은 학생이 글을 쓰는 모습을 보았어요. 정말 열정적이었어요. 기발한 아이디어들도 들렸죠. 서로의 아이디어에 아이디어를 더하는 모습도 있었고요. 어떤 그룹은 서로의 아이디어를 평가하려는 모습을 보이다가, 곧 지금은 판단할 때가 아니라는 것을 상기하고는 한 걸음 물러서는 모습을 보였습니다. 오늘 정말 멋진 사고를 했네요. 이제 서로를 존중하며, 서로의 눈을 바라보며 고맙다고 말하세요. 선생님은 문 앞에서 여러분을 기다릴게요.

오늘 여러분의 생각을 한 줄로 정리한 '헤드라인'을 말해 주거나, '예전 생각, 지금 생각I used to think…… Now I think……' 문장을 사용해 생각의 변화를 말해 주세요. 그것이 오늘의 출구 티켓입니다.

학습 향상과 문화 구축을 위한 환경 조성: 네 개의 영역

21세기를 위한 학교와 학습 공간의 재설계는 흥미로운 주제다. 실내외 공간, 친환경 건물, 커뮤니티 연결, 학습 클러스터, 스튜디오 공간, 학습 거리, 지속 가능성, 카페, 학생 라운지 공간, 메이커 스페이스 등 수많은 아이디어가 건축가들과 디자이너들의 대화를 가득 채운다. 그러나 환경을 활용해 생각하는 문화를 지원하는 것에 대해 생각할 때, 전 세계 대부분의 교사가 여전히 이상적이지 않은 공간에서 가르치고 있으며 현재 대부분의 학교 건물 설계가 과거 '감방과 종' 시대의 사고에서 비롯되었다는 점을 인식하는 것이 중요하다. 게다가 이러한 건물은 일반적으로 엄격한 예산 통제 아래 건설되기 때문에 대담한 아이디어를 펼칠 여지가 거의 없다.

최적의 공간은 아니라는 냉혹한 현실에 직면하더라도 절망할 이유는 없다. 환경이 학습에 영향을 미치지 않는다고 생각하거나 학습을 지원하기 위해 개선할 수 없다고 생각할 이유도 없다. 어떤 환경이든 최적화하기 위해 할 수 있는 일은 많다. 이 장에 소개된 3가지 사례 연구를 통해 '가시성', '유연성', '편안함', '환대하는 분위기'라는 4가지 측면을 고려해 실천할 수 있다.

가시성

오늘날, 학생의 학습과 사고가 숨겨져서는 안 되고 드러나야 한다는 개념은 널리 퍼져 있다(Edwards, Gandini, & Forman, 1998; Project Zero & Reggio Children, 2001; Ritchhart 외, 2011). 이 아이디어는 여러 가지 방식으로 나타날

수 있다. 교사가 학생의 반응에 질문하고 탐색할 때, 사고는 드러나고 분명해지며 알려진 실체가 되어 검토되고 토론될 수 있다. 마찬가지로, 교사가 사고 루틴을 사용해 학생들이 어떻게 생각을 형성하는지를 밝혀낼 때 학생들의 사고가 전면에 드러나게 된다. 이처럼 가시성은 추가 질문과 비계 설정을 통해 만들어진다.

물론 우리 눈으로 볼 수 있는 문자 그대로의 물리적 가시성도 존재한다. '지각'은 강력하며, 실제 학습이 펼쳐지는 현장에 있는 것 또한 강한 영향을 줄 수 있다. 하지만 배움의 순간은 찰나적일 수 있어서, 그것을 제대로 포착하려면 적절한 시간과 장소에 있어야 한다. 학생들이 혼자서 작업할 때는 이런 종류의 가시성에 거의 접근할 수 없다. 따라서 우리는 이때 '어떻게 하면 학생들이 내 교실과 학교에서 다른 학습자들이 하고 있는 작업을 실시간으로 더 잘 볼 수 있고 그것에 접근할 수 있을까?'라고 스스로 물어야 한다. 이것이 학습의 투명성을 통해 달성 가능한, 직접적이고 간접적인 '협력의 가시성'이다.

마지막으로, 실시간으로 벌어지는 일들을 포착하고 어떤 방식으로든 기록하려는 노력으로 얻는 가시성이 있다. 학생들을 사고하는 사람, 학습자로서 성장하도록 지원하려면 이 3가지 가시성이 모두 중요하다. 그러나 환경을 형성하는 데 가장 명확한 영향을 미치는 것은 협력적 가시성과 기록을 통한 가시성이다.

만약 학습이 또래와 함께 하는 창의적이고 상상력이 풍부한 노력이라면, 우리는 다른 사람들이 우리가 무엇을 하고 있는지 볼 수 있도록 교실을 구성해야 한다. 학습과 사고를 사적인 것으로 숨기는 일을 중단해야 한다. 이러한 투명성은 학생들이 학년과 과목을 넘나들며 서로가 배우는 것을 보게 함에 따라 위계질서를 무너뜨린다. 학생들은 교사들이 함께 일하고 계획하고 사고하는 모습을 볼 수 있다. 역설적으로, 이러한 개방성은 더 조용하고 차분한 분위기로 이어질 수 있다. 기존의 복도에서는 자신의 행동을 숨기고 사적인 것으로 만들 수 있지만, 학습이 이뤄지는 모습을 볼 수 있을 때 학생들은 자신의 행동이 다른 이들의 학습에 미치는 영향을 더 쉽게 고려하게 된다. 또한 이러한 투명성을 통해 모니터링과 감독 활동도 강화된다.

"효과적으로 공동 작업을 하려면 다른 사람들이 여러분의 머릿속에 있는 내용을 볼 수 있어야 한다."라고 마이크로소프트 연구소Microsoft Research의 빌 벅스턴Bill Buxton은 말한다(OWP/P Architects 외, 2010, p.65). 말 그대로 협력적 학습 상황에서는 이해를 얻고 다른 사람의 기여 위에 생각을 쌓아 올리기 위해 자신의 사고를 가시화하는 일이 필요하다. 벅스턴은 한 회의실을 지나가다가 논의가 막혀 참가자들의 의사소통이 중단된 모습을 발견한 적이 있었다고 회상한다. 그는 회의실에 몰래 들어가 테이블 위에 커다란 폼 보드 몇 개를 핀, 포스트잇, 펜과 함께 올려놓았다. 나중에 그가 돌아왔을 때 회의실은 말 그대로 토론, 검토, 수정을 위한 아이디어가 '테이블 위에' 놓여 있었기 때문에 대화로 떠들썩했다.

예술가, 배우 그리고 모든 창의적인 사람은 주변 사람들로부터 영감을 얻는다. 이는 학생들도 마찬가지다. 어떻게 하면 교실을 더 투명하게 만들어 학생들이 서로의 노력을 보게 할 수 있을까? 책상 배치를 바꿔 학생들이 서로를 더 잘 보게 할 수도 있다. 벽을 허물고 창문을 추가해 공간을 개방할 수도 있다. 또는 학생들이 교실을 자유롭게 걸어 다니며 다른 학생들이 무엇을 하고 있는지 직접 볼 수 있도록 공간과 이동의 자유를 마련할 수도 있다. 스스로에게 물어보자. 학생들의 학습이 교사인 나에게 감춰져 있지는 않은가? 다른 사람들에게 감춰져 있지는 않은가? 그 보이지 않는 벽을 허물고자 나는 무엇을 할 수 있을까?

레지오에밀리아의 영유아 센터와 유치원에 근무하는 교사들은 기록의 힘에 대한 인식을 높이는 데 많은 기여를 했다. 이곳의 교사들은 연구자의 자세로 학생들의 활동에 큰 관심을 가지고 그들의 학습을 이해하려고 노력한다. 단순히 수업에서 일어난 일을 포착하거나 필기하는 것이 아니라 중요한 학습 에피소드, 불꽃이 튀는 순간, 통찰력 있는 질문 또는 향후 학습의 원동력이 될 수 있는 예상치 못한 발견을 파악하는 것을 기록화의 핵심 기능으로 본다. 기록화의 핵심은 학습 과정 자체를 이해하려는 노력에 초점을 맞추기 때문에 학습과 사고를 정확하게 가시화할 수 있다는 것이다. 수업을 기록화할 때 다음과 같은 2가지 좋은 질문을 해 볼 수 있다.

- 이 공간을 방문한 사람은 이 교실에서 일어나는 학습에 대해 무엇을 알 수 있을까?
- 방문자는 이 공간에서 생활하는 교사뿐만 아니라 개별 학생들에 대해 무엇을 알 수 있을까?

사고와 학습을 기록하는 방법은 다양하다. 레지오 학교Reggio school의 아틀리에리스타*인 베아 베키Vea Vecchi는 "우리가 관심을 갖는 것은 바로 이 학습 과정을 관찰하는 것, 그리고 행동하고 생각하며 아는 것의 구성이 어떻게 이뤄지는지, 그리고 이 과정에서 어떤 종류의 영향이나 수

---

* 이탈리아 레지오에밀리아 교육 철학에서 유래한 용어로, 유아 교육기관에서 아이들의 창의적인 표현 활동을 돕고 지원하는 역할을 하는 교육 전문가를 의미한다.

정이 발생할 수 있는지 이해하려는 시도"(Krechevsky & Stork, 2000, p.68에서 인용)라고 말한다. 관찰 노트, 대화의 일부 녹취록, 토론 오디오 테이프, 프롬프트에 대한 학생의 응답 목록, 학습에 관한 사진 또는 영상, 전지 브레인스토밍, 전자 칠판 화면 캡처는 모두 기록화할 수 있는 자료의 형태다.

학생들의 생각을 기록하는 것에 익숙하지 않은 사람들은 이를 단순히 학급에서 한 일을 모으는 것, 즉 다양한 문서를 모으는 아카이브archive와 혼동하기 쉽다. 하지만 기록화가 교사와 학생 모두에게 유용하려면 그 이상의 의미를 가져야 한다. 기록화는 시간이 지남에 따라 학습을 유발하고 발전시키는 사건, 질문, 대화, 행동을 포착해 학습 과정 자체에 초점을 맞춰야 한다. 학습과 사고를 기록화하는 것의 장점과 이유는 다음과 같다.

- 개인과 집단의 학습과 사고를 포착해 이를 가시화한다.
- 수업에서 일어나는 학습 여정에 대한 이야기를 공유할 수 있다.
- 학습에 대한 토론, 성찰, 복습을 위한 자료를 제공한다.
- 학생들이 선행 학습과 경험을 연결하고 이를 기반으로 학습할 수 있도록 지원한다.
- 나중에 참조할 수 있도록 과정(절차)을 모델링하고 포착한다.
- 학생들에게 학습의 지속적인 특성과 시간이 지남에 따라 아이디어가 어떻게 변화하고 발전하는지 보여 준다.
- 다른 사람으로부터, 그리고 다른 사람들과 함께 학습을 촉진한다.
- 교사로서 다음 단계에 대해 알린다.
- 수업에 대한 학생의 기여도를 입증하고 확인한다.

- 형성적 평가를 위한 증거를 제공한다.

- 교사와 학생의 학습에 대한 자가 평가를 촉진한다.

- 부모에게 자녀의 학습 상황을 한눈에 파악할 수 있는 정보를 제공한다.

- 개인과 집단의 성장을 다음 단계로 도약시킨 '결정적 배움의 지점 learning hotspot'을 포착할 수 있다.

- 시간 경과에 따른 경향, 양상, 성장세를 확인한다.

- 학생들이 주제에 대한 다양한 관점과 가능성을 더 쉽게 볼 수 있도록 한다.

우리는 학습을 이렇게 기록화하는 것과, 교실이나 학교에서 흔히 보이는 전시 결과물을 대조해서 볼 수 있다. 물론 이러한 결과물도 중요한 역할을 한다. 특히, 오랜 시간에 걸쳐 헌신적으로 수정하고 다듬어 질적으로 뛰어난 작품이 되도록 학생들의 노력이 담겨 있다면 더욱 그렇다. 이런 작업은 탁월함에 대한 윤리를 길러 줘 학생들이 시간과 노력을 들여 자신의 일을 최선을 다해 완성하려는 책임감과 성실한 태도를 키운다(Berger, Gardner, Meier, Sizer, & Lieberman, 2003). 그럼에도 이러한 전시물은 정적이기보다 역동적이고 상호작용적이어야 한다. 또한 작품의 질에 대해서도 생각해야 한다. 물론 누구나 자신의 작품이 전시되는 것을 좋아하지만, 그 작품이 자신의 최선의 노력이 반영되지 않았는데 다른 사람들의 작품과 함께 전시되어 있다면 자부심을 기대하기 어려울 것이다. 교사는 큐레이터 역할을 하듯이 행동해야 한다. 혹은 학생들에게 전시물을 큐레이팅하게 해 학급의 학습을 가장 잘 대표할 수 있는 작품을 결정하게 해 보자.

넬리 깁슨의 교실에서 볼 수 있었던 것처럼, 학습 기록화의 주요 목적은 질 높은 작업을 보여 줘 영감을 얻게 하는 것이다. 또한 기록을 반영하고 상호작용 할 기회를 제공함으로써 참여를 유도하고, 정보를 제공하는 역할도 한다. 학습 기록화를 통해 정보를 전달하는 대상은 교사, 학생, 학부모이다. 첫째, 교사에게는 학생들이 복잡한 아이디어에 대해 어떻게 사고하고 소통하는지를 알려 줌으로써, 학생들의 사고를 확장하는 데 활용할 수 있는 정보를 제공한다. 둘째, 학생들에게는 사진, 대화록, 영상 또는 녹음을 다시 살펴보며 자신의 학습을 되돌아보게 하고, 강점과 약점을 파악해 더 탐구할 가치가 있는 아이디어를 식별하고, 처음 접했던 생각들을 확고히 하는 수단을 제공한다. 셋째, 학부모에게 정보를 제공한다. 활동지는 학부모에게 과제가 무엇이었는지, 학생이 과제를 얼마나 잘 수행했는지만 알려 줄 뿐 과제에 들어간 생각, 질문, 대화 또는 상상력에 대해서는 알려 주지 않는다. 하지만 학습 기록화는 학부모들에게 이러한 학습을 생생하게 전달함으로써 부모에게 자녀와 상호작용 하는 방법에 대한 새로운 모델을 제공할 수 있다. 마지막으로, 학습 기록화는 집단의 공동 기억 역할을 하고, 모든 학습을 축하와 연결 속에서 하나로 묶어 주는 실과 같은 역할을 한다. 이렇듯 가시성은 고립을 종식시키는 데 도움이 될 수 있다.

유연성

학습자와 학습은 역동적이다. 게다가 새로운 학습 방식과 유형은 아직 상상하지 못한 새로운 공간을 필요로 할 수 있다. 그러나 학습을 위한 물리적 공간은 너무 정적인 경우가 많다. 이는 학습에 해가 된다. 피터 배럿Peter Barrett과 동료들은 물리적 환경이 영국 블랙풀 지역의 학생들의 학습에 미치는 영향을 연구했다. 이 연구에 따르면, 공간의 유연성, 학습을 위한 구역의 조성, 잘 디자인된 가구는 학업 성취도에 중요한 기여를 한다(2013).

자유롭게 옮길 수 있고 활용도가 높은 가구를 배치하면, 교실은 훨씬 역동적으로 변하고 학생들의 다양한 학습 요구에 더 잘 대응할 수 있는 공간이 된다. 작은 삼각형 또는 사다리꼴 테이블은 학습 요구에 맞는 다양한 구성을 제공한다. 직사각형 책상도 다양한 옵션을 제공한다. 반면 원형 테이블은 집단 활동을 하기에 좋은 환경을 제공하지만 다른 형태의 수업을 위해 조합하기가 쉽지 않다. 좌석은 유연해야 한다. 장시간 앉아 있을 때는 의자가 필요하지만, 짧은 시간 동안은 폼foam으로 된 상자나 풍선 공이 대안이 될 수 있다. 하지만 진정한 유연성의 핵심은 교사와 학생이 외부의 도움 없이도 신속하게 가구를 재구성할 수 있는 것이다.

어느 정도의 유연성이 존재하더라도 교사들은 이를 활용하지 않는 경우가 많다. 교실 공간을 공유하는 중등 교사들로부터 자주 듣는 불만은, 일부 교사가 교실의 기본 설정을 정면을 향해 앉는 것이어야 한다고 고집해 이에 대한 대안을 원하는 교사에게도 부담을 지운다는 것이다. 이래서는 안 된다. 교사가 정면에 서서 직접 강의하는 방식이 최선의 선택일 때도 있지만, 이것이 주를 차지하거나 기본적인 교육 방식으로 간주되어서는 안 된다. 또한, 교사가 학생들에게 더 반응이 좋고 역동적인 학습 문화를 조성할 수 있는 다양한 접근 방식을 사용하기를 원하는 학교라면, 한 가지 스타일을 기본으로 인정해서는 안 된다.

이 교착 상태를 해결할 수 있는 몇 가지 방법이 있다. 하나는, 교사가 교실의 책상이나 가구를 여러 번 옮기는 일은 부담스러울 수 있으므로 교사들이 배치를 원래대로 돌려놓지 않아도 된다고 정해 두는 것이다. 매번 책상이나 가구를 재배치해야 하면 새로운 시도를 하려는 교사, 유연하고 위험을 감수하며 창의적인 수업을 하려는 교사에게 지나친 부담이 될 수 있다. 따라서 먼저 수업하는 교사는 항상 책임지고 학생들의 도움을 받아 가구를 재배치하고, 다음 시간에 그 교실을 쓰는 교사 역시 동일하게 본인이 필요한 대로 가구를 다시 배치하면 된다. 두 번째 방법은 교실에 따라 기본 가구 배치를 정하는 것이다. 예를 들어 어떤 교실은 프로젝트 활동에 적합한 테이블로, 어떤 교실은 소크라테스식 대화를 위한 원형 테이블이나 큰 테이블로, 또 어떤 교실은 직접 교수하는 데 알맞도록 일렬로 배치하는 식이다. 그런 다음 자신이 가장 선호하는 교실을 이용할 수 있도록 일정을 조정하면 된다. 하지만 이런 방식을 쓰더라도 교사들이 수업 방식에 변화를 주고 필요에 따라 공간을 자유롭게 재배치할 수 있도록 유연성이 있어야 한다. 세 번째 선택지는 캐시 하나월트가 사용한 C 자형 책상 배치처럼, 모든 학생이 동시에 앞쪽을 볼 수 있으면서 모둠으로도 앉을 수 있는, 가장 유연한 좌석 배치 방식을 사용하는 것이다.

교실 배치에서 가장 중시되는 요소는 언제나 칠판이었다. 그러나 칠판은 화이트보드로 대체되었고, 이제는 거의 모든 교실에 있는 빔 프로젝터, 전자 칠판으로까지 발전했다. 대부분의 경우, 천장에 고정된 빔 프로젝터는 유연성이 떨어진다. 비교적 새로운 기술이지만 이 장비들은 CD가 걸었던 길을 가고 있는지도 모른다. 최근에는 학교와 기업에서 더 밝은 조명과 뛰어난 상호작용, 연결성을 제공하는 터치 스크린을 많이 사용하고 있다. 설령 프로젝터를 계속 구매한다 하더라도, 고정된 천장 장착형 프로젝터보다는 자유롭게 움직이는 이동식 전자 칠판이 더 유용하지 않느냐는 의문이 자연스럽게 생긴다. 아이디어페인트의 등장으로 화이트보드는 더 이상 한 장소에 고정될 필요가 없어졌으며, 앨리스 파커의 EDGE 스튜디오에서 보았듯이 바닥부터 천장까지 어떤 벽에도 설치할 수 있게 되었다.

가구 배치 외에도 구역 설정을 통해 공간의 유연성을 확보할 수 있다. 구역은 다양한 활동을 위한 공간 영역을 명확하게 정의한다. 캐시하나 월트처럼 작은 양탄자를 사용해 독서 공간을 지정하거나, 넬리 깁슨이 초등학교 1학년 교실에서 한 것처럼 다양한 자극 요소를 설치해 공간이 잠재력을 발휘하도록 설정할 수 있다. 고정 구역을 설정할 때는 스스로에게 물어야 한다. 학습자가 자주 그리고 정기적으로 사용하는 데 필요한 공간의 유형은 무엇일까? 놀이 공간, 발표 공간, 시연 공간, 협력 공간, 물 사용 가능 공간, 창의 공간, 조용한 공간, 계획 공간, 집단 공간, 개인 공간, 독서 공간, 실험실, 연극 공간 등 교사와 학생만큼이나 다양한 답이 나올 수 있다. 어떤 구역이 '필요한지' 생각하는 것 외에도 '이 공간에서는 무엇이 가능한가?', '무엇을 적극적으로 장려하는가?'와 같은 질문을 통해 공간을 더 폭넓게 평가할 수도 있다.

학습 성공에 필요한 영역의 유형에 대한 이러한 질문에 부분적으로 답하는 방법 중 하나는 앞서 언급한 데이비드 손버그의 원형, 즉 모닥불, 물웅덩이, 동굴을 확인해 보는 것이다. 교실이 충분히 크다면 각각에 상응하는 고정 구역을 만들 수 있다. 불가능한 상황에서는 가구를 빠르게 이동해 이 공간들을 만든다면 유용할 것이다. 학교 전체를 상상하거나 재구상할 때는 이러한 공간을 설계하고 만들어야 한다(Nair & Fielding, 2005). 모닥불 공간을 디자인할 때 중요한 고려 사항은 크기다. 정기적으로 잘 사용할 수 있는 최적의 크기는 어느 정도일까? 어떻게 하면 이 공간을 최대한 유연하게 만들어 잠재력을 극대화할 수 있을까?

유연성이라는 개념은 공간과 그 활용도를 넘어 실제 학습자에게까지 확장된다. 모든 학생이 공간 내에서 움직일 수 있어야 한다. 인체 공학 전문가인 디터 브라이트헤커(2007)는 꼼지락거림을 두뇌 발달 과정으로 생각해야 한다고 주장하며, 우리의 균형 감각 시스템이 주의력과 집중력을 유지하려면 자극이 필요하다고 말한다. 요컨대, 이는 근육을 긴장시키고 피로를 일으킬 수 있는 정적인 자세를 피하고 어떤 형태의 동적인 움직임이 필요함을 의미한다. 교실에서 학생들이 사용하는 좌석의 적합성에 대한 일부 연구에 따르면 무려 90퍼센트의 학생에게 의자와 책상 높이가 부적합하다고 한다(O'Donnell, 2012). 높낮이를 조절할 수 있는 책상과 테이블은 물론 시간대별로 다른 가구를 사용할 수 있도록 하면 이 문제를 해결하는 데 도움이 된다.

움직임이 항상 클 필요는 없지만 일부 학생에게는 그런 움직임이 필요할 수 있다. 오늘날 설계된 많은 의자는 불안정해지거나 넘어질 위험 없이 뒤로 젖혀짐으로써 사용자가 자세를 바꿀 수 있게 되어 있다. 앨리스 파커의 스튜디오에 있는 스탠딩 책상은 학생들이 다리를 움직여 활동적인 자세를 유지할 수 있게 해 줬다. 또한 앨리스는 학생들이 바닥에 누워서 작업하거나 화이트보드에 서서 작업할 수 있도록 했다. 책상에 촉각 띠Tactile strip와 말랑말랑한 폼 볼foam ball을 추가해 간단한 촉각 운동도 할 수 있도록 했다.

편안함

학생들은 공간에서 몸을 움직이고 자세를 바꿀 수 있는 기회가 있어야 편안함을 느낀다. 그 외에도 교육자는 빛, 색상, 온도, 소음 등을 고려해야 한다. 물론 공간에서 느끼는 편안함은 다소 주관적일 수 있다.

어떤 사람은 방이 너무 춥다고 느끼는 반면, 다른 사람은 딱 적당하다고 느낄 수 있다. 그럼에도 우리 모두는 이러한 환경적 요소의 영향을 받는다. 그리고 물리적 환경이 학습에 미치는 영향과 관련해 많이 연구된 요소 중 하나가 바로 '편안함'이다(Higgins, Hall, Wall, Woolner, & McCaughey, 2005). 연구들은 조명, 온도, 소음에 대한 최적의 선택이나 정답을 제시하지는 않지만, 특정 매개변수와 최소한의 기준을 제시한다. 색상은 연구 결과가 특히 불분명하고 때로는 상충되는 분야 중 하나다.

학교의 물리적 환경에 대한 최근 연구에서는 학습에 영향을 미치는 아주 중요한 요인 중 하나로 조명을 꼽는다(Barret et al, 2013). 최적의 조명을 규정하기는 쉽지 않지만, 조명에 관한 연구 결과 사람들은 '자연스러움'을 선호하는 경향이 있음이 밝혀졌다. 여기에는 "빛에 대한 욕구, 눈부심에 대한 거부감 그리고 적절한 인공조명의 중요성"이 포함된다(p.688). 특히, 사람들은 눈부심을 유발하는 직사광선 아래 앉는 것을 좋아하지 않지만, 빛이 비치는 방향을 향해 앉는 것은 선호한다는 사실이 밝혀졌다. 건축가 숀 오도널Sean O'Donnell은 이 발견의 의미에 대해 "눈부심 없는 자연광을 제공하되, 전환 가능하고 조도 조절이 가능한 전기조명으로 보완하는 것"이라고 설명한다(2012, p.41).

교실을 대상으로 한 연구는 아니지만, 다른 연구에 따르면 조명 조건이 좋지 않거나 자연광이 없을 때 코르티솔* 수치가 떨어진다는 결과가 있다(Widrich, 2013). 이러한 상황은 스트레스를 다루는 능력의 상실과 에너지 고갈로 이어질 수 있다. 인공조명이 비추는 사무실과 자연광이 비추는 사무실의 성인 노동자를 비교한 결과, 인공조명 환경에서 근무

---

*   cortisol. 스트레스에 대한 반응 및 혈당 조절, 염증 반응 억제 등 다양한 생리적 기능을 담당하는 호르몬 물질.

한 사람들은 저녁에 더 많은 졸음을 경험하고 인지적으로 까다로운 작업에서 수행 능력이 저하된다는 연구도 있다(Münch, Linhart, Borisuit, Jaeggi, & Scartezzini, 2012). 이는 조명의 영향이 현재의 상태를 넘어서까지 미침을 시사한다. 직사광선을 사용할 수 없는 경우에는 간접조명이나 렌즈형 간접조명이 선호된다. 천장에 반사되는 이러한 빛은 눈부심을 일으키지 않고, 자연광을 모방해 햇빛의 특성을 최대한 비슷하게 재현한다.

앨리스 파커의 새로 디자인된 EDGE 스튜디오는 조명을 적절히 갖추고 있다. 자연 채광을 위해 실외를 바라볼 수 있고, 흐린 날에는 천장에서 반사되는 간접광으로 실내를 충분히 밝힐 수 있도록 설계했다. 반면에 캐시 하나월트의 창문 없는 교실은 조명 측면에서 가장 큰 어려움을 겪었다. 캐시는 자연광이 교실 안으로 들어오게 하거나 천장 조명을 교체할 여력이 없었지만, 여러 광원을 도입해 층층이 빛을 만들어 집처럼 아늑한 느낌을 연출했다(Doorley & Witthoft, 2011).

온도는 조명보다 교사가 통제할 수 있는 범위가 더 좁을 수 있다. 하지만 한 보고서(Earthman, 2004)에 따르면 온도, 난방, 공기의 질은 학생의 성취도에 가장 중요한 개별 요소다. 너무 더우면 무기력해질 수 있고, 너무 추우면 몸을 따뜻하게 유지하려고 에너지와 자원을 소모하므로 집중력이나, 영감, 몰입에 쓸 수 있는 에너지가 줄어든다(Widrich, 2013).

어떤 사람들은 1970~1980년대에 잠시 유행했던 '열린 교실' 시대를 기억할 것이다. 이 교육 방식은 주로 소음 문제 때문에 실패했다. 교사들이 새로운 공간에 맞춰 수업 방식을 바꾸지 않고, 전통적인 방식으로 계속 가르쳤다는 점도 실패의 원인이었다. 오도널(2012)은 다음과 같이 지적한다. "듣고 말할 수 있는 능력은 성공적인 학습 환경에서 아주 중요한 요소 중 하나다. 특히 읽기를 아직 배우지 않았거나 제2외국어를 배우는 어린이들에게는 더욱 그렇다. 교사·다른 학생들·다양한 미디어의 소리를 들을 수 있도록 적절한 '신호 대 잡음 비율'을 확보하려면 배경 소음과 잔향을 충분히 제어해야 한다"(p.39).

오늘날에 개방성, 더 정확하게는 투명성과 가시성은 교실과 교실 사이 또는 교실과 복도 사이에 창문으로 된 벽을 설치함으로써 더 쉽게 달성할 수 있다. 이러한 벽은 완전한 개방적인 공간보다 더 나은 음향적 프라이버시를 제공한다. 마찬가지로 특정 활동을 위한 구역을 설정하면 소음을 줄이는 데 도움이 된다. 또는 학생들이 소음을 차단하고 필요할 때 집중할 수 있도록 헤드폰을 쓰게 하는 것도 생각해 볼 수 있다.

영국《가디언 The Guardian》신문사가 2001년에 학생들에게 '내가 원하는 학교'를 묘사하고 디자인하는 공모전을 진행했을 때, 많이 나온 응답 중 하나가 바로 색상에 대한 것이었다(Burke & Grosvenor, 2003). 일반적으로 학생들은 더 많은 색상과 '덜 지루한' 교실 환경을 선호한다. 그러나 교사와 학부모는 이러한 관심을 공유하지 않는 경향이 있다(Maxwell, 2000). 선호하는 색상 및 교실에 '가장 잘 어울리는' 색상에 대해서는 많은 논쟁이 있다. 성별과 연령에 따라 선호하는 색상의 차이가 있다는 주장, 창의적인 작업에는 파란색, 높은 성과가 필요할 때는 빨간색이 동기부여에 도움이 된다는 주장이 제기되기도 한다. 이러한 주장의 타당성을 확인하기는 어렵다. 그러나 다양성이 필요하다는 점, 그리고 적어도 일부 색상에 대해서는 훨씬 더 강력한 지지가 있는 것 같다.

색채 효과에 관한 캐시 엥겔브레히트 Kathie Engelbrecht (2003)의 비평에 따르면, 정적이거나 단조로운 환경은 눈의 피로와 피곤함을 가중시키고, 효율성과 생산성을 떨어뜨리며, 주의를 흐트러뜨리는 업무 외적인 행동을 증가시키는 것으로 나타났다. 엥겔브레히트와 다른 연구자들은 대비되고 반사가 없는 색으로 칠해진 '집중의 벽'이 이러한 문제를 극복하는 데 도움이 된다고 제안한다. 색상의 대비는 눈에 시각적인 휴식을 제공하고 더 쉽게 집중할 수 있도록 돕는다. 또한 색상이 다르면 학생들의 주의를 교실 전면으로 끌어당기는 데도 도움이 된다. 벽을 "압도적이지 않으면서도 다양성과 흥미를 유발하도록 여러 색조의 색상 범위"로 칠할 것을 제안하는 사람들도 있다(OWP/P Architects 외, 2010, p.178). 테두리 부분의 색상과 집중의 벽을 대비시키는 이 방식은 EDGE 스튜디오에서 사용되었다. 출입문과 창문 주변의 테두리 마감재는 소속 학교의 상징색인 차분한 빨간색과 보라색으로, 대형 LCD 모니터가 설치된 집중의 벽은 보라색으로 칠해졌다.

유아들이 교육받는 교실에 적용된 색상은 종종 아동과 그들의 필요와 발달, 그리고 학교 교육의 목적과 약속에 대한 뿌리 깊은 철학을 반영하는 '미적 코드'에 의해 결정된다(Tarr, 2001). 레지오에밀리아의 접근법에서 영감을 받은 넬리 깁슨의 교실에서는, 학생들의 미술 작품과 사진이 돋보이도록 벽과 게시판 색상을 의도적으로 중립적인 색상으로 유지했다. 많은 교사에게 그녀의 교실은 '밋밋하다'고 느껴질 수도 있다.

퍼트리샤 타 Patricia Tarr (2001)는 상업 기업들이 추진하는 접근법을 지적한다. "미국과 캐나다의 교육 자료 카탈로그를 살펴보면 가구, 장비, 놀이 재료 들이 빨강, 노랑, 파랑 등 원색과 녹색, 때로는 주황색까지 사용되어 색상이 풍부하다는 인상을 받는다. 파스텔 색상은 보통 유아용 장난감이나 여아용 장난감에 주로 사용된다. 이 카탈로그에서는 플라스틱 서랍, 가구, 다양한 장난감 들이 모두 밝은 색상으로 맞출 수 있게 되어 있다. 카탈로그만 보면 원색으로 공간을 꽉 채우려는 경향이 강해 보인다"(p.5). 타와 레지오에밀리아의 접근법을 지지하는 사람들은 이러한 인공적이고 상업적으로 만들어진 교육 환경이 아이들을 무시하는 것이며, 보다 진실하고 자연스러운 공간과 상호작용 하며 배울 수 있는 기회를 박탈한다고 주장한다. 레지오에밀리아에서 영감을 받은 교실에서 흙색 계열의 색상을 사용하는 이유는 집과 같은 편안함을 제공하고, 학습자들에게 환영받는 느낌을 주기 위해서다.

환대하는 분위기

교실은 집만큼이나 개성이 뚜렷한 곳이다. 집이 반드시 단일한 모습이어야 하는 것은 아니지만, 우리는 집이 실용적인 공간으로써 활동하기에 적합한 곳이자, 우리가 환영하며 집 안으로 들이고 싶은 사람에게 편안하고 매력적인 공간이기를 원한다. 학생과 교사 모두 하루에 여섯 시간에서 열 시간을 학교에서 보낸다는 점을 감안하면 교실도 집과 마찬가지로 매력적이어야 한다. 교실이 꼭 집처럼 편안해야 한다는 의미는 아니다. 하지만 어린 학생들이 가정에서 벗어나 자연스럽고 부드럽게 학교에 적응할 수 있도록 돕고, 학교 생활 전반에 걸쳐 긍정적인 경험을 쌓을 수 있도록 중요한 연결 고리 역할을 한다는 주장은 있을 수 있다. 나는 최소한 학교가 하나같이 똑같을 필요는 없다고 생각한다. 《가디언》의 '내가 원하는 학교' 디자인 공모전(Burke & Grosvenor, 2003)에서 학생들은 학교가 감옥처럼 보이거나 느껴져서는 안 된다는 의견을 자주 냈다고 한다.

이번 장에서 소개한 세 교실은 모두 학생, 학부모, 동료, 방문객을 공간으로 초대하는 분위기를 물씬 풍기고 있다. 성인과 아이 모두가 들어가고 싶어 하는 공간이다. 앨리스 파커의 스튜디오에 있는 스탠딩 책상, 다리 그네, 바닥에서 천장까지 이어지는 화이트보드, 캐시 하나월트의 방에 있는 부드러운 등불, 양탄자, 책, 학생 작품들, 넬리 깁슨의 교실에 있는 큰 창문, 학생들의 복잡한 예술 작품, 자연에서 가져온 매력적인 요소, 학생들의 대화 기록 등은 이 교실의 물리적 공간은 그것에 자부심을 가진 공동체가 만들었다는 분위기를 풍긴다. 각 환경은 학습자에게 원대한 비전(이 공간에서 아이디어는 탐구심을 자극하고, 교실 안의 사람들은 학습자의 탐구를 지지하면서 도전과 자극을 줄 것이라는 메시지)을 전달하고 있다.

앞서 소개한 세 교실 모두에서 놀라움, 장난기 또는 유머가 느껴진다. 넬리의 교실에는 정원의 나뭇가지로 만들어 천장에 매달아 놓은 모빌과 태즈메이니아산 원목 더미가 있고, 앨리스의 교실에는 글을 쓸 수 있는 벽이 있으며, 캐시의 교실에는 그녀가 콜로라도에 살던 시절의 오래된 자동차 번호판이 있다. 스탠포드대학교 디스쿨의 도어리와 위트호프트(2011)는 "장난스럽게 규범을 위반하는 모든 것"을 포함하라고 제안한다(p.91).

이러한 기발함은 공간에 활기를 불어넣고 재미에 대한 해당 집단의 성향을 보여 준다. 예를 들어 애틀랜타의 론 클라크 아카데미Ron Clark Academy의 중앙 아트리움에는 2층과 1층을 연결하는 나선형 미끄럼틀이 있다. 작가 데이브 에거스Dave Eggers와 니니브 칼레가리Ninive Calegari가 설립한 '샌프란시스코 방과 후 센터 826 발렌시아San Francisco afterschool center 826 Valencia'에서는 학생들이 함정 문trap door, 상자, 갑판 걸레, 밧줄, 의족, 의안 등이 있는 '해적 상점'을 거쳐 교습 공간으로 들어간다. 니니브는 처음 방문한 학생은 "처음에는 약간 놀라지만 얼마 되지 않아 미소를 짓는다. 곧바로 학생이 느끼는 따뜻함과 즐거운 분위기가 전해진다."라고 말했다(OWP/P Architects 외, 2010, p.198). 방과 후 학습 공간이 즐거운 장소가 아니어야 할 이유는 없다. 샌디에이고의 하이테크 고등학교High Tech High School에서는 화장실에서 재즈가 흘러나오고, 각 소변기 위에는 단체나 개인에게 헌정하는 의미로 정교하게 디자인된 명판이 걸려 있다. 수학 교사 존 스렐켈드John Threlkeld는 교실 한쪽 벽에 2.4미터 길이의 거대한 골동품 계산자*를 매달아 놓았다(Ritchhart, 2002).

환대하는 분위기는 학교에 중요하다. 방문객이 어떤 공간에 처음 들어섰을 때 무엇이 가장 먼저 그들을 맞이하는지를 생각해 봐야 한다. 이탈리아 레지오에밀리아에 있는 다이애나학교Diana School에는 미술실이 보이는 벽 크기의 창문에 "기쁨 없이는 아무것도 없다."라는 문구가 크게 적혀 있다. 학교의 핵심 가치는 공공장소 곳곳에 눈에 띄는 큰 글씨로 표현되어 누구나 쉽게 알 수 있어야 한다. 미시간주 블룸필드힐스에 있는 웨이초등학교Way Elementary School에서는 사고에 관한 명언과, 탐구에 적극적으로 참여하는 학생들의 모습이 담긴 대형 포스터가 어우러져 있다.

교실의 환대하는 분위기를 평가하기 위해 다음 질문들을 할 수 있다. 이 공간에 방문객으로 들어갔을 때 가장 먼저 무엇이 나를 반기는가? 이곳은 내가 배우고 싶다는 생각이 드는 공간인가? 무엇이 호기심을 자극해 학습자로서의 나를 이끄는가? 이곳에 나의 관심을 불러일으킬 무언가가 있는가? 내 눈길이 머무를 공간이 있는가, 아니면 너무 많은 시각적 자극에 압도당하는가? 이 방 어디에서 아름다움을 느낄 수 있는가? 나는 이 공간 안에서 어떻게 움직이며 내 학습 스타일에 맞게 공간을 바꿔 나갈 것인가? 이 방에서 미소를 짓게 하거나 깜짝 놀라게

---

* slide rule. 곱셈, 나눗셈, 거듭제곱, 제곱근, 로그, 삼각함수 등을 계산하는 데 사용되는 기계식 계산 도구.

하거나 감탄하게 만드는 것은 무엇인가? 이 공간이 나와 내 학습의 안식처럼 느껴지는가, 아니면 남의 공간 같다는 느낌이 드는가? 이 공간은 변화 없는 고정된 느낌인가, 아니면 활기차고 변화하는 느낌인가? 나는 이 공간에서 무엇을 바꾸거나 조정하거나 더해 나만의 개성을 표현할 수 있는가? 이 공간은 자연, 세상과 어떻게 이어져 있는가? 이 공간은 카탈로그를 보고 주문한 곳이거나 텔레비전 세트장을 복제한 곳인가, 아니면 자연스럽고 진실한 분위기인 곳인가? 이 질문들은 교실이 단순한 공간을 넘어 학습자에게 친근하고 활발한 배움터를 제공하는지를 가늠하는 중요한 기준이다.

모든 문화적 힘과 마찬가지로 물리적 환경은 우리가 무엇을 중요하게 생각하는지, 학습이 어떻게 이뤄지는지, 어떤 종류의 학습과 사고를 장려해야 하는지에 대한 메시지를 학생들에게 전달한다. 또한 환경은 우리가 그 공간 내에서 어떻게 움직이고 다른 사람들과 상호작용 하는지 알려 준다. 환경은 우리를 공동체로 연결시키기도 하고, 때로는 그 연결을 더 어렵게 만들기도 한다. 물론 훌륭한 교육은 어떤 공간에서든 이뤄질 수 있지만, 학습자를 온전히 지지하고 포용하며 그들의 잠재력을 최대한 끌어내는 환경이 아니라면 그 가능성은 방해받는 셈이다.

우리는 학교 설계에 관한 한 어느 정도 황금기를 살고 있다. 아이들을 위한 학습 공간을 만드는 데는 예산이 항상 문제일 것이다. 때문에 아직도 최적이 아닌 공간들이 교육 현장의 일반적인 모습으로 남아 있을 가능성이 크다. 우리가 더 이상적인 공간에서 배울 점은 분명히 존재한다. 가시성, 유연성, 편안함 그리고 환대하는 분위기와 같은 설계 요소들은, 모든 교사가 자신들의 교실에서 생각하는 문화를 형성하는 데 도움을 줄 수 있다.

학습자가 최상의 성과를
내도록 돕는 환경 만들기

- 고스트 워크*를 진행하라. 고스트 방문 프로토콜은 교사와 학생이 없는 학교의 물리적 공간이 학습과 학습자에 대해 전달하는 메시지에 주의를 집중하도록 설계되었다. 또한 공간이 지닌 환대하는 분위기는 어떠한지, 어떤 종류의 사고와 학습이 중시되는지를 살펴보게 한다. 다른 학교나 교실을 고스트 워크로 탐색하면 자신의 공간을 더 민감하게 인식할 수 있으며, 다른 사람들을 자신의 학교에 초대해 고스트 워크를 하면 다른 사람들이 무엇을 보는지를 이해하는 데 도움이 된다.

- '내가 바라는 학교' 활동을 직접 운영해 보라. 꼭 경쟁적인 형식일 필요는 없으며, 학생들의 시각을 이해하는 데 유익한 정보를 얻을 수 있다. 학생들의 기분에 무조건 맞출 필요는 없지만, 그들의 관점을 듣는 것은 교육 환경을 개선하는 데 도움이 된다. 넬리 깁슨은 교실에서 가장 좋아하는 장소에 대해 학생들과 학부모를 인터뷰해 어떤 환경적 요소가 그들을 끌어당겼는지, 그 이유가 무엇인지 알아보았다.

- 형태는 기능을 따라야 한다. 어떤 목적으로 교실을 디자인하고 있는지 자문하라. 학생들이 교실에서 어떤 활동에 자주 참여하기를 원하는가? 그 활동이나 행동을 목록으로 작성한 후, 공간이 이를 가장 쉽게 그리고 효과적

---

* Ghost Walk. 고스트 워크는 교사와 학생이 부재한 상태에서 학교나 교실 공간을 둘러보며 그 공간이 학습과 학습자에 대해 어떤 메시지를 전달하는지를 관찰하는 활동이다. 공간이 말하는 교육적 분위기, 가치, 초점 등을 비언어적으로 읽어 내는 데 목적이 있다.

으로 수용할 수 있는 방법을 파악하라.

- 방향성과 분위기를 고려하라. 방향성과 분위기는 공간에서 쉽게 수정할 수 있는 요소다. 교실의 방향을 빠르게 바꾸기 위해 무엇을 할 수 있는지 탐색하라. 모닥불, 물웅덩이, 동굴 같은 학습 공간을 어떻게 만들 수 있을지 고민하라. 공간의 분위기를 바꾸기 위해 무엇을 할 수 있는가? 조명을 어떻게 바꿀 수 있는가? 학습을 위한 분위기나 설정을 어떻게 조성할 수 있는가?

- 작동하지 않는 요소를 식별하라. 교실에 정체된 공간이 있는가? 사용되지 않는 장소나 구석이 있는가? 잡동사니가 쌓여 있는가? 이러한 공간은 에너지를 떨어뜨리며, 반드시 개선되어야 한다.

- 큐레이터가 돼라. 교실을 큐레이터의 시선으로 바라보라. 전시물은 역동적인가? 그것들은 학생들을 초대하고, 영감을 주며, 정보를 전달하는가? 자세히 들여다보게끔 하는가, 아니면 한번 훑어보면 끝인가? 부수적인 색상이 너무 많아 학생들의 작품을 방해하고 있지는 않은가? 전시물이 당신의 창의성을 드러내는가, 아니면 학생들의 창의성을 강조하는가?

- 교사의 책상에 대해 생각해 보라. 교사의 책상이 교실 중앙에 위치하면 권위와 통제의 메시지를 강하게 전달한다. 책상을 다른 곳에 배치할 수는 없는가? 책상이 정말 필요한가?

- 무릎을 꿇고 바라보라. 학생의 시점에서 교실을 바라보라. 그들은 책상에서 무엇을 보는가? 교실에 들어올 때 무엇이 보이는가?

- 기록에 도전하라. 『보이는 학습자들 Visible Learners』(Krechevsky, Mardell, Rivard, & Wilson, 2013)이라는 책은 모든 학년 수준에서 기록을 시작하는 데 도움이 되는 훌륭한 팁과 사례를 제공한다.

- 놀라움, 장난기, 유머 요소를 만들어라. 교실에 웃음을 유발하거나 대화를 촉진할 수 있는 무언가를 가져올 수는 없는가? 당신의 공간을 독특하게 만드는 요소는 무엇인가? 그것은 일시적일 수도, 영구적일 수도 있다.

10장

변화로 나아가기

● 학교와 교육 시스템은 언제나 변화 상태에 놓여 있는 듯하다. 끊임없이 이어지는 정책, 프로그램, 개혁 노력 등으로 학교는 늘 무언가를 새롭게 도입하거나 적응하는 상태에 머무르게 된다. 심지어 어떤 학교들은 매년 새롭게 유행하는 주제나 초점을 정해 이를 교육 계획에 반영하기도 한다. "올해는 에듀 테크, 학생 평가, 차이화 수업, 아니면……사고에 집중하겠습니다!"라는 식이다. 보통 이러한 변화 시도는 열정적인 교사들만이 몇 가지 새로운 실천을 받아들이는 정도로 그치며, 소극적인 교사들은 이를 조용히 회피한다. 때로는 변화를 시도한다고 하지만 교사들이 원래 하던 일을 새로운 틀에 맞춰 이름만 바꾸고 외부 기관에 순응하는 모습만 보일 뿐이다. 이러한 방식들은 학교에서 이뤄지는 교수와 학습을 의미 있거나 극적으로 바꾸는 진정한 변화로는 거의 이어지지 않는다.

'생각하는 문화'는 단순히 실행할 수 있는 프로그램이 아니기 때문에 일회성 접근으로는 실현할 수 없다. 그럼에도 어떤 학교들은 생각하는 문화를 구축하는 도구들, 예를 들어 사고 루틴의 활용에만 집중하다가 짧은 소개와 몇 차례 성공적인 실행 이후 멈추고 만다. 그러나 생각하는 문화를 만들어 가는 일은 지속적인 과정으로 이해되어야 하며, 사고 루틴을 사용함으로써 시작할 수는 있지만 거기서 멈추지 않아야 한다. 이 장의 핵심이 되는 사례 연구들은 학교, 교육청, 교육 시스템 차원에서 변화가 어떤 모습일 수 있는지를 보여 주는 창을 제공한다. 이 사례들은 무엇을 해야 할지에 대한 처방이라기보다는 영감을 제공하는 데 목적이 있다. 또한 이 사례들은 어디에서 어떻게 시작할 수 있는지, 그리고 장기적으로 성장을 촉진할 수 있는 전략은 무엇인지를 제시한다.

실질적 변화에 대한 면밀한 고찰

미시간주 디트로이트 북서쪽에 위치한 오클랜드 카운티의 학교들과 교육구는 '생각하는 문화'를 구축하고자 지속적으로 노력했다. 오클랜드 카운티의 인구는 약 120만 명이며, 소규모의 농촌 교육구부터 훨씬 더 큰 외곽 지역의 교육구까지 스물여덟 개의 다양한 공립학교 교육구로 구성되어 있다. 오클랜드스쿨스Oakland Schools는 이러한 다양한 교육구에 서비스를 제공하는 기관으로, 2011년부터 생각하는 문화를 조성하려는 학교들을 적극적으로 지원해 왔다. 현재까지 총 열네 개의 교육구에서 100개 이상의 학교가 총 10만 명 이상의 학생들을 대표해 '생각하는 문화 프로젝트Creating Culture of Thinking'에 참여하고 있다. 오클랜드스쿨스의 학교 컨설턴트인 로런 차일즈Lauren Childs는 이 프로젝트가 지난 4년간 생각하는 문화가 무엇인지 깊이 있게 탐구하려는 학교와 교사들의 요구에 어떻게 부응하며 발전해 왔는지를 설명한다. 로런 차일즈가 설명하는 이 프로젝트의 큰 그림을 조망한 뒤, 우리는 카운티 내의 구체적인 학교와 교육구의 사례를 살펴볼 것이다.

오클랜드 카운티에 속한 클라크스턴 교육구의 신임 교육감 로드 록Rod Rock은 취임 후 어떻게 '생각하는 문화'라는 비전을 수립하고 각 학교의 교장들이 그 책임을 맡아 추진할 수 있도록 기반을 마련했는지 회고한다. 블룸필드힐스에 위치한 웨이 초등학교의 교장 애덤 셰어Adam Scher는 '생각하는 문화'라는 비전을 카운티 내에서 처음으로 수용한 학교의 이야기를 들려준다. 그는 학교가 6년째 꾸준히 이어 온 헌신적인 변화의 여정을 공유한다. 오클랜드 카운티의 사례는 트로이 교육구에 있는 열두 개 초등학교에서 '가시적 사고' 코디네이터로 활동하고 있는 엘런 케일Ellen Cale의 이야기로 마무리된다. 엘런은 교사들이 생각하는 문화라는 비전을 이해하고 점차 수용해 나갈 수 있도록 돕고, 교실에서 그 아이디어와 실천을 구현할 수 있도록 지원한 촉진자로서의 자기 역할을 설명한다.

마지막 두 사례는 워싱턴국제학교와, 유아부터 12학년까지 운영되는 통합 학교인 호주 시드니의 마사다칼리지와 이매뉴얼학교Emanuel School 간의 특별한 전문성 협업에 초점을 맞춘다. 워싱턴국제학교의 교육 책임자director of studies인 짐 리스Jim Reese는 지난 7년 동안 교직원들이 이 아이디어에 어떻게 접근해 왔는지, 그리고 생각하는 문화를 중심으로 학교가 어떻게 역량을 구축해 왔는지 설명하면서, 그 변화가 학교를 진정으로 탈바꿈시켰다고 설명한다. 저자의 동료인 마크 처치는 마사다칼리지와 이매뉴얼학교가 1년간의 탐구 기반 실행 프로젝트를 통해 생각하는 문화 실천을 어떻게 한 단계 더 나아갈 수 있도록 발전시켜 왔는지를 소개하며 사례 연구를 마무리한다.

이러한 사례들이 보여 주듯, 학교를 생각하는 문화로 강력하게 전환하는 단일한 청사진은 존재하지 않는다. 모든 학교는 각각 다르며, 교사들의 현재 실천 수준과 학생들의 학습 상태에서 출발해야 한다. 학교마다 구체적인 단계와 과정은 다르지만, 우리는 장기적으로 성공적인 변화를 지원하기 위해서는 리더들이 4가지 핵심 영역에 주목해야 함을 발견했다(그림 10.1 참고).

우리가 실현하고자 하는 목적 또는 비전

그 비전을 달성하는 데 도움이 될 도구와 실천 방법

비전과 도구를 효과적으로 구현하기 위해 필요한 지속적인 학습의 촉진 교사와 학생 모두의 성장을 인식하고 다음 단계를 확인. 이를 통해 다음으로 나아가기 위한 공동의 단계를 설정

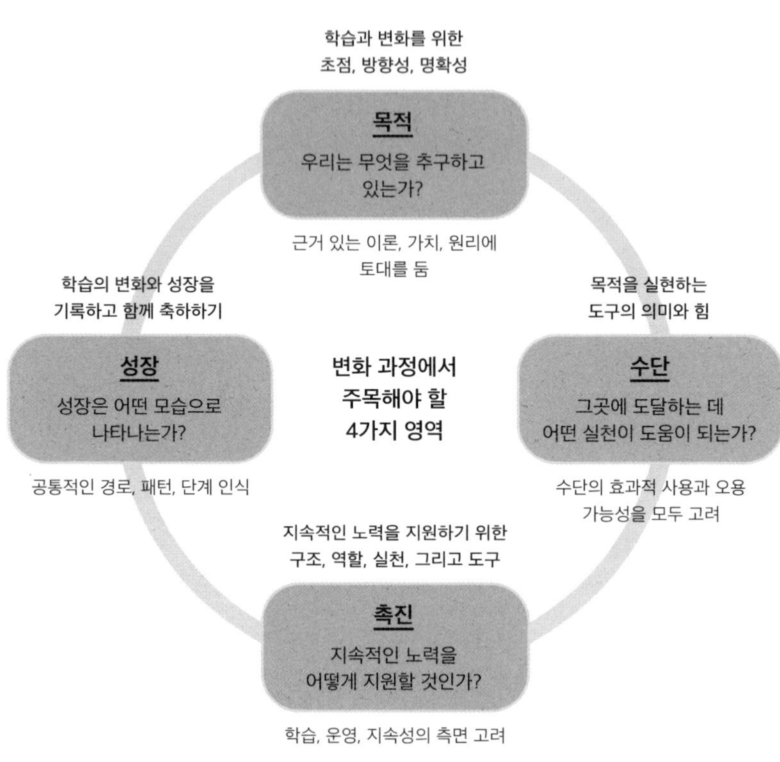

출처: 리치하트, 블라이드, 델포지가 창조적인 교실 프로젝트(Creative Classroom Project)의 일환으로 개발.

〈그림 10.1〉 변화 과정에서 주목해야 할 4가지 영역

여섯 개의 변화 사례를 읽어 나가면서, 이 4가지 요소가 각 사례에서 어떻게 나타나는지 주의 깊게 살펴보라. 리더들은 '생각하는 문화'라는 비전을 어떻게 구축하고 유지하고 있는가? 도구는 단순히 실행해

야 할 프로그램으로서가 아니라, 어떻게 그 비전을 뒷받침하는 실천으로 작동하고 있는가? 특히, 지속적인 학습이 각 맥락과 시간 흐름 속에서 어떻게 지원되고 촉진되고 있는지에 주목해 보라. 훈련이 아니라 촉진이야말로 복잡한 과정을 성장시키고 지속시키는 핵심 열쇠다.

마지막으로, 각 사례의 저자들은 자신의 리더십 경험을 회고하며 그 과정 중에 나타나는 성장을 강조한다. 그것을 인식하고 성장하려는 교사들이 마주한 도전 과제를 이해하는 일은 다음 단계로 나아가기 위한 중요한 정보를 제공하며 동시에 축하의 순간이 되기도 한다. 각 사례를 읽으면서 스스로에게 질문해 보라. 리더의 관점과 맥락에 따라, 성장과 발달은 어떻게 비슷하면서도 다르게 나타나는가?

광범위한 변화를 가능하게 하는 지원 체계 만들기

· · · ·

로런 차일즈(학교 컨설턴트)
-미시간 워터퍼드 오클랜드스쿨즈-

이 이야기는 블룸필드힐스의 웨이초등학교에서 교사 리더로 활동 중인 제니 로시Jenny Rossi의 초청으로 시작된다. 그녀는 애덤 셰어 교장과 함께 '생각하는 문화'를 학교와 교육구를 넘어 더 넓은 차원으로 확산할 수 있는 방법을 함께 고민해 보자고 제안했다. 미시간주 클라크스턴에 위치한 클라크스턴 교육구의 교육감인 로드 록도 초대되었다.

우리는 각자 생각하는 문화를 처음 접했을 때의 경험을 나누면서, 이미 이 지역에서 진행 중인 수업 혁신을 한층 더 심화시킬 수 있는 새로운 협력의 장에 더 많은 교사와 관리자를 초대하고 싶다는 기대를 품게 되었다. 생각하는 문화를 교실과 학교 생활 전반에서 하나의 교수 접근법으로 함께 이해함으로써, 우리는 이 대화를 시작하겠다는 의지를 더욱 굳건히 하게 되었다. 이후 우리는 생각하는 문화의 비전에 관심 있는 교육감, 교장, 교사를 초대해 하루 동안 개괄적인 내용을 소개하는 워크숍을 열었다. 교수와 학습에 대한 다양한 관점이 존재하는 대형 카운티에서, 우리는 이 대화에 어떻게 집단적으로 참여할 수 있을지를 고민해야 했다. 만약 우리가 교사들이 자신의 수업에서 나누는 대화를 바꿀 수 있도록 돕는다면, 학생들 간 대화 역시 변화시킬 수 있다고 우리는 확신했다. 그렇게 생각하는 문화에 대한 논의가 본격적으로 시작되었다.

토양 일구기

제니, 애덤, 로드 그리고 나는 이번 협력적 학습의 여정을 어떻게 설계할지를 매우 신중하게 고민했다. 강력한 리더십 역량을 구축하고 문화가 지속적으로 변할 수 있기를 원했다. 그래서 '빨리 가기 위해 천천히 가자^{go slow to go fast}'는 원칙이 필요하다고 느꼈다. 우리는 생각하는 문화를 만드는 일이 그동안 교육구에서 시행했던 여타 교육 프로그램들과는 전혀 다르다는 것을 알고 있었다. 교사 연수 확대나 제도 전면 도입 중심의 기존 방식에서 벗어나야 했다. 우리는 스스로에게 물었다. '이걸 어떻게 다르게 구축할 수 있을까?', '어떻게 참여자들이 전과 다른 식으로 참여하도록 도울 수 있을까?', '어떻게 하면 학교 리더들이 생각하는 문화를 새로운 프로그램 시행 정도가 아니라 삶의 문화로 내면화해 소통과 지원을 지속할 수 있을까?' 이 시도를 위해서 학교 현장에서 실질적으로 생각하는 문화에 대한 아이디어를 발전시키며 장기적으로 학습을 심화할 수 있는 '내부 옹호자들'이 필요했다.

이들의 역량을 키우고 학습을 뒷받침할 수 있는 체제도 함께 구축해 나가야 했다. 우리가 원하는 것은 체계적이고 깊이 있는 지속적인 변화였다. 나는 나중에서야 우리가 생각하는 문화 원칙 6번의 확장된 형태를 탐색하고 있었다는 것을 깨달았다(부록 E 참고). 학생들을 위한 생각하는 문화가 교실에 형성되려면 학교부터 교사를 위한 생각하는 문화를 만들어야 하고, **교육구는 리더를 위한 생각하는 문화를 만들어야 한다.**

이 문제들을 해결하기 위해 우리는 '생각하는 문화 리더십 기초 세미나_{Cultures of Thinking Leadership Foundations seminar}'를 설계했다. 2011~2012학년도의 1학기 동안 한 달에 한 번씩, 카운티 전역의 학교에서 팀들이 모였다. 각 팀은 교장과 한두 명의 교사 리더로 구성되었으며, 학교에서 생각하는 문화를 키워 가기 위해 주목해야 할 4가지 세션(목적, 수단, 촉진, 성장)을 함께 탐색했다(그림 10.1 참고). 각 세션은 하루 일정으로 구성되었고, 세션이 끝날 때마다 소속 학교로 돌아가 학교 차원에서 교수, 학습에 대한 대화를 확장해 나갔다. 이 첫 번째 단계의 설계는 의도적으로 '초대'에 기반했으며, 생각하는 문화가 무엇인지에 대한 대화에 점점 더 많은 사람이 자연스럽게 참여할 수 있도록 유도했다. 이런 방식으로 각 팀은 자신들의 학교를 더 깊이 이해하게 되었고, 변화는 자연스럽고 유기적으로 확산되었으며, 팀은 교직원들 사이에서 함께 배우는 공동 학습자로 자리매김할 수 있었다.

네 차례의 리더십 기초 세미나가 끝난 후, 우리는 각 팀에게 학교 전체 차원에서 실천에 나설 준비가 되었는지 자체 평가를 하도록 요청했다(부록 F~H 참고). 학교가 참여를 계속하기로 결정하면, 팀의 규모를 확장하고 다음 단계로 나아가기로 약속했다. 다음 단계는 8가지 문화적 힘을 심도 있게 탐구하는 데 초점을 맞춘 4일간의 학교 리더십 세미나였다. 이 세미나는 이틀씩 연이어 진행되는 두 차례의 세션으로 구성되었으며, 그사이 두 달의 간격을 두어 참가자들이 아이디어를 실천해 보고 다시 돌아와 경험을 공유할 수 있도록 했다. 어떤 면에서 이 세미나는 전통적인 '연수' 모델을 떠올리게 하기도 했다. 그러나 '학습', '리더십', '대화의 확장'이라는 언어를 지속적으로 강조함으로써, 이러한 고정된 사고방식을 새로운 문화적 변화의 비전으로 전환할 수 있었다.

초기 성장 지원하기

첫해가 끝날 무렵, 새로운 질문들이 제기되었다. '이 성장을 어떻게 지속할 수 있을까? 학교 리더들이 문화적 변화를 계속 이어 가도록 효과적으로 지원하려면 어떤 방식이 필요할까?' 2012~2013학년도가 되면서, 오클랜드 카운티는 두 번째 가을 리더십 기초 세미나 시리즈를 시작했다. 동시에 초기 팀들을 초대해 세 차례의 리더십 개발 세미나를 열었다. 이 세미나는 리더들이 연구, 개념 그리고 문화적 변화를 이끄는 전략에 대한 이해를 심화하도록 설계되었다. 교장들과 교사 리더들은 자신들의 리더십 우선순위를 정하고, 학생과 교사의 산출물을 가져와 이를 통해 성찰하고 분석해 다음 단계를 결정함으로써 세미나 의제를 함께 구성했다. 이 세미나들은 교육구 간 네트워크 관계도 강화했으며, 이는 우리 전체 대화의 핵심 요소였다.

깊게 뿌리내리기

리더십 개발 세미나와 더불어, 우리는 생각하는 문화 학교 탐방과 교사 연구 수업을 반나절 일정으로 구성해 운영했다. 탐방을 주최한 교사들에게는 사전 준비, 발표 그리고 교실을 외부에 공개하는 모든 과정이 직무 속에서 자연스럽게 전문적 학습 공동체 활동으로 이루어졌다. 이 탐방에서 교사들은 자신의 실천을 명확히 설명했고, 지속적인 학습을 촉발할 수 있는 새로운 질문과 성찰을 불러일으켰다.

생각하는 문화 학교 탐방

학교 탐방은 생각하는 문화를 형성하고 뒷받침하는 아이디어와 원칙을 동료 교사들에게 소개할 수 있는 좋은 기회다. 생각하는 문화가 실제 수업에서 어떻게 구현되는지를 보여 주며, 다양한 층위에서 전문적인 학습 기회를 창출해 낸다. 탐방 일정은 다음과 같이 구성된다.

- 오리엔테이션
- 학교 전체를 둘러보는 학습 탐방
- 교실 수업 관찰

- 수업을 진행한 교사와의 피드백 시간
- 심화 대화와 질의응답
- 마무리와 추가 탐방 시간

학교 탐방은 참가자(방문자)들에게 자신의 학교에서도 이뤄질 수 있는 문화적 변화 사례를 가까이에서 관찰할 기회를 제공한다. 일부 학교 리더는 현재 세미나에 참여하고 있는 팀원들과 함께 탐방에 참여함으로써, 사고를 장려하는 학교 문화를 조성하기 위해 무엇이 필요한지 더 깊이 이해하고자 했다. 또 다른 리더는 세미나에 참여하지 않은 교사들을 데려와, 각자의 학교 상황에 맞는 문화적 변화를 도모하기 위한 협업의 발판으로 삼았다. 이 탐방은 복제를 위한 모델이 아니라 참고를 위한 모델로 활용되었다.

탐방을 주최한 교사들과 교장들은 탐방을 준비하고 진행하는 과정이 자신들의 여정을 다시 돌아보고, 변화된 실천을 인식하며, 학생들에게 미친 영향을 더 깊이 이해하는 계기가 되었다고 말한다. 트로이의 와스초등학교 Wass Elementary 교장인 맷 잰슨Matt Jansen은 이렇게 말했다. "가장 흥미로운 점은, 이번 탐방이 우리 수업 팀에게 큰 확신이 되었고, 학습 공동체 내에서 생각하는 문화를 계속 추구하고 발전시켜 나가려는 동기를 부여했다는 점이에요. 우리는 내년에 몇 배 더 성장하게 될 것임을 알고 있고, 그 점이 정말 기대됩니다."

생각하는 문화 연구 수업

연구 수업은 교사들이 소규모 집단으로 정기적으로 만나 실제 교실 수업을 관찰하고, 질문을 던지며, 교수 실천을 성찰하는 활동이다. 이를 통해 협력적 실천 및 연구 사이클이 형성된다. 연구 수업의 핵심 역할은 3가지로, 수업 공개 교사, 진행 교사, 관찰 교사이며, 이들은 생각하는 문화의 원칙과 실천에 대한 깊이 있는 이해를 함께 도모한다.

수업 공개 교사는 단지 교실을 공개하는 것을 넘어 수업 설계와 교수 결정 과정을 투명하게 드러낸다. 이들은 수업 실행 과정에서 발생하는 문제, 이론, 효과, 증거 등에 대한 동료들과의 대화를 이끈다. 이때 목표는 '완벽한 수업' 시연이 아니라, 사고를 유도하고 지지하는 수업을 통해 의미 있는 토론을 촉진하는 것이다. **진행 교사**는 연구 수업의 전반적인 경험을 설계하고 운영하는 역할을 맡는다. 참여자들과 사전에 연락을 주고받고, 관찰 시 준수할 규범을 설정하며, 사후 피드백 시간이 초점을 유지하도록 돕는다. 또한 사고 루틴이나 관찰 프로토콜을 활용해 교사들의 사고를 가시화하고, 격려와 도전을 적절히 조율하며, 관찰자들이 자신의 학습에 책임을 지고 구체적인 실천으로 연결하도록 유도한다. **관찰 교사**들은 이 실습 과정에 적극적으로 참여할 것을 약속하며, 자신들의 교실과 학교에서 생각하는 문화를 구축하고 유지하려고 고민 중인 질문들을 가져와 참여한다.

연구 수업을 준비할 때 교사와 관리자는 연구 수업의 목표를 명확히 설정하기 위해 협력한다. 예를 들어 대화가 사고를 어떻게 지원하는지, 기록이 사고를 어떻게 가시화하는지, 특정 사고 루틴의 학습 또는 학생의 자율성 증진 등에 목표를 둘 수 있다. 이러한 초기 준비 과정에서 진행 교사와 수업 공개 교사는 사전 관찰, 관찰, 관찰 이후의 활동을 고려해 연구 수업을 설계한다.

사전 관찰 단계는 수업 당일의 방향성과 초점을 정립하는 데 중요한 역할을 한다. 교사들은 함께 모여 수업의 초점을 정리하고, 관련 연구 자료를 읽으며, 관찰 과정과 이후에 사용할 도구들을 준비하고, 관찰할 수업의 맥락을 이해한다. 이러한 준비 활동은 더 깊은 몰입, 풍부한 관찰, 그리고 높은 수준의 이해로 이어진다.

관찰 단계에서 수업 교사는 자신의 학생들에게 집중하고, 학생들은 관찰자들을 의식하지 않은 채 과제에 몰두하며, 관찰 교사들은 교실의 주변부에서 조심스럽게 움직인다. 그러나 연구 수업 참가자의 역할은 목적에 따라 유연하게 조정될 수 있다. 경우에 따라 수업 교사는 관찰 교사에게 학생들과 상호작용 하거나, 사전 관찰 단계에서 학습한 전략을 적용해 보도록 요청할 수 있다. 이때 진행 교사는 2가지 역할을 수행한다. 첫째는 관찰 및 기록의 모범을 보이는 '모델' 역할이고, 둘째는 '진행자'로서 침묵 유지, 상호작용 유도, 시간 조율, 적절한 시점에 관찰자 퇴장 유도 등의 일을 수행한다.

관찰 이후 단계는 대개 다음과 같은 구조로 구성된다.

- **관찰 교사**들은 조용히 자신이 관찰한 내용을 바탕으로 노트를 정리한다. 수업 공개 교사는 교실 업무를 다른 이에게 인계한 후 집단에 합류한다.
- **진행 교사**는 관찰 교사들이 관찰을 통해 새롭게 알아차린 점, 그 과정에서 유도된 사고, 제기된 질문 들을 공유하도록 이끌고 이를 기록한다. 수업 공개 교사는 침묵을 유지하고 깊이 경청하며 메모하고, 관찰 교사들의 발견을 '선물'처럼 열린 자세로 받아들인다.
- **수업 공개 교사**는 관찰을 통해 제기된 다양한 생각과 질문에 응답하며, 자신의 성찰에 도움이 되도록 생각을 조직하고 아이디어를 분류함으로써 대화를 확장한다.
- **진행 교사**는 사전 관찰 단계에서 다뤘던 프레임워크, 연구 자료, 수업 자료와의 연결을 통해 집단의 탐구를 이끈다. 이후 대화를 개인적 통찰, 시사점, 목표 설정, 다음 단계 계획으로 전환한다.

이러한 대화에서는 다양한 사고 루틴의 언어가 사용된다. 교사들은 다음과 같은 표현을 자주 사용한다. '관찰', '궁금함', '연결', '확장', '혼란 스러움', '도전', '예전에는 이렇게 생각했는데…… 지금은 이렇게 생각 한다.'

지속 가능한 정원을 위해

학교들이 점점 더 많이 참여하면서, 깊이 있는 실행과 지속 가능성을 확보하는 일이 중요한 과제가 되었다. 어떻게 이 성장을 지속할 수 있을까? 학교 리더들이 문화적 변화를 이어 갈 수 있도록 효과적으로 지원하려면 어떻게 해야 할까? 세미나 경험을 넘어서, 교사들을 위한 사고 공간을 어떻게 마련할 수 있을까?

이러한 질문에 대한 해답은 점차 드러났다. 교장들은 학교 전체에 걸쳐 8가지 문화적 힘의 실행을 지원하는 자신의 역할에 대해 다른 교장들과 더 많은 대화를 나눌 기회를 원했다. 그들은 "그저 서로 이야기할 시간이 필요해요."라고 말했다. 또 이렇게 말하기도 한다. "교실과 학교 전반에서 문화적 힘을 실천하며 교사와 학생을 지원하고, 학부모들께도 우리가 시도하는 변화를 이해시키려 하다 보면, 같은 길을 가고 있는 이들과 대화하는 게 큰 도움이 됩니다." 이러한 대화를 통해 2가지 새로운 기회가 생겨났다. '대화 학습 소모임Dialogue Circles'과 '디자인 스튜디오Design Studio'로, 두 프로그램은 2013~2014학년도에 시작되었다.

생각하는 문화 대화 소모임

이 학습 소모임은 비교적 구조가 단순하고 참여 부담이 낮도록 구상되었으며, 지속적인 네트워킹, 상호 지원, 그리고 새로운 학습을 위한 기회로 운영되었다. 각 소모임은 세 개 이상의 학교, 두 개 이상의 교육구에 소속된 학교 리더 여덟 명에서 열두 명으로 구성된다. 첫 번째 모임에서 구성원들은 서로를 다시 알아 가고, 공통된 관심사, 필요, 궁금증을 구체화하며 소모임의 공동 의제를 설정한다. 또한 연간 최소 세 차례의 대면 모임을 갖기로 약속한다. 2가지 추가 장치도 있다. 첫째는 온라인으로 계속 연결될 수 있도록 한 것이고, 둘째는 학년 말 모든 대화 모임이 함께 모여 1년간의 경험을 가시화하고, 각 학교의 생각하는 문화 성장을 되돌아볼 수 있도록 학습 박람회를 운영한 것이다.

나는 이 소모임의 외부 컨설턴트로서, 성인들을 위한 생각하는 문화를 형성하는 데 작용하는 문화적 힘들이 어떻게 작동하는지를 지켜보고 있다. 학교 리더들이 자발적으로 학습 모임을 조직하도록 유도하고, 사고 루틴과 상호작용을 장려하며, 구조화된 대화, 학습 워크*, 가이드를 통한 수업 관찰과 같은 다른 생각하는 문화 학습 경험과 연결되도록 돕는다. 또한 주최 학교, 교실, 대면 행사와 같은 학습 환경도 제안한다. 이러한 문화적 힘들은 학교 리더들이 서로 함께 배우기 위한 시간을 더 갖고자 하는 열망에서 출발해 기획되었다. 반면 기대, 언어, 모델링, 시간과 같은 간접적인 영향 요소들은 각 대화 모임에 맡겨지며, 이들은 점차 능동적인 학습 집단이 되어 학교 간 방문과 대화를 주도적으로 만들어 나가고 있다.

생각하는 문화 디자인 스튜디오

교사들과의 대화에서, 강력한 학습 기회를 계획하고 창출할 수 있는 시간을 제공하면 좋겠다는 아이디어가 나왔다. 그러나 이것이 단순한 '계획된 시간'에 머무르지 않기를 바랐다. 이 시간은 창의적이고 상상력이 풍부해야

---

* learning walk. 교사, 관리자, 코치 등이 여러 교실을 짧게 둘러보며 학습과 수업의 모습을 관찰하고 함께 성찰하는 전문적 학습 활동.

했다. 이에 따라 창의성과 에너지를 더할 수 있는 전문성 개발 퍼실리테이터 소규모 팀을 구성했고, 교사들을 위한 완전히 새로운 형태의 '워크숍' 기회를 만들고자 했다. 우리는 전통적인 예술 스튜디오에서 얻을 수 있는 최고의 요소들과, '참여자 주도형 컨퍼런스'에서 영감을 받은 아이디어들을 융합했다. 이를 통해 교실 문화 성장의 핵심 동력 중 하나인 교사의 수업 설계 노력을 지원하는 새로운 기회를 만들었다.

생각하는 문화 디자인 스튜디오는 매년 네 차례, 오전 10시부터 오후 8시까지 열린다. 이 워크숍은 생각하는 문화의 개념과 원칙에 대해 최소한의 기초적인 이해를 가진 모든 교사를 대상으로 한다. 참가자들은 자신의 수업 설계 목표, 과제, 프로젝트를 가져와 본인의 일정에 맞춰 유연하게 참여할 수 있다. 수업에서 면제된 시간에 따라 교사들은 한 시간만 참석할 수도 있고 종일 머무를 수도 있다. 스튜디오의 물리적 환경은 가시성, 유연성, 편안함, 영감을 강조하는 방식으로 구성되어 있다. 대형 그룹 테이블, 소규모 테이블, 테이블 없이 원형으로 배치된 의자 공간, 노트북을 비치한 높은 테이블이 마련되어 있으며, 대형 스크린 두 개에는 실시간 채팅, 트위터 피드, 스튜디오 공지 사항 등이 표시된다. 준비 테이블에는 종이, 마커, 태엽 장난감, 찰흙, 스퀴시 장난감* 등 창의적인 사고를 유도하는 다양한 재료들이 비치되어 있다. 벽면에는 생각하는 문화의 6가지 원칙과 문화적 힘을 상기시켜 주는 포스터와 자료가 붙어 있다. 참가자들은 자신의 테이블 대화 주제를 '수학', '초등 국어English Language Arts, ELA', '중등 과학' 등으로 표시하도록 권장받으며, 이는 비슷한 설계 관심을 가진 다른 학교 교사들이 자유롭게 둘러앉아 협업할 수 있는 열린 초대장의 역할을 한다.

---

* squoosh toy. 실리콘 또는 젤리 소재로 만든 촉감 만족형 스트레스 해소 장난감으로, 누르면 부드럽게 변형되는 놀이 도구.

생각하는 문화 디자인 스튜디오는 비교적 새로운 개념이다. 때문에 우리는 이 시간이 단순한 워크숍이 아니라 교사들이 자신의 실천을 정교화할 수 있는 시간이라는 메시지를 명확히 전달하며, 그 가치를 높이기 위한 기회를 지속적으로 만들어 가고 있다. 이를 위해 하루 일정 속에서 여러 시간대에 걸쳐 '중심 활동'을 개발하고 있다. 이 이벤트들은 교사들이 잠시 자신의 설계 작업에서 벗어나 새로운 대화에 참여할 수 있는 기회를 제공한다. 이 대화에는 다음과 같은 활동들이 포함될 수 있다. 수업 영상 공유, 가시적 사고를 설계하는 교사의 모습을 관찰하는 '어항 기법 세션', 비슷한 관심사를 가진 교사들이 짧은 시간 내에 서로를 연결할 수 있도록 돕는 '스피드 데이팅', 생각하는 문화 관련 주제로 교사가 진행하는 '짧은 발표', 짧게 이루어지는 '패널 질의응답' 세션 등이다. 이러한 다양한 활동을 통해 생각하는 문화 디자인 스튜디오는 교사들이 자유롭게 탐색하고 실천을 발전시킬 수 있는 창의적이며 협력적인 공간으로 기능하고 있다.

정원사의 성찰

나와 동료들은 교육자들이 사고 중심의 교실을 구현해 나갈 수 있도록 씨앗을 심고, 가꾸고, 돌보는 일을 해 왔다. '정원 가꾸기'라는 은유는 교육을 확산시키는 일의 어려움을 생각할 때 매우 잘 맞는다. 물론 모든 일은 씨앗을 심고 식물을 심는 것에서 시작된다. 즉 사고 루틴을 처음 시작하고, 책 『생각이 보이는 교실』을 읽고, 학생들이 사고에 참여하는 모습을 담은 영상 자료를 시청하는 것부터다. 그러나 우리는 단지 씨앗을 뿌렸기 때문이 아니라 그 씨앗이 자랄 수 있는 정원 자체를 먼저 준비했기에 변화의 질이 달랐다고 믿는다. 우리는 초기부터 학교 리더십을 준비시키기 위한 대화를 반복하며, 씨앗이 실제로 발아할 수 있도록 토양을 고르고 말뚝을 세우는 작업을 해 왔다. 이러한 '정원의 말뚝'은 변화의 방향을 잡고 씨앗이 뿌리내리는 데 핵심적인 역할을 했다.

정원사들은 척박한 환경에 노출된 토양에는 씨앗을 뿌려도 표면에만 머물고 결국 프로그램 도입과 짧은 연수라는 바람에 쉽게 날아가 버릴 위험이 있음을 알고 있다. 또한 많은 씨앗을 흩뿌리면 어느 정도 수확을 보장하기는 하지만 질은 보장하지 못한다는 것도 안다. 오클랜드 카운티 학교들의 사례를 통해 잘 준비된 토양에 신중하게 씨앗을 심고, 속도보다 성장을 중시해 가꾸고, 아이디어가 자연스러운 속도로 확산되는 것을 지켜보며, 우리는 학교마다 다르게 피어나는 문화적 변화의 다양성을 본다. 각 학교의 토양 산성도, 즉 맥락과 여건은 제각각 다를 수 있지만, 그곳에는 경작하는 손, 이끄는 손이 있어 새로운 지원과 보완으로 대응할 준비가 되어 있다.

정원 가꾸기 비유는 '가정식 유기농 원예'와 '공장식 대량 생산 원예'의 차이를 떠올릴 때 특히 유용하다. 우리는 어린 식물들에 각각 더 많은 물을 주거나, 다른 방식으로 물을 주거나, 어떤 식물은 가지 치기를 하고, 어떤 식물은 멀칭*을 추가하는 등 개별적인 필요에 따라 인내심을 갖고 돌볼 때 나타나는 성장을 목격하고 있다. 우리는 모든 성장을 똑같이 다루려는 균일한 대규모 비료 살포와 급수 방식에서 벗어나, 교수와 학습에 대한 깊은 이해, 그리고 학생들을 위한 사고 중심의 실천이 유기적으로 성장하는 가능성을 비로소 보기 시작했다.

---

* mulching. 토양 표면을 덮어 토양의 수분 증발을 막고, 잡초 발생을 억제하며, 토양 온도를 조절하는 등 작물 재배에 도움을 주는 농업 기술.

교육구 전반의 비전 수립

• • • •

로드 록(교육감)
-미시간 클라크스턴 교육구-

최근 우리 교육구의 한 고등학생에게서 이메일을 받았다. 내용은 솔직하고 분명했다. "교육감님이 교육 환경을 열정과 진정한 배움의 사랑이 넘치는 곳으로 만들고자 애쓰고 계신 것을 알고 있어요. 교육감님이 그리고 계신 교육에 대한 비전은 정말 멋지다고 생각합니다. 저도 그 비전에 깊이 공감해요." 이런 이메일을 교사, 교장, 학부모, 또는 학생으로부터 받을 때마다, 클라크스턴 교육구의 '생각하는 문화'를 향한 여정이 시작된 지 4년밖에 되지 않았다는 것이 믿기지 않는다. 나는 그 문화가 태어나고 첫걸음을 내딛는 모습을 지켜보았다. 그 첫 목소리를 들었고, 사고방식과 태도, 교육구 전반의 문화가 변해 가는 모습을 지켜보았다.

경험상 대부분의 학교에서는 경쟁, 암기식 학습, 많은 양의 반복 과제, 선택형 시험이 표준이었으며 협력, 깊이 있는 사고, 이해 표현은 예외였다. 교육과정 국장으로 일할 당시, 나는 '생각하는 문화'를 실천하는 학교들을 방문해 학생들의 깊은 사고, 교사들의 수업 방식 변화, 강력한 학습 환경을 직접 눈으로 확인했다. 나는 이 작업이 개인적 차원에서 매우 의미 깊고, 교사들의 인식과 신념 자체를 변화시킨다는 것을 느낄 수 있었다. 이러한 학교들의 표준화 시험 점수는 높았지만 그 시험을, 교육과정, 연수, 수업 설계 또는 교수 활동의 중심에 두지는 않았다. 오히려 학생들은 자신이 아는 지식을 바탕으로 사고하고, 문제를 해결하고, 효과적으로 의사소통하고, 협력하고, 추론하고, 요약하고, 다양한 관점을 고려하고, 개념 간의 연결을 시도했다. 그 결과, 학생들은 시험을 잘 치를 수 있는 능력도 자연스럽게 갖추게 되었다. 이런 학교들을 방문하면서, '사고하는 법을 잘 배우는 것'이 21세기 교육의 진정한 목적임을 확신하게 되었다.

2010년 가을, 나는 미시간주 클라크스턴에 위치한 클라크스턴 교육구의 교육감직을 수락했다. 학습을 완전히 새로운 차원으로 끌어올릴 기회라고 느꼈다. 클라크스턴 교육구 내 학교들이 반드시 '생각하는 문화'를 갖춰야 한다고 확신했다. 처음으로 전 직원 앞에서 연설할 때 나는 모자, 청바지, 작업화, 맨투맨 티셔츠 차림으로 단상에 섰다. 강당의 조명을 어둡게 하고, 무대 모서리에 앉아 클라크스턴 학생들과 교직원들에게 클라크스턴에서의 학습이 어땠으면 하는지 이야기하는 시간을 가졌다. 내 발표에는 로큰롤 음악, 영상 클립, 아이들 사진이 포함되어 있었다. 이는 직원들이 교육감에게 기대했던 것과 전혀 달랐고 그들이 학습에 대해 지금까지 들어 왔던 이야기들과도 전혀 달랐다. 나는 학습 환경이 우리의 최우선 과제라는 메시지를 강력히 전달했다. 그날 아침, 나는 낚시 모자를 쓰고 생각하는 문화를 길러 내는 깊은 물속으로 조용히 낚싯줄을 던졌다.

그 순간부터 이것이 우리 공동 목표가 되었다. 우리는 이 노력에 교육구 행정 팀부터 학부모, 지역사회 전체에 이르기까지 모두가 참여하도록 하고자 했다. 우리는 행정 팀과의 초기 회의에서 다가오는 해의 목표와 전략 방향을 함께 설정했다. '우리는 어디로 가고자 하는가?', '어떻게 그곳에 도달할 것인가?', '진전은 어떻게 측정할 것인가?' 이러한 질문들을 중심으로 우리는 시도하려는 일의 목적을 명확히 하고, 교육구의 역량으로 실현 가능한 현실적인 목표들을 수립했다. 교장들은 각자의 학교에서 생각하는 문화를 이끄는 리더가 되어야 했기 때문에 나는 그들과 함께 방향성을 수립하고자 의견을 구했고, 그 과정에서 그들이 교사들에게 기대를 명확히 전달할 수 있도록 했다.

동시에, 나는 교장들에게 분명한 기대를 제시했다. 그들은 단순히 참여하는 것을 넘어, 스스로 생각하는 문화를 이끌고 실천하며 본보기를 보여야 했다. 우리가 교사들과 함께 생각하는 문화 창출에 대해 논의하는 자리를 가질 때마다 각 학교의 교장들은 반드시 참석했고 적극적으로 참여했다. 또한 나는 교장이 자신의 성격과 강점을 살려 리더십을 발휘해야 한다는 점도 이해했다. 그래서 그들이 자율적이고 혁신적인 방식으로 학교 안에 생각하는 문화를 구축할 수 있도록 격려하고 지원했다. 우리는 표준화된 방식이나 점검표를 따르지 않았다.

생각하는 문화를 만들기 위한 다음 단계는 교장들과 교육청 행정 팀이 주도해 이 개념을 체계적으로 탐구한 것이었다. 우리는 생각하는 문화를 이해하고 확장할 수 있도록 도와줄 도서와 자료를 선정했고, 교사들은 매달 북토크, 그룹 스터디, 동료 간 성찰에 참여했다. 그 결과 아이디어는 빠르게 확산되었고 교사들은 사고 루틴을 수업에 적극적으로 활용했다. 교육구 안팎의 학교들을 둘러보는 탐방도 학습 환경을 이해하는 데 매우 유용한 도구였다.

교사들은 곧 생각하는 문화가 지닌 힘을 체감했고 우리는 그다음 단계로 나아갔다. 바로 사고를 지속적으로 요구하고 실천하는 문화를 교실에 정착시키는 것이었다. 교사들은 더 이상 단순히 "글에 세부 사항을 더해 보자."거나 "역사적 사건을 외우자."라고 말하는 수준에 그치지 않고, 학생의 사고를 자극해 생각하는 성향과 마음 습관을 길러 주고자 했다. 시간이 지나며 연습이 쌓이자 학생들은 '좋은 사고'를 보여 주기 시작했다. 상호작용 방식도 달라졌다. 이전에는 자신의 입장을 주장하거나 가장 먼저 답하려는 태도가 주를 이뤘다면, 이제는 상대방의 말을 이해하려고 듣고, 타인의 생각에 자신의 아이디어를 덧붙이는 방식으로 변한 것이다. 교사들은 이러한 변화를 감지했다. 그들은 더 깊은 질문을 던지고, 학생의 결론에 대한 근거를 묻고, 표면적인 답을 넘어 사고할 것을 기대하면서 이를 강화해 나갔다.

우리는 학부모와도 생각하는 문화에 대한 이해를 함께 구축하고자 했다. 첫해 말, 각 학교는 학부모 대상 수업 참관 기회를 제공했고, 이를 통해 학부모들은 학생들이 얼마나 다르게 학습을 경험하고 있는지를 눈으로 확인할 수 있었다. 둘째 해에는 전통적인 교육과정 설명회 대신, 생각하는 문화가 지닌 가치를 반영하는 방식으로 학부모 참여 행사를 새롭게 구성했다. 이 과정에서 학부모들은 직접 사고 루틴을 체험했고, 우리는 그들이 자녀를 지원할 수 있도록 실제적인 도구와 제안을 제공했다. 나는 이 비전을 학교 밖으로도 공유하고자 했다. 로터리, 옵티미스트*, 상공회의소 같은 지역 단체 모임에 정기적으로 참석하며, 사고에 몰입한 학생들의 영상을 공유했다. 또한 나의 교육 철학과 교육구의 사명인 **'사고하는 사람, 배우는 사람 그리고 글로벌 사회에 긍정적으로 기여하는 사람 기르기'**를 지역사회에 설명했다. 그리고 이 비전을 뒷받침하는 연구와 근거, 모든 학생이 21세기를 살아가기 위해 반드시 사고를 잘할 줄 알아야 하는 이유를 지역사회와 나눴다.

우리의 교육 시스템 내에서 대규모 변화를 위한 실행 역량을 구축하기 위해 교사들은 한 달에 두 번, 매회 두 시간씩 모임을 갖는다. 이를 위해 우리는 등교 시간을 늦추는 방식으로 시간표를 조정했다. 또한 종일 진행되는 전문성 학습 세션도 연중 여덟 차례 진행한다. 이 세션에서 교사들은 교과 간

---

* Optimist. 청소년의 성장과 발달을 핵심으로 하는 미국 기반 국제 봉사 단체.

팀으로 편성되고, 학생들의 사고 사례를 가져오며, 프로토콜을 활용한 상호 피드백을 한다. 이 시간은 매우 소중하고 강력한 도구로, 생각하는 문화를 형성하는 데 핵심적인 역할을 한다. 우리가 생각하는 문화로 옮겨 온 4년 동안, 교장, 교사, 버스 기사, 시설 관리 직원 등 전 직원이 함께 모일 때마다 우리는 항상 사고 루틴을 통해 그들을 참여시켰다. 우리는 함께 핵심 개념을 탐구하고, 문화적 힘을 점검하며, '이해 맵'*을 통해 사고 과정을 추적했다. 우리가 리더로서 보여 주는 행동, 사용하는 언어, 시간 배분, 구조와 전략, 제공하는 피드백, 과제 내용, 학습자 집단 구성 방식 모두가 우리의 가치를 반영한 것이다.

우리는 단지 학교 시스템을 변화시키는 데 그치지 않고 전 세계적인 교육 기회의 형평성을 적극 옹호하고 있다. 우리는 아이들의 능력, 사회적 배경, 거주 지역에 관계없이 모두가 최고의 교육을 받을 권리가 있다고 믿는다. 이를 위해 우리는 학부모, 교장, 교육 위원회의 구성원들과 함께 주 의사당과 워싱턴D.C.로 방문해 입법자들에게 우리의 교육 철학을 직접 공유한다. 우리는 정책 입안자들에게 전화를 걸고, 편지를 보내며, 그들이 우리 학교, 학생, 교사, 지역사회에 미치는 영향을 이해하도록 돕는다. 우리는 교육자들이 가장 현장을 잘 안다고 믿는다. 우리는 잘못 설계된 처벌적 정책이나 표준화 시험 중심의 교육 흐름에 수동적으로 대응할 수 없다. 교육자라면 가만히 있어서는 안 된다. 우리는 교육 현장의 목소리를 정책에 반영하기 위해 끊임없이 정보를 제공하고, 목소리를 내며, 직접 행동해야 한다.

사람들은 종종 나에게 "교육감님, 생각하는 문화를 어떻게 측정하십니

---

* understanding map. 프로젝트 제로의 가시적 사고 도구 중 하나로, 학생들이 이해한다는 것이 구체적으로 어떤 사고 과정을 포함하는지를 시각화해 주는 사고 프레임워크.

까?", "그게 효과가 있다는 걸 어떻게 아세요?"라고 묻는다. 솔직히 말해 답변은 그리 어렵지 않다. 나는 교육구를 돌며 이 문화가 살아 있는 증거들을 끊임없이 목격한다. 예를 들어, 5학년 교사 베스 로저스^{Beth Rogers}는 정말 훌륭한 사례다. 그녀는 학기 초, 학생들과 함께 '문장-구-단어' 사고 루틴을 실천했다. 학생들에게 돌리 파튼^{Dolly Parton}의 노래를 들려주고, 그 의미를 잘 담고 있는 문장, 구, 단어를 적게 한 것이다. 학생들은 자신이 적은 내용을 짝과 공유하고 이어서 전체 학급과 나눴다. 나는 베스와 그녀의 학생들을 지켜보며 차분히 확신했다. 그들은 루틴을 잘 이해하고 효과적으로 활용하고 있었다. 교실에서 사고 중심 언어를 자연스럽게 사용하고 있었다. 무엇보다 인상적이었던 점은, 관찰자들이 성취도가 높은 학생과 학습에 어려움을 겪는 학생을 구별할 수 없었다는 것이다. 모든 아이가 참여하고 있었다.

최근, 한때 회의적이었던 학부모가 내게 이런 말을 했다. "이 생각하는 문화 활동은 학교에 대한 제 아이의 태도를 완전히 바꿔 놓았어요. 선생님들이 훨씬 더 깊은 사고를 요구하시고, 아이도 이전과는 비교도 안 될 정도로 몰입하게 되었어요." 초등학교 교장인 낸시 마호니^{Nancy Mahoney}는 생각하는 문화가 학생들에게 미치는 영향을 이렇게 설명했다. "우리가 사고 루틴을 통해 자신의 생각을 '가시화'하도록 요구할 때, 학생들은 교실을 안전하게 느낍니다. 서로의 사고와 관점을 놀랍게 여기고, 사고 루틴 덕분에 창의적이고 고유한 방식으로 자신을 표현할 수 있게 됩니다".

생각하는 문화는 근본적인 변화를 만들어 낸다. 사람과 사고, 인식과 신념 그리고 교실과 학교를 변화시킨다. 지금 클라크스턴에서 배우거나 가르친다는 것은 예전과 전혀 다르게 느껴진다. 아이디어는 자연스럽게 확산되었고, 그 결과 우리의 학습 환경은 결코 이전으로 돌아갈 수 없을 만큼 근본적으로 변화했다. 이 변화는 내가 상상했던 것보다 훨씬 더 강력하고, 깊이 있다. 우리는 교육의 목적 그 자체를 새롭게 정의하고자 했다. 아이들이 생각하고, 자신의 사고를 잘 활용하도록 하고, 각 아이가 어떤 방식으로 '똑똑한지', 어디에 어울리는지, 무엇을 기여할 수 있는지, 자신의 열정이 어떻게 평생의 여정으로 이어질 수 있는지를 발견하도록 돕는 것이다. 우리는 학습에 대한 새로운 이야기를 만들어 가고 있다. 그리고 이것은 클라크스턴의 생각하는 문화 여정의 시작일 뿐이다. 앞으로 평생에 걸쳐 나아가야 할 여정이 우리 앞에 놓여 있다.

함께 배우며 긴 여정을 가다

· · · ·

애덤 셰어(웨이 초등학교 교장)
-미시간 블룸필드힐스-

교육자로서 나는 변화 과정을 지켜보거나, 동참하거나, 때로는 직접 주도한 경험이 있다. '변화'에는 황홀할 정도의 에너지가 있으며, 희망과 두려움이 동시에 공존한다. 하지만 전통적인 방식으로 이미 성공적인 학교에서 변화를 이끌 동력은 과연 무엇일까? 우리가 더 잘할 수 있는 것은? 학습자이자 사고하는 존재로서 우리는 학생들과 우리 자신을 어디로 이끌고 싶은 걸까? 우리가 깊이 믿는 신념을 새로운 실천과 아이디어 탐구에 어떻게 연결할 수 있을까?

비록 그 당시 이런 질문들을 명시적으로 꺼내지는 않았지만, 돌이켜보면 바로 이런 물음들이 우리 학교 개선 팀을 움직이는 힘이었던 것 같다. 우리는 변화를 고민하면서 이미 학교에 자리 잡혀 있고 소중히 여겨 온 실천, 절차, 규범을 점검했다. 동시에 교실 안에서 일어나지 않고 있는 것들, 즉 우리의 사고가 도전받을 수 있는 지점을 찾아야 했다. 당시 우리 학교는 학생 참여를 감정적 특성, 즉 겉으로 보이는 외적 표현으로만 인식했다. 우리는 참여를 인지적 활동으로 바라보지 않았다. 우리는 좋은 질문들을 던지기는 했지만, 질문의 유형에 따라 사고와 이해의 깊이를 다르게 끌어낼 수 있다는 사실은 알지 못했다. 우리는 학생들의 사고를 존중했지만, 어디까지나 그 사고가 우리가 편안하게 느껴지는 수준일 때만이었다. 요약하자면, 우리의 수업은 안전했다. 학생들에게 생산적인 어려움을 자주 제공하지 못했다. 교수 역시 '자극하다'라는 의미를 지닌 라틴어 provocare처럼, 즉 '불러내는' 방식으로 작동하지 않았다. 그렇게 우리는 기존의 강점을 존중하면서도 스스로에게 도전이 되는 교수 접근법을 찾던 중, 하버드 프로젝트 제로의 가시적 사고 프로젝트를 접하게 되었고, 이를 통해 생각하는 문화라는 접근법을 알게 되었다.

함께 배우기

새로운 교수 접근법을 도입할 준비를 하면서, 나는 사고 루틴을 교사 연수와 교직원 회의에도 적용하려 했다. 나는 늘 내가 직접 해 보지 않은 일은 교사들에게 요구하지 않겠다는 철학을 지켜 왔다. 나는 교사들과 함께 배우고, 위험을 감수하며, 사고 루틴이 성인 학습자에게도 활용 가능한 도구임을 보여 주고자 했다. 한 워크숍에서 본 것을 따라, 음식의 다섯 번째 맛인 감칠맛을 주제로 '3-2-1' 루틴을 시도했다. 그러나 결과는 참담한 실패였다. 처음에는 루틴 자체의 문제라고 생각했지만 곧 실패의 원인이 내 수업 설계에 있었다는 것을 깨달았다.

'3-2-1' 루틴은 사전 지식 활성화나 은유적 연결을 통해 사고를 촉진하는 루틴이다. 그러나 당시 나는 청중에게 필요한 조건을 전혀 갖추지 못했다. 그들에게는 감칠맛에 대한 배경 지식도, 사고를 이끌어 줄 은유도 없었다. 더 나아가, 나는 감칠맛을 더 큰 맥락과도 연결하지 못했다. 감칠맛은 요리에서 어떤 역할을 할까? 다른 4가지 맛과는 어떻게 상호작용 할까? 감칠맛에 대해 꼭 알아야 할 것은 무엇일까? 이런 질문 하나 없이 나는 단순히 교사들과 활동 하나를 해 본 것에 불과했다. 우리가 함께한 시간의 최종 성과는 이 단어를 소개하고 정의했다는 것뿐이었다.

하지만 그 '망한 수업'에도 아름다운 결과가 있었다. 사실 이것은 우리가 생각하는 문화를 시작한 첫 2년 동안 수없이 목격했던 현상이기도 하다. 우리는 사고 루틴을 사용할 때마다 수업을 해체하고 되짚는 과정을 통해 교사로서 함께 배우고 성장했다. 우리는 타인의 아이디어를 단순히 실행하는 사람이 아니라 우리 자신의 수업을 탐구하는 학습자가 된 것이다. 곧, 예상대로 잘 풀린 수업보다 실패한 수업을 통해 더 많은 것을 배운다는 사실을 깨달았다. 우리의 성장을 위한 조건은 단 2가지뿐이었다. 모두가 반드시 사고 루틴을 시도해 볼 것, 그리고 반드시 자신의 경험을 공유할 것. 그렇게 우리는 실수를 두려워하지 않고 위험을 감수하는 신뢰의 문화를 만들기 시작했다.

첫해는 교사들의 깨달음과 질문들로 가득 찬 흥분의 시간이었다. 한 교사는 이렇게 풍부한 토론은 처음 경험해 본다고 감탄했고, 또 다른 교사는 교실에서 언어가 바뀌자마자 거의 즉각적으로 효과가 나타났다고 말했다. 학생들은 서로의 생각을 연결하고, 상대방의 의견에 동의하거나 반대할 때도 존중을 담아 표현하기 시작했다. 또 다른 교사는 학습 지원이 필요하다고 분류된 학생들의 깊이 있는 사고를 보고 듣고는 정말 놀라웠다고 말했다. 사고 루틴은 이 아이들에게도 창의적으로 사고를 표현할 수 있는 새로운 통로가 되어 줬다. 교실과 복도의 벽은 더 이상 단순히 '과제물'을 전시하는 공간이 아니라, 학습 이야기를 들려주는 공간으로 변했다. 학부모들 역시 설명회와 전시회를 통해, 우리가 단순히 '진도를 나가는 것'이 아니라, 이해시키려고 가르치고 있다는 사실을 이해하기 시작했다. 이것이 바로 의미 있는 교육, 진정한 참여 그리고 실질적인 변화를 만들어 낸 학습의 모습이었다.

학습의 일부로, 교사들은 사고 루틴을 적용한 수업 영상을 제작해 함께 공유하고 토론했다. 각 영상에는 수업 설계 의도, 루틴을 통해 드러내고자 했던 학습 요소, 수업의 핵심 초점, 예상되는 어려움, 수업 후 교사의 성찰이 담겼다. 이 영상들은 연수 세션에서 공유되었고, 피드백은 매우 풍부했다. 유지해야 할 점에 대한 칭찬, 개선 지점에 대한 제안, 개인 경험과의 연결, 교사가 던지는 질문 유형에 대한 분석 등 다양한 논의가 이어졌다. 교실에는 '우리가 정말 대단한 일을 해내고 있다'는 축제 같은 분위기가 감돌았고, 어떤 교직원은 그 깊이에 감동해 눈물을 흘리기도 했다. 교사가 교사를 가르치는 것이야말로 가장 강력한 전문성 개발이라는 사실을 다시 확인한 순간이었다.

익숙함에서 벗어나기

2년 차와 3년 차에 접어들며, 사고 루틴을 활용하는 것에서 더 나아가 우리는 다음과 같은 근본적인 질문들에 집중하게 되었다. 생각하는 문화에서 성인(교사)의 역할은 무엇인가? 교사이자 학습자인 우리가 스스로 '좋은 성찰'이 무엇인지를 끊임없이 보여 주지 않으면서, 어떻게 학생들에게 성찰을 요구할 수 있겠는가? 이 질문에 따라 우리는 교사로서의 사고를 기록하고 공유할 수 있도록 매달 성찰 저널을 작성하기로 했다. 그런데 이는 예상보다 훨씬 도전적인 과제였다. 어느 교사가 "성찰 저널에 뭘 써야 하나요?"라고 물었을 때 나는 적잖이 충격을 받았다. 주제를 내가 제시한다면, 자신의 생각을 기록하는 '성찰'의 목적 자체가 무의미해질 것 같았다. 하지만 이 혼란과 불편함은 한 교사만의 문제가 아니었다. 대부분 같은 고민을 하고 있었다. 결국 우리는 형식을 갖춘 구조적 틀을 제공하기로 했다. 성찰 저널에는 사용한 사고 루틴의 이름, 수업의 맥락, 수업 경험을 담도록 했다.

초기에는 교사 대부분이 간략하고 내면 성찰이 부족한 답변을 작성했다. 우리는 일종의 '후퇴 상태'에 있었고, 일부 교사들의 불만과 반발도 있었다.

기존 교수법이 '캔자스'를 떠난 것이라면[*], 자신의 교수 실천을 성찰하는 이 작업은 '지구 밖'으로 나가는 것처럼 느껴졌다. 이럴 때 가장 쉬운 선택은 성찰 과제 자체를 없애는 것이었겠지만, 그렇게 되면 성인들 사이에서 생각하는 문화를 만들 수 없었다. 우리가 직접 해 보지도 않고 어떻게 학생들에게 성찰을 요구할 수 있겠는가? 우리는 성찰 과정을 우리 스스로 책임지고 이끌어야 했다. 우리는 교실 속 훌륭한 수업 실천을 제대로 이해하려면, 성찰하는 과정이 필수임을 받아들였다. 이것은 더 이상 선택 사항이 아니었고 타협의 대상이 될 수 없었다. 그 후, 저널 작성용 질문을 제공하고 개별 면담도 진행하며 교사들이 성찰 아이디어를 구체화할 수 있도록 도왔다.

어떤 실천의 효과가 당장 눈에 보이지 않더라도 때로는 그 효과가 드러날 때까지 신뢰하고 지속하는 태도가 필요하다. 나는 모든 교사가 성찰의 가치를 깨닫게 된 결정적인 순간이 있었다고 말하고 싶지만, 사실 변화는 작은 순간들의 축적, 신뢰의 회복 그리고 시간의 흐름 속에서 조금씩 이뤄졌다. 성찰은 점차 분석적으로 더 깊어졌고 마침내 한 교사가 말했다. "왜 이런 형식을 계속 강요하세요? 저희는 생각을 자유롭게 나누고 싶어요." 그 말에 전적으로 동의했다. 어떤 일을 반복하다 보면 자신만의 해석을 더하고 싶고, 형식과 기능을 가지고 놀고 싶고, 새로운 미적 경지에 도달하고 싶어지는 것이 사람의 본성 아니겠는가?

지난주, 성찰 저널을 읽다가 두 페이지 분량의 글 하나에 눈길이 멈췄다.

교사로서 우리는 교실 안에서 사고 루틴을 설계하고 학생들을 위한 생각하는 문화를 조성하는 데 익숙해져 있다. 하지만 교실 밖에서는 어떤가? 우리는 동

---

* 『오즈의 마법사』에서 유래한 관용구로, 익숙하고 안전한 세계를 벗어나 전혀 새로운 국면에 들어섰음을 의미함.

료나 학부모와의 상호작용 속에서, 학생들에게 길러 주려는 사고 태도를 스스로 보여 주고 있는가? 교육과정을 설계하거나 실행할 때에도 그러한 태도를 실천하고 있는가?

- 나는 교사들에게서 어떤 모습을 보고 싶은가?
- 내가 생각하는 문화를 지지하기 위해 실천하고 있다고 믿는 행동은 무엇인가?
- 교사가 스스로 사고하지 않는다면, 학생들에게 사고를 가르칠 수 있는가?
- 우리는 가정에서도 생각하는 사람으로 살아가고 있는가?

이 교사는 자신의 성찰을 존 슈크John Shook(2008)의 말을 인용하며 마무리했다.

내 경험이 가르쳐 준 가장 강력한 교훈은, 문화를 바꾸는 방법은 사람들의 사고를 먼저 바꾸는 일에서가 아니라 그들의 행동을 바꾸는 일에서 시작해야 한다는 것이다. 새로운 사고방식으로 행동을 바꾸기보다는, 새로운 행동을 통해 사고방식을 바꾸는 것이 더 쉽다.

이 성찰을 읽은 나는 더 알고 싶어져서 바로 질문했다. "무엇 때문에 이렇게 썼나요?" 교사의 대답은 매우 인상 깊었다. "우리가 단지 '사고를 가르치는 사람'인지, 아니면 정말 '사고하며 사는 사람'인지 생각해 보게 되었어요." 나는 더 물었다. "그것은 구체적으로 어떤 모습일까요?" 그녀는 이렇게 말했다. "만약 우리가 사고하는 사람으로서의 가치를 중요하게 여긴다면 말하는 방식도 달라지고 서로 듣는 방식도 바뀌겠죠. 아마 대답하기 전에 잠시 멈추고, 자신의 상호작용이 얼마나 효과적인지 성찰하는 시간을 가질 거예요." 그리고 덧붙였다. "우리는 학생들에게 기대하는 기준을 우리 자신에게도 적용할 거예요. 그리고 스스로 도전하고 고군분투하는 상황도 만들어 낼 거고요." 그녀는 생각하는 문화가 어떤 모습인지 정의했고, 조직 내에서 문화적 힘들이 어떻게 발휘되는지를 구체적으로 짚었다. 나는 훌륭한 교사가 스스로에게 만족하는 모습을 본 적이 없다. 그리고 그녀의 이 건설적인 불만족은 우리 학교가 얼마나 성장했는지 보여 주는 증거이기도 하다. 이런 대화는 지난 6년간의 학습 과정이 없었다면 결코 가능하지 않았을 것이다.

변화가 남긴 것

생각하는 문화를 만들어 온 우리의 여정은 이제 6년째에 접어들었다. 이 여정에는 성공적인 순간도 있었고 시행착오도 있었다. 변화와 성장을 위한 여정을 이어 오며 스스로에게 이렇게 묻는다. '무엇이 끝까지 지속되었는가? 그리고 무엇이 더 이상 유지될 수 없는가?' 교육에는 에너지가 뒷받침되지 않으면 시스템이 무너지는 일종의 엔트로피가 존재한다. 아마 그래서 수많은 '프로그램'들이 교육 현장에 등장했다가 사라지기를 반복하고, 교사들은 비전과 정체성 사이에서 혼란과 피로를 겪는 것일지도 모른다. 그러나 생각하는 문화는 단순한 '프로그램'이 아니다. '프로그램'이라는 단어에는 사고가 없다. 생각하는 문화는 목적의식이 담긴, 예술적이며 무한히 확장되는 사고의 실천이다. 이것이야말로 교사들이 교사가 된 이유다.

변화의 과정 속에서 우리 학교에 끝까지 남은 것은 많다. 관리자로서, 나는 생각하는 문화가 나의 수업 관찰 방식과 피드백 대화를 완전히 바꿔 놓았음을 체감한다. 이제 모든 것은 8가지 문화적 힘을 중심으로 돌아간다. 교실 안과 교직원 회의에서 나누는 대화는 예전보다 훨씬 더 깊고 풍성해졌다.

교실에서 나는 학생들이 거대한 아이디어에 몰입해 연결하고, 추론하며, 복잡성을 인식하고, 공감하는 모습을 본다. 사고가 눈에 보이게 될 때, 학습은 불가피하다. 반대로 이제 더 이상 우리 학교에 머물 수 없는 것들도 있다. 바로 수동적인 학습 태도, 의존적인 배움, 단순히 순응에만 초점을 맞춘 수업이다. 이것들은 모두 과거의 잔재일 뿐이다. 오늘날 학교를 바라보는 우리의 관점은 달라졌고, 우리의 사고는 그 어느 때보다 생동감 있고 본질적이며, 그리고 무엇보다 '눈에 보이는' 것이 되었다.

기회의 장을 열다

• • • •

엘런 케일(가시적 사고 코디네이터)
-미시간 트로이 교육구-

우리 교육구는 2010년에 생각하는 문화 조성에 관심을 갖기 시작했다. 당시 교육구의 관리자들은 공통 핵심성취 기준Common Core State Standards, CCS 의 시행을 준비하고 있었다. CCS의 엄격한 기준을 충족하는 데 필요한 깊은 사고력과 이해 능력을 어떻게 길러야 할지 고민하며, 우리는 다양한 자료와 연구를 검토했다. 그 탐색 끝에 도달한 것이 바로 하버드 프로젝트 제로에서 진행 중이던, 가시적 사고와 생각하는 문화 연구였다.

생각하는 문화는 우리 교육구가 직면한 또 다른 현실적 필요와도 맞닿아 있었다. 경제 불황의 여파로 미시간주는 교육 예산을 대폭 삭감했고 트로이 교육구는 여러 교육 프로그램을 축소해야 했다. 그중 하나가 영재 교육 프로그램이었다. 이에 대한 대안으로 우리는 모든 교실에서 생각하는 문화를 조성하고 그 안에 가시적 사고 루틴을 도입하면 차이화 수업이 가능하고 21세기형 학습을 촉진하는 핵심 전략이 되리라 기대했다. 이를 위해, 세 개의 초등학교에 가시적 사고 루틴을 확산하고 맞춤형 수업을 지원하는 교사 코치 직책이 신설되었고, 내가 그 역할을 맡게 되었다. 이렇게 나의 여정이 시작되었다.

첫걸음

새로운 교수 전략이나 교육과정 도입이 교사들에게 불안과 저항을 부를
수 있음을 잘 알고 있었기에, 나는 교사들이 생각하는 문화의 철학과 실천을
자연스럽게 받아들일 수 있도록 돕고 싶었다. 특히 사고 루틴이 그것을 실행
하는 구체적인 틀이 되어, 교실에 생각하는 문화를 형성하는 일의 가치를 교
사들이 이해하기를 기대했다. 열의에 찬 나는 첫 번째 학교를 방문해 발표할
때부터 사고 루틴을 적극적으로 활용했으며, 우리 교육구 내의 교육과정과
사고 루틴이 어떻게 통합될 수 있는지를 직접 시연하며 모형으로 제시했다.
그러나 기대와 달리, 큰 그림을 강조하는 나의 시도는 신중하거나 소극적인
교사들에게 큰 반향을 일으키지 못했다.

- 일부 교사들은 사고 루틴을 수업에 겉으로만, 형식적으로 통합했다.
- 일부는 이미 그런 전략을 하고 있다고 생각하며 아무런 변화를 시도하지 않
  았다.
- 어떤 이들은 몇 가지 루틴을 잠깐 시도해 본 뒤 '사고 가시화'를 해야 할 일
  목록에서 지워 버렸다.
- 또 다른 이들은 '시간이 없다', '우리 학생들에게는 맞지 않는다.'라고 불평하
  기도 했다.

그때 깨달았다. 내가 교사들에게 한 일은 결국 예전과 다를 바 없는 '새
로운 교수법 꾸러미를 보급하는 연수'에 불과했고, 교사들은 그동안 그래 왔
듯이 익숙한 반응을 보였을 뿐이라는 것을. 새로운 접근이 필요하다고 절실
히 느꼈다. 모든 교사에게 더 깊이 다가가고 진정한 이해를 일구어 낼 수 있
는 방법, 즉 단순한 기법 전달이 아니라 생각하는 문화의 비전을 함께 세워

가며 교사들의 지속적인 학습을 촉진할 수 있는 접근이 필요했다. 시간이 지나면서, 그러한 목표를 동시에 달성할 수 있는 보다 효과적인 접근법이 점차 모습을 드러내기 시작했다.

더 깊이 들어가기

우리는 각 학교의 교장과 리더십 팀이 적극적으로, 그리고 지속적으로 생각하는 문화에 대한 철학과 실천의 큰 그림을 교직원 협의회에서 제시하고 공동의 비전을 수립해야 한다는 데 뜻을 모았다. 이것은 코디네이터인 내가 대신할 수 있는 일이 아니었다. 물론 이들이 회의를 기획하거나 진행하는 과정에서 내게 도움을 요청할 수는 있었지만, 교직 문화를 가장 잘 이해하고 동료 교사들에게 설득력 있는 메시지를 전할 수 있는 주체는 바로 학교 내부의 리더들이었다. 이러한 학교 단위의 회의들은 사고와 이해가 왜 학습의 핵심인지를 교사들이 깊이 탐구할 수 있는 소중한 기회를 제공했다. 또한 이것은 8가지 문화적 힘을 논의하고, 학생들의 사고를 교실 곳곳에서 어떻게 가시화할 것인가, 새로운 루틴을 어떻게 도입할 것인가, 실천 과정의 성공과 도전 사례를 어떻게 공유할 것인가 등을 논의할 수 있는 훌륭한 장이 되었다.

학교 전체 차원에서 이루어진 노력을 더 확장하고 심화하기 위해, 교장과 교사 리더들은 내가 학년별 교사 팀을 직접 코칭하는 기회를 마련하기 시작했다. 이를 통해 나는 각 교사들이 처해 있는 수업 실행의 실제적 맥락에서 그들을 만날 수 있었고, 각 학년 수준의 공통 교육과정 목표에 맞추어 대화를 조정하고 구체화할 수 있었다. 학년별 교사 팀들은 함께 협의하여 사고 루틴, 질문 전략, 사고를 촉진하는 언어를 일상적인 수업 계획 속에 자연스럽게 통합하는 방안을 모색했다. 이러한 협력적 계획 과정에서 교사들은 서로의 실천을 책임 있게 점검하는 동시에 서로의 성장을 지지했다.

소규모 그룹에서 교사들의 이야기를 듣다 보면 각자의 필요와 실제적인 어려움을 훨씬 더 잘 파악하고 그에 맞게 지원할 수 있게 된다. 예를 들어, 한 회의에서 '색-상징-이미지' 루틴에 대해 논의하던 중 한 교사가 답답한 표정으로 말했다. "이걸 제 학생들과 어떻게 해야 할지 정말 모르겠어요." 그 순간을 놓치지 않고, 나는 교실을 방문해 직접 그 루틴을 시연해 주기로 약속했다. 이처럼 실제 상황에 기반한 코칭은 교사들이 루틴의 의도와 방법을 직접 보고, 느끼고, 이해할 수 있도록 돕는 효과적인 계기가 되었다.

이처럼 소규모 그룹을 이끌며 협력하는 과정에서, 나는 단순히 '방법'에 대한 실행 중심의 지시에서 벗어나 지속적으로 루틴을 실천함으로써, 학생들의 사고와 교실 문화에 축적되는 변화의 의미를 성찰하도록 교사들을 이끌 수 있음을 깨닫게 되었다. 이러한 전환을 통해 우리는 자연스럽게 초점을 수단(즉, 사고 루틴이나 기타 전략의 활용)이 아니라 목표인 사고와 학습의 문화를 창조하는 일에 맞추게 되었다. 그 결과 교사들은 점차 수동적인 실천자에서 능동적인 학습자로 변했다. 예전에는 "할 시간이 없어요."라고 말하던 교사들이 이제는 이렇게 말한다. "우리 반 아이들이 상상도 못 했던 방식으로 사고하고 반응하고 있어요!"

더 깊은 단계로

올해 초, 교육구 내 한 교장은 교사들에게 사고 루틴 2가지를 선택해 1년 동안 꾸준히 실천하고 그 과정에서 학생들의 사고와 이해가 어떻게 성장하는지를 기록하자고 제안했다. 교사들은 학생들의 학습 결과물을 지속적으로 수집하고, 그 안에 담긴 사고를 면밀히 살피며, 이를 토대로 '평가 사다리'를 만들어 성찰과 이후 수업 전략 수립에 활용했다. 교장은 교사들의 이러한 노력을 지원하고자 정기 교직원 회의의 일부 시간을 할애해 내가 매달 학년별 교사 팀과 만날 수 있도록 배려했다. 나는 이 시간을 통해 각 팀과 함께 교사들의 실천을 점검하고, 학생들의 사고 성장을 구체적으로 탐색하며, 루틴이 학급 내 생각하는 문화를 어떻게 변화시키고 있는지를 함께 성찰할 수 있었다.

우리는 회의의 초점을 '루틴을 어떻게 사용하는가'에 맞추지 않았다. 대신 사고 루틴이 수업 설계의 어느 부분에 들어가야 하는가, 즉 교수와 학습 과정 속에서 어떤 역할을 해야 하는가를 분석하는 데 집중했다. 이 논의의 출발점은 하버드-스미스소니언 천체물리학 센터에서 제작한 과학 오개념 관련 다큐멘터리 속 한 해설자의 말이었다. "우리는 늘 교사가 가르치면 학생은 배운다고 가정하지만, 학생들은 저마다 독자적인 사고를 하고 있다." 이 문장은 우리에게 중요한 통찰을 줬다. 학생들이 실제로 무엇을 어떻게 생각하고 있는지를 파악할 수 있는 전략이 마련되어야만 교사가 보다 효과적으로 평가하고 학습을 설계할 수 있는 것이다. 즉 가르침보다 먼저 필요한 것은 학생의 사고를 드러내는 장치, 그리고 그것을 통해 이루어지는 진정한 이해 중심의 수업 설계라는 점에 모두가 공감하게 되었다. 우리는 『생각이 보이는 교실』의 교실 문화 관련 발췌문을 함께 읽고 다양한 프로토콜과 루틴을 활용해 대화의 구조를 세웠고, 이를 통해 사고 루틴이 학습 과정을 어떻게 심화하고 풍요롭게 만드는지에 대해 함께 탐색하고 발견할 수 있었다.

교사들이 자신이 선택한 루틴을 꾸준히 적용하면서 우리의 월례 협의회의 초점도 자연스럽게 변화하는 교실 문화로 옮겨 갔다. 처음에는 미묘하게만 느껴지던 변화들이 점차 뚜렷하고 강력한 모습으로 나타났다. 한 2학년 담임교사는 놀라움과 감탄이 섞인 표정으로 이렇게 말했다. "새로운 학습을 시작할 때 아이들이 서로에게 '오늘은 어떤 생각을 하게 될까?'라고 말하는 걸 들었어요." 그 교사는 학생들이 더 이상 지시를 기다리지 않고 스스로 학습의 주체가 되어 사고를 주도하기 시작했다는 점에서 진정한 변화의 힘을 느꼈다. 또 다른 교사들은 이렇게 말했다. "예전보다 말하는 시간이 줄고 아이들의 말을 듣는 시간이 훨씬 많아졌어요. 아이들이 스스로 '왜 그렇게 생각했는지'를 자연스럽게 설명하고, 다른 학생들이 그 말에 정중하게 동의하거나 반박하면서 '그 이유'를 말하더라고요."

우리는 이러한 수업 내 변화를 더 깊이 이해하고자, 생각하는 문화 실천에 참여하고 있는 다른 사례들을 찾아보기로 했다. 그중 호주 멜버른의 '배움의 이야기Stories of Learning' 프로젝트(www.storiesoflearning.com) 사례가 우리에게 영감을 주었다. 우리는 앤드리아 엘리엇Andrea Elliott이 쓴 글「생각하는 문화로 가는 여정The Journey to a Culture of Thinking」을 함께 읽었다. 그녀가 학교에서 생각하는 문화를 조성해 간 여정은 교사들에게 사고 루틴 활용에도 '발달 단계'가 존재한다는 점을 일깨워 줬다. 자신들의 루틴 활용이 이제 '중급' 단계에 접어들었다고 자각했을 때, 학교 교사들은 큰 열의와 자신감을 갖게 되었다. 더 고무적인 점은 학생들의 사고력과 참여도가 눈에 띄게 향상되었다는 것이었다. 예전에는 좀처럼 발언하지 않던 학생들이 이제는 자신의 생각을 표현하며 대화에 참여하기 시작했다는 이야기가 수업 관찰을 공유하는 자리에서 반복적으로 나왔다. 한 교사는 이렇게 말했다. "예전에는 수업 시간에 자신의 생각을 말하기를 꺼리던 아이들이 이제는 훨씬 적극적으로 이야기하려는 모습을 보여요. 제 생각에는 아이들이 주변에서 다른 친구들의 생각을 듣고, 루틴을 통해 학습이 어떻게 전개되는지를 '눈으로 보고', 여러 번 대화에 참여할 기회를 갖게 되면서 자기 학습을 더 잘 이해하게 되는 것 같아요."

이에 발맞추어, 학교 리더십 팀은 교사들이 함께 모여 학생 사고 살펴보기 프로토콜(부록 D 참고)을 활용해 학생들의 사고를 함께 관찰하고 분석할 기회를 마련했다. 또한 매달 등교 전에 자발적으로 참여하는 '커피 모임'을 운영해, 교사들이 자신의 수업에서의 성공과 어려움을 공유하고 학생들의 사고를 한층 더 심화시킬 전략을 함께 찾을 수 있도록 했다. 이 모임에 꾸준히 참여해 온 한 교사는 지금까지의 여정을 "이 과정은 천천히 시작되지만 시간이 지나며 점점 더 깊어지고 단단해지는 여정이에요. 이 과정을 통해 교사와 학생이 함께 사고하고 나누는 하나의 연결된 학습 공동체가 형성됩니다. 그 속에서 깊고 지속적인 사고와 이해가 자라나죠."라고 요약했다.

여정은 계속된다

이 학교의 실천은 지금도 계속되고 있다. 교사들은 지속적으로 자신의 성장과 학생 사고의 발달을 구조화된 성찰structured reflection로 점검한다. 이를 위해 우리는 학년별 회의 시간을 활용해 학생들의 사고가 드러난 학습 산출물을 검토한다. 이때 프로토콜을 사용해 대화를 구조화함으로써 학생 사고 속에서 어떤 사고 과정이 나타나고 있는지를 찾아내고, 그것을 어떻게 더 확장하고 심화시킬 수 있을지 전략을 탐색한다. 또한 학교의 리더십 팀은 '증거를 활용한 추론' 사고 전략을 위한 평가 사다리(부록 I 참고)를 개발해 교사들에게 학생 사고를 더욱 깊이 발전시킬 수 있는 길잡이를 제공했다.

또 다른 큰 진전은 연구 수업을 실시한 것이다. 이는 교사들이 서로의 교실을 방문해 실제 수업 실행 장면을 관찰하고 배움으로써 생각하는 문화를 구체적으로 체험하고 확산시키도록 설계되었다(사례는 http://blog.oakland.k12.mi.us/jepl/2013/05/30/ 참고). 이 경험은 교육구 내 각 초등학교에서 교사가 한 명씩 모여 진행자의 안내에 따라 수업 관찰에 참여하는 방식으로 이뤄진다. 수업을 참관한 교사들은 열정적인 교사와 학습에 몰입하는 학생들이 만들어 내는 긍정적 에너지를 언급했으며, 생각하는 문화가 단순한 루틴을 훨씬 넘어

선다는 사실을 깊이 깨닫게 되었다.

우리 교육구 내 초등학교에서 생각하는 문화를 길러 온 전략들에는 서로 긴밀히 얽혀 있는 3가지 성공 요인이 있다.

- 교장은 비전을 제시하고, 학습과 성장을 위한 시간과 공간을 마련하며, 교사와 학생의 학습 전반에 지속적으로 관심을 가지고 참여한다.
- 교사 리더는 핵심 원리와 실천 사례를 동료들과 공유하고, 교원들이 함께 모여 배우고 나누며 성장할 수 있는 배움의 이벤트를 기획한다.
- 교사 코치는 학교 현장에서 이루어지는 자발적인 대화를 촉진하고, 교사 성장과 지속적 리더십 개발에 필요한 지원과 학습 기회를 예측해 마련한다.

이러한 원칙들이 실제로 얼마나 유효한지를 최근에 직접 다시 확인할 수 있었다. 초기에는 생각하는 문화의 실천을 부정적이고 회의적인 시각으로 바라보던 한 교사가 있었다. 그녀는 그것이 시간만 낭비하는 하찮은 일이라며 회의적인 반응을 보이고는 했다. 그런데 어느 날, 그 교사가 동료들에게 설렘과 확신에 찬 목소리로 자신의 변화를 이야기했다. 그녀는 자신이 교사로서 전문적으로 성장하고 있다는 자각, 학생들의 사고방식이 깊어지고 있다는 실감, 교실 안에서 사고의 문화가 점점 살아나고 있다는 변화를 나누며 진심 어린 기쁨을 표현했다. 이러한 헌신과 체계적인 실천을 통해 우리가 꿈꾸던 비전, 즉 학생들의 '생각하는 교실', 교사들의 '생각하는 학교'가 점차 현실이 되어 가고 있다.

교사들이 서로 가르칠 수 있는 역량을 기르기

· · · ·

짐 리스(연구부장)
-워싱턴D.C. 워싱턴국제학교-

생각하는 문화를 구축하며 우리 학교에서 일어난 변화를 생각할 때마다, 나는 아직 완성되지 않았지만 큰 잠재력을 지닌 미완성 캔버스를 떠올리게 된다. 이 이미지를 마음속에 간직한 것은 교사들을 지원하고 이 과정을 이끌어 가는 데 큰 도움이 되었다. 지난 몇 년 동안 우리는 교수와 학습을 강화하기 위해 사고 루틴과 같은 다양한 프레임워크와 도구를 활용하면서, 교사들의 열정이 높아지고 이것들에 대한 익숙함과 전문성까지 점차 자리 잡아 가는 모습을 경험했다. 이 과정에서 내가 배운 것은, 각자는 이러한 아이디어를 자기 나름의 시기와 속도로 받아들여야 한다는 점이다. 그렇기 때문에 이 미완성 캔버스에는 여전히 다른 이들이 함께 참여해 자신만의 흔적을 남길 공간이 남아 있다.

다른 학교에서 교수, 학습 개선을 위한 여러 노력을 기울인 경험을 통해, 나는 어떤 변화가 지속적인 힘을 얻으려면 인내와 끈기가 필수적임을 알게 되었다. 특히 생각하는 문화를 조성하는 일은 단순히 새로운 실천을 몇 가지 도입하거나 교육과정을 조금 바꾸는 차원을 훨씬 넘어선다. 과거의 경험을 통해 나는 중요한 교훈을 얻게 되었다. 학교 안에서 아이디어가 유기적이고 자생적으로 뿌리내릴 수 있도록 하는 동시에, 학교 핵심 리더들의 실질적이고 공적인 지지가 있어야 한다는 것이었다.

2007년, 워싱턴국제학교에 새 교장이 부임하면서, 그는 교사의 전문성 개발에 더 큰 엄격함과 일관성을 갖겠다는 확고한 의지를 밝혔다. 그 결과, 우리는 사고와 이해의 발달과 관련된 폭넓은 아이디어, 특히 생각하는 문화 프로젝트와 연결된 주제들을 교사들이 배울 수 있도록 투자했다. 교사들은 이에 다양한 방식으로 참여할 수 있게 되었다. 다시 말해, 우리는 서로 보완적이면서도 학년과 교과를 초월해 함께 사용할 수 있는 공통의 전문 언어를 제공하는 프레임워크와 도구들에 투자한 것이다. 특히 사고 루틴은 초등, 중등, 고등 모든 학년에 걸쳐 손쉽게 접근할 수 있고 의미 있게 적용할 수 있는 도구임이 입증되었다.

그러나 이러한 지속적인 노력이 성공할 수 있었던 가장 중요한 요인은, 교사들이 서로를 가르치고 학부모와 동료 교사에게까지 이 아이디어에 대한 열정을 나누는 역량을 구축한 것이었다. 머지않아 학교 안팎에서 워크숍을 주도하고자 하는 교사들이 늘어났고, 학회에서도 발표를 맡는 이들이 생겨났다. 한 고등학교 교사는 여러 차례 발표를 진행한 경험을 이렇게 회고했다.

발표를 통해 제 수업 실천을 더 깊이 성찰합니다. 발표를 준비하는 과정에서 저는 무엇이 효과적이었고 무엇이 그렇지 않았는지를 가늠해야 합니다. 워크숍을 하다 보면 참가자들의 질문과 사고 과정을 통해, 제가 교실에서 어떠한 교육학적 선택을 해 왔는지, 또 사고 성향, 사고 루틴, 생각하는 문화 실천을 어떻게 연결해 왔는지를 자각하게 됩니다. 워크숍 이후에 받는 평가지 역시 많은 통찰을 줍니다. 언제나 예상치 못한 의견이 있기 때문입니다. 어느 참가자는 "모두가 자유롭게 참여할 수 있는 안전한 분위기를 조성해 줘서 좋았다."라고 썼습니다. 그 말을 읽고 당연히 기뻤지만, 동시에 '내가 어떻게 그런 분위기를 만들 수 있었을까?'라는 질문을 스스로에게 던지며 워크숍을 되새기게 되었습니다. 결국 처음부터 끝까지 이 모든 과정은 저를 더욱 성찰적으로 이끌었습니다.

최근 워싱턴국제학교에서는 학생과 교사의 사고와 학습 과정을 기록하는 일에 더욱 주의를 기울이고 있다. 물론 기술이 이 과정을 돕는 중요한 역할을 했지만, 생각하는 문화의 원리와 실천을 깊이 이해하는 기술 통합 코디네이터를 배치한 것이 기술 자체보다 더 본질적이었다. 이들은 교사들이 학생들에게 무엇을 이해시키고자 하는지 깊이 성찰하도록 안내하며, 교실 안팎에서 이뤄지는 진정한 학습 경험을 오디오와 비디오로 기록할 역량을 갖추고 있다.

우리는 교사와 학생이 몰입해 학습하고 그 과정을 성찰하는 모습을 담은 영상을 게시하는 온라인 비디오 채널을 개설했다. 한 기술 통합 코디네이터는 자신의 배움을 이렇게 표현했다.

기록은 단순히 교실에 카메라를 들고 들어가 일어나는 일을 촬영하는 것이 아닙니다. 그것은 결과물이 아니라 과정이며, 대개 교사 주도로 시작될 때 가장 효과적입니다. 모든 요소를 살펴보면 기록은 오히려 이야기에 가깝습니다. 교사들에게는 시간과 공간의 사용을 더욱 깊이 고민하게 만들고, 동시에 비판을 받아들이며 자신을 드러낼 용기를 요구합니다.

학교 내에서 생각하는 문화를 조성해 가는 또 하나의 핵심 요소는 학년과 교과 영역을 넘나드는 교사 간의 지속적인 협업이다. 수년간 우리는 학습 공동체를 운영해 왔으며, 이들은 학년 내내 정기적으로 모여 생각하는 문화 속에서 가르치고 배우는 것의 의미를 탐구해 왔다. 교사들은 자발적으로 이 집단에 참여해 월 2회 이상, 한 번에 최소 한 시간씩 만난다. 각 집단은 해마다 주제를 새롭게 정하고 구성원 또한 매년 바뀐다. 처음 2년 동안 나는 각 집단의 퍼실리테이터 역할을 맡아 이후 이 역할을 이어받을 교사 리더들을 육성하는 데 주력했다. 이제 4년 차에 접어든 현재, 대부분의 집단은 교사 주도로 운영되고 있으며 나의 개입은 거의 필요하지 않다.

각 집단의 초기 목표 중 하나는 구성원 간의 신뢰 구축이다. 그래야 모두가 취약한 부분을 드러낼 수 있다. 이 자리는 잘한 일을 보여 주는 것이 아니라 더 잘하고 싶은 일을 함께 탐구하는 데 목적이 있다. 대부분의 집단은 학년 초에 '실천상의 문제', 즉 수업과 학습 과정에서 나타난 실제 고민들을 표면화하는 작업부터 시작한다. 이때 나오는 질문들이 한 해 동안 집단의 대화와 탐구를 이끄는 동력이 된다. 최근까지도 우리 학교에서 이러한 대화는 흔하지 않았다. 사실 내 경험에 비춰 보건대, 대부분의 학교에서 흔한 문화가 아닐 것이다. 프로토콜의 활용은 심도 있는 논의를 촉진했고, 교실 내 문화적 힘을 탐색하는 과정에서 사고 루틴을 모델링하는 것도 큰 도움이 되었다. 예를 들어, '보기–생각하기–질문하기' 사고 루틴은 다양한 맥락에서 유연하게 활용 가능한 효과적인 도구인 것으로 드러났다.

올해 한 학습 집단은 교실 내 문화적 힘을 탐색하는 관찰 프로토콜을 활용하고 있다. 이들은 자율적으로 소그룹을 구성한 뒤 동료 교사의 수업을 정기적으로 관찰한다. 그런 뒤 자신들이 보고 듣고 배운 것을 함께 논의한다. 해당 그룹의 퍼실리테이터 한 명은 다음과 같이 성찰했다.

"동료애와 신뢰는 서로의 경험을 존중하고 각자가 겪는 어려움과 성취를 인정할 때 형성되지요. 사용하기 쉬운 관찰 프로토콜은 개방적인 분위기를 조성하고 평가나 섣부른 판단을 피하도록 도와줍니다."

이 그룹은 몇 달간의 동료 수업 관찰을 거치며 다음과 같은 통찰을 얻었다.

- 교사가 수업 중 무엇을 하고 있는지를 동료 교사와 함께 성찰할 때 교실 내 사고에 대한 인식이 촉진된다.
- 수업을 계획하거나 수업 중 반응할 때 활용할 수 있는 사고 루틴의 정신적 목록을 갖추는 것은 매우 유용하지만, 그 목록은 맥락에 따라 달라진다.
- 자신이 한 일과 동료가 하는 일을 기록하는 것은 교사로 하여금 성찰하게 만든다.
- 학생들에게 기대하는 사고의 구체적 유형을 명확히 정의하는 것이 매우 중요하며, 이를 위해서는 높은 수준의 엄밀함이 필요하다.

수년간 학습 집단을 이끌고 워크숍을 진행해 온 우리 초등학교의 한 교사는 2010년 4월 워싱턴국제학교가 주최한 콘퍼런스에서 데이비드 퍼킨스가 한 강연에서 큰 영감을 받았다. 퍼킨스는 생각하는 문화의 발달을 하나의 '작곡(구성)'에 비유하며 다음과 같이 말했다. "생각하는 문화는 서서히 진화하며, 뿌리를 내리기 위해서는 시간이 필요합니다. 교사들은 처음에는 사고 루틴이나 프로토콜을 교실에서 실행할 활동으로 받아들이겠지만, 그것들은 결국 자신이 가진 실천 모음집의 일부가 됩니다. 교수와 이해, 가시적 사고에 관한 아이디어와 지속적으로 상호작용 하다 보면 점차 연결이 생깁니다. 이렇게 하나의 구성이 형성되기 시작하면, 교사의 가르침과 학생의 배움에 분명하면서도 점진적인 변화가 일어납니다. 학습 공동체는 이러한 지속적인 상호작용을 촉진합니다." 이 교사는 퍼킨스의 비유에서 생각하는 문화 구축의 본질을 이해하고, 교사로서의 실천에 더욱 깊은 목적의식을 가지고 접근하고 있다.

워싱턴국제학교에서는 해마다 크고 작은 도전과 좌절이 생기지만, 우리는 학교 곳곳에서 분명히 드러나는 여러 성공 사례에 큰 기대와 기쁨을 느끼고 있다. 탄탄한 실천력을 갖춘 교사가 학교를 떠날 때마다 걱정이 앞서지만 다행히도 우리는 생각하는 문화에 개방적인 교사를 전략적으로 채용해 왔고, 그들에게 생각하는 문화를 학습할 기회를 가능한 한 빠르게, 자주 제공하고 있다. 국제 바칼로레아 디플로마 프로그램에 대비해야 하는 일부 과목은 내용이 방대하고 수업 속도도 매우 빠를 수밖에 없어, 사고 중심 수업을 원하는 만큼 적용하지 못하는 아쉬움을 교사들이 토로하기도 한다. 마찬가지로 초등학교의 이중 언어 프로그램에서는 다양한 교수 목표들이 충돌하지 않도록 교사 간 긴밀한 협력이 필요하며, 그 과정에서 생각하는 문화의 실천이 희생되지 않도록 특별한 주의가 요구된다. 이러한 도전은 늘 존재하며 결코 사라지지 않는다. 이는 완전히 해결할 수 있는 문제가 아니라, 지속적으로 인식하고 관리해야 할 긴장과 균형의 과제다.

수년 동안 이 아이디어들을 가장 훌륭하게 실천하는 교사들의 공통점을 관찰해 왔다. 그들은 도전을 기꺼이 받아들이고 다양한 체계와 도구를 더 나은 학습을 실현하기 위한 수단으로 바라본다. 반대로 무관심하거나 저항을 보이는 이들은 대개 '교육과정이 지나치게 빽빽하다'는 점이나, 과목 내에서 복잡한 이해가 갖는 역할을 고려하려 하지 않는 태도로 이러한 아이디어들을 회피하고는 했다. 희소식은 저항을 보이는 교사들이 해마다 줄어들고 있다는 점이다. 몇 해 전, 우리는 이 사고 중심 접근이 지속되기를 진심으로 바라는 교사들의 수가 임계점을 넘어서는 순간을 맞이했다. 이는 학교 분위기에 엄청난 변화를 가져왔고, 우리가 함께 생각하는 문화를 심화하고 확장하는 데 결정적인 전환점이 되었다. 물론 도전과 좌절은 여전히 남아 있다. 우리의 캔버스는 여전히 미완성 상태로 남아 있을 것이다. 때로는 복잡하고 지저분해질 수도 있다. 그러나 분명한 것은 그 색채가 점점 더 깊고 풍부해지고 있다는 사실이다.

수년간 호주 시드니 대도시권에 위치한 두 사립학교, 이매뉴얼학교와 마사다칼리지의 리더십 팀은 교실 전반에 걸쳐 생각하는 문화를 풍부하게 조성하고 확산하기 위해 힘써 왔다. 두 학교 모두 학생의 사고를 가시화하는 데 초점을 둔 교사 전문 학습 공동체를 구성했고, 그 결과 교사 간 협력이 더욱 활발해졌으며, 학생의 학습이 대화의 중심 주제로 지속적으로 자리를 잡는 등 긍정적인 변화가 나타났다. 그러나 두 학교는 곧 단순히 사고 루틴을 도입하는 것만으로는 학교 전반의 문화 변화라는 비전을 실현하기에 충분하지 않다는 사실을 깨달았다. 이에 다음과 같은 의문이 제기되었다. 학생 학습에 대한 교사의 사고를 어떻게 더 성장시키고 발전시킬 수 있을까? 생각하는 문화를 다음 단계로 끌어올릴 수 있는 더욱 풍부하고 의미 있는 전문성 학습을 어떻게 제공할 수 있을까?

이 질문들에 대해 학교 리더십 팀과 함께 고민한 끝에, 우리는 '생각하는 문화 탐구 및 실행 프로젝트 집단'을 설립하자는 아이디어를 구체화하게 되었다. 우리는 탐구와 실행이 안전하고, 지지적이며, 사려 깊은 환경 속에서 이뤄져야 성공할 수 있다는 점을 잘 알고 있었다. 이를 실현하고자 두 학교에서 자발적으로 참여한 교사 중에서 탐구 및 실행 프로젝트 집단의 구성원을 선발했다. 나는 학년도 동안 이 집단과 세 차례 만날 계획을 세웠다. 첫 번째는 학년 초 프로젝트의 시작을 알리는 자리이고, 두 번째는 학년 중반에 프로젝트의 진행 상황을 점검하고 방향을 재조정하는 자리, 마지막 세 번째는 학년 말에 서로의 배움을 공유하는 성과 나눔의 자리였다. 이 만남들 사이에는 각 학교가 지속적인 학습 집단을 운영하며 참여 교사들을 지원했고, 이 집단들은 내가 코칭을 맡은 교내 퍼실리테이터들이 주도적으로 이끌었다.

탐구 및 실행 프로젝트 그룹 설립

다음은 첫 번째 집단에서 약 서른 명의 자원 교사를 모집하기 위해 두 학교 전체 교사들에게 발송한 참여 안내문이다.

교수·학습에 관한 새로운 아이디어와 관점에 열려 있으신가요? 학생들과 함께 교실에서 새로운 시도를 하고 싶으신가요? 다양한 학년과 교과를 담당하는 사려 깊은 동료 교사들과 함께 교육적 고민과 질문, 실천을 나누고 성찰하고 싶으신가요? 자신의 생각과 배움을 더 넓은 교사 공동체와 공유하고 싶으신가요?

위 질문들에 "네."라고 답하셨다면, 이번 학년도에 이매뉴얼학교와 마사다칼리지가 공동으로 운영하는 생각하는 문화 탐구 및 실행 프로젝트에 참여하기를 권합니다!

앞서 언급했듯이 우리는 이 공동 프로젝트 집단이 세 차례 모이도록 계획했다. 첫 번째 세션은 참여 교사 각자가 자신에게 의미 있는 질문을 선택하고 다듬는 데 초점을 두었다. 이 질문들은 대체로 학생들의 사고에 더 주의를 기울이려는 과정에서 비롯된 교육적 고민을 반영했다. 예를 들어, 이매뉴얼학교 영어과 부장 데이비드 캠프David Camp는 방대한 과목 내용을 다루고 부담이 큰 시험에 대비해야 한다는 압박 속에서, 특히 셰익스피어와 같은 복잡한 문학 작품을 다룰 때 학생들이 지나치게 자신에게 의존한다는 점을 어려움으로 느꼈다. 그는 학생들이 스스로 문학적 전문성을 기르기보다는 교사인 자신만을 '전문가'로 바라보는 상황이 학습의 걸림돌이 된다고 판단했다. 데이비드가 처음 던진 질문은 다음과 같았다. "어떻게 하면 학생들이 더 능동적으로 수업에 참여하고, 교실 안에서 전문성을 공유하는 문화를 형성할 수 있을까요?"

이처럼 자신의 교육적 퍼즐을 명확히 정리한 뒤 참여 교사들은 자기 수업에서 집중적으로 탐구할 문화적 힘 한두 가지를 선정하고, 이를 중심으로 실행 가능한 실천을 설계했다. 이러한 실천은 더 깊은 통찰을 이끌어 내거나 새로운 질문을 생성하는 것을 목표로 했다. 이를 지원하기 위해 우리는 탐구 절차를 안내하고 다양한 실천 아이디어를 제공했고, 이를 통해 탐구 및 실행 프로젝트의 기반을 마련했다. 데이비드의 경우, 그는 문학 토론에서 학생들이 스스로 방향을 이끌 수 있도록 새로운 기회를 제공하고 수업에 대한 기대를 달리 제시해야 할 필요성을 인식했다. 그가 행한 방법 중 하나는 다음과 같았다. 데이비드는 고학년 학생들에게 『햄릿』의 한 부분을 수업 전에 미리 읽고, 가장 중요한 핵심 아이디어를 담고 있다고 생각되는 인용문 다섯 개를 준비해 오도록 했다. 그리고 수업 시간에는 학생들을 소그룹으로 나눠, 자신이 선정한 인용문들이 왜 작품 전체에서 중요한 의미를 가지는지 서로 설명하고 토론하게 했다. 이러한 구조를 통해 데이비드는 학생들이 교사 중심에서 벗어나 보다 주도적이고 해석적인 문학 독자로 성장할 수 있는 기회를 의도적으로 마련한 것이다.

지속적인 학습 촉진의 중요성

초기 계획 단계에서부터 분명했던 사실은, 1년에 세 차례 열리는 미팅은 교사들이 원하는 수준의 성장을 이끌어 내기에 충분하지 않다는 점이었다. 두 학교 모두 유능한 연구 부장이 있었지만, 각 학교에서 탐구 및 실행 프로젝트에 참여하는 교사들을 이끌 소규모 학습 공동체를 조직하고 이를 지원할 전담 퍼실리테이터가 필요하다고 판단했다. 이들은 프로젝트 내에서 성공적인 학습을 촉진할 뿐 아니라, 각 학교에서 리더십 역량을 개발하는 데에도 중요한 역할을 했다. 이들은 교내에서 성찰적인 교과 협의회를 주도하는 실질적인 핵심 인력이었으며, 다양한 프로토콜과 절차를 활용해 교사들이 교실에서 실행한 활동을 바탕으로 2주마다 대화를 이끌었다.

나는 퍼실리테이터들과 딜레마를 탐색하고, 예비 계획을 다듬으며, 교실에서 실행된 활동을 성찰할 수 있도록 돕는 프로토콜 사용법을 익히는 훈련을 진행했다. 물론 이러한 기술도 중요했지만, 무엇보다 이 내부 챔피언들에게 가장 핵심적으로 필요한 자질은 동료 교사들의 학습 여정에 대한 호기심이었다. 그래서 동료의 성찰을 깊이 있게 경청하는 능력, 반성적 질문을 던지는 기술, 동료가 스스로 떠올리지 못했던 새로운 실천으로 나아가도록 유도하는 탐구적 질문법을 함께 개발하는 데 집중했다.

각 학교에서는 탐구 및 실행 프로젝트 참여 교사들을 더 작은 집단으로 나누고, 해당 집단마다 전담 퍼실리테이터를 배정했다. 초기 단계에서 우리는 다음과 같은 합의를 분명히 했다. '학습 세션이 열릴 때마다 반드시 실제 교실에서 실행한 구체적인 사례를 가져와야 한다. 단순한 아이디어만으로 이론적 논의를 반복해서는 안 된다.' 교사들이 학습 집단에 가져온 사례는 대체로 세 가지 유형이었다. (1) 현재 실행 중 겪고 있는 고민이나 문제 상황(딜레마), (2) 아직 실행 전인 수업 계획이나 아이디어, (3) 실제 수업 결과로 도출된 학생 과제·글·발표물 등의 산출물. 퍼실리테이터들은 이러한 사례를 다루기 위해 상황에 따라 설명 중심 컨설팅, 조율, 학생 사고 살펴보기 프로토콜 등을 활용해 각 세션을 이끌었다(자세한 내용은 www.nsrfharmony.org 참고). 무엇이 테이블에 올라오든, 퍼실리테이터는 항상 참여 교사들이 개별적으로 '오늘 다룬 학습 요소들이 자신의 탐구 및 실행 프로젝트와 어떻게 연결되는지'를 성찰할 시간을 보장했다. 이런 방식은 한 교사의 사례를 깊이 탐구할 수 있게 해 주는 동시에, 그 사례를 '거울' 삼아 자신을 되돌아볼 기회를 모든 교사에게 제공했다. 이는 공동 학습의 장에서 개별 성장과 집단 성장을 동시에 촉진하는 매우 효과적인 전략이었다.

또한 학기 중반에 열린 중간 점검 세션은 두 학교의 참여자들이 지금까지의 실행을 되돌아보고, 자신의 탐구 질문을 재조정하며, 다음 단계를 설계하는 중요한 계기가 되었다. 그러나 이 시점에서 많은 교사들은 자신이 설정한 교육적 퍼즐을 둘러싼 다양한 제약 요인 때문에 마비된 듯한 반응을 보였다. "성적 산출 체계가 바뀌지 않는데 이걸 왜 해야 하나요?", "학부모들은 다른 걸 기대하는데, 의미가 있을까요?", "교육부 방침이 바뀌지 않는 이상 제가 할 수 있는 게 있나요?" 등의 질문을 했다. 이처럼 외부 요인에서 비롯된 무력감이 교사들의 성장을 가로막는 장벽으로 작용함을 인지한 우리는, '관심의 영역 vs 영향력의 영역'이라는 활동을 진행했다(출처: www.nsrfharmony.org). 이 활동에서 참여자들은 자신이 가진 모든 우려 사항을 나열한 다음, 그중 실제로 자신의 영향력 안에 있는 항목들을 식별했다. 이를 통해 교사들은 제도적, 사회적 한계가 존재하더라도 자신이 통제할 수 있는 부분에서부터 변화의 돌파구를 마련할 수 있음을 자각하게 되었다. 그 결과, 많은 교사가 그제서야 실질적이고 실행 가능한 다음 실천 행동을 다시 설정하고 앞으로 나아갈 수 있게 되었다.

배움을 축하하며

마지막 공동 세션은 배움의 축제였다. 프로젝트로 얻은 통찰과 새로운 질문을 서로 나누는 자리였다. 교사들은 자신의 탐구와 실행 과정을 보여 주는 산출물을 가져왔다. 학생들과의 대화를 기록한 문서, 학생의 발언 인용문 또는 학생 사고의 구체적 사례 등이었다. 이러한 산출물은 두 학교 교사들이 서로 협력하고, 각자의 탐구와 실행 노력을 연결하며, 학교 차원의 생각하는 문화 조성에 관한 새로운 질문들을 발굴하는 데 중요한 기회를 제공했다.

첫해의 노력을 마무리하면서 나는 참여 교사들이 교실 실천 속에서 문화적 힘과 어떻게 관계 맺었는지에 깊은 관심을 두었다. 종종 교사들은 탐구의 시작점으로 하나의 문화적 힘에 집중했지만, 실행을 이어 가며 동료와 성찰적 대화를 나누는 과정에서 결국 전혀 다른 문화적 힘에 초점을 맞추게 되었다. 예컨대, 마사다칼리지의 교사 클레어 그린업Clare Greenup은 학습자 주도성과 실패로부터 배우기에 초점을 맞췄으나, 프로젝트를 진행하는 동안 관계와 언어의 중요성을 새롭게 발견했다고 고백했다.

처음에는 기회를 제공하는 문제라고 생각했는데, 진행하다 보니 관계와 상호 작용 그리고 언어의 문제라는 걸 알게 되었어요. 예전에는 '관계'가 아이들과 잘 지내고, 존중받고, 학생들이 편안함을 느끼는 것이라고 생각했습니다. 하지만 이제는 학습에 대한 주도성과 주인의식은 제가 단순히 '부여'할 수 있는 것이 아님을 깨달았습니다. 각 학생이 스스로 자신을 이해하고 학습을 성취하고 자신의 길을 개척할 힘이 자기 안에 있음을 자각해야 합니다. 그 과정은 제가 학생들에게 어떤 언어로 말하는지, 질문을 어떻게 구성하는지, 그리고 우리가 함께 만들어 가는 개방성과 기회에 의해 촉진됩니다.

퍼실리테이터들과 함께 1년간의 노력을 돌아보며, 우리는 많은 교사가 처음에는 정답이 있는 질문을 찾는 데 집착했다는 사실을 확인했다. 그러나 곧 이 기회의 본질은 '정답이 있는 탐구 질문'을 찾는 데 있는 것이 아니라, '실행과 성찰을 앞으로 나아가게 할 수 있는 적절한 탐구 질문'을 찾는 데 있다는 것을 깨달았다. 교사들이 처음 제기한 질문은 자신이 진정으로 중요하게 여기는 것이 아니고는 했으며, 반복적이고 점진적인 질문 다듬기를 통해서야 비로소 의미 있는 탐구와 실행이 가능해졌다. 이러한 질문 찾기의 순환적 성격은 다음 해의 탐구 및 실행 프로젝트를 준비하는 과정에서 중요한 교훈이 되었다.

탐구 및 실행 프로젝트는 교사들로 하여금 교실에 생각하는 문화를 조성한다는 더 큰 목적과 연결되도록 만들었다. 그 전까지 많은 교사의 목표는 단순히 루틴을 '적용하는 것'에 머물러 있었으나, 교실 속 생각하는 문화라는 더 넓은 과제를 중심으로 퍼즐을 설정하고 문화적 힘을 탐구의 출발점으로 삼음으로써, 교사들은 문화적 힘을 단순히 학습 대상이 아니라 자신들의 학습과 성찰을 통해 함께 경험하고 살아 내는 것으로 이해하게 되었다.

생각하는 문화 여정에서의 공통점과 차이점

앞서 살펴본 6가지 사례는 각 학교의 생각하는 문화 조성 과정이 모두 고유하다는 사실을 잘 보여 준다. 이를 위한 고정된 템플릿이나 일정한 틀은 존재하지 않는다. 그러나 동시에, 다른 이들이 배울 수 있는 몇 가지 공통된 주제가 드러난다. 모든 사례에서 학교 리더들은 이 장의 서두에서 제시한 4가지 핵심 영역, 즉 비전, 도구, 촉진, 성장에 민감하게 대응했다. 이 요소들은 순차적이 아니라 역동적으로 상호작용 하며 작동했다. 특히 주목할 점은, 리더들이 항상 '생각하는 문화를 창출한다'는 더 큰 목적을 염두에 두고 교사와 구성원에게 끊임없이 그 비전을 환기시켰다는 것이다.

대부분의 학교는 사고 루틴을 도입하는 것에서 여정을 시작했다. 이는 교사들에게 즉각적으로 실행할 수 있는 구체적인 실천 과제를 제공했지만 그것 자체가 궁극적인 목표는 아니었다. 엘런 케일은 루틴에 대한 초기 집중이 오히려 일부 교사들로 하여금 생각하는 문화의 발전을 피상적으로 여기거나 대수롭지 않게 치부하도록 할 수 있음을 인식했다. 그 결과 초점은 다시 도구가 아닌 비전으로 옮겨 갔다. 마크 처치, 애덤 셰어, 짐 리스 또한 교사들의 노력이 단순한 사고 루틴 적용에 머물지 않고, 문화적 힘을 심화 탐구하는 단계로 나아가게 한 경험을 공유했다.

또한 생각하는 문화를 조성하고자 하는 이들이 반드시 기억해야 할 4가지 추가적인 주제가 있다. 바로 리더십, 시간, 기록, 주인의식이다.

개별 교사도 교실 안에서 생각하는 문화를 강력하게 창출할 수 있지만, 학교 전체가 생각하는 문화로 성장하기 위해서는 리더십이 중요하다. 이러한 리더십은 종종 학교 전반에 분산되어 교사들의 주인의식을 촉진하지만, 교육구나 학교의 최고 책임자는 특별한 역할을 담당한다. 이들은 경쟁적 요구와 압력 속에서도 교사들이 비전에 집중하도록 돕고, 로런 차일즈의 표현을 빌리자면 '위대한 대화'를 생각하는 문화로 향하도록 이끌며, 교사들이 그 공간에 머무를 수 있는 여유를 보장한다. 또한 학부모와 지역사회를 참여시켜 비전을 확장하고 변화에 대한 지지를 강화한다.

모든 사례는 수년에 걸친 노력을 반영하며, 시간의 중요성을 보여 준다. 생각하는 문화 조성은 '올해 우리가 할 일'로 끝나는 단기 프로젝트가 아니라 장기적인 목표다. 따라서 '어떻게 시작할 것인가?'뿐만 아니라 '어떻게 다음 단계로 나아갈 것인가?'에 대해서도 지속적으로 고민해야 한다. 동시에 교사들의 학습과 심층적 연구를 위한 시간이 보장되어야 한다. 때로는 기존 회의 시간을 조정해 마련할 수 있고, 자발적 참여 옵션을 제공할 수도 있으며, 교사들이 학습, 성찰, 연구에 몰입할 수 있도록 지속적으로 수업 시간을 경감해야 한다.

기록화 활동은 성장을 포착하고 축하하는 데 목적이 있다. 동시에 기록은 학습을 위한 중요한 수단이기도 한다. 로드 록, 애덤 셰어, 짐 리스는 교사들의 실천을 영상으로 담고 이를 더 큰 공동체와 공유한 사례를 나눴다. 이러한 영상은 학교 안에서 이뤄지는 학습의 이야기를 생생하게 전달하는 역할을 했다. 또한 교사들의 서면 성찰 역시 활용되었는데, 이를 통해 교사들은 교실에서 일어나고 있는 변화를 개인적으로 기록하고 자각할 수 있었다. 웨이초등학교의 교사들은 처음에는 이에 거부감을 가졌으나 시간이 지나면서 그것이 매우 가치 있는 도구임을 깨닫게 되었다.

　　마지막으로 6가지 사례 모두는 교사들이 생각하는 문화 조성 과정에 주인의식을 갖는 것의 중요성을 보여 준다. 이는 교사의 목소리에 귀를 기울이고, 교사들이 서로 가르치며, 교사가 리더십을 발휘할 기회를 제공하는 것을 의미한다. 이러한 접근은 노력을 유기적이고 '아래로부터' 출발한 것으로 만들어 교사들이 스스로 권한을 갖고 있다고 느끼게 한다. 교사들은 결코 '생각하는 문화가 자신들에게 일방적으로 주어진 것'처럼 인식해서는 안 된다. 생각하는 문화 조성은 언제나 교사 개인이 자신의 교수 역량을 향상시키고 학생 학습을 심화시키기 위해 스스로 받아들이는 목표여야 한다. 이러한 기반 위에서 교사들은 동료의 노력을 지지하고 독려하며 성장시킬 수 있고, 학교 전체는 생각하는 문화로 집단적으로 성장해 갈 수 있다. 그 결과 교사와 학생 모두의 삶과 학습이 진정으로 변화하게 된다.

감사의 말

● 생각하는 문화를 만드는 것처럼 책을 쓰는 과정도 여러 사람이 함께 노력을 기울이는 작업이다. 내 노력의 결과물이 나 혼자 고립된 상태에서 연구해 나온 것은 아니다. 주변 사람들의 지원과 격려 덕분에 한층 더 나아질 수 있었다. 운이 좋게도, 아이디어를 발전시킬 수 있도록 주변에서 도와주신 분이 많았다. 이분들은 내 초창기 아이디어를 경청해 주셨고, 질문과 도전 거리를 제시하면서 내가 포기하지 않고 끝까지 생각을 밀어붙일 수 있도록 했다. 그리고 발전시킨 아이디어를 자신들의 교실에서 기꺼이 실험적으로 적용해 주셨다. 이러한 시도 덕분에 아이디어가 훨씬 더 나아질 수 있었다. 나를 학교와 교실로 초대해 함께 배우고 성장할 수 있도록 힘을 보태 준 분들도 계시다. 내 학습 여정을 격려해 주고, 그럼으로써 이 책에도 기여해 주신 모든 분들께 심심한 감사를 드린다. 생각하고 연구하고 책을 집필하는 데 지대한 공헌을 해 주신 분들을 모두 언급하기는 어렵지만 특히 중요한 역할을 한 몇몇 단체와 학교, 개인에게 감사를 표하고자 한다.

학습에 있어 교실 문화의 중요성에 대한 나의 탐구는 1998년 스펜서재단의 아낌없는 지원을 받으며 시작되었다. 나는 모범적인 교사 여섯 명을 연구해 그들이 어떻게 학생들을 강력한 사고력을 지닌 학습자로 성장시켰는지 이해하고자 했다. 이 초기 연구를 통해 이 책에서 탐구하는 8가지 문화적 힘이라는 프레임워크를 만들 수 있었고, 거의 20년간 전 세계 학교와 협력하는 발판을 마련할 수 있었다. 그 뒤에도 다른 후원자들이 연구를 지원해 준 덕분에 내 생각들을 전 세계로 확산할 수 있었다. 특히 스웨덴의 카르페비탐재단Carpe Vitam Foundation, 호주 멜버른의 비알리크칼리지Bialik College와 함께해 준 에이브와 베라 도레비치Ave and Vera Dorevitch, 뉴멕시코주 산타페의 멜빌 행킨스 가족 재단Melville Hankins Family Foundation에 감사를 표한다. 연구자로서 이 모든 단체의 지원과 격려에 큰 빚을 지고 있다.

주요 후원자 외에도 많은 학교와 지역 교육구가 생각하는 문화를 구현하는 데 관심을 보여 주셨고, 귀중한 동반자가 되어 주셨다. 실제 교육 현장에서 이 작업을 적극적으로 지원하고 나를 학교와 교실로 초대해 함께 배울 기회를 주신 덕분에 이 책에서 공유하는 풍부한 이야기들을 만들 수 있었다. 그중에서도 네덜란드의 암스테르담 국제학교the International School of Amsterdam, 호주 멜버른의 비알리크칼리지, 멜버른 그래머스쿨Melbourne Grammar School, 웨슬리칼리지Wesley College, 매사추세츠주 마블헤드 교육구Marblehead School District in Marblehead, 워싱턴D.C.의 워싱턴국제학교, 미시간주 오클랜드 카운티의 웨이초등학교, 베미스초등학교Bemis Elementary, 클라크스턴 교육청, 웨스트중학교West Middle School, 웨스트힐스중학교, 호주 시드니의 핌블레이디스 칼리지Pymble Ladies College, 쇼어학교Shore School, 마사다칼리지, 이매뉴얼 학교를 특별히 언급하고 싶다.

앞서 언급한 학교를 포함해 여러 학교의 교실에서 시간을 보내며, 나는 교사들과 이야기를 나누고 이 책에서 탐구한 아이디어에 생명을 불어넣는 현장 사례를 수집할 수 있었다. 이 책에는 이러한 개별 교사들의 이야기가 많이 담겨 있다. 이 모든 선생님들께 특별히 더 마음의 빛을 지고 있다. 그 선생님들은 '생각하는 문화'를 진지하게 받아들이셨을 뿐만 아니라 진정 혁신적인 방식으로 이를 실천해 주셨다. 그분들의 사례를 통해 내가 성장한 셈이다. 선생님들은 나를 교실로 초대해 인터뷰에 응해 주셨고, 내가 쓴 원고가 선생님과 학생들의 활동을 정확하게 담고 있는지 검토해 주셨다. 이 책을 집필하는 과정에서 특히 줄리 랜드보그Julie Landvogt, 코니 웨버Connie Weber, 로런 차일즈, 짐 리스, 마크 처치에게 큰 빚을 졌다. 이들은 초고를 읽고 의견을 제시하고 제안들을 해 줬으며, 글이 명확해지도록 꼼꼼히 교정하고 편집해 줬다. 다른 많은 교사분들도 이 책의 여러 장이 집필되는 동안 많이 검토해 주셨고, 덕분에 책 속의 아이디어와 이야기가 어떻게 받아들여지는지 통찰력을 얻을 수 있었다. 마지막으로, 계속 글을 쓸 수 있도록 옆에서 응원하고 격려해 준 가족, 친구, 동료 들이 있다. 특히 케본 제너Kevon Zehner, 데이비드 퍼킨스, 캐린 모리슨Karin Morrison이 기억에 남는다.

생각하는 문화는 개인이 혼자서는 이를 수 없는 높은 경지에 닿도록 우리를 끌어올린다. 나를 둘러싼 전 세계 교육자 공동체가 바로 나의 '생각하는 문화'다. 나는 그 커뮤니티의 모든 구성원에게 감사의 빚을 지고 있다. 도움을 주신 모든 분께 감사드린다. 이들 모두와 함께, 그리고 그들로부터 배울 수 있어서 정말 즐거웠다.

부록

 # 오늘 수업 중 학습 활동에 대한 나의 성찰

날짜:___________   교시:___________   과목:___________

선택 항목의 순위를 1, 2, 3으로 매깁니다.

1번은 수업에서 **가장 많은** 시간을 보낸 활동, 2번은 그다음으로 많은 시간을 보낸 활동, 3번은 그다음 활동입니다.

	사물을 자세히 관찰하고, 묘사하고, 세부 사항을 주의 깊게 살피거나 패턴을 찾아냈다.
	스스로 설명, 이론, 가설, 해석 등을 만들었다.
	증거를 바탕으로 추론하고 자신의 생각을 사실과 근거로 뒷받침했다.
	우리가 공부하는 것에 궁금해하고, 문제를 제기하고, 호기심을 표현했다.
	서로 다른 것들 사이에 연결을 만들었고, 그것을 세상이나 우리 자신의 삶과 이어 보았다.
	다양한 관점과 시각에서 새로운 방식으로 사물을 바라봤다.
	중심 또는 핵심 아이디어를 파악하고 결론을 도출하거나 사물의 본질을 파악했다.
	하나의 주제를 깊이 파고들어 미스터리, 복잡성, 도전 과제를 발견했다.
	이해하기 위해 아이디어, 정보, 메모, 경험을 조직하고 종합했다.
	학습과 이해의 현재 위치를 되돌아보고 다음 단계로 나아갈 방향을 결정했다.
	새로운 문제를 해결하거나 독창적인 무언가를 만들고자 배운 것을 사용하고 적용했다.
	읽기 자료 또는 이전 수업 과제에서 얻은 정보를 복습하고 검토했다.
	공부하는 주제에 대한 새로운 정보를 읽거나 듣거나 얻었다.
	수업에서 이미 배운 기능과 절차를 연습했다.

• 이 수업에서 나는 정말 많은 생각을 하게 되었다(하나에 동그라미를 치세요).

　　　전혀 아니다　　　조금 그렇다　　　어느 정도 그렇다　　　많이 그렇다

• 학습자로서, 만약 **내가** _________했다면 더 잘 배울 수 있었을 것이다.

• 학습자로서, 만약 **선생님**이 _______ 해 주셨다면 더 잘 배울 수 있었을 것
이다.

 # 피드백 사다리

4. 제안하기

더 나은 결과물을 위해 어떤 점을 바꿔 보면 좋을지 제안해 주세요. 이 단계는 때때로 3단계와 통합됩니다. 3단계에서는 사람들이 우려 사항을 제시하고, 4단계에서는 이를 해결하기 위한 제안을 합니다.

3. 질문하기

질문과 우려되는 사항을 공유하세요. "잘못된 것은 ~입니다."와 같은 절대적인 표현은 피하세요. "저는 다음과 같은 것이 궁금합니다." 또는 "그것은 ~같습니다." 와 같은 유보적 표현을 사용하세요. 사람을 평가하지 말고, 아이디어나 결과물의 특정 부분에만 초점을 맞추세요.

2. 가치 인정하기

작품의 강점을 설명합니다. 아이디어나 당면한 문제에 대해 마음에 드는 점을 구체적인 용어로 표현하세요. "좋아. 그런데……."와 같이 형식적인 칭찬을 하고 바로 단점을 말하지 않도록 주의하세요.

1. 명료화 질문하기

논의된 아이디어나 사안을 제대로 이해했는지 확인하기 위해 질문을 하세요. 단 "혹시 ~에 대해 생각해 보셨나요?"와 같이 비판처럼 들리거나 제안으로 들릴 수 있는 질문은 피하세요.

부록 C. 성공 분석 프로토콜

성공적인 수업 경험

이 프로토콜은 서너 명으로 구성된 소규모 모둠을 위해 고안된 것으로, 모든 구성원이 차례대로 발표자 역할을 맡고 나머지 모둠원은 질문자 역할을 합니다. 모둠 구성원은 프로토콜의 지시와 시간을 활용해 스스로 진행하므로 진행자는 필요하지 않습니다. 각 라운드는 구성원이 학습 내용을 기록하는 것으로 마무리되므로, 누군가가 이 역할을 전담해 맡거나 돌아가며 맡는 방식으로 진행할 수 있습니다.

1. 성공 사례 찾기(1분)

지난 1년간 가르쳤던 수업 내용을 다시 한번 되짚어 봅니다. 자신의 수업에서 강력한 학습 기회를 발견했던 사례를 하나 생각해 보세요. 학생들이 매우 적극적으로 참여하고, 활발히 사고하며, 당면한 주제에 대해 탄탄한 이해를 쌓았다고 느꼈던 사례여야 합니다. 아마도 모든 수업이 이랬으면 좋겠다는 생각이 들었던 수업일 것입니다.

2. 글로 성찰하기(5분)

여러분이 찾은 성공적인 수업 경험을 글로 설명하세요. 계획한 내용, 실제 일어난 일, 본인과 학생이 어떻게 반응했는지 등을 최대한 구체적으로 기술하세요. 이 경험은 지금까지 경험했던 다른 수업들과 어떻게 달랐나요? 차이를 만든 요인을 적어 보세요.
3~6단계는 모든 구성원이 차례대로 참여할 때까지 반복합니다.

3. 성공 사례 공유(4분)

각 구성원은 자신이 찾은 성공적인 수업 경험을 공유합니다.

4. 명료화 질문 던지기(1~2분)

듣는 사람은 수업에 대한 명확한 설명을 듣기 위해 질문합니다. 명료화 질문은 간결하고 초점이 분명한 질문으로, 누락된 세부 사항과 배경 정보를 알아내는 데 목적이 있습니다. 일반적으로 한 문장 또는 몇 단어로 답변할 수 있습니다.

5. 탐색 질문 하기(3~5분)

듣는 사람은 수업을 탐색하는 질문을 합니다. 탐색 질문은 발표자가 수업을 되돌아보고, 자세히 설명하고, 더 깊이 이해하도록 유도하고자 고안되었습니다. 좋은 탐색 질문은 자기 성찰을 요구하며, 통찰력으로 이어집니다.

6. 성공 기준 기록하기(2~3분)

이야기와 질문을 바탕으로, 집단은 사건의 성공에 가장 중요해 보이는 기준이나 특징을 파악하고 기록합니다. 각 구성원이 의견을 제시할 때마다 새로운 기준이 목록에 추가됩니다.

모든 구성원이 의견을 제시한 후, 집단은 최종적으로 생각을 정리합니다.

7. 적용 방안 성찰(5분)

집단에서 파악한 강력한 학습 기회(성공적인 수업 경험)의 모든 기준을 되돌아보고 각 기준을 수업에 어떻게 적용할 수 있을지 논의합니다. 집단은 성공을 위한 가장 중요한 기준을 파악하고, 그 결과를 프로토콜에 참여한 다른 집단과 공유할 수 있습니다.

부록 D. 학생 사고 살펴보기 프로토콜

역할

- **발표 교사**: 공유할 학생 과제물을 가져오고, 토론을 듣고, 마지막에 응답합니다.

- **진행자**: 시간을 재고, 각 단계에서 주요 질문을 하며, 필요에 따라 방향을 전환합니다.

- **기록자**: 모둠의 토론 내용을 기록합니다.

1. 과제물 발표(5분)	• 발표 교사는 과제의 맥락, 목표 및 요구 사항을 제시합니다.
2. 과제물 읽기 (5~10분)	• 과제물을 이해하고 읽는 데 도움이 되도록 명료화 질문을 합니다. • 조용히 과제물을 읽으세요. • 나중에 코멘트를 할 수 있도록 메모해 두세요. • 프로토콜의 단계에 맞게 메모를 분류하세요.
3. 과제물 설명하기 (5분)	• 뭐가 보이나요? • 과제물의 모든 특징을 서로에게 알리세요. • 해석은 피하고 눈에 보이는 것만 언급하세요.
4. 학생의 사고 추측하기(10분)	• 과제물의 어느 부분에서 사고가 보이나요? 작품의 어떤 측면이 학생들의 사고에 대한 통찰력을 제공하나요? • 과제물의 특징을 해석해 보세요. • 그 특징들을 다양한 사고방식 및 유형과 연결해 보세요.
5. 과제물에 대해 질문하기(10분)	• 이 과제물을 보면 어떤 질문이 떠오르나요? • 구체적인 문제뿐만 아니라 전반적인 문제까지 다룰 수 있도록 질문을 구성하세요. • 질문 뒤에 숨겨진 진짜 의도를 질문하세요. "이 과제물을 하는 데 얼마나 걸렸나요?"보다는 "이런 종류의 작업을 하는 데 필요한 시간이 궁금해요."라고 질문하세요. 참고: 발표자는 이 시점에서 질문에 답변하지 않습니다.

6. 교수 및 학습에 대한 시사점 논의하기 (10분)	• 이 과제물은 학생들의 사고를 더욱 확장하고 발전시키기 위해 앞으로 어떤 방향으로 나아갈 수 있을까요? • 발표 교사에게 실질적인 가능성과 대안을 제시하세요. • 이 과제가 학생들의 사고를 촉진하는 데 어떤 일반적인 시사점을 제공하고 있는지 생각해 보세요.
7. 발표 교사 응답하기(5분)	• 발표자로서 토론을 듣고 무엇을 얻었나요? • 토론에서 흥미롭게 생각했던 부분을 구성원들에게 강조해 주세요. • 본인이 답변해야 한다고 생각하는 질문에 답해 주세요. • 앞으로 이 과제를 어떻게 발전시킬지 간단히 설명해 주세요.
8. 프로토콜 성찰하기(5분)	• 이 과정은 어떻게 진행되었고 어떤 느낌이 들었나요? • 일반적인 관찰 사항을 성찰해 보세요. • 모둠이 마지막으로 프로토콜을 사용한 이후 개선되거나 변경된 사항을 확인하세요. • 다음번 회의를 위한 제안을 하세요.
9. 발표 교사, 기록자, 진행자에게 감사하기	• 모둠은 모든 사람의 공헌을 인정합니다. • 모둠에서 문서를 공유, 사용 및 보관할 방법을 결정합니다. • 다음 회의를 위한 역할을 정합니다.

부록 E. 생각하는 문화 프로젝트의 6가지 핵심 원칙

기능만으로는 충분하지 않습니다. 기능을 사용할 수 있는 성향도 갖춰야 합니다.

사고 기능과 사고력을 가지고 있다고 좋은 사고를 할 수 있지는 않습니다. 이러한 능력을 활용할 수 있는 성향 또한 필요합니다. 즉 학교는 학생들의 사고 기능과 사고력뿐만 아니라 사고하려는 성향과 사고해야 하는 상황을 깨닫는 법을 함양해야 합니다. 사고하려는 성향은 새로운 상황에서 자신의 능력을 효과적으로 활용할 가능성을 높여 줍니다.

사고력과 이해력의 발달은 근본적으로 사회적 노력이며, 문화적 맥락에서 일어나고 집단과 개인 간의 끊임없는 상호작용 속에서 이뤄집니다. 자신의 생각을 전달하는 경험과 타인의 생각을 이해할 수 있는 기회를 제공하는 사회적 상황은 개인의 사고를 향상시킵니다.

교실 문화가 학생을 가르칩니다. 교실 문화는 학습 분위기를 조성할 뿐만 아니라 무엇을 배울지를 결정하기도 합니다. 교실 문화를 통해 전달되는 메시지는 학생들에게 잘 생각하고 잘 배우는 것이 무엇을 의미하는지를 가르칩니다. 이러한 메시지는 그 자체로 교육의 일부이며, 학생들에게 배우는 방법과 사고하는 방식을 가르칩니다.

교육자로서 우리는 학생들의 사고를 가시화하기 위해 노력해야 합니다. 사고를 가시화해야만 학생들이 무엇을, 어떻게 배우고 있는지 이해할 수 있습니다. 일반적인 상황에서 학생의 사고는 다른 학생이나 교사, 심지어 자신에게도 보이지 않는데, 사람들은 자신이 어떻게 생각하는지 거의 자각하지 못하는 경우가 많기 때문입니다. 구조, 루틴, 탐구 질문, 기록화를 사용하면 학생들의 사고가 눈에 더 잘 보이므로 더 나은 사고와 학습을 촉진할 수 있습니다.

좋은 사고는 다양한 자원을 활용하고 외부 도구를 사용해 자신의 생각을 '다운로드' 또는 '배포'함으로써 촉진됩니다. 종이, 일지, 컴퓨터, 대화, 아이디어와 생각을 기록하고 추적하는 다양한 수단은, 새롭고 깊은 사고에 참여할 수 있는 마음의 여유를 주고 생각한 것을 잃어버리지 않도록 도와줍니다.

학생을 위한 생각하는 문화가 교실에서 형성되려면, 교사를 위한 생각하는 문화가 학교에서 형성되어야 합니다. 가르치고 배우고 사고하는 것에 대한 깊고 풍부한 토론, 교사들의 지속적인 경험의 근간이 되는 전문적인 공동체의 발전은 학생들의 사고와 학습을 키우는 토대가 됩니다.

생각하는 문화를 위한 토대 마련하기

다음 체크리스트는 각 학교의 리더십 팀이 생각하는 문화를 학교에 도입하고 발전시킬 준비가 되었는지를 논의할 때 유용한 가이드로 활용될 수 있습니다. 단, 다른 요인들도 시기와 노력을 결정하는 데 영향을 미칠 수 있음을 유의해야 합니다. 일부 학교에서는 내부의 관심을 계속 높이고 기반을 마련하고자 다음 년도나 그 뒤로 미루는 것도 가능합니다.

정착됨/완료됨	진행 중/발달 중	더 많은 시간과 관심이 필요함	
			리더십 팀으로서 우리는 연수 이후에도 생각하는 문화 아이디어에 대해 논의하고 있으며, 이를 우리 학교에 어떻게 적용할 수 있을지 선생님들과 함께 배우는 것에 흥미와 관심을 가지고 있습니다.
			우리는 교실과 학교 문화에 대한 이해를 높이기 위해 교실을 방문하고 있으며, 선생님들과 교실 문화를 평가하지 않는 대화를 나누고 있습니다.
			우리는 교직원 회의와 교실 수업에서 몇 가지 루틴과 프로토콜을 시도하기 시작했습니다.
			교직원으로서 우리는 학생들을 생각하는 사람, 학습하는 사람으로 대하고, 우리가 학생들에게 보내는 메시지에 관해 대화를 나누고 있습니다.
			우리는 생각하는 문화가 우리 학교의 다른 프로그램 및 추진 과제와 어떻게 조화를 이루는지 고민하고, 생각하는 문화가 단순히 해야 할 또 하나의 일로 여겨지지 않도록 우리가 만들고 싶은 학교의 전반적인 비전에 대해 고민해 왔습니다.

			우리는 생각하는 문화에 대한 학교에서의 지속적인 학습을 촉진하고 지원하고자, 교사들이 모여 학생들의 과제를 분석하고 아이디어를 공유하고 관련 기사와 텍스트를 읽고 토론할 수 있는 시간을 따로 마련하는 활동 등에 대한 계획을 수립했습니다.
			우리는 새로운 것을 시도하고, 위험을 감수하고, 다른 사람들과 공개적으로 공유하고, 자신의 교육 관행에 의문을 제기하는 데 관심이 있는 교사들을 찾아냈습니다. 이들은 또한 전문적인 탐구 정신을 갖고 다른 사람들과 공개적으로 아이디어를 공유할 가능성이 높은 사람들입니다.
			우리는 학교에서 생각하는 문화를 발전시키는 일에 전념하고 있으며, 일부 교사, 학부모 또는 학생들이 처음에는 '이해'하지 못할지라도 계속 노력할 것입니다. 우리는 이를 빠른 해결책이 아닌 지속적이고 진화하는 개선 과정으로 보고 있습니다.
			다른 사람들이 어떻게 생각하는 문화를 구축하고 있는지 더 잘 이해하기 위해 몇 가지 추가적인 배경 작업을 수행해 왔습니다. 『생각이 보이는 교실』과 같은 책이나, www.StoriesofLearning.com에 실린 교사에 관한 기사를 읽거나, 동영상을 보고 토론하거나, 선진 학교를 탐방하는 등의 일입니다.
			우리는 생각하는 문화를 통해 학생들이 달성하기를 바라는 몇 가지 구체적인 목표와 기대 효과를 확인했습니다. 예를 들어 수업 토론에 대한 학생 참여도 증가, 학습자로서 학생의 독립성 향상, 학생의 호기심과 자기 주도성 개발, 학생의 성찰과 메타 인지 개발 등이 있습니다.
			향후 생각하는 문화에 어떻게 참여하면 좋을지, 교육 공동체가 함께 논의하는 시간을 가졌습니다. 그리고 생각하는 문화가 무엇을 의미하는지, 그리고 우리가 왜 함께 협력해야 하는지에 대한 질문과 우려를 일찍부터 제기할 수 있도록 했습니다.
			우리는 이 과정을 함께 겪으면서 서로 방문하고, 아이디어를 공유하고, 소통할 수 있는 다른 학교를 찾았습니다.

 우리 학교에서 생각하는 문화 이끌기

자기 평가

어느 날 누군가가 하루 동안 당신의 역할을 관찰한다고 상상해 보세요. 그 방문자가 아래에 기술된 행동을 알아차릴 가능성은 얼마나 될까요? 각 문항에 대해 1~5점으로 평가하세요.

5 = 쉽게 알아차림

4 = 알아차릴 가능성이 매우 높음

3 = 상황에 따라 알아차릴 수도 있고 아닐 수도 있음

2 = 알아차릴 가능성이 매우 낮음

1 = 아무도 알아차리지 못할 것 같음

	기대	평가 점수
1	저는 학부모, 교사, 학생들과 상호작용 할 때, 우리 학교는 사고를 부수적 요소가 아니라 학습의 토대로서 중시하는 곳임을 의식적으로 전달하려고 노력합니다.	
2	제가 이끄는 교사와 직원에게 지속적인 전문적 학습과 도전에 대한 기대치를 설정합니다. 이는 그들의 업무가 단순히 과업을 완수하고 좋은 시험 결과를 얻는 것 이상을 의미함을 전달하기 위함입니다.	
3	개인적으로든 집단적으로든 저는 자기 역할에 대한 결정을 내릴 때, 특정 결정이나 결과 또는 관행이 학생의 학습에 어떤 영향을 미칠지를 끊임없이 고민합니다. 학생의 학습과 발달을 향상시키려는 학교의 핵심 사명에 직접적인 영향을 미치지 않는 결정이나 문제라면, 저는 자신과 다른 사람들이 그 문제에 들이는 시간을 최소화하려고 애씁니다.	
4	학생들이 효율적인 시험 응시자가 아니라 사고하고 학습하는 사람으로 성장하는 모습을 칭찬하고 격려합니다. 이러한 발전을 뒷받침하는 교사들의 노고를 높이 평가하며, 점수는 중요하지만 시험이 교육자로서 우리의 효과성을 가늠하는 주요 척도가 아니라는 점을 분명히 밝힙니다.	

언어		평가 점수
1	다른 사람에게 일반적인 칭찬의 말(좋았어요, 훌륭해요, 똑똑하네요, 잘 했어요)을 거의 사용하지 않고, 대신 향후 노력과 행동을 유도하는 데 초점을 맞춘 구체적이고 목표 지향적이며 행동 중심적인 피드백을 제공합니다.	
2	다른 사람과 대화를 나눌 때 "그럴 수도 있다.", "아마도 그럴 것이다.", "한 가지 가능성은", "어떤 사람들은 그렇게 생각한다.", "보통 그렇지만 항상 그런 것은 아니다."와 같은 '조건부' 문구를 사용합니다.	
3	수업 참관 뒤 수업 나눔을 할 때 "학생들이 자신의 아이디어를 증거로 뒷받침하는 것이 눈에 띄었습니다." 또는 "학생들이 전략의 효과를 평가하게 하는 것이 눈에 띄었습니다."와 같이 교실에서 일어나는 활동뿐만 아니라 사고에 주목하고 사고에 이름을 붙이려고 노력합니다.	
4	포용적이고 공동체를 구축하는 언어를 사용하며 '우리'가 배우고 있는 것 또는 '우리'의 질문에 대해 이야기합니다.	

시간		평가 점수
1	제가 이끄는 회의와 대화에서 저는 사람들이 아이디어를 충분히 생각해 볼 수 있도록 시간을 할애합니다. 다른 사람들과 저 그리고 모두 그렇게 할 준비가 되어 있는지 확인합니다.	
2	모든 사람의 시간이 소중하다는 점을 존중하며, 따라서 회의를 계획할 때 명확한 초점과 목적을 갖고 제시간에 시작하고 끝냅니다.	
3	아이디어를 충분히 정리할 시간을 주지 않고 무분별하게 쏟아 내는 일을 피합니다.	
4	대화를 지배하지 않도록 제가 말하는 시간을 모니터링합니다.	

모델링		평가 점수
1	학교에서 진행되는 모든 행사에 참석할 수는 없지만, 잠깐 참석하는 것만으로도 제가 다른 사람들이 하는 일을 소중히 여기고 관심을 갖고 있다는 메시지를 전달할 수 있음을 알고 있습니다. 따라서 다른 사람들의 노력과 배움을 소중히 여긴다는 것을 보여 주기 위해 행사, 회의, 집단에 반드시 참석하고 함께 하려 합니다.	

		평가 점수
2	호기심과 열정, 다양한 관점을 고려하려는 의지를 먼저 보여 줍니다. 학생들을 학습자이자 생각하는 사람으로 육성한다는 학교의 핵심 사명에 관한 저의 관심을 보여 주고, 저에게 맡겨진 책임 그 이상의 비전을 바라본다는 것을 다른 사람들에게 보여 줍니다.	
3	학교 선생님들이 제 일거수일투족을 살피며 제가 무엇을 가치 있게 여기고 중요하게 생각하는지 파악하고 있다는 점을 알고 있습니다. 따라서 저는 다른 사람들에게 강화하고 싶은 행동과 상호작용을 모델링합니다.	
4	사람들이 저를 사무실에만 있는 사람으로만 생각하지 않도록 항상 현장에 있고, 연락 가능한 상태를 유지합니다.	

기회		평가 점수
1	회의에서 저는 사람들의 관심을 중요한 문제, 중요한 아이디어, 그리고 현재 과제와 학교 핵심 사명 사이의 의미 있는 연결에 집중시킵니다.	
2	함께 일하는 사람들이 저에게 의존하기보다 스스로 학습하고 독립할 수 있는 기회를 만들려고 노력합니다.	
3	우리의 업무에 정보를 제공하고 우리의 공동 노력이 학교의 사명을 완수하는 데 어떻게 기여하는지를 더 잘 이해할 수 있게 해 주는 데이터와 증거를 수집할 방법을 마련합니다.	
4	우리의 진전을 성찰하고 우리의 노력이 학교에서 일어나고 있는 학습에 어떤 영향을 주고 있는지를 돌아볼 기회를 제공합니다.	

루틴		평가 점수
1	프로토콜, 사고 루틴 또는 기타 특정 구조를 사용해, 함께 일하는 사람들과 집단의 사고를 정리하고 토론, 성찰, 문제 해결을 돕습니다.	
2	제 자신의 업무와 집단을 이끄는 방식에 효과적이지 않은 형태나 구조가 있는지 살펴봅니다. 그리고 그것을 바꾸기 위해 적극적으로 노력합니다.	
3	루틴, 구조, 시스템 또는 프로토콜을 적절한 이슈와 연결해, 제가 이끄는 집단의 사람들이 모두 더 깊은 이해 수준에 도달하고 정보를 효과적으로 처리할 수 있도록 합니다.	

| 4 | 제 영역에서 우리가 사용하는 시스템과 과정을 지속적으로 살핌으로써 필요한 과업을 간소화할 수 있도록 돕고 있습니다. 즉 교사들이 '업무'에 대한 과도한 부담을 덜고 학생의 학습에 집중할 수 있도록 효율적인 시스템을 구축합니다. | |

	상호작용	평가 점수
1	제가 이끄는 집단에서 모든 개인이 서로의 생각을 존중하도록 합니다. 아이디어는 비판받거나 이의 제기를 받을 수 있지만 사람에게 그래서는 안 됩니다.	
2	사람들이 우려 사항, 요구 사항 또는 문제를 가지고 저를 찾아올 때 그들을 차단하는 사람이 아니라 협력자이자 문제 해결사가 되기 위해 노력합니다. 학생들은 저를 학교 학생들에게 최고의 교육을 제공하려고 함께 일하는 사람으로 여깁니다.	
3	구성원들에게 "왜 그렇게 말했나요?"와 같은 질문을 통해 단순한 대답이나 진술 이상의 생각을 하고, 추론하고, 정교한 답변을 하도록 요청합니다.	
4	다른 사람의 말에 귀를 기울이고 그들의 생각에 진정한 호기심과 관심을 보입니다. 저는 다른 사람의 생각을 소중히 여깁니다.	

	환경	평가 점수
1	업무 공간의 배치는 제 공간에 들어오는 사람들에게 학습과 사고에 대한 긍정적인 메시지를 전달합니다. 방문자는 학교가 학습과 관련해 무엇을 중요하게 여기고 가치를 두는지 파악할 수 있습니다.	
2	사려 깊은 상호작용, 협업, 토론을 촉진하기 위해 업무 공간 및 기타 다양한 공간을 배치합니다. 저는 공간들이 사람들을 위해 작동하고, 어른이든 학생이든 좋은 생각과 학습에 방해가 되지 않도록 합니다.	
3	벽면 게시는 지속적이고 미완성적이며 대화적인 성격을 가지고 있습니다. 단순히 고정된 전시가 아닙니다.	
4	기술을 포함한 다양한 방법을 사용해, 함께 일하는 집단의 사고와 의사 결정 과정을 기록으로 정리합니다.	

 교실에서 생각하는 문화 이끌기

자기 평가

예고 없이 누군가가 교실에 들른다고 상상해 보세요. 그 방문자가 아래에 기술된 행동을 알아차릴 가능성은 얼마나 될까요? 각 문항에 대해 1~5점으로 평가하세요.

5 = 쉽게 알아차림

4 = 알아차릴 가능성이 매우 높음

3 = 상황에 따라 알아차릴 수도 있고 아닐 수도 있음

2 = 알아차릴 가능성이 매우 낮음

1 = 아무도 알아차리지 못할 것 같음

	기대	평가 점수
1	저는 학생들에게 교실이 사고력을 중시하는 곳이라는 것을 알리려고 의식적으로 노력합니다.	
2	행동 기대치를 설정하는 것과 비슷한 방식으로 학생들과 학습 및 사고에 대한 일련의 기대치를 설정합니다.	
3	수업 활동의 결과는 '과제의 완성'이 아니라 사고와 학습이라고 강조합니다.	
4	'지식 습득'뿐만 아니라 '이해의 발전'이 교실 활동과 수업의 목표입니다.	
5	학생들이 질문에 답하고 활동을 할 때 저에게 의존하지 않도록 독립성을 적극적으로 함양하고 있습니다.	

	언어	평가 점수
1	'정교화하다', '평가하다', '정당화하다', '대조하다', '설명하다' 등과 같은 동사가 요구하는 사고의 움직임에 대해 학생들과 논의하면서, 수업에서 사고의 언어를 사용하려고 의식적으로 노력합니다.	

		평가 점수
2	일반적인 칭찬의 말(좋아, 훌륭해, 똑똑해, 잘했어)은 거의 사용하지 않고, 대신 향후 노력과 행동을 유도하는 데 초점을 맞춘 구체적이고 목표 지향적이며 행동 중심적인 피드백을 제공합니다.	
3	"그럴 수도 있다.", "아마도 그럴 것이다.", "한 가지 가능성은", "어떤 사람들은 그렇게 생각한다.", "보통 그렇지만 항상 그런 것은 아니다."와 같은 '조건부' 문구를 사용합니다.	
4	교실에서 일어나는 사고에 주목하고 이름을 붙이려고 노력하며 "션은 여기서 자신의 아이디어를 증거로 뒷받침하고 있어요." 또는 "젠은 그 전략의 효과를 평가하고 있어요."와 같은 말을 합니다.	
5	포용적이고 공동체를 구축하는 언어를 사용해 '우리'가 배우고 있는 것 또는 '우리'의 탐구에 대해 이야기합니다.	

	시간	평가 점수
1	학생들의 질문과 기여를 위해 시간을 할애합니다.	
2	학생들이 다른 사람의 아이디어를 확장, 정교화 또는 발전시킬 수 있는 '공간'을 제공합니다.	
3	아이디어를 충분히 정리할 시간을 주지 않고 무분별하게 아이디어를 쏟아 내는 일을 피합니다.	
4	저는 학생들에게 기여를 요청하기 전에 생각하고 아이디어를 개발할 시간을 줍니다.	
5	교실 대화를 지배하지 않도록 제가 말하는 시간을 모니터링합니다.	

	모델링	평가 점수
1	교실에 (학생들뿐만 아니라 저 자신의) 생각을 정기적으로 드러냅니다.	
2	학생들에게 저만의 호기심, 열정, 관심을 보여 줍니다.	
3	열린 마음을 갖고 다른 관점을 기꺼이 고려합니다.	
4	저도 배우고, 위험을 감수하고, 저의 학습에 대해 성찰하고 있다는 것을 분명하게 합니다.	
5	학생들은 자발적으로 자신의 생각을 정당화하고 증거를 제시함으로써 사고 과정을 모델링합니다.	

	기회	평가 점수
1	풍부한 사고의 기회를 수업의 구조에 녹여 내고 학생들이 단순히 과제나 활동에만 몰두하지 않도록 합니다.	
2	학생들의 관심을 중요한 문제, 세상의 중요한 아이디어, 그리고 과목 안팎으로 의미 있게 연결하는 데에 집중시킵니다.	
3	학생 스스로 학습을 주도하고 독립적인 학습자가 될 수 있는 기회를 제공합니다.	
4	사고를 자극할 수 있는 수업 내용과 형식을 선택하기 위해 고심합니다.	
5	시간이 지남에 따라 주제에 대한 생각이 어떻게 변화하고 발전했는지 생각해 볼 수 있는 기회를 제공합니다.	

	루틴	평가 점수
1	학생들이 생각을 정리할 수 있도록 사고 루틴과 구조를 사용합니다.	
2	학생들의 이해를 깊게 하기 위해 유연하고 자발적이며 효과적으로 사고 루틴을 사용합니다.	
3	학생들이 더 깊은 수준의 이해를 할 수 있도록 루틴과 적절한 콘텐츠를 잘 연결합니다.	
4	사고 루틴이 교실에서 행동 패턴이 되었습니다. 즉 학생들이 특정 루틴을 매우 잘 알고 있어서 더 이상 루틴의 작동 방식에 대한 설명이 필요하지 않습니다.	
5	학생들은 루틴과 구조를 단순히 해야 할 작업이 아니라, 이해를 증진하고 토론하기 위한 발판으로 활용합니다.	

	상호작용	평가 점수
1	교실에서 모든 학생이 서로의 생각을 존중하도록 합니다. 아이디어는 비판받거나 이의 제기를 받을 수 있지만 사람에게 그래서는 안 됩니다.	
2	교실 내에서 실수를 용납하고 권장한다는 점을 분명히 밝힙니다.	
3	"무엇 때문에 그렇게 말하나요?"와 같은 질문을 통해 학생들이 단순한 대답이나 진술을 넘어 추론하고 사고하도록 유도합니다.	

| 4 | 학생들의 말에 귀를 기울이고 학생들의 생각에 진정한 호기심과 관심을 보입니다. 학생들의 생각을 소중히 여깁니다. | |
| 5 | 항상 제가 모둠 활동에 개입하기보다는 경청하면서 모둠이 독립적으로 행동할 수 있도록 합니다. | |

	환경	평가 점수
1	교실의 게시물은 학습과 사고에 대한 긍정적인 메시지를 전달해 주제 영역의 학습을 고무하고 학생들을 더 큰 아이디어의 세계로 연결합니다.	
2	사려 깊은 상호작용, 협업, 토론을 촉진할 수 있도록 교실 공간을 배치합니다.	
3	벽면 게시는 지속적이고, 미완성적이며, 대화적인 성격을 가지고 있습니다. 단순히 고정된 전시가 아닙니다.	
4	저는 기술을 포함한 다양한 방법을 사용해 생각을 기록하고 정리하게 합니다.	
5	방문자는 학습과 관련해 내가 무엇에 관심을 갖고 가치를 두는지 파악할 수 있습니다.	

 사고력이 폭발하는 교실을 위한 8가지 도구

 평가 사다리

증거를 통한 추론

	발달 수준		학생을 사다리로 끌어올리기 위해(학생의 성취를 높이기 위해) 교사가 해야 할 일
완전 독립	글과 다른 자료를 폭넓게 활용합니다. 질문을 던지고 유효한 자료를 사용합니다. 증거를 적절하게 적용합니다. 논리 정연한 뒷받침 진술을 작성합니다. 다른 사람들에게 주장을 뒷받침하도록 유도합니다.	스스로 코칭 하기	말하기와 쓰기를 통해 성인 및 또래 친구들과 생각을 공유하도록 장려합니다. 증거를 찾을 때 광범위한 자료를 활용하도록 제안합니다.
자기 인식	주장을 뒷받침하기 위해 증거를 사용하는 것의 중요성을 이해합니다. 강력하고 적절한 증거를 찾는 데 지침이 필요할 수 있습니다. 증거의 타당성에 의문을 제기할 수 있습니다. 증거를 찾고 강력한 뒷받침 진술을 작성하는 모델에 반응하는 모습을 보입니다.	코칭 하기	사고, 자료, 반응을 지속적으로 확장해, 증거를 바탕으로 추론하는 것이 습관이 되도록 동기를 부여합니다.
발달 중	물어보면 왜 그렇게 생각하는지 말할 수 있습니다. 단순한 답변을 제시하지만, 고차원적인 사고를 보여 주기도 합니다. 자신의 경험을 증거로 사용합니다. 응답할 때 모델에 의존합니다. 교사의 격려와 안정감이 필요합니다.	지원 하기	자료와 글쓰기 활동의 확장을 촉진하는 모델, 제안을 제공합니다. 연습할 기회를 제공합니다.
교사 지도 필요	주장을 제기하는 데 어려움이 있습니다. 주장을 증거로 뒷받침해야 할 필요성을 이해하지 못합니다. 교사의 자극은 제한된 응답만 이끌어 냅니다. 교사의 도움이 많이 필요합니다.	지시 하기	일관되고 직접적인 모델을 제공합니다. "무엇 때문에 그렇게 말하나요?"라는 메시지를 일관되게 제시합니다.

참고 문헌

Akyol, Z., & Garrison, D. R. (2011). Understanding cognitive presence in an online and blended community of inquiry: Assessing outcomes and processes for deep approaches to learning. *British Journal of Educational Technology*, 42, 233–250.

Allen, D., & Blythe, T. (2004). *The facilitator's book of questions: Tools for looking together at student and teacher work.* New York, NY: Teachers College Press.

Amabile, T., Hadley, C. N., & Kramer, S. J. (2002). Creativity under the gun. *Harvard Business Review*, 80(8), 52–61.

Anderson, R. (2011, July). Staggered block scheduling: Efficient timing in American high schools. *10 Ideas for Education*, pp. 10–11. Retrieved from http://www.rooseveltcampusnetwork.org/blog/2011-10-ideas-education

Armstrong, N. (2012). Could you explain what you mean by that? Individual feedback sessions (IFS). *Stories of learning.* Retrieved from http://storiesoflearning.com/

Arnstine, D. (1995). *Democracy and the arts of schooling.* Albany: State University of New York Press.

Askell-Williams, H., Lawson, M. J., & Skrzypiec, G. (2012). Scaffolding cognitive and metacognitive strategy instruction in regular class lessons. *Instructional Science*, 40, 413–443.

Attia, M. *Race to nowhere.* Reel Link Films, 2011.

Baker, J. E. (2007). *Teacher talk, teaching philosophy, and effective literacy instruction in primary-grade classrooms.* Cookeville: Tennessee Technological University.

Bandura, A. (1986). *Social foundations of thought and action: A social cognitive theory.* Englewood Cliffs, NJ: Prentice Hall.

Barell, J. (1991). *Teaching for thoughtfulness: Classroom strategies to enhance intellectual development.* New York, NY: Longman.

Barrett, P., Zhang, Y., Moffat, J., & Kobbacy, K. (2013). A holistic, multi-level analysis identifying the impact of classroom design on pupils' learning. *Building and Environment*, 59, 678–689.

Baumrind, D. (1989). Rearing competent children. In W. Damon (Ed.), *Child development today and tomorrow* (pp. 349–378). San Francisco, CA: Jossey-Bass.

Bereiter, C., & Scardamalia, M. (1989). Intentional learning as a goal of instruction. In L. B. Resnick (Ed.), *Knowing, learning, and instruction: Essays in honor of Robert Glaser* (pp. 361–392). Hillsdale, NJ: Erlbaum.

Berger, R., Gardner, H., Meier, D., Sizer, T. R., & Lieberman, A. (2003). *An ethic of excellence: Building a culture of craftsmanship with students*: Portsmouth, NH: Heinemann.

Bergsagel, V. (2007). *Architecture for achievement: Building patterns for small school learning.* Mercer Island, WA: Eagle Chatter Press.

Beyer, B. (1998). Improving student thinking. *Clearing House, 71,* 262–267. doi:10.1080/00098659809602720

Biggs, J. B. (1987). *Student approaches to learning and studying.* Research monograph. Hawthorn, Victoria: Australian Council for Educational Research.

Black, P. (2004). *Working inside the black box: Assessment for learning in the classroom.* London, England: Granada Learning.

Black, P., & Wiliam, D. (2002). *Inside the black box: Raising standards through classroom assessment.* London, England: Department of Education & Professional Studies, King's College London.

Bloom, B. (1974). Time and learning. *American Psychologist, 29,* 682–688.

Blythe, T., & Associates. (1998). *The teaching for understanding guide.* San Francisco, CA: Jossey-Bass.

Boaler, J. (2008). Promoting "relational equity" and high mathematics achievement through an innovative mixed-ability approach. *British Educational Research Journal, 34,* 167–194.

Boaler, J., & Brodie, K. (2004, October). The importance, nature and impact of teacher questions. In D. E. McDougall & J. A. Ross (Eds.), *Proceedings of the 26th annual meeting of the North American chapter of the International Group for the Psychology of Mathematics Education* (Vol. 2, pp. 773–781). Retrieved from http://www.pmena. org/html/proceedings.html

Boix-Mansilla, V., & Jackson, A. (2011). *Educating for global competency: Preparing our youth to engage the world.* New York, NY: Asia Society.

Bondy, E., & Ross, D. D. (2008). The teacher as warm demander. *Educational Leadership,*

66(1), 54–58.

Borja, R. R. (2004, May 6). Singapore's digital path. *Education Week's Technology Counts, 23*(35), 30–36. Retrieved from www.edweek.org/media/ew/tc/archives/TC04full.pdf

Bradt, S. (2006, February 23). High school AP courses do not predict college success in science. *Harvard University Gazette*. Retrieved from http://news.harvard.edu/gazette/2006/02.23/05-ap.html

Breithecker, D. (2007). Beware of the sitting trap in learning and schooling. Retrieved from http://www.designshare.com/index.php/articles/sitting-trap/

Bronson, P., & Merryman, A. (2010). The creativity crisis. *Daily Beast*. Retrieved from http://www.thedailybeast.com/newsweek/2010/07/10/the-creativity-crisis.print.html

Brookfield, S. D., & Preskill, S. (1999). *Discussion as a way of teaching*. San Francisco, CA: Jossey-Bass.

Brown, D. (2010). An open letter to educators. YouTube. Retrieved from http://www.youtube.com/watch?v=-P2PGGeTOA4

Brown, J. S., & Burton, R. R. (1978). Diagnostic models for procedural bugs in basic mathematical skills. *Cognitive Science, 2*, 155–192.

Brown, J. S., Collins, A., & Duguid, P. (1989). Situated cognition and the culture of learning. *Educational Researcher, 18*(1), 32–41.

Brundrett, C. (2010, October 11). Year 12 students face many different pressures. *Herald Sun*. Retrieved from http://www.heraldsun.com.au/news/opinion/year-12-students-face-many-different-pressures/story-e6frfhqf-1225936859020?nk=6c68db09a29d01d141dece9a3add6841

Bruner, J. (1996). *The culture of education*. Cambridge, MA: Harvard University Press.

Buhrow, B., & Garcia, A. U. (2006). *Ladybugs, tornadoes, and swirling galaxies: nglish language learners discover their world through inquiry*. Portland, ME: Stenhouse.

Burke, C., & Grosvenor, I. (2003). *The school I'd like: Children and young people's reflections on an education for the 21st century*. New York, NY: Routledge.

Buzzelli, C., & Johnston, B. (2002). *The moral dimensions of teaching: Language, power, and culture in classroom interaction*. Chicago, IL: University of Chicago Press.

Camp, B. W., Blom, G. E., Heber, F., & Doorninck, W. J. (1977). "Think aloud": A program for developing self-control in young aggressive boys. *Journal of Abnormal Child Psychology, 5*(2), 157–169.

Carpenter, T. P., Corbitt, M. K., Kepner, H., Lindquist, M., & Reys, R. (1980). Problem solving in mathematics: National assessment results. *Educational Leadership, 37,* 562–563.

Carroll, J. B. (1963). A model of school learning. *Teachers College Record, 64,* 723–733.

Cazden, C. B. (2001). *Classroom discourse: The language of teaching and learning.* Portsmouth, NH: Heinemann.

Cheprecha, T., Gardner, M., & Sapianchai, X. (1980). Comparison of training methods in modifying questioning and wait-time behaviors of Thai high school chemistry teachers. *Journal of Research in Science Teaching, 17,* 191–200.

Chilcoat, G. W., & Stahl, R. J. (1986). A framework for giving clear directions: Effective teacher verbal behavior. *Clearing House, 60*(3), 107–109.

Chua, A. (2011). *Battle hymn of the tiger mother.* London, England: Bloomsbury.

City, E. A., Elmore, R. F., Fiarman, S. E., & Teitel, L. (2009). *Instructional rounds in education: A network approach to improving teaching and learning.* Cambridge, MA: Harvard Educational Publishing Group.

Claxton, G., Chambers, M., Powell, G., & Lucas, B. (2011). *The learning powered school: Pioneering 21st century education.* Bristol, England: TLO Limited.

Cobb, P., Wood, T., Yackel, E., Nicholls, E. J., Wheatly, G., Trigatti, B., & Perlwitz, M. (1991). Assessment of a problem-centered second-grade mathematics project. *Journal for Research in Mathematics Education, 22*(1), 3–29.

Cohen, D. K. (1990). A revolution in one classroom: The case of Mrs. Oublier. *Educational Evaluation and Policy Analysis, 12,* 311–329.

Cohen, E. G. (1994) *Designing groupwork: Strategies for the heterogeneous classroom.* New York, NY: Teachers College Press.

Collins, A., Brown, J. S., & Holum, A. (1991, Winter). Cognitive apprenticeship: Making thinking visible. *American Educator, 15*(3), 6–11.

Collins, A., Brown, J. S., & Newman, S. F. (1989). Cognitive apprenticeship: Teaching the craft of reading, writing, and mathematics. In L. B. Resnick (Ed.), *Knowing, learning, and instruction: Essays in honor of Robert Glaser* (pp. 453–494). Hillsdale, NJ: Erlbaum.

Comer, J. P. (1995). Untitled lecture given at Region 4 Education Service Center, Houston, TX.

Comer, J. P. (2001). Schools that develop children. *American Prospect*, 12 (7), 30–35.

Comer, J. P., & Gates, H. L. (2004). *Leave no child behind: Preparing today's youth for tomorrow's world.* New Haven, CT: Yale University Press.

Conference Board, Partnership for 21st Century Skills, Corporate Voices for Working Families, & Society for Human Resource Management. (2006). *Are they really ready to work? Employers' perspectives on the basic knowledge and applied skills of new entrants to the 21st century U.S. workforce.* Retrieved from www.p21.org/storage/documents/FINAL_REPORT_PDF09-29-06.pdf

Cornelius-White, J. (2007). Learner-centered teacher-student relationships are effective: A meta-analysis. *Review of Educational Research*, 77 (1), 113–143. doi: 10.3102/003465430298563

Costa, A. L. (1991). Do you speak cogitare? In A. L. Costa, *The school as a home for the mind* (pp. 109–119). Palatine, IL: Skylight Publishing.

Covey, S. (1994). *First things first.* New York, NY: Free Press.

Craik, F.I.M., & Lockhart, R. S. (1972). Levels of processing: A framework for memory research. *Journal of Verbal Learning and Verbal Behavior*, 11, 671–684.

Cruess, S. R., Cruess, R. L., & Steinert, Y. (2008). Role modelling—Making the most of a powerful teaching strategy. BMJ, 336, 718.

Cushman, K. (2005). *Fires in the bathroom: Advice for teachers from high school students.* New York, NY: New Press.

Cushman, K., & Rogers, L. (2013). *Fires in the middle school bathroom: Advice for teachers from middle schoolers.* New York, NY: New Press.

Dangel, J. R., & Durden, T. R. (2010, January). The nature of teacher talk during small group activities. *Young Children*, 74–81.

Davey, B. (1983). Think aloud—Modeling the cognitive process of reading comprehension. *Journal of Reading*, 27 (1), 44–47.

Deci, E. L., & Ryan, R. M. (1985). *Intrinsic motivation and self-determination in human behavior*. New York, NY: Plenum.

Denton, P. (2007). *The power of our words: Teacher language that helps children learn.* Turners Falls, MA: Northeast Foundation for Children.

Dewey, J. (1916). *Democracy and education: An introduction to the philosophy of education.* New York, NY: Macmillan.

Doorley, S., and Witthoft, S. (2011). *Make space: How to set the stage for creative collaboration.* Hoboken, NJ: Wiley.

Doyle, W. (1983). Academic work. *Review of Educational Research, 53,* 159–199.

Dweck, C. S. (2006). *Mindset: The new psychology of success.* New York, NY: Ballantine Books.

Dweck, C. S. (2007, October). The perils and promise of praise. *Educational Leadership, 65*(2), 34–39.

Dweck, C. S., & Leggett, E. L. (1988). A social-cognitive approach to motivation and personality. *Psychological Review, 95,* 256–273.

Earthman, G. I. (2004). *Prioritization of 31 criteria for school building adequacy.* Baltimore: American Civil Liberties Union Foundation of Maryland.

Edwards, C. P., Gandini, L., & Forman, G. E. (1998). *The hundred languages of children: The Reggio Emilia approach—Advanced reflections.* Greenwich, CT: Ablex.

Edwards, D., & Mercer, N. (2013). *Common knowledge: The development of understanding in the classroom* (Routledge Revivals). New York, NY: Routledge.

Eisner, E. (2003). Preparing for today and tomorrow. *Educational Leadership, 61*(4), 6–10.

Engelbrecht, K. (2003, June 18). *The impact of color on learning.* Paper presented at NeoCON. Retrieved from http://sdpl.coe.uga.edu/HTML/W305.pdf

Ferlazzo, L. (2011). *Helping students motivate themselves: Practical answers to classroom challenges.* Larchmont, NY: Eye On Education.

Fernandes, M. A., & Moscovitch, M. (2000). Divided attention and memory: Evidence of substantial interference effects at retrieval and encoding. *Journal of Experimental Psychology, 129,* 155–176.

Filstad, C. (2004). How newcomers use role models in organizational socialization. *Journal of Workplace Learning, 16,* 396–409.

Fiori, N. (2007, May). Four practices that math classrooms could do without. *Phi Delta Kappan*, pp. 695–696.

Fisher, D., & Frey, N. (2008). Releasing responsibility. *Educational Leadership*, 66 (3), 32–37.

Fisher, D., & Frey, N. (2011, June). The first 20 days: Establishing productive group work in the classroom. *Engaging the Adolescent Learner* (series). Newark, DE: International Reading Association. Retrieved from http://fisherandfrey.com /_admin/_filemanager/File/First_20_Days.pdf

Flink, C., Boggiano, A. K., & Barrett, M. (1990). Controlling teaching strategies: Undermining children's self-determination and performance. *Journal of Personality & Social Psychology*, 59, 916–924.

Ford, M. P., & Opitz, M. F. (2002). Using centers to engage children during guided reading time: Intensifying learning experiences away from the teacher. *Reading Teacher*, 55, 710–717.

Fried, R. L. (1995). *The passionate teacher*. Boston, MA: Beacon Press.

Friedman, T. (2013, March 6). The professor's big stage. *New York Times*, p. A23.

Gambrell, L. B. (1980). Think-time: Implications for reading instruction. *Reading Teacher*, 34, 143–146.

Gardner, H. (1991). *The unschooled mind*. New York, NY: Basic Books.

Gardner, H. (2013, February 22). Health, happiness, and time well spent. *Cognoscenti*. Retrieved from http://cognoscenti.wbur.org/2013/02/22/time-well-spent-howard-gardner

Gettinger, M., & Walter, M. J. (2012). Classroom strategies to enhance academic engaged time. In S. L. Christenson, A. L. Reschly, & C. Wylie (Eds.), *Handbook of research on student engagement* (pp. 653–673). New York, NY: Springer Verlag.

Glasser, W. (1968). *Schools without failure*. New York, NY: Harper & Row.

Gorski, R. (2011, January 18). 45% of students don't learn much in college. *Huff Post College*. Retrieved from http://www.huffingtonpost.com/2011/01/18/45-of-students-dont-learn_n_810224.html

Goyal, N. (2011, October 27). It's time for a learning revolution. *Huff Post Teen*. Retrieved from http://www.huffingtonpost.com/nikhil-goyal/post_2586_b_1034887.html

Hari, R., & Kujala, M. V. (2009). Brain basis of human social interactions: From concepts to brain imaging. *Physiological Reviews*, 89, 453–479. doi: 10.1152/physrev.00041.2007

Harris, M. J., & Rosenthal, R. (1985). Mediation of interpersonal expectancy effects:31 meta-analyses. *Psychological Bulletin*, 97, 363–386.

Harvard-Smithsonian Center for Astrophysics. (Producer). (1987). A private universe. [DVD series]. Annenberg Learner, http://www.learner.org/resources/series28.html

Harvard-Smithsonian Center for Astrophysics. (Producer). (1997). Minds of our own. [DVD series]. Annenberg Learner, http://www.learner.org/resources/series26.html

Harvey, S., & Goudvis, A. (2000). *Strategies that work: Teaching comprehension to enhance understanding.* Portland, ME: Stenhouse.

Haston, W. (2007). Teacher modeling as an effective teaching strategy. *Music Educators Journal*, 93 (4), 26–30.

Hattie, J. (2009). *Visible learning: A synthesis of over 800 meta-analyses relating to achievement.* New York, NY: Routledge.

Hattie, J., & Timperley, H. (2007). The power of feedback. *Review of Educational Research*, 77, 81–112.

Heath, S. B. (1999). Dimensions of language development: Lessons from older children. In A. S. Masten (Ed.), *Cultural processes in child development: The Minnesota symposia on child psychology* (Vol. 29, 59–75). Mahwah, NJ: Erlbaum.

Henry, J. (1963). *Culture against man.* New York, NY: Random House.

Herrenkohl, L. R., & Guerra, M. R. (1998). Participant structures, scientific discourse, and student engagement in fourth grade. *Cognition and Instruction*, 16, 431–473.

Hewes, B. (2012, April 12). Using archetypes to match learning spaces with physical and digital spaces. *Bianca Hewes.* Retrieved from http://biancahewes.wordpress.com/2012/04/22/using-archetypes-to-match-learning-spaces-with-physical-and-digital-spaces/

Hiebert, J., Stigler, J., Jacobs, J., Givvin, K., Garnier, H., & Smith, M. (2005). Mathematics teaching in the United States today (and tomorrow): Results from the TIMSS 1999 video study. *Educational Evaluation and Policy Analysis*, 27, 111–132.

Higgins, S., Hall, E., Wall, K., Woolner, P., & McCaughey, C. (2005). *The impact of school environments: A literature review*. London, England: Design Council. Retrieved from Research Centre for Learning and Teaching, School of Education, Communication and Language Sciences, Newcastle University, ncl.ac.uk/cflat/about/documents/designcouncilreport.pdf

High school teacher to be honored at White House. (2013, April 22). *CBS This Morning*. Retrieved from http://www.cbsnews.com/videos/high-school-teacher-to-be-honored-at-white-house/

How to remake education. (2009, September 27). *New York Times Magazine*. Retrieved from http://www.nytimes.com/2009/09/27/magazine/27toolssidebar2-t.html?_r=0

Hunter, M. C. (1982). *Mastery teaching*. Thousand Oaks, CA: Corwin Press.

Immordino-Yang, M. H. (2008). The smoke around mirror neurons: Goals as sociocultural and emotional organizers of perception and action in learning. *Mind, Brain, and Education, 2,* 67–73.

Ironside, P. M. (2006). Using narrative pedagogy: Learning and practising interpretive thinking. *Journal of Advanced Nursing, 55,* 478–486.

Jakes, D. (2012). What if the story changed? (K12 online conference). *David Jakes Presentation Resources.* Retrieved from http://jakes.editme.com/changethestory

Jeff Charbonneau—2013 National Teacher of the Year. (2013). *Responsibility: Children's Education.* Retrieved from http://ing.us/about-ing/responsibility/childrens-education (This web page is no longer active.)

Jensen, E., & Snider, C. (2013). *Turnaround tools for the teenage brain: Helping underperforming students become lifelong learners.* Hoboken, NJ: Wiley.

Johnston, P. H. (2004). *Choice words: How our language affects children's learning.* Portland, ME: Stenhouse.

Johnston, P. H., Ivey, G., & Faulkner, A. (2011). *Talking in class. Reading Teacher, 65,* 232–237.

Kaplan, C., & Chan, R. (2012). *Time well spent: Eight powerful practices of successful, expanded-time schools.* Boston, MA: National Center on Time and Learning.

Karweit, N., & Slavin, R. E. (1981). Measurement and modeling choices in studies of time and learning. *American Educational Research Journal, 18,* 157–171.

Kaser, C. H. (2007). *Series on highly effective practices: Classroom routines—4. Use of classroom routines to support the learning process*. Department of Communication Disorders and Special Education, Darden College of Education. Retrieved from http://education.odu.edu/esse/research/series/routines.shtml

Kegan, R., & Lahey, L. L. (2001). *How the way we talk can change the way we work*. San Francisco, CA: Jossey-Bass.

Killingsworth, M. (2012). *Happiness from the bottom up*. Unpublished doctoral dissertation. Harvard University Graduate School of Arts and Sciences, Cambridge, MA.

Knapp, M. S., Shields, P. M., & Turnbull, B. J. (1992). *Academic challenge for the children of poverty: Summary report*. Washington, DC: Office of Policy and Planning, US Department of Education.

Koestner, R., Ryan, R. M., Bernieri, F., & Holt, K. (1984). Setting limits on children's behavior: The differential effects of controlling versus informational styles on intrinsic motivation and creativity. *Journal of Personality*, 52, 233–248.

Kostelnik, M. J., Whiren, A. P., Soderman, A. K., Stein, L. C., & Gregory, K. (2002). *Guiding children's social development: Theory to practice*. Stamford, CT: Delmar (Cengage Learning).

Krechevsky, M., Mardell, B., Rivard, M., & Wilson, D. (2013). *Visible learners: Promoting Reggio-inspired approaches in all schools*: Hoboken, NJ: Wiley.

Krechevsky, M., & Stork, J. (2000). Challenging educational assumptions: Lessons from an Italian-American collaboration. *Cambridge Journal of Education*, 30(1), 57–74.

Lakoff, G., & Johnson, M. (1980). *Metaphors we live by*. Chicago, IL: University of Chicago Press.

Lampi, A. R., Fenty, N. S., & Beaunae, C. (2005). Making the three Ps easier: Praise, proximity, and precorrection. *Beyond Behavior*, 15(1), 8–12.

Langer, E. (1989). *Mindfulness*. Reading, MA: Addison-Wesley.

Langer, E., & Piper, A. (1987). The prevention of mindlessness. *Journal of Personality and Social Psychology*, 53, 280–287.

Lapp, D., & Fisher, D. (2007, November). *Improving high school student achievement through teacher practices*. Paper presented at the 41st annual California Reading Association Conference, Ontario, CA.

Lapp, D., Fisher, D., & Grant, M. (2008). "You can read this text—I'll show you how": Interactive comprehension instruction. *Journal of Adolescent and Adult Literacy, 51,* 372–383.

Larrivee, B. (2002). The potential perils of praise in a democratic interactive classroom. *Action in Teacher Education, 23,* 77–88.

Larson, R. W. (2000). Toward a psychology of positive youth development. *American Psychologist, 55,* 170–183.

Lave, J., & Wenger, E. (1991). *Situated learning: Legitimate peripheral participation.* Cambridge, England: Cambridge University Press.

Lee, V. S. (2004). Idea item #1: Displayed a personal interest in students and their learning. *POD-IDEA Center Notes.* Youngston, OH: Youngston State University.

Leinhardt, G., Weidman, C., & Hammond, K. M. (1987). Introduction and integration of classroom routines by expert teachers. *Curriculum Inquiry, 17,* 135–175.

Lemov, D. (2010). *Teach like a champion.* San Francisco, CA: Jossey-Bass.

Linsin, M. (2009, November 7). Why routines make classroom management easier. *Smart Classroom Management.* Retrieved from http://www.smartclassroom management.com/2009/11/07/why-routines-make-classroom-management-easier-plus-one-great-idea/

Lipsett, A. (2008, June 11). National curriculum constrains teachers and pupils. *Guardian.* Retrieved from http://www.theguardian.com/education/2008/jun/11/schools.uk4

Liu, E., & Noppe-Brandon, S. (2009). *Imagination first: Unlocking the power of possibility.* San Francisco, CA: Jossey-Bass.

Loehr, J., & Schwartz, T. (2003). *The power of full engagement: Managing energy, not time, is the key to high performance and personal renewal.* New York, NY: Free Press.

Lundgren, U. P. (1977). *Model analysis of pedagogical processes.* Stockholm, Sweden: Department of Educational Research, Stockholm Institute of Education.

Lyman, F. T. (1981). The responsive classroom discussion: The inclusion of all students. In A. S. Anderson (Ed.), *Mainstreaming Digest* (pp. 109–113). College Park: University of Maryland Press.

Lyons, L. (2004, June 8). Most teens associate school with boredom, fatigue. Gallup.

Retrieved from http://www.gallup.com/poll/11893/most-teens-associate-school-boredom-fatigue.aspx

Maisuria, A. (2005). The turbulent times of creativity in the national curriculum. *Policy Futures in Education*, 3, 141–152.

Maleuvre, D. (2005). Art and the teaching of love. *Journal of Aesthetic Education*, 9(1), 77–92.

Marshall, H. H. (1987). Building a learning orientation. *Theory into Practice*, 26, 8–14.

Marshall, H. H. (1988). Work or learning: Implication of classroom metaphors. *Educational Researcher*, 17(9), 9–16.

Marshall, H. H. (1990). Beyond the workplace metaphor: The classroom as a learning setting. *Theory into Practice*, 29, 94–101.

Marton, F., & Saljo, R. (1976). On qualitative differences in learning: I. Outcome and process. *British Journal of Educational Psychology*, 46, 4–11.

Maslansky, M., West, S., DeMoss, G., & Saylor, D. (2010). *The language of trust: Selling ideas in a world of skeptics.* New York, NY: Prentice Hall Press.

Mathews, S. R., & Lowe, K. (2011). Classroom environments that foster a disposition for critical thinking. *Learning Environments Research*, 14, 59–73.

Maxwell, L. E. (2000, Winter). A safe and welcoming school: What students, teachers, and parents think. *Journal of Architectural and Planning Research*, 17, 271–282.

McCloskey, M. (1983). Naive theories of motion. In D. Gentner & A. L. Stevens (Eds.), *Mental models* (pp. 299–324). New York, NY: Erlbaum.

McIntosh, E. (2012). Stop ping pong questioning. *edu.blogs.com.* Retrieved from http://edu.blogs.com/edublogs/2012/02/stop-ping-pong-questioning-try-basketball-instead.html

McLaughlin, M. W., Irby, M. A., & Langman, J. (1994). *Urban sanctuaries: Neighborhood organizations in the lives and futures of inner-city youth.* San Francisco, CA: Jossey-Bass.

McMurrer, J. (2007). *NCLB Year 5: Choices, changes, and challenges: Curriculum and instruction in the NCLB era.* Washington DC: Center on Education Policy.

McNeil, L. (1983). Defensive teaching and classroom control. In M. W. Apple & L. Weis (Eds.), *Ideology and practice in schooling* (pp. 114–142). Philadelphia, PA:

Temple University Press.

Mednick, S. A. (1962). The associative basis for the creative process. *Psychological Bulletin, 69*, 220–232.

Meier, D. (2003). *In schools we trust: Creating communities of learning in an era of testing and standardization.* New York, NY: Beacon Press.

Meyer, D. (2012, April 17). Ten design principles for engaging math tasks. *dy/dan.* Retrieved from http://blog.mrmeyer.com/?p=12141

Miller, R. L., & Benz, J. J. (2008). Techniques for encouraging peer collaboration: Online threaded discussion or fishbowl interaction. *Journal of Instructional Psychology, 35*(1), 87–93.

Minstrell, J. (1984). Teaching for the development of understanding of ideas: Forces on moving objects. In C. W. Anderson (Ed.), *Observing Science Classrooms: Perspectives from Research and Practice. 1984 AETS Yearbook* (pp. 55–73). Columbus, OH: ERIC Clearinghouse for Science, Mathematics and Environmental Education.

Morehead, J. (2012, June 19). Stanford University's Carol Dweck on the Growth Mindset in Education. *OneDublin.org.* Retrieved from http://onedublin.org/2012/06/19/stanford-universitys-carol-dweck-on-the-growth-mindset-and-education/

Münch, M., Linhart, F., Borisuit, A., Jaeggi, S. M., & Scartezzini, J.-L. (2012). Effects of prior light exposure on early evening performance, subjective sleepiness, and hormonal secretion. *Behavioral Neuroscience, 126*(1), 196–203.

Murray, B. P. (2002). *The new teacher's complete sourcebook: Grades K–4.* New York, NY: Scholastic.

Nair, P., & Fielding, R. (2005). *The language of school design: Design patterns for 21st century schools.* Minneapolis, MN: DesignShare.

National Education Association. (2003, August). *Status of the American public school teacher 2000–2001.* Washington DC: Author.

Newmann, F. M., Bryk, A. S., & Nagaoka, J. K. (2001). *Authentic intellectual work and standardized tests: Conflict or coexistence?* Chicago, IL: Consortium on Chicago School Research.

Newmann, F. M., Wehlage, G. G., & Lamborn, S. D. (1992). The significance and sources of student engagement. In F. M. Newmann (Ed.), *Student engagement and achievement in American secondary schools* (pp. 11–39). New York, NY: Teachers College Press.

Nickerson, R. J. (1985). Understanding understanding. *American Journal of Education, 93*, 201–239.

Nystrand, M., & Graff, N. (2001). Report in argument's clothing: An ecological perspective on writing instruction in a seventh-grade classroom. *Elementary School Journal, 101*, 479–493.

O'Donnell, S. (2012). The design of elementary schools. In J. Duarte (Ed.), *Learning in twenty-first century schools: Toward school buildings that promote learning, ensure safety, and protect the environment. Report of a Meeting of the IDB Education Network* (pp. 35–48). Washington DC: Inter-American Development Bank. Retrieved from http://idbdocs.iadb.org/wsdocs/getDocument.aspx?DOCNUM=36894958

Oakeshott, M. (1959). *The voice of poetry in the conversation of mankind: An essay.* London, England: Bowes & Bowes.

OWP/P Architects, VS Furniture, & Bruce Mau Design. (2010). *The third teacher: 79 Ways You Can Use Design to Transform Teaching & Learning.* New York, NY: Abrams.

Palinscar, A. S., & Brown, A. L. (1984). Reciprocal teaching of comprehension-fostering and comprehension-monitoring activities. *Cognition and Instruction, 1*, 117–125.

Palmer, P. J. (1998). *The courage to teach: Exploring the inner landscape of a teacher's life.* Hoboken, NJ: Wiley.

Papert, S. (1980). *Mindstorms: Children, computers, and powerful ideas.* New York, NY: Basic Books.

Pascale, R. T., Sternin, J., & Sternin, M. (2010). *The power of positive deviance: How unlikely innovators solve the world's toughest problems* (Vol. 1). Boston, MA: Harvard Business Press.

Paul, A. M. (2013, May 3). The new marshmallow test: Students can't resist multitasking. Slate. Retrieved from http://www.slate.com/articles/health_and_science/science/2013/05/multitasking_while_studying_divided_attention_and_technological_gadgets.3.html

Pearson, P. D., & Gallagher, M. C. (1983). The instruction of reading comprehension. *Contemporary Educational Psychology, 8*, 317–344.

Pennebaker, J. W. (2011a). *The secret life of pronouns.* New York, NY: Bloomsbury Press.

Pennebaker, J. W. (2011b). The secret life of pronouns. *New Scientist, 211* (2828), 42–45.

Perkins, D. N. (1992). *Smart schools: From training memories to educating minds.* New York, NY: Free Press.

Perkins, D. N. (1999). From idea to action. In L. Hetland & S. Veenema (Eds.), *The Project Zero classroom: Views on understanding* (pp. 17–25). Cambridge, MA: Project Zero.

Perkins, D. N. (2003). *King Arthur's round table: How collaborative conversations create smart organizations.* Hoboken, NJ: Wiley.

Perkins, D. N. (2009). *Making learning whole: How seven principles of teaching can transform education.* San Francisco, CA: Jossey-Bass.

Perkins, D. N., & Grotzer, T. A. (2005). Dimensions of causal understanding: The role of complex causal models in students' understanding of science. *Studies in Science Education, 41* (1), 17–165.

Phipps, M. L., & Phipps, C. A. (2003). Group norm setting: A critical skill for effective classroom groups. *MountainRise, 1* (1). Retrieved from http://coral.s3servers.com/other/norm.pdf

Pianta, R. C., Belsky, J., Houts, R., Morrison, F., & National Institute of Child Health and Human Development (NICHD) Early Child Care Research Network. (2007). Opportunities to learn in America's elementary classrooms: Supporting online material. Available from http://www.sciencemag.org/cgi/content/full/315/5820/1795/DC1

Pianta, R. C., Hamre, B. K., & Allen, J. P. (2012). Teacher-student relationships and engagement: Conceptualizing, measuring, and improving the capacity of classroom interactions. In S. L. Christenson, A. L. Reschly, & C. Wylie (Eds.), *Handbook of research on student engagement* (pp. 365–386). New York, NY: Springer Verlag.

Pierson, R. F. (2013). Every kid needs a champion. TED. Retrieved from http://www.ted.com/talks/rita_pierson_every_kid_needs_a_champion

Pink, D. H. (2009). *Drive: The surprising truth about what motivates us.* New York, NY: Riverhead Books.

Pink, D. H. (2010, September 12). Think tank: Flip-thinking—the new buzz word sweeping the US. *Telegraph*. Retrieved from http://www.telegraph.co.uk/finance/businessclub/7996379/Daniel-Pinks-Think-Tank-Flip-thinking-the-new-buzz-word-sweeping-the-US.html

Project Zero & Reggio Children. (2001). *Making learning visible: Children as individual and group learners.* Cambridge, MA: Project Zero.

Queensland Studies Authority. (2009). *Student assessment regimes: Getting the balance right for Australia.* Brisbane, Australia: Author.

Quinn, C. (2006, October 4). Slow learning. *Learnlets*. Retrieved from http://blog.learnlets.com/?m=200610

Rao, M. S. (2010). *Soft skills: Enhancing employability: Connecting campus with corporate.* New Delhi, India: IK International.

Ravitch, D. (2011). *The death and life of the great American school system: How testing and choice are undermining education.* New York, NY: Basic Books.

Resnick, M. D., Bearman, P. S., Blum, R. W., Bauman, K., Harris, K. M., Jones, J., & Taylor, T. (1997). Protecting adolescents from harm: Findings from the National Longitudinal Study of Adolescent Health. *Journal of the American Medical Association*, 278, 823–832.

Rimm-Kaufman, S. E., Fan, X., Chiu, Y.-J., & You, W. (2007). The contribution of the Responsive Classroom approach on children's academic achievement: Results from a three year longitudinal study. *Journal of School Psychology*, 45, 401–421.

Ritchhart, R. (2000). *Developing intellectual character: A dispositional perspective on teaching and learning.* Skokie, IL: UMI Dissertation Services.

Ritchhart, R. (2002). *Intellectual character: What it is, why it matters, and how to get it.* San Francisco, CA: Jossey-Bass.

Ritchhart, R. (2004). Creative teaching in the shadow of the standards. *Independent School*, 63 (2), 32–41.

Ritchhart, R. (2012). The real power of questions. *Creative Teaching and Learning*, 2 (4), 8–12.

Ritchhart, R., Church, M., & Morrison, K. (2011). *Making thinking visible: How to promote engagement, understanding, and independence for all learners.* San Francisco,

CA: Jossey-Bass.

Ritchhart, R., Hadar, L., & Turner, T. (2009). Uncovering students' thinking about thinking using concept maps. *Metacognition and Learning*, 4, 145–159.

Ritchhart, R., & Langer, E. (1997). Teaching mathematical procedures mindfully: Exploring the conditional presentation of information in mathematics. In J. A. Dossey, J. O. Swafford, M. Parmantie, & A. E. Dossey (Eds.), *Proceedings of the nineteenth annual meeting of the North American chapter of the International Group for the Psychology of Mathematics Education* (pp. 299–305). Columbus, OH: ERIC Clearinghouse for Science, Mathematics, and Environmental Education.

Ritchhart, R., Palmer, P., Church, M., & Tishman, S. (2006, April 7–11). *Thinking routines: Establishing patterns of thinking in the classroom.* Paper presented at the annual meeting of the American Educational Research Association, San Francisco, CA.

Ritchhart, R., Palmer, P., Perkins, D. N., & Tishman, S. (2004). *Visible thinking: Pictures of practice* [DVD]. Cambridge, MA: Project Zero, Harvard Graduate School of Education.

Ritchhart, R., & Perkins, D. N. (2008). Making thinking visible. *Educational Leadership*, 65(5), 57–61.

Robinson, K. (1999). *All our futures: Creativity, culture and education.* London, England: National Advisory Committee on Creative and Cultural Education.

Robinson, K. (2010). Bring on the learning revolution! TED. Retrieved from http://www.ted.com/talks/sir_ken_robinson_bring_on_the_revolution.html

Rogers, C. R., & Freiberg, H. G. (1994). *Freedom to learn* (3rd ed.). New York, NY: Merrill.

Rogers, R. D., & Monsell, S. (1995). Depth of processing and the retention of words in episodic memory. *Journal of Experimental Psychology*, 124, 207–231.

Rogoff, B. (1990). *Apprenticeship in thinking.* New York, NY: Oxford University Press.

Rose, M. (1995). *Possible lives: The promise of public education in America.* Boston, MA: Houghton Mifflin.

Rose, M. (2009). *Why school?* New York, NY: New Press.

Rose-Duckworth, R., & Ramer, K. (2008). *Fostering learner independence: An essential guide for K-6 educators*. Thousand Oaks, CA: Corwin Press.

Rosenshine, B. (1997, March 24–28). *The case for explicit, teacher-led, cognitive strategy instruction*. Paper presented at the annual meeting of the American Educational Research Association, Chicago, IL. Retrieved from http://www.formapex.com/telechargementpublic/rosenshine1997a.pdf

Rowe, M. B. (1986). Wait-time: Slowing down may be a way of speeding up. *Journal of Teacher Education*, 37 (43), 43–50.

Saphier, J., Haley-Speca, M. A., & Gower, R. (2008). *The skillful teacher: Building your teaching skills*. Acton, MA: Research for Better Teaching.

Schmoker, M. (2009). What money can't buy: Powerful, overlooked opportunities for learning. *Phi Delta Kappan*, 90, 524–527.

Schoenfeld, A. H. (2010). *How we think: A theory of goal-oriented decision making and its educational applications*. New York, NY: Routledge.

Shepard, L. A. (2000). The role of assessment in a learning culture. *Educational Researcher*, 29 (7), 4–14.

Shernoff, D. J., Csikszentmihalyi, M., Schneider, B., & Shernoff, E. S. (2003). Student engagement in high school classrooms from the perspective of flow theory. *School Psychology Quarterly*, 18, 158–176.

Shernoff, D. J. (2013). *Optimal learning environments to promote student engagement*. New York, NY: Springer Science + Business Media.

Shiksastudio. (2012). *Classroom management—Week 1, day 1*. Richmond, CA: Leadership Public Schools.

Shook, J. (2008). *Managing to learn: Using the A3 management process to solve problems, gain agreement, mentor and lead*. Cambridge, MA: Lean Enterprise Institute.

Shulman, L. (2008). It's all about time. *Carnegie Perspectives*. Retrieved from http://www.carnegiefoundation.org/perspectives/its-all-about-time

Sikes, P., Measor, L., & Woods, P. (1985). *Teacher careers: Crises and continuities*. Lewes, England: Falmer Press.

Silva, E. (2007). *On the clock: Rethinking the way schools use time*. Washington DC: Education Sector Reports.

Silver, E. A., Kilpatrick, J., & Schlesinger, B. (1995). *Thinking through mathematics:*

Fostering inquiry and communication in mathematics classrooms: New York, NY: College Entrance Examination Board.

Silver, E. A., Mesa, V. M., Morris, K. A., Star, J. R., & Benken, B. M. (2009). Teaching mathematics for understanding: An analysis of lessons submitted by teachers seeking NBPTS certification. *American Educational Research Journal*, 46, 501–531.

Siraj-Blatchford, I., Shepherd, D. L., Melhuish, E., Taggart, B., Sammons, P., & Sylva, K. (2011, June 30). Effective primary pedagogical strategies in English and mathematics in key stage 2: A study of year 5 classroom practice drawn from the EPPSE 3–16 longitudinal study. [UK] Department for Education. Retrieved from https://www.gov.uk/government/publications/effective-primary-pedagogical-strategies-in-english-and-mathematics-in-key-stage-2-a-study-of-year-5-classroom-practice-drawn-from-the-eppse-3-16-lon

Sizer, T. (1984). *Horace's compromise: The dilemma of the American high school*. Boston, MA: Houghton Mifflin.

Sizer, T., & Sizer, N. F. (2000). *The students are watching: Schools and the moral contract*. Boston, MA: Beacon Press.

Sophia W. (2011, December 3). AP classes: Absolutely preposterous weapons of mass instruction. *Huff Post Teen*. Retrieved from http://www.huffingtonpost.com/2011/12/03/ap-absolutely-preposterou_n_1127539.html

Stahl, R. J. (1994, May). Using "think-time" and "wait-time" skillfully in the classroom. *ERIC Digests*. Retrieved from http://eric.ed.gov/?id=ED370885

Starr, J. (2012, January 31). Superintendent's book club: "Drive" by Daniel Pink. Montgomery County Public Schools. Retrieved from http://www.montgomeryschoolsmd.org/departments/superintendent/bookclub.aspx

Strong-Wilson, T., & Ellis, J. (2007). Children and place: Reggio Emilia's environment as third teacher. *Theory into Practice*, 46, 40–47.

Stupnisky, R. H., Renaud, R. D., Daniels, L. M., Haynes, T. L., & Perry, R. P. (2008). The interrelation of first-year college students' critical thinking disposition, perceived academic control, and academic achievement. *Research in Higher Education*, 49, 513–530. doi: 10.1007/s11162-008-9093-8

Tarr, P. (2001, October). Aesthetic codes in early childhood classrooms: What art educators can learn from Reggio Emilia. *ERIC Digests*. Retrieved from http://eric. ed.gov/?id=ED459590

Taylor, C. (2005). *Walking the talk.* London, England: Random House Business.

Thompson, D. R., Senk, S. L., & Johnson, G. J. (2012). Opportunities to learn reasoning and proof in high school mathematics textbooks. *Journal for Research in Mathematics Education*, 43, 253–295.

Thornburg, D. D. (2004). Campfires in cyberspace. *International Journal of Instructional Technology and Distance Learning*, 1 (10), 3–10.

Thornburg, D. D. (2013). *From the campfire to the holodeck: Creating engaging and powerful 21st century learning environments.* Hoboken, NJ: Wiley.

timetoast. (2011). The history of child labor. Retrieved from http://www.timetoast.com/ timelines/157322

Tishman, S., & Perkins, D. N. (1997). The language of thinking. *Phi Delta Kappan*, 78, 368–374.

Tosteson, D. C. (1979). Learning in medicine. *New England Journal of Medicine*, 301, 690–694.

Tough, P. (2012). *How children succeed: Grit, curiosity, and the hidden power of character.* Boston, MA: Houghton Mifflin Harcourt.

Trilling, B., & Fadel, C. (2009). *21st century skills: Learning for life in our times.* San Francisco, CA: Jossey-Bass.

Trowbridge, D. E., & McDermott, L. C. (1981). Investigation of student understanding of the concept of acceleration in one dimension. *American journal of Physics*, 49, 242–253.

Tucker, M. S. (2011, May 24). *Standing on the shoulders of giants.* Washington DC: National Center on Education and the Economy. Retrieved from http://www.ncee. org/wp-content/uploads/2011/05/Standing-on-the-Shoulders-of-Giants-An-American-Agenda-for-Education-Reform.pdf 20-Time in Education. (2013). Home. Retrieved from http://www.20timeineducation.com/

US Department of Education. (1998). *Trying to beat the clock: Uses of teacher professional time in 3 countries.* Washington DC: Author.

Van Rossum, E. J., & Schenk, S. M. (1984). The relationship between learning conceptions, study strategy and learning outcome. *British Educational Research Journal*, 54, 73–83. doi: 10.1111/j.2044-8279.1984.tb00846.x

van Zee, E., & Minstrell, J. (1997). Using questioning to guide student thinking. *Journal of the Learning Sciences*, 6, 227–269.

Vygotsky, L. S. (1978). *Mind in society.* Cambridge, MA: Harvard University Press.

Wagner, T. (2008). *The global achievement gap: Why even our best schools don't teach the new survival skills our children need—and what we can do about it.* New York, NY: Basic Books.

Watanabe, M. (2012). *"Heterogenius" classrooms: Detracking math and science, a look at groupwork in action.* New York, NY: Teachers College Press.

Weber, B. (2009, June 3). Daniel C. Tosteson, longtime dean who revolutionized Harvard Medical School, dies at 84. *New York Times*, p. A25.

Wertsch, J. V. (1995). The need for action in sociocultural research. In J. V. Wertsch, P. D. Rio & A. Alvarez (Eds.), *Sociocultural studies of mind* (pp. 56–74). Cambridge, England: Cambridge University Press.

Wesch, M. (2007). A vision of students today. YouTube. Retrieved from http://www.youtube.com/watch?v=dGCJ46vyR9o

Wesch, M. (2008). Anti-teaching: Confronting the crisis of significance. *Education Canada*, 48 (2), 4–7.

Whimbey, A., & Lochhead, J. (1999). *Problem solving and comprehension.* Mahwah, NJ: Erlbaum.

Widrich, L. (2013, February 14). The science of how temperature and lighting impact our productivity. *buffer.* Retrieved from http://blog.bufferapp.com/the-science-of-how-room-temperature-and-lighting-affects-our-productivity

Willis, J. (2011, October 5). Three brain-based teaching strategies to build executive function in students. *edutopia.* Retrieved from http://www.edutopia.org/blog/brain-based-teaching-strategies-judy-willis

Wilson, D. G. (2007). *Team learning in action: An analysis of the sensemaking behaviors in adventure racing teams as they perform in fatiguing and uncertain contexts.* Unpublished doctoral dissertation. Harvard University, Cambridge, MA.

Wilson, M. B. (2012). *Interactive modeling: A powerful technique for teaching children.*

Turners Falls, MA: Northeast Foundation for Children.

Winerman, L. (2005). The mind's mirror. *Monitor on Psychology*, 36(9), 48–52.

Wiske, M. S. (Ed.). (1997). *Teaching for understanding.* San Francisco, CA: Jossey-Bass.

Wong, H. K., & Wong, R. T. (1997). *The first days of school: How to be an effective teacher.* Mountain View, CA: Harry K. Wong.

Woods, P. (1993). Critical events in education. *British Journal of Sociology of Education*, 14, 355–371.

Woods, P. (1995). *Creative teachers in primary schools.* Buckingham, England: Open University Press.

Yinger, R. (1979). Routines in teacher planning. *Theory into Practice*, 18(3), 163–169. doi: 10.1080/00405847909542827

Yng, N. J., & Spreedharan, S. (2012, August 24). Teach less, learn more—Have we achieved it? *Today.* Retrieved from http://guanyinmiao.files.wordpress.com/2012/08/teach-less-learn-more-have-we-achieved-it.pdf

Young, R. M., & O'Shea, T. (1981). Errors in children's subtraction. *Cognitive Science*, 5, 153–177.

Zhao, Y. (2006, May 9). A pause before plunging through the China looking glass. *Education Week.* Retrieved from http://www.edweek.org/ew/articles/2006/05/10/36zhao.h25.html

Zhao, Y. (2009). *Catching up or leading the way: American education in the age of globalization.* Alexandria, VA: Association for Supervision and Curriculum Development.

Zohar, A., & David, A. B. (2008). Explicit teaching of meta-strategic knowledge in authentic classroom situations. *Metacognition and Learning*, 3, 59–82.

사고 루틴에서 생각하는 문화로
사고력이 폭발하는 교실을 위한 8가지 도구

초판 1쇄 펴낸날 2026년 2월 27일

지은이 론 리치하트
옮긴이 구본희 이규대 정은식 조윤정
펴낸이 홍지연

편집 홍소연 김선아 차소영 이예은 서경민
디자인 이정화 박태연 정든해 이설
마케팅 강점원 원숙영 김신애 김가영 김동휘
저작권 한지훈
경영지원 정상희 배지수

펴낸곳 ㈜우리학교
출판등록 제313-2009-26호(2009년 1월 5일)
제조국 대한민국
주소 04029 서울시 마포구 동교로12안길 8
전화 02-6012-6094
팩스 02-6012-6092
홈페이지 www.woorischool.co.kr
이메일 woorischool@naver.com

©론 리치하트, 2026
ISBN 979-11-6755-364-5 03370

• 책값은 뒤표지에 적혀 있습니다.
• 잘못된 책은 구입한 곳에서 바꾸어 드립니다.

만든 사람들
편집 김정우
디자인 책은우주다